새롭게 쓴
한국 독립운동사 강의

일러두기

1. 이 책에 나오는 외래어는 외래어표기법에 맞춰 썼습니다. 단, 한인 단체나 전투에 쓰인 중국 지명은 우리 식 한자음으로 썼으며(예: 상해대한인민단, 북경한교동지회, 중경한국애국부인회, 천진교민단, 대전자령전투, 경박호전투 등), 지도 등에 쓰인 지명 중 우리 식 한자음으로 더 잘 알려진 것은 원지음으로 쓰지 않고 그대로 두었습니다.

2. 편찬위원회의 뜻에 따라 일제강점기 당시 '조선'은 가급적 '한국'으로 표기했습니다. 단, 이해를 위해 필요한 경우에는 '조선'을 사용했습니다.

3. 대한민국임시정부, 상해임시정부, 임시정부 등은 문맥에 맞게 달리 표기했으며, 해방과 광복도 저자마다 시각과 해석이 다르므로 맥락에 따라 달리 썼습니다.

4. 지도나 도표, 사진 등은 되도록 자유 이용 저작물(public domain)을 사용했으며, 다른 서적의 자료를 인용한 경우에는 출처를 밝혔습니다.

5. 법률·규정·강령은 작은따옴표(' ')로, 선언·성명·조약·노래는 홑낫표(「 」)로, 책은 겹낫표(『 』)로, 잡지와 신문은 겹화살괄호(≪≫)로 표기했습니다.

새롭게 쓴
한국 독립운동사 강의

한국근현대사학회 엮음

장석흥·박맹수·김기승·박걸순·이계형·이성우·김정인·강윤정·김명섭·박윤재·

김성은·김주용·윤상원·손염홍·김광재·김도훈·김도형·허수열 지음

한울
아카데미

책을 펴내며

한국근현대사학회가 독립운동사를 정리해 『한국 독립운동사 강의』를 간행한 것은 1998년의 일이었다. 그 후 2009년에 일부 내용을 다듬고 사진을 더해 개정판을 발행했다. 그간 이 책은 대학의 교양과목 교재로서, 또한 교원 임용시험 등의 수험용 도서와 일반인들의 교양 도서로 애용되어 왔다.

그러나 초판이 발행되고 상당한 시간이 지나 학회 안팎에서 새로운 판을 내야 한다는 목소리가 높아졌다. 이에 따라 몇 년 전부터 저술에 착수하고자 했으나 지지부진하다가 2018년부터 다시 추진했으나, 또한 상당한 시일이 걸렸다. 제목을 놓고 한국근현대사학회 이사회에서 논의를 거듭한 끝에 『새롭게 쓴 한국 독립운동사 강의』로 결정했다. 이는 초판 이후 연구된 새로운 성과를 적극 반영하고, 집필진을 신진 학자들로 대거 교체하자는 의지의 표현이었다. 본문은 대학의 교양 강의를 염두해 16강과 보론(17강)으로 구성했다. 차례를 구성하는 과정에서 다양한 의견이 제기되었다. 연구자의 전공 분야가 다양했기 때문에 차례를 놓고 합의하는 데도 오랜 시간이 필요했다.

많은 논의 끝에 독립운동을 총괄할 주제를 자유와 독립 그리고 평화(총설), 일제강점기 통치의 성격과 특징(1강), 한국 독립운동의 이념과 방략(2강), 한국 독립운동의 시기별 특성(3강) 등 네 개로 설정해 학계의 중진인 장석홍·박맹수·김기승·박걸순이 집필했고, 4~16강은 40~50대 학자들이 집필했다. 4강부터 10강까지는 시기별·주제별 독립운동을, 11강부터 16강에서는 해외에서 전개된 독립운동을 다뤘다. 보론에서는 여전히 논란이 그치지 않고 있는 식민지근대화론의 문제점에 관해 허수열 교수가 집필해 글의 무게를 더했다.

책을 마무리하며 만족스럽지 못한 점이 있으나, 이는 내일의 발전을 위한 섬돌로 삼고자 한다. 당초 보론에서 다루기로 했으나 그렇게 못한 '건국절' 논란과 '군대위안부' 문제는 못내 아쉬움으로 남는다. 아무리 민감한 현안이라도 학회가 학술적으로 중심을 잡고 정론을 제시해야 하나, 이런저런 이유로 그렇게 하지 못했다.

나라가 안팎으로 시끄럽고 혼란스럽다. 한말 역사의 데자뷔 현상을 느낄 정도다. 이럴수록 일제 침략과 독립운동에 대한 올바른 이해가 필요하다. 이는 올바른 역사인식을 정립하기 위한 과정이다. 역사인식이 똑바라야 역사의식의 방향성이 똑바로 정립될 수 있다. 역사인식이 올바르지 못하기 때문에 천박한 논의에도 부끄러운 줄 모르는 것이다. 많은 이들이 그릇된 역사의식으로 자기 세뇌와 집단 최면에 빠져 있는 것은 아닌지 성찰해야 할 것이다. 독립운동사는 과거를 성찰하고 미래를 기약하는 나침반이 될 것으로 믿는다.

끝으로 집필자 여러분께 감사의 말씀을 드린다. 특히 이 책 발간 과정에서 보여준 이계형 선생의 헌신과 열정을 새겨두고자 한다. 또한 이 책의 출판을 기꺼이 맡아주신 한울엠플러스(주)의 김종수 사장님과 편집부 여러분께도 감사의 마음을 전한다.

대한민국 102년(2020년)

『새롭게 쓴 한국독립운동사 강의』 편찬위원장

박걸순

차 례

자유와 독립 그리고 평화

장석흥

01 평민이 나서다

　근대 이행 과정에서 반봉건적 혁명을 거치는 것은 세계사적으로 일반적 현상이었다. 한국에서는 동학농민전쟁과 개화개혁운동 등 근대를 향한 혁명의 기운이 솟구치고 있었다. 그것이 혁명 단계로 발전했는가는 논의의 여지가 있어도, 구시대 타파를 위한 열기가 뜨거웠음은 분명하다. 19세기 말 한국 사회는 근대화 과정에서 두 가지 과제를 안고 있었다. 하나는 신분제 사회를 타파하고 자유·평등사회를 실현하는 것이었고, 또 하나는 일본의 침략에 맞서 자주독립을 이루는 것이었다. 이를 위해 서구의 근대문명을 수용하고자 개화운동이 등장하는 한편, 불평등한 신분제와 지배층의 수탈에 맞서는 민의 움직임이 심하게 요동쳤다.

　1868년 메이지유신과 함께 제국주의 국가로 탈바꿈한 일본은 한국을 비롯해 동아시아를 침략했다. 1876년 강화도조약 이후 일제의 침략이 본격화됐으나 당시 조선 정부는 무기력할 뿐이었다. 민족의 위기 상황에서 1894년에 일어난 의병은 독립운동을 알리는 신호탄이었다. 정부가 존재했으나 나라를 지키지 못하는 상황에서 민이 민족의 자유와 생존을 위해 일어선 것이다. 봉건적 사회질서를 타파하기 위해 일어난 동학농민전쟁도 일본군의 탄압에 저항하면서 반제 민족운동으로 전환되어 갔다. 구시대에 지배를 받던 평민들이 역사의 주체로 떠오른 것이다.

평민의 성장은 의병전쟁 과정에서도 두드러졌다. 유생들이 주도했던 전기 의병과 달리 중기 의병은 평민이 주도했고, 평민 의병장의 확산과 함께 구시대의 신분제도 무너져 갔다. 근대의 본질이 인간 평등의 구현이라면, 서구 문명의 수용만이 아니라 동학농민전쟁이나 의병전쟁 등을 통한 평민의 성장 속에서도 근대화가 촉진되었던 것이다.

200만 명 이상이 참가한 3·1운동에서 평민의 역할은 단연 돋보였다. 평민들이 독립 주권을 외치며 거리로 나선 것은 일찍이 찾아볼 수 없는 일이었다. 그것은 역사의 혁신이었다. 3·1운동에는 남녀노소는 물론이고 신분이나 직업의 귀천도 없었다. 한인이 사는 곳이라면 국내외 어느 곳이든지 하나가 되어 만세운동을 벌였다. 종교계와 학생이 앞장서고 농민과 노동자가 군중을 이루며 어린이·걸인·기생까지 동참하면서 만세운동은 일반 대중에게 확산되었다.

독립운동도 3·1운동이 열어놓은 길을 따라 발전해 갔다. 3·1운동이 민족 총화에 의한 '선언'과 '함성'이라면, 대한민국임시정부 수립은 그 실천이었다. '대한제국'으로 망한 나라를 3·1운동의 힘으로 '대한민국'을 일으킨 것이다. 3·1운동과 대한민국임시정부는 그렇게 평민의 시대를 열어갔다. '영토'와 '국민'이라는 요소는 채 갖추지 못했지만, 대한민국임시정부는 전 민족의 주권 의지를 대표하는 것이었다.

국외의 만주와 러시아령 연해주에서는 독립군 단체들이 조직되어 독립전쟁을 선포하고 국내진입작전을 개시해 나갔다. 압록강·두만강 연안에서 활동하던 독립군 부대가 50여 개에 달했고 규모도 1만여 명이 넘었다. 민병들이 스스로 무장을 갖추고 독립전쟁의 선봉에 섰던 것이다. 독립운동의 대중화와 함께 국내에서는 학생운동·농민운동·노동운동·여성운동·소년운동·형평운동 등 사회 각층에서 총력적으로 독립운동이 전개됐다. 이로써 독립운동은 가히 '르네상스'를 맞이했다. 그것은 평민의 힘이 있기에 가능했다.

50여 년간 독립운동에 참가한 사람들은 500만 명이 넘었다. 1894년 동학농민전쟁(후기)과 의병전쟁에 참가한 1세대를 비롯해 2세대, 3세대, 4세대가 뒤를 이으며 지속적으로 독립운동을 전개했다. 독립운동의 양상도 주·객관적 조건에 따라 세대별로 다양하게 나타났다. 그만큼 독립운동의 내용과 성격이 다원했다.

1세대는 1830~1850년대 전후 출생자들, 2세대는 1870년대 전후 출생자들, 3세대는 1900년 전후 출생자들, 4세대는 1920년 전후의 출생자들이었다. 이들의 학문과 사상, 시대관은 독립운동의 새로운 활력으로 나타났다. 1세대가 전통 학문을 익혀 구시대 안목에서 망국의 변을 극복하려고 했다면, 2세대는 어려서 전통 학문을 익혔으나 청년 시절 격변기를 맞아 신문명을 수용하면서 구시대와 신시대 간의 가교 역할을 담당했다. 1세대의 독립운동이 전통적 의식과 방법에 의한 것이었다면, 2세대는 근대적 독립운동의 포문을 열어간 주체들이었다. 일일이 열거할 수 없지만, 신민회, 대한민국임시정부, 독립군, 국외 한인사회 등의 지도자들이 대부분 2세였다. 3세대는 어려서부터 신학문과 신사상을 접하면서 새로운 사조인 사회주의사상을 독립운동에 접목해 그 폭과 깊이를 더했다. 3세대는 3·1운동에서 만세운동의 전위를 담당했으며, 1920년대 6·10만세운동·광주학생운동의 주역이었다. 이들은 1920년대 이후 2세대와 함께 독립운동의 근간을 이루었다. 4세대는 1940년대 전시체제를 강요받던 상황에서 민족의 양심을 지키며 항일투쟁을 벌였던 학생들을 비롯해, 광복군 등 1940년대 국외 독립군에서 활동한 젊은이들이었다.

독립운동을 세대별로 볼 때, 1세대 의병의 자녀들인 2세대가 계몽주의로 전환해 독립군으로 발전해 갔고, 손자인 3세대는 사회주의사상에 의거해 독립운동을 꾀해가는 다원성을 보였다. 그런가 하면 독립운동을 위한 길이라면 사상의 전환마저 마다하지 않는 경우도 있었다. 이회영이나 신채호 등은 유림 출신으로 근대사상을 받아들여 계몽주의로 전환했다가, 다시 아나키즘의 신사상을 수용해 독립운동의 난관을 극복하고자 했다. 또는 안중근처럼 계몽주의로 출발했다가 의병으로 전환해 간 사례도 있었다. 이처럼 이념과 방략의 다양한 변천상은 독립운동의 발전 과정을 보여주는 것이었다.

가문이나 집단 차원에서 독립운동을 전개한 점도 주목할 필요가 있다. 이상룡·김동삼 등 안동 유림의 가문들과 이회영의 6형제 일가가 망국 직후 서간도로 집단 망명을 단행해 독립군 기지를 개척했으며, 안중근과 조소앙 집안은 국내외 각처에서 활동하며 독립운동 가문의 명예를 세워나갔다. 그것이 한국 독립운동의 진면목이었다.

03 어떻게 발전해 갔는가

독립운동은 어떻게 변천해 갔는가? 먼저 19세기 말 구국운동은 의병전쟁과 계몽운동·의협투쟁 등으로 전개됐다. 의병은 일제의 침략을 맞아 한국의 주권을 지키기 위해 봉기한 민병이었다. 주권은 정부와 관군이 지켜야 하나 자기 몫을 못하는 상황에서 민이 일어났던 것이다. 의병전쟁의 양상은 전기·중기·후기 등 객관적 상황에 따라 변천했다. 전기 의병이 위정척사 의식에 머무른 데 비해 1904년 중기 의병 이후에는 구국의병의 성격이 두드러졌다. 유림이 주도한 전기와 달리 평민 의병장이 등장하면서 의병 양상도 시위의병에서 전투의병으로 전환해 갔다. 활빈당과 같은 농민운동 조직들이 의병에 참가하면서 의병전쟁도 크게 확산됐다. 평민 의병장의 출현으로 신분사회 타파와 평등사상이 크게 고양됐다. 이는 독립운동의 역사가 발전하는 실상이었다. 후기 의병은 고종(광무황제)의 강제 퇴위와 군대해산 등 망국 사태에 직면하여 해산된 군인들이 의병 전선에 참전하면서 국민전쟁으로 변모했다.

1904년부터 전개된 계몽운동은 초기에는 교육과 언론을 통해 국민을 계몽시켜 부국강병을 이루는 것을 목표로 삼았으나, 1907년 신민회 등이 의병의 무장투쟁 방략을 수용하면서 국외 독립군기지 개척을 모색하기에 이르렀다. 계몽운동은 의병의 정의론과 무장방략을 수용하고, 의병은 계몽운동의 근대국가 이론을 받아들이면서 독립군에 합류할 수 있었다.

1910년대 독립운동은 대한제국의 멸망이라는 새로운 조건 위에서 전개됐다. 독립운동 진영은 1910년을 전후해 근거지를 만주와 연해주로 옮겼다. 독립운동의 공간이 국외로 확장되면서 독립운동 또한 국제사회의 변화와 밀접한 관계 속에서 전개되었다. 특히 1911년 중국의 신해혁명, 1914년 제1차 세계대전 발발, 1917년 러시아혁명은 독립운동에 깊은 영향을 미쳤다. 1918년 제1차 세계대전의 종결과 더불어 국제사회는 전쟁의 참화에서 제국주의의 반인류적 과오를 반성하며 힘의 논리에 의한 사회진화론 대신에 인도주의가 부상했다.

3·1운동의 대중화는 독립운동계를 혁신하는 기폭제로 작용했다. 1910년대만 해도 독립운동은 선각자의 몫으로 여겨졌지만, 대중의 물결이 독립운동을 이끌게 된 것이다. 3·1운동에 여성이 참가한 것은 괄목할 일이었다. 가정에 머물던 여성들이 거리로 쏟아져 나와 만세운동을 벌인 것은 남녀평등 시대의 신호탄이었다. 이는 전례가 없는 혁신이었다. 그것도 남성을 돕는 위치가 아니라 여성 스스로 주체가 된 것이다. 대한민국임시정부가 1919년 초안한 '헌법'에서 여성에게 보통선거권을 부여할 정도였다. 민주주의의 선진국이라 일컫는 영국이 1927년에서야 여성에게 보통선거권을 부여한 것과 비교할 때 실로 놀라운 일이었다.

3·1운동에서 천도교·기독교·불교계 지도자들이 민족 독립을 위해 종교 이념의 차이를 초월해 민족주의를 상위에 두었던 것은 독립운동 이념의 특질이 무엇인지를 보여주는 것이었다.

대한민국임시정부 수립은 3·1운동의 주권 의지를 천명한 「독립선언」에 따른 실천의 후속 조치였다. '대한민국' 국호는 "대한으로 망했으니 대한으로 흥하자"라는 뜻에서 명명된 것이다. 이는 대한제국으로 망한 나라를 대한민국으로 일으키자는 것이었다. 그런 점에서 대한민국은 대한제국과 단절된 나라가 아니었다. '대한'을 유지한 채 '제국'을 '민국'으로 바꿨던 것이다. 즉 군주제에서 민주공화정으로 바뀐 것이 대한민국임시정부였다. 대한민국임시정부가 건국 기원을 단군 조선에 두고 개천절을 제정한 것도 그 때문이었다. 반만년의 고유한 역사 문화는 국제사회에서 한국 독립의 정당성을 담보하는 절대적 유산이었다.

1920년대에는 독립운동의 이념과 지도 노선 등도 다양해졌다. 인도주의의 실현 논리로서 자유주의·사회주의·아나키즘 등의 다양한 이념이 민족사회에 수용·확산되어 갔다. 사회주의가 급속히 확대되어 대중화 단계에 들어가면서 자유주의진영과의 마찰도 적지 않았다. 그러나 사상적으로 목표가 달랐어도, 식민지 처지에서 우선된 목표는 독립 달성이었으므로 독립운동계는 민족통일전선으로 모아졌다. 여기에는 코민테른의 통일전선 정책이나 중국의 국공합작과 같은 국제 정세의 기류도 영향을 미쳤다.

1923년 상하이에서 개최된 국민대표회의가 무산된 뒤, 1926년 국내에서 일어난 6·10만세운동을 기점으로 국내외 독립운동계의 통합운동이 다시 점화됐다. 순종(융희황제)의 승하를 계기로 조선공산당과 천도교, 학생들이 연대한 6·10만세운동이 민족대당촉성운동이라는 새로운 지평을 열었던 것이다. 1926년 7월 안창호가 '민족대당촉성운동'을 주창하면서 중국 관내 각처에서 한국독립대당촉성회, 만주에서는 3부 통합운동, 국내에서는 신간회가 성립되기에 이르렀다. 신간회는 농민운동·노동운동·학생운동 등을 지도하면서 국내 민족운동의 구심적 역할을 수행했다. 1929년 광주학생운동은 그런 배경 아래 전국 규모의 독립운동으로 발전할 수 있었다.

1930년대는 전 세계에 몰아닥친 경제공황에 따라 미국·영국·프랑스의 블록경제 체제와 그에 편입되지 못한 독일·이탈리아·일본·스페인 등의 파쇼체제 등 두 유형의 자본주의 구도로 재편되었다. 사회주의진영은 자본주의의 몰락을 예견하면서 1920년대 민족진영과의 통일전선을 버리고 대중적 노동계급에 기반을 두는 방향으로 전략을 수정해 갔다. 반면 일제는 군국 파시즘 체제로 전환하고 군사 침략으로 독점자본의 활로를 찾고자 했다. 그 타개책이 1931년 만주 침공이었다. 이와 함께 일제는 한국에서의 식민지 지배와 수탈 체제를 강화해 갔고, "내선일체", "황국신민화"의 구호 아래 창씨개명과 신사참배를 강요하며 민족말살정책을 감행했다.

1930년대 일제의 만주 침공과 1932년 만주국 성립은 만주 지역 독립운동 세력을 크게 위협했다. 1938년까지 조선혁명군 잔류 부대가 활약했지만, 대부분의 세력들은 중국 관내로 이동할 수밖에 없었다. 1932년 이봉창의 도쿄 의거와 윤봉길의 상하이 의거는 고립무원의 처지에 있던 한국 독립운동계에 새로운 불씨를 지폈다.

1930년대 독립운동의 특징은 이념 중심의 정당 형태로 나타났다. 1920년대 후반 민족대당촉성운동에서 제기된 이념 정당의 형태가 확산된 것이다. 만주의 조선혁명당과 한국독립당, 관내에서의 한국독립당·한국혁명당·신한혁명당·민족혁명당·한국국민당·조선혁명당 등이 그것이다. 이 정당들은 독립운동 역량의 결집뿐 아니라 독립운동의 이념과 노선을 견고케 했다. 1932년 한국대일전선통일동맹이 결성된 데 이어 1935년에는 통일전선 정당인 조선민족혁명당이 탄생했다. 이후 전선통일운동은 중일전쟁을 계기로 1937년 8월 우익 9단체가 연합한 한국광복운동단체연합회가, 같은 해 11월에는 좌익 결집체인 조선민족전선연맹이 결성되었다. 이는 독립운동의 이념과 사상 측면에서 극단적인 좌우 논리를 극복해 나갔다는 데 의의가 있다.

만주 지역에서는 조선혁명군의 잔류 부대가 동북항일연군의 유격부대와 공동전선을 통한 항일투쟁을 벌였다. 코민테른 7차 대회 이후 중국공산당에 의한 반일민족통일전선이 강화되면서 동북인민혁명군이 동북항일연군으로 발전해 갔고 한인 공산주의 세력은 극좌 노선에서 벗어나 1936년 통일전선체인 재만한인조국광복회를 결성했다.

국내에서는 신간회 해체 이후 학생운동과 노동·농민운동이 독립운동을 계승했다. 일제 군국주의의 파쇼통치를 받던 상황이므로, 조직은 주로 비밀단체의 형태로 결성되었다. 대중운동은 혁명적 농민조합운동과 노동조합운동으로 전개되면서 정치투쟁으로 발전해 갔다.

1940년대 전반은 이른바 전시체제 아래 일제의 강압적 지배와 탄압이 극심하던 때지만, 한편으로는 일제의 패망이 예견되어 독립 의지를 다져가던 시기이기도 했다. 이에 따라 독립운동계는 대오를 통일하면서 독립전쟁을 강화해 나갔다.

1940년대 국내외 독립운동 세력은 중국 관내의 임시정부와 화북조선독립동맹,

국내의 조선건국동맹 등 크게 세 그룹이었다. 1920년대 중반 이후 지도적 위치에서 밀려났던 임시정부는 1940년대 민족혁명당을 포용하면서 구심력을 회복하고 정부로서의 상징성과 함께 중국 정부의 전폭적 지지를 얻어 독립운동 세력을 결집해 갔다. 독립운동계의 좌우 대표 정당인 한국독립당과 조선민족혁명당 역시 계급적 노선을 고집하지 않았다. 이들은 서로의 논리를 수용하면서 이념 차이를 극복해 나갔다. 조선의용대 일부가 임시정부의 광복군에 편입될 수 있었던 것도 그런 배경이 있었기에 가능했다.

조선의용대 일부는 화베이로 진출해 옌안에서 화북조선청년연합회를 결성했고 화북조선독립동맹으로 개편되었다. 화북조선독립동맹은 스스로를 독립운동의 지방 단체로 규정하면서 임시정부의 대표성을 인정했다. 화북조선독립동맹은 공산주의 성향이었지만 이념과 노선이 임시정부의 강령과 크게 다르지 않았다.

조선건국동맹은 1944년 8월 일제의 패망을 예견하며 여운형이 주도해 국내에서 결성한 비밀단체였다. 조선건국동맹은 충칭의 임시정부와 옌안의 화북조선독립동맹과 연락원을 파견했고, 임시정부도 화북조선독립동맹과 긴밀한 연락을 주고받는 등 국내외 독립운동 세력의 통일이 추진되고 있었다. 그런데 이런 노력이 결실을 맺기 직전인 1945년 8월 일제가 패망하면서 광복을 맞았다.

04 방략과 이념이 다원했다

독립운동에는 국경이 따로 없었다. 국내는 물론이고 국외에서도 한인이 있는 곳이라면 어디든지 독립운동이 일어났으며, 일본에서도 한국 독립운동이 전개됐다. 지역의 조건과 특성에 따라 독립운동의 양상도 다양하게 나타났다. 만주에서는 한인사회를 기반으로 독립군이 일어났고, 중국의 상하이와 충칭 등에서는 독립운동을 통할하려던 임시정부가 활약했으며, 미주의 한인들은 독립운동을 재정적으로 지원했다. 그리고 자유주의·사회주의·공산주의·아나키즘 등 민족 독립을 위한 이념이 다양하게 제기되는 가운데 연해주 등지에서는 사회주의 계열의 민족운동이 고양됐다. 일제의 직접 지배를 받아야 했던 국내에서는 만세운동·비밀단체·대중운동·학생운동 등 남녀노소 가릴 것 없이 민족총력에 의한 독립운동이 전개됐다.

이념이 다양했던 만큼 독립운동 방략도 다양했다. 구국운동 과정에서 의병의 무장투쟁 방략이 있었다면, 계몽운동의 사회진화론적 방략도 함께 추구됐다. 의병과 계몽운동은 이념과 방략에서 대립했지만, 망국을 전후로 합류해 국외 독립군기지 개척과 독립군 형성이라는 변증법적 발전을 이끌어낼 수 있었다.

의병의 방략은 의협투쟁으로 이어지고, 이는 다시 의열투쟁으로 발전해 갔다. 의열투쟁이란 무력으로 열세한 상황에서 소수의 인원으로 적에게 타격을 입히는 일종의 특공작전과 같은 것이다. 안중근 의거 이래 강우규 의거, 김상옥 의거, 나석주 의거, 이봉창 의거, 윤봉길 의거 등에서 보듯이, 의열투쟁은 독립운동의 어려운 고비마다 새로운 활로를 열어주었다.

의열투쟁은 분명히 '테러'와 분간할 필요가 있다. '테러'가 무고한 양민의 희생을 수단으로 삼는 반인류적이고 반인도주의적인 행위인 데 반해, 의열투쟁은 인류의 자유와 정의를 파괴하는 제국주의 침략의 원흉만을 표적으로 삼았다는 점에서 근본적으로 다르다. '테러'가 흉악한 '유괴범'이라면, 의열투쟁은 강도 퇴치에 앞장 선 '정의의 사자'였던 것이다. 테러는 어떠한 경우라도 정당성을 담보할 수 없지만, 의열투쟁은 정당한 가치와 의미를 지니고 있다. 이토 히로부미(伊藤博文)를 처단한 안중근을 동양평화의 수호자로 높이 평가하는 이유도 거기에 있다. 중국 하얼빈에 안중근의사기념관이, 중국 상하이 홍커우공원(현재 루쉰공원)에 윤봉길의사전시관이, 윤봉길이 순국한 일본 가나자와에 윤봉길의사암매장비와 순국기념비가 세워진 것은 의열투쟁이 테러가 아님을 명백히 증명하고 있는 것이다.

독립운동의 근대적 정치 이념은 1919년 3·1운동과 함께 임시정부가 수립되면서 체계적으로 정리되어 갔다. 3·1운동을 계기로 국민주권주의가 보편화된 것이다. 대한민국임시정부는 나라를 잃은 상태라 부득이 국외에 세워졌지만, 27년간 민족 구심체로서 광복의 그날까지 독립운동을 이끌었다. 한민족이 제2차 세계대전의 와중에 국제사회로부터 독립을 인정받은 것은 그 같은 독립운동이 있기에 가능했다.

05 근대화를 촉진하다

　　독립운동은 항일투쟁에 그친 것이 아니었다. 독립운동은 민족문제를 해결하는 과정이었지만 근대화를 동시에 이루어가는 과정이기도 했다. 대한제국으로 망한 나라를 대한민국으로 새롭게 세운 것이 독립운동이지만 봉건적 잔재를 청산하고 민주주의를 구현한 것도 독립운동이었다. 평민이 역사의 주체로 부상하면서 독립운동과 근대화는 불가분의 관계를 이루었다. 독립운동을 전개하면서 근대의 길을 개척해 갔던 것이다. 식민지 노예의 삶에서 근대화가 진전됐다는 이른바 식민지근대화론은 역사를 어지럽히는 궤변에 불과할 뿐이다.

　　민족운동을 통한 근대화 현상은 동학농민전쟁에서 발원하고 있었다. 봉건적 사회질서를 타파하기 위한 동학농민전쟁은 일제 침략을 맞아 반제 민족운동으로 전이되어 갔으며, 의병전쟁과 함께 3·1운동의 원류로 작용했다.

　　3·1운동의 물줄기는 구시대와 신시대를 나누는 분수령이었다. 1910년대에는 복벽주의 이념, 입헌군주론의 보황주의(保皇主義), 국민주권주의 이념 등이 혼재했다. 그러나 3·1운동 이후 군주를 따르는 백성이 아니라 국가의 주인으로서 자리 잡아 갔다. 그리고 농민과 노동자, 백정 등 사회 각 계층으로 독립운동이 확산되고 대중화 현상이 가속화되면서 독립운동의 근대성도 제고되었다.

　　근대국가를 지향한 민족적 의지는 3·1운동을 계기로 국내외에 7개의 임시정부가 수립되면서 뚜렷이 나타났다. 모든 임시정부는 민주공화국을 표방했다. 임시정부는 민주주의 이념과 공화주의 정치를 표방하면서 한국 근대사 발전에 새로운 지평을 열었다. 임시정부가 지향한 민주주의는 당시 세계를 제패하던 제국주의 방식을 극복하고, 인류의 자유와 평화의 실현을 지향했다는 점에서 세계사적으로도 귀중한 가치를 지니는 것이었다.

독립운동계도 어느 한 사상에 치우치지 않고 자유주의·사회주의·공산주의·아나키즘 등을 독립 사상에 접목해 이념과 사상을 뛰어넘어 연대하는 자취를 남겼다. 3·1운동 때 종교 이념을 초월해 독립을 추구해 갔던 민족적 경험이 1920년대 중반에는 정치·사회 사상을 초월한 새로운 지평을 열어나갔다. 1920년대 후반 민족통일전선을 지향한 중국 관내의 민족대당촉성운동, 만주 지역의 민족유일당운동, 국내의 신간회운동 등은 그런 노력의 산물이었다. 또 외래 사상을 그대로 수용하기보다는 이회영의 자유사상, 안창호의 대공주의, 조소앙의 삼균주의 등 민족의 처지에 맞게 독창적으로 이론을 정립했다. 이와 같은 독립사상은 광복 후 자유와 평등이 보장되는 민주 체제 수립의 이념적 기반이 됐다.

독립운동에서 보여준 민족주의는 특정한 정치사상에 갇히지 않고 인류의 자유와 평화를 위한 길을 향해 열려 있었다. 독립운동은 민족주의·국제주의·세계주의를 갈등과 대립의 관계가 아니라 민족주의가 진정으로 발전할 때 국제주의·세계주의가 꽃피울 수 있음을 보여주었다. 김구가 지향한 민족주의는 한국의 독립운동을 세계 차원의 인도주의 운동으로 자리매김하는 기반으로 작용했다. 즉 독립운동의 가치는 식민지 해방이라는 일차적 목표뿐 아니라, 제국주의의 반인류적 행위를 퇴치하고 인류의 자유와 정의를 지키기 위한 인도주의 운동으로 정립할 수 있었던 것이다.

06 왜 평화운동인가

독립운동과 1945년 광복 그리고 1948년 대한민국 정부 수립의 관계를 정립하는 문제는 여전히 과제로 남아 있다. 과연 광복은 독립운동으로 일구어낸 것인가, 아니면 일제 패망에 의해 얻어진 산물인가? 독립운동으로 광복을 이뤘다고 하기에는 힘이 부족했던 것이 사실이고, 일제 패망에 의해 얻어진 것이라면 독립운동의 가치가 설 자리가 없기 때문이다. 그러나 독립운동과 광복, 대한민국 정부 수립의 문제를 힘의 논리로 볼 것인가, 아니면 인류평화적 기준에서 볼 것인가에 따라 그 해석과 평가는 달라질 수밖에 없다.

그동안 독립운동에 대한 시각은 '일제 침략에 맞서 나라를 되찾는 것'에 초점을 맞춰 투쟁사로서의 관점이 강조되어 왔다. 그러다 보니 독립전쟁사에서 일본군과 싸워 이긴 것만을 앞세우는 경향이 있었던 것이 사실이다. 그러나 '제국주의를 퇴치하는 평화운동'이라는 관점에서 보면, 이기고 지는 문제를 넘어 인류의 자유를 파괴한 일제의 퇴치를 위해 독립운동이 무엇을 했는가라는 본질적 문제에 마주치게 된다.

독립운동가들은 한국의 독립이 동양평화, 나아가 세계평화를 이루는 첫걸음이라 여겼다. 동양평화, 세계평화를 이루기 위해 한국 독립이 필요하다고 인식한 것이다. 독립운동들은 "민족의 자유 없이 세계평화가 있을 수 없으며, 세계평화 없이 민족의 자유가 없다"라며, 한국의 자유 독립과 세계평화를 필수불가결의 관계로 파악했기 때문이다.

일제는 한국 독립만이 아니라 인류평화를 위해 반드시 퇴치해야 할 대상이었다. 과거 제국주의 열강이 전쟁과 침략을 앞세우며 주장했던 평화는 진정한 평화가 아니었다. 그것은 침략을 속이거나 합리화하는 거짓 평화였다. 20세기 초 '동양평화를 위해 한국과 만주를 지배해야 한다'는 것이 일제의 침략 논리였다. 1904년에 일어난 러일전쟁은 그렇게 해서 일어난 침략전쟁이었다. '힘의 논리'를 앞세운 제국주의는 분명 반인류적이었다. 그들의 정의는 힘이며, 힘이 곧 정의였다. 그들은 힘을 앞세워 인간의 자유를 유린하며 세상을 어지럽혔다.

자유와 평등을 향한 한국인의 의지는 나라가 망한 뒤 자연스럽게 독립운동을 통해 전승됐고, 3·1운동에 이르러 국제사회를 향해 진정한 세계평화를 외칠 수 있었다. 3·1운동의 평화사상은 국내외 각처에서 공표한 수많은 「독립선언서」에서 뚜렷이 제시됐다. 정의·인도·자유·평등·평화를 표방한 각 선언서는 3·1운동의 근본정신을 이뤘다. 인류가 제국주의 침략에 신음하고 있을 때 3·1운동은 피압박민족해방운동의 선구로서 약소민족의 독립과 평화의 길을 연 역사의 등불이었다.

한용운은 「조선 독립의 서」에서 인류가 추구할 최고의 가치로 '자유와 평화'를 설정하고, 이는 인류의 권리이자 의무라 정의했다. 또 평화의 정신은 평등에 근거하며 평등은 자유의 짝이라면서, 자유는 평화를 지키고 평화는 자유를 만드는 것이라 했다. 인간에 대한 평등주의, 사회에 대한 평등주의에 바탕을 둔 평화를 설정한 것이다. 그렇기 때문에 그는 무력으로 정의와 인도를 저버리는 것은 평화가 아니라고 하며, 평화를 위한 전쟁을 인정하지 않았다.

1919년 파리강화회의에 한국의 독립 문제를 제기한 것도 자유와 평등에 기초한 평화운동의 실천이었다. 파리강화회의는 당시 제1차 세계대전 당사국뿐 아니라 약소민족의 관심이 집중된 무대였다. 특히 약소민족들은 미국 대통령 윌슨이 제창한 식민지의 민족자결 문제를 독립의 기회로 삼고자 했다. 독립을 열망하던 한국을 포함한 30여 개의 약소민족들은 파리강화회의에 자신들의 독립 문제가 상정되길 바라면서 각종 청원서를 올렸고, 강화회의가 열리는 파리에 대표단을 파견해 국제외교 활동을 펴기도 했다. 그들이 내세운 명분은 약소민족의 진정한 민족자결을 위한 국제사회 정의의 실현이었다. 그러나 파리강화회의는 승전국 식민지의 민족자결 문제를 철저히 외면하고 말았다.

그럼에도 한국의 독립운동은 세계평화를 최고의 목표로 삼았다. 인류평화의 지향은 제국주의 침략으로부터 자유를 지키기 위한 것이라 여겼기 때문이다. 윤봉길 의사도 자신의 의거를 단지 "한국 독립만을 위한 것이 아니라 제국주의가 멸망하는 날 약소민족의 해방을 위해 전개한 것"이라고 표명한 바 있었다. 한국의 독립은 일본과 한국의 문제에 그치지 않고 제국주의의 종말과 함께 달성할 수 있는 일로 인식한 것이다. 즉 한국의 독립운동은 반인류적 제국주의 침략에 맞서 인류의 자유와 정의를 수호한 평화운동이었고 인도주의운동이었다. 그래서 민족의 자유와 인류평화는 한국 독립운동의 상징이자 표상이었다.

강만길 외. 2000. 『우리민족해방운동사』. 역사비평사.

김상기. 1997. 『한말의병연구』. 일조각.

김영범. 2010. 『혁명과 의열』. 경인문화사.

김희곤. 2015. 『임시정부 시기의 대한민국 연구』. 지식산업사.

박은식. 1920. 『한국독립운동혈사』.

박찬승. 2014. 『한국독립운동사』. 역사비평사.

반병률. 2019. 『통합임시정부와 안창호. 이동휘. 이승만』. 신서원.

신용하. 2017. 『한국근대민족운동사 연구(개정판)』. 일조각.

윤병석. 1990. 『독립군사』. 지식산업사.

이만열. 2007. 『한국 근현대 역사학의 흐름』. 푸른역사.

조동걸. 2010. 『역사란 무엇인가』(우사조동걸저술전집 01). 역사공간.

_____. 2010. 『한국독립운동사 총설』(우사조동걸저술전집 03). 역사공간.

최기영. 2003. 『한국 근대 계몽사상연구』. 일조각.

한시준. 2016. 『대한민국 임시정부의 지도자들』. 역사공간.

1강 일제강점기 통치의 성격과 특징

박맹수

01 일제의 식민지 지배체제와 통치

　일제의 한국 식민지배의 특징은 통상적인 경제 수탈에 그친 것이 아니라 민족문화까지도 말살하고자 했다는 점이다. 일제강점기 35년 동안 통치 방식은 주관적·객관적인 상황에 따라 여러 번 바뀌었지만, 한국을 '완전히, 영구히' 직접 지배하려는 속셈은 변함없었다. 일제는 자신들의 자본주의 발달과 침략전쟁을 위해 식민지 한국의 인적·물적 자원을 마음대로 앗아갔고, 한국인의 민족성과 민족문화, 민족의식을 말살해 일본인으로 만들고자 획책했다. 1910년 8월 「한일병합조약」과 일왕 메이지(明治)의 조서 등을 통해 "한국의 '병합'은 동양 평화를 영원히 하고자 한 것이며, 양국 국민의 행복을 증진시키기 위한 것"이라 떠벌였지만 생색내기용일 뿐이었다.

　흔히 제국주의 국가의 식민지 통치는 크게 두 가지 유형으로 나뉜다. 하나는 간접적인 통치 방식으로 실질적인 지배권만 갖고 식민지의 자주적 발전을 표방하는 것이다. 다른 하나는 '동화정책'으로 식민지의 제도와 풍습을 본국과 일체화하는 것이다. 일제는 동화정책을 펴서 식민지에 총독부를 두고 직접 통치해 한국인을 완전히

1910~1919년	1919~1932년	1932~1941년	1941~1943년	1943~1945년
총독관방	총독관방	총독관방	총독관방	총독관방
총무부				
사법부	법무국	법무국	법무국	법무국
내무부	내무국	내무국	시정국	-
탁지부	재무국	재무국	재무국	재무국
농상공부	신산국	식산국	식산국	농상국
	학무국	학무국	학무국	학무국
	경무국	경무국	경무국	경무국
		농림국	농림국	-
			후생국	-
				광공국

일제강점기 조선총독부 조직의 변화

일본인화하고자 했다.

식민지배의 수장인 조선 총독은 일왕에게 직접 예속된 독립기관의 책임자로서 일본의 관제상 최고의 친임관(親任官)이었고, 본국의 내각총리대신, 각부 대신 및 대심원장(大審院長)과 같은 지위였다.

총독은 식민지 조선의 입법·사법·행정 등 3권을 독점했다. 특히 한국에서 시행되는 법률을 총독의 명령, 즉 제령(制令)으로 대신할 수 있었다. 조선총독부 관제는 총독관방을 비롯해 각부와 소속 관서 등 행정·사법 기관이 설치되었다.

역대 조선 총독들은 대개 일본의 육해군 대장 출신으로 매우 안정적인 지위에 있었고, 부임하기 전에 이미 조선군사령관을 거친 경우도 있었다. 일제강점기 동안 8명

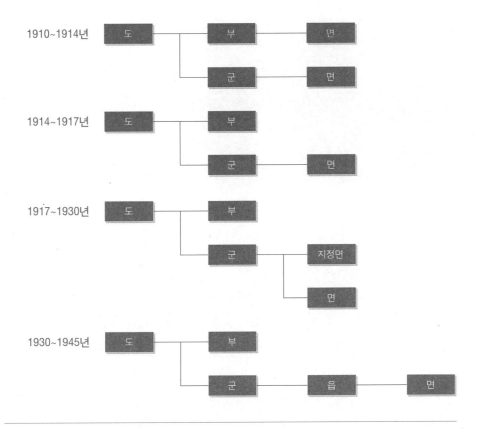

1910~1914년	도 ─ 부	면
	군	면

일제강점기 지방행정 조직의 변화

의 총독이 임명되었는데 해군 대장 출신 사이토 마코토(齋藤實) 총독을 제외한 모두가 육군 대장 출신이었다. 1920년대 이른바 문화정치기에 문관 출신도 총독에 임용할 수 있도록 바뀌었지만, 실제로는 무관 출신만 임용되었다. 총독들은 대체로 퇴임한 후에는 내각총리대신으로 부임했다. 그만큼 조선 총독 자리는 그들의 정치적 입지에 큰 영향을 끼쳤다.

그 밑의 정무총감은 총독을 보좌하는 최고 직책으로, 정무를 총괄하고 조선총독부 각 부·국의 사무를 감독했다. 이들은 총독과 함께 한국에 들어와 임기를 같이하는 경우가 많았다. 이런 이유로 정무총감은 대개 조선 총독과 정치적으로 친분이 있는 사람이 임명되었고, 정책적으로 총독을 뒷받침해 주었다.

함경북도 경무부와 경성헌병대 본부

일제는 전국을 기존의 1수도 13도 11부 317군에서 수부였던 경성부를 격하해 13도 12부 317군으로 바꾸었다. 도장관은 대부분 일본인을 임명하고는 한국인들의 반발을 의식해 참여관을 두었다. 참여관은 도장관의 자문에 응하거나 임시로 명을 받아 사무에 복무한다고 되어 있지만 아무런 실권이 없었다. 단지 친일적인 한국인을 체제 내로 끌어들이는 역할을 했을 뿐이다. 군수는 한국인이 임명되었지만 이 또한 행정적 실권은 일본인 내무국장이나 재무국장이 쥐고 있었다. 한국인 군수는 행정의 핵심에서 배제된 것이다. 일제는 지방행정 조직의 말단에 새롭게 면을 두었다. 종래에 군을 중심으로 편성되었던 지방행정 체제가 면 체제로 개편되면서 향촌 사회가 완전히 붕괴되었다. 이는 일제가 식민지 통치 권력을 지방 구석구석까지 미치게 하려고 했기 때문이다. 이에 면장은 전직 관료나 지방 유지들로 채워 넣어 이들을 친일 세력으로 끌어들였다.

조선의 치안은 경술국치 이전부터 헌병경찰에게 맡겼다. 일제가 「을사늑약」을 빌미로 통감부를 두어 한국을 '보호국'이라는 반식민지로 통치한 것은 치안을 우려했기 때문이다. 한반도 전역에서 의병이 일어나자 일제는 이에 대처하고자 1907년 10월 '한국 주차 헌병에 관한 건'을 발포해 일본군 제14헌병대를 한국주차헌병대로 개편하고 경찰권을 장악했다. 경술국치 이후 일제는 지방의 경무부 등의 경찰기구를 총독의 직속 기관으로 예속시켰다. 이러한 헌병경찰 제도는 지휘·명령 계통이 일원화되어 통치에 효율적이고 경비도 적게 들었다. 하지만 헌병경찰의 억압적인 탄압은

용산 일본군사령부 전경

되레 한국인들을 자극했고 3·1운동의 한 요인으로 작용했다. 결국 이후 헌병경찰제는 보통경찰제로 전환되었다.

한국에 주둔하고 있었던 일본군 즉 '조선군'은 통감부 시기에 1개 사단 규모였는데, 1915년에는 2개의 정규 사단으로 늘어나 용산과 함경북도 나남에 본부를 두었다. 조선군은 전국의 주요 도시에 연대 또는 대대 병력으로 배치되었다. 더불어 일제는 경상남도 진해만과 함경남도 영흥만에 해군기지를 두어 한반도를 완전히 장악했다. 조선군은 1937년 7월 중일전쟁 이후 전시 동원 체제가 본격화하면서는 식민지 통치의 주도권을 쥐게 되었다.

일제가 한국인을 동화하고자 가장 역점을 둔 것 중 하나가 교육이었다. 일제는 1911년 8월에 '제1차 조선교육령'을 발표하면서 한국에서의 교육 목표를 '충량한 제국 신민의 육성'에 두었다. 이는 일제의 식민지 통치에 저항 없이 순응하는 한국인을 만들겠다는 의지의 표명이었다.

하지만 일제의 동화 원칙은 3·1운동 이후 좀 더 적극적으로 변화했다. 1919년 8월 일왕은 한국인과 일본인을 '천황의 적자(嫡子)'로서 전혀 차별하지 않고 '일시동인(一視同仁)'의 입장에서 통치하겠다고 천명했고, 이것은 이후 한국 통치의 기본 입장으로 간주되었다. 당시 하라 다카시(原敬) 내각총리대신은 한국에서의 식민 통치 원칙으로 '내지연장주의'를 내세웠다. 이는 일본 본국의 법이나 제도뿐만 아니라 문화, 언어를 비롯한 모든 부분을 식민지인 한국에 적용하겠다는 것으로, 결국 동화의 방침을 다시 한번 확인하는 내용이었다.

이러한 동화주의의 식민지 통치는 1930년대 전반 우가키 가즈시게(宇垣一成) 총독이 '내선융화(內鮮融和)'를 외치면서 더욱 강화되었다. '내선융화'는 이미 1920년대 사이토 총독이 제기한 바 있지만, 당시는 '내지연장주의'에 입각한 일반론적인 의미에 불과했다. 이에 반해 우가키 총독은 한국과 일본이 일체가 된 신일본 민족을 탄생시키기 위해 한 그릇에 담겨 있는 물과 기름의 관계인 한국의 민심을 교정해야 한다고 주장했다.

1936년 8월에 조선 총독으로 부임한 미나미 지로(南次郎)는 1937년 7월 중일전쟁을 전후로 '내선일체론'을 한국에 대한 통치 이념으로 삼았다. 이에 따라 식민 통치는 한국의 민족과 문화를 말살하는 데 집중되었다. '내선일체론'의 핵심은 한국인들을 정신적인 면은 물론이고 모든 면에서 완전한 일본인, 진정한 황국신민(皇國臣民)을 만들어 '대동아공영권(大東亞共榮圈)'의 추진력으로 삼고자 한 것이다. '대동아공영권'이란 제2차 세계대전 중이던 1940년 이후 일제가 동남아시아를 포함한 전 아시아에 대한 지배를 목표로 내세운 슬로건이다. 여기에

황국신민화 정책을 강화하기 위해
선전한 국민정신총동원 포스터

는 일제가 한국을 대륙병참기지로 만들려는 군사적·경제적 요구를 이념적으로 뒷받침하려는 의도가 내포되어 있었다. 한국인들의 민족의식을 완전히 말살해 일제 식민정책에 대한 반발과 반항을 마비시켜 자신들의 침략전쟁에서 징용·징병과 수탈을 자행하고자 한 것이다.

이를 위해 일제는 '내선일체'를 강조했고, 한국인을 완전한 '황국신민'으로 만들 필요가 있었다. 일제는 만족할 만큼의 '황국신민화'가 이루어지지 않으면 그 어느 것도 이룰 수 없다는 절박함이 있었다. 일제의 '내선일체' 주장은 1930년대 중반 이후 한국 내의 민족해방운동이 명맥을 유지하기조차 어려운 상황 속에서 많은 친일 한국인들을 만들어냈다.

하지만 일제의 동화정책은 허울에 불과해 한민족은 절대로 일본인과 동등한 위치에 설 수 없는 하급 일본인으로 편입되는 데 불과했다. 또한 한민족 문화와 전통을 파괴하고 단절시켜 많은 한국인들의 심리적 좌절감과 패배 의식을 확대·재생산해 냈다.

02 1910년대 식민지 통치 기반의 구축

일제는 의병운동 등 한국인들의 저항을 무력으로 진압해 한국을 식민지로 만들고는, 헌병경찰제를 통해 모든 한국인을 감시하고 치안을 유지하는 억압적인 정책을 펼쳤다. 그 때문에 흔히 1910년대 일제의 식민 통치를 '무단통치' 시기라 한다. 이 시기는 총독 이하 대부분의 식민 주체들이 일본의 육군 출신이었기 때문에 폭력성과 야만성을 드러냈다. 또한 일제는 한국을 만주로 진출하기 위한 전략적인 거점으로 생각하고 있었기 때문에 한국 내의 안정, 특히 민족적 저항을 철저히 억압했다.

일제는 한국을 식민지로 만들고 겉으로는 근대적 문물제도를 도입한다고 선전했지만, 실제는 언론·출판·집회·결사 등 조선인들의 기본적 자유권을 부정했다. 1910년 8월 경술국치 직전 '집회 취체에 관한 건'을 제정해 정치 집회, 옥외 민중 집회 등을 완전히 금지했다. 또한 1907년 7월에 만든 '보안법'을 확대 적용해 한국 내의 거의 모든 단체를 해산시키고, '신문지법'·'출판법'을 확대 적용해 신문과 잡지 등의 출판물을 강제 폐간시켰다. 그 대신에 일제는 ≪매일신보≫, ≪경성일보≫ 등 조선총독부의 기관지 역할을 하는 어용 신문을 새로 발간했다.

일제의 식민지 교육은 식민지 통치의 근본인 동화정책을 관철하기 위한 중요한 수단이었다. 1911년 8월 공

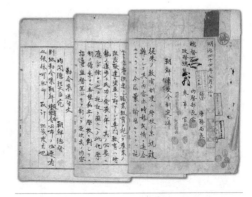

'제1차 조선교육령' 초안본

포한 '제1차 조선교육령'에서 나타나는 "충량한 국민을 육성"한다는 일제의 교육 목표는 식민지 통치 기간 내내 변함없었다. 일제는 사립학교 허가제를 골자로 그해 10월 '사립보통학교 규칙'을 공포해, 민족주의 성향을 가진 한국인이 경영하는 사립학교를 폐쇄시켰다. 반면에 공립학교 등 식민지 교육기관을 확충해 한국인들에게 식민지 통치에 불편하지 않을 정도의 지식과 기술만 가르쳤다. 더욱이 1918년 2월에는 '서당규칙'을 만들어 공립보통학교를 확장할 목적에서 서당 감독을 강화하고 개량 서당의 설립을 방해했다. 당시 일제는 '사립학교법'을 피해 설립된 민족교육의 온상이던 서당을 통제하고자 한 것이다.

1910년대 일제의 통치 정책으로 가장 대표적인 것이 '토지조사사업'이었다. 이는 일제의 식민 통치 정책의 기반을 조성하는 데 목적이 있었다. 1912년 8월 '토지조사령'이 공포되면서 본격화된 이 사업은 1918년 12월에 일단락되었다. 일제는 이 사업에 2년분의 지세에 해당되는 막대한 예산을 투입했다. 일제는 정확한 측량을 통해 지적을 작성해 지세 부담을 공평하게 하고, 소유권을 보호해 매매·양도를 원활하게 하며, 토지의 개량과 이용을 자유롭게 하여 토지의 생산력을 증진시키고자 한다고 선전했지만 허울에 불과했다. 실제 목적은 종래 한국의 전근대적인 토지 소유 관계를 조사해 일제 자본의 토지 점유에 적합한 토지소유증명제도를 확립하고, 그 과정에서 많은 토지, 특히 국유지를 조선총독부 소유로 귀속시키는 데 있었다.

이렇게 탈취된 상당한 토지는 동양척식주식회사와 이주한 일본인에게 불하했다. 이를 통해 지주가 된 일본인들은 식민 통치의 첨병 역할을 했다. 물론 한말에도 토지 사유권이 확립되어 토지의 자유로운 매매는 이루어지고 있었다. 다만 사유권을 법

토지 조사를 위해 측량하는 모습

제적으로 보장하는 증명제도가 불충분했을 뿐 아니라, 토지에 농민층의 여러 권리가 딸려 있었다. 그런데 이를 모두 무시한 채 토지사유권에서 지주의 권리만을 인정하고, 그 외의 농민의 권리는 모두 배제했다. 이로써 일제는 토지 점유를 용이하게 하는 한편, 러일전쟁 이후 많은 토지를 집적하고 있던 일제 자본의 토지 점유를 합법화했다. 일제는 조선 후기 이래 성장하고 있던 농민들의 관습상의 경작권·개간권·도지권·입회권 등은 철저히 부정하고 오로지 지주의 사유권만을 인정한 것이다. 이에 많은 농민의 토지는 국유지로 강제 편입되거나 지주의 소유지로 바뀌었다. 결국 토지조사사업은 식민지 지주제의 발전과 농민층의 분화·몰락을 촉진하는 계기가 되었다.

이와 더불어 일제는 1914년 7월 시행된 '지세령'을 통해 식민 통치를 위한 조세수입을 증가시켰다. 당시 지세는 과세 중 55%를 차지했다. 일제는 '지세령'에 따라 세율을 40% 인상하고 지세 납부자를 지주로 확정했는데, 이는 소작농과의 직접적 대립을 피하고 지주층을 식민지 지배체제 내로 끌어들이고자 한 것이다. 그뿐 아니라 1918년 7월에는 '지세령 시행규칙'을 개정해 지가주의에 따라 지세를 확대하여 징수액이 56%나 급증했다.

한편 일제는 '회사령'을 비롯한 여러 법령을 통해 민족 산업을 억압했다. 회사 설립을 조선 총독의 허가 사항으로 규정해 한국인의 자본 육성을 억제하고자 했다. 이에 동양척식주식회사 및 조선은행의 경영 의도와 저촉되지 않는 극소수의 기업만이 활동할 수 있었다. 이와 달리 일제는 철도·도로·통신 정비에는 매우 적극적이었다. 이는 일제가 한국을 대륙 진출의 발판으로 삼고자 사회간접자본에 적극 투자한 결과였다. 이 밖에도 1911년 6월 '조선어업령'과 1915년 12월 '조선광업령' 등을 공포해 한국인들의 경영을 각종 규제를 통해 억제하는 한편, 일본 자본의 한국 진출을 적극 지원하여 어업과 광업을 사실상 일본인 중심으로 재편성했다.

동양척식주식회사

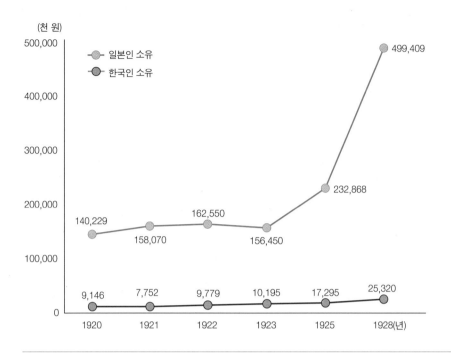

(천 원)

- 일본인 소유
- 한국인 소유

499,409

140,229
158,070
162,550
156,450
232,868

9,146
7,752
9,779
10,195
17,295
25,320

1920   1921   1922   1923   1925   1928(년)

조선 내 본점을 둔 회사들의 자본금 비교

　민족자본의 성장이 더딘 가운데 한국인 노동계층의 성장은 미미했지만, 일제의 민족적 차별에 따른 가혹한 노동조건에 점차 민족적으로 각성하기 시작했다. 특히 제1차 세계대전이 끝난 후 일제의 과잉 자본이 한국에 들어오면서 공업이 활성화되어 한국 노동자들도 크게 증가했다. 이에 1910년대 말에는 한국인 중심의 노동조합이 결성되었고 노동쟁의도 발생했다.

　한편 일제는 민족운동을 철저히 탄압했다. 경술국치 이전 무력 수단을 동원해 의병운동을 진압했던 일제는 국치 직후인 1910년 12월 '안악사건', 1911년 1월 '데라우치 총독 암살미수 사건' 등을 날조하여 수백 명의 독립운동가들을 체포·투옥했다. 이러한 가혹한 민족운동가 탄압은 일제 통치에 대한 한국 민중의 저항을 단념시키기 위한 하나의 상징적인 조치였다. 그렇지만 한국인들의 국권회복운동과 독립투쟁은 국내외에서 계속되었다.

　한국인들의 거족적인 저항은 1919년의 3·1운동으로 표출되었다. 이는 1910년대 일제 식민지 통치에 대한 한국인들의 불만이 폭발한 것이었다. 10년간의 일제 식민지 통치가 보여준 억압과 약탈에 대한 불만이 폭발했기 때문이다. 경술국치 이후 10년에 걸친 무단통치와 토지조사사업과 '회사령'으로 대표되는 착취 정책에 항거하기 위해 일어난 것이 3·1운동이었다.

03   1920년대: 일제의 경제 수탈 강화와 민족 분열 획책

3·1운동 이후 일제는 한국인들의 저항을 무마하고 진정시키고자 식민 통치 방식을 바꿨다. 이에 1920년대 일제의 식민지 통치는 1910년대에 비하면 표면적으로 상당히 유연해졌지만, 내면적으로는 민족 분열을 꾀해 식민지 지배를 안정시키려는 술책에 불과했다. 따라서 1920년대 일제의 정책은 식민지 지배를 강화하고 이를 은폐하려는 허구에 다름 아니었다.

먼저 일제가 문관도 총독에 임명될 수 있도록 규정을 개정한 점을 살펴보자. 결론부터 말하면 식민 통치가 끝날 때까지 한 번도 그리 된 적이 없었다. 같은 시기 일제의 또 다른 식민지였던 타이완에는 문관 총독이 임명된 것과 대조된다. 타이완과 한국은 일제와의 관계에서 근본적으로 달랐고, 한국을 대륙 침략의 발판으로 삼았다는 측면에서 일제가 인식하는 중요성도 달랐다. 또한 한국의 경우 타이완에 비해 식민 통치 기간이 짧기 때문에 식민지배의 성숙도에서도 차이가 있었다. 또한 1920년대 조선총독부를 장악하고 있었던 일본 육군 세력의 존재에서도 나타나듯이 침투 정도도 달랐다. 문관 총독의 임명이 가능해졌지만 그리 되지 못한 것은 일본 군부의 영향력 때문이었다. 이는 일제의 한국 식민 통치가 그만큼 억압적이었음을 보여준다.

두 번째는 1910년대 무단통치의 대명사였던 헌병경찰제가 폐지되고 보통경찰제로 바뀐 점이다. 이는 3·1운동 이후 한국인들의 반발을 무마하려 취한 대책 가운데 하나였지만, 당시 일제의 내부 사정도 고려한 조치였다. 1910년대 조선총독부를 장악했던 군부 세력이 식민지 독립 재정을 달성하고자 긴축재정을 강화해 헌병경찰비

〈표 1-1〉 일제의 식민 통치의 변화

기간	기간	경제
1910	헌병경찰통치 (무단통치)	토지조사사업 '회사령'(1910년, 허가제)
1920	민족분열통치 고등경찰통치 (문화통치)	산미증식계획 '회사령' 폐지(1920년) 일본 자본가 진출
1930	민족말살정책	병참기지화 정책 국가총동원령

가 거의 증가하지 않았고, 헌병경찰의 감시 기능이 감퇴한 측면도 있었다.

보통경찰제로 바뀌었다고 해서 경찰 기능이 축소된 것은 아니었다. 오히려 경찰 수와 예산은 급증했다. 경찰관서가 1918년 751개소에서 1920년 2761개소로 증가하여 1군 1경찰서, 1면 1주재소가 설치되었다. 경찰 수도 1918년 5400여 명에서 1920년 1만 8400여 명으로 늘어났다. 그만큼 경찰비도 증가해 1918년 800만 원에서 1920년 2400만 원이 되었다. 이는 교육과 산업비를 합한 금액의 7~8배에 해당하며, 총예산의 8분의 1에 달할 정도였다.

이뿐만 아니라 일제는 1925년 5월 일본 내의 '치안유지법'을 한국에도 적용해 특고형사를 신설하고 사복형사·밀정 등을 통해 민족운동뿐만 아니라 한국인들의 일거수일투족까지도 감시했다. 이는 국제의 변혁 또는 사유재산제도의 부인을 범죄로 규정하여 한국에서의 민족운동과 반제국주의운동을 탄압하고자 한 것이다.

셋째, 일제는 3·1운동의 주요 원인 중 하나가 한국인들에게 정치 참여의 기회를 주지 않은 것이라 파악하고, 지방통치기관의 자문기구인 도협의회·부협의회·면협의회를 두었다. 이를 통해 일제는 한국인들에게도 참정권을 획득할 수 있는 기회를 줄 것처럼 선전했다. 하지만 실상은 달랐다. 이미 전국 대도시 12개의 부에 부협의회가 존재했고 일본인 유력자로 전원 채워져 있었다. 일본인들이 이 지역들에 집단으로 거주했기 때문이다. 그러므로 이를 선출제로 바꿔 한국인들에게도 기회를 주었다고 했지만 실상은 생색내는 것에 불과했다.

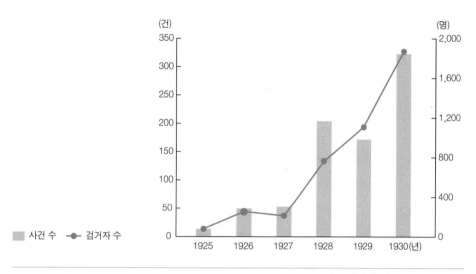

(건)
350
300
250
200
150
100
50
0

(명)
2,000
1,600
1,200
800
400
0

1925 1926 1927 1928 1929 1930(년)

■ 사건 수   ● 검거자 수

'치안유지법' 위반 사건과 검거자 수
자료: 조선총독부, 『통계연보』.

　　면협의회의 경우를 보면 일제의 의도가 더욱 분명해진다. 도시화가 어느 정도 진행되고 일본인들이 많이 거주하며 한국인 지주가 많지 않았던 24개의 지정면에서는 선출제로 바꾸었지만, 대부분의 보통 면은 예전과 같이 임명제로 운영되었다. 도협의회는 회원의 3분의 2는 부·면 협의회원이 뽑은 후보자 중에서 도지사가 임명하고, 나머지가 도지사가 직접 임명했다. 한국인들이 참정권을 얻기란 극히 어려웠음을 알 수 있다.

　　이러한 선출 방식도 문제였지만, 선거권도 극히 제한적이었다. 한국인이 선거권을 가지려면 1년 부세나 면 부과금 5원 이상을 납부해야만 했다. 이에 일본인과 한국인 지주 및 자본가와 부유한 상인만이 선거권을 가질 수 있었다. 그 결과 1920년에 재조 일본인은 45명 중 1명이 부·면 협의회 회원이었지만, 한국인은 2800명 중 1명에 불과했다. 더욱이 협의회 의장은 도지사·부윤·군수·면장이 겸임했으며, 이들의 권한 또한 강하여 관료적인 색채가 짙었다. 일제는 이처럼 형식에 불과한 자문기관이었음에도 한국인들을 정치에 참여시키고 있는 것처럼 선전했고, 앞으로 한국의 자치 허용을 위한 전 단계인 것처럼 한국인들에게 환상을 불어넣고자 했다. 이를 통해 일제는 경제적 상층부에 있던 한국인들의 친일화를 꾀해 식민지 통치의 안전판으로 이용하고 민족 분열을 가속화하려 했다.

1920년대 일제의 식민지 경제정책은 '산미증식계획'으로 대표된다. 이는 1918년 8월 일본 내에서 일어난 '쌀 소동'을 잠재워 식량과 쌀값 문제를 안정화하려는 의도에서 비롯되었다. 일제가 한국을 자신들의 식량공급기지로 만들고자 한 것이다. 1920년에 시작된 산미증식계획은 본래 30년을 기한으로 정했지만, 계획대로 진행되지 못했다. 1926년에 이를 수정해 다시 추진했지만, 이 역시 부진을 면치 못해 목표의 50~60%를 달성하는 데 그쳤다. 이를 위해 일제는 수리시설 확충을 통한 토지개량사업과 품종 개량 및 비료 사용을 통한 농사개량사업을 병행했다.

그 가운데 일제는 많은 자본을 토지개량사업에 투입했지만, 저리 자금의 융통, 수리조합의 설립 등이 대지주를 중심으로 이루어져 농민 대다수가 경제적으로 몰락하는 결과를 낳고 말았다. 수리조합은 대부분 소수 대지주들의 필요에 의해 설립되었는데, 수리시설이 필요 없는 지역도 강제로 편입되어 농민들이 조합비를 내야 했다. 이러한 조합비는 소작인들에게 전가되었다. 더욱이 수리조합비를 내지 못하는 중소지주들이나 자작농들은 대지주들에게 매우 저렴한 가격으로 토지를 넘기는 일도 다반사였다. 이는 농민들의 계층 분화를 더욱 촉진했다. 농사개량사업의 일환으로 추진된 우량품종 보급과 화학비료의 사용 역시 농민들에게 비용 부담을 안겨주었다.

산미증산계획은 계획 자체의 부진에도 그 목적은 어느 정도 달성했다. 1920년부터 1922년까지의 평균 생산량과 반출량을 1930년부터 1932년까지의 평균치와 비교하면, 생산량은 1472만 석에서 1713만 석으로 241만 석이 증가했지만, 반출량은 295만 석에서 725만 석으로 430만 석이나 증가했다. 이는 생산량 증가분보다 더 많이 반출한 것으로, 수탈 성격이 강했다. 그 결과 식량이 부족한 한국 농민들은 만주의 좁쌀로 주린 배를 채워야만 했다. 일제는 쌀 증산과 반출을 용이하게 하기 위해 대지주들을 끌어들여 정치적 연합을 도모하고 농민들을 간접적으로 통제했다. 결국 산미증식계획은 일제의 식량문제를 해결하는 동시에 민족분열정책을 경제적으로 뒷받침하는 정책으로 기능했다.

일제가 수탈하기 위해 군산 창고에 쌓아놓은 쌀가마니

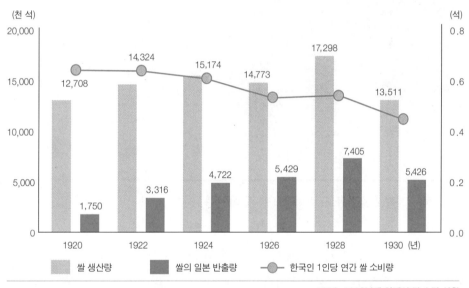

1920~1930년대 일제의 쌀 수탈 상황

　　1910년대에 '회사령'을 통해 민족자본의 성장을 억압했던 일제는 1920년 4월 이를 폐지했다. 하지만 이는 한민족을 위한 것이기보다는 제1차 세계대전이 끝난 후 과잉 양상을 보인 일제 자본의 한국 투자를 확대하기 위한 조처였다. 이에 한국인의 회사 설립이 늘어났지만 영세했고, 부문 간의 불균형으로 후진성을 면치 못했다. 당시 식민지였던 한국은 일제의 식량 및 원료 공급기지에 불과했기 때문에 애초부터 공업 발전은 기대할 수 없는 것이었다.

　일제의 자본이 본격적으로 한국으로 유입되면서 공업·광산업·교통운수업 등에 종사하는 한국인 노동자의 수가 급증했다. 하지만 노동조건은 매우 열악했다. 특히 산미증식계획으로 말미암아 몰락한 농민층이 급격히 공장 노동력으로 유입되면서 노동조건은 더욱 악화되었다. 임금은 일본인 노동자의 절반 수준에 불과했고, 절반 정도의 노동자들은 12시간 이상의 장시간 노동을 강요받았다. 열악한 작업 조건 속에서 산업재해 또한 빈번했다.

≪조선지광≫

≪개벽≫ 창간호

　1920년대 교육·문화 면에서는 일제가 원칙적으로 금지했던 언론·집회·출판의 자유를 어느 정도 허용했다. 물론 식민지 통치 질서와 공안을 방해한다고 판단되는 경우에는 언제든지 정간 또는 폐간시켰다. 당시 발간된 대표적인 신문·잡지는 ≪조선일보≫(1920년 3월), ≪동아일보≫(1920년 4월), ≪개벽≫(1920년 6월), ≪신생활≫ (1922년 3월), ≪조선지광≫(1922년 11월) 등이었다. 사회단체는 1922년까지 7000여 개 설립되었다.

　이러한 변화는 비록 일제의 통제를 받아야 했지만 한국인들이 자신들의 여론을 조성할 수 있게 되었다는 점에서 의미가 있었다. 일제는 이러한 제한된 자유를 허용하면서 한국인들의 사상 동향을 면밀히 감시하고, 민심이 악화되는 것을 막고자 했다.

　일제는 1922년 2월에 일본 군국주의 사상을 주입하는 데 교육 목적을 둔 '제2차 조선교육령'을 공포했다. 우선 3면당 1개 학교를 내세워 교육의 기회를 확대하는 것처럼 보였으나, 실상은 한국인들이 운영하던 사립학교와 서당을 탄압해 민족주의에 입각한 교육을 근본적으로 차단하고자 했다. 또한 한국어, 한국 역사·지리 시간을 대폭 줄이는 대신에 일본어, 일본 역사·지리 시간을 늘렸다. 한국인들에 대해 실업교육을 강조해 가능한 한 전문교육의 기회를 박탈했다.

이와 함께 일제는 식민사관에 입각해 한국사를 왜곡하는 작업을 본격화했다. 1916년 1월 중추원 산하 조선반도사편찬위원회가 발족했는데, 1922년 12월 조선총독부 산하 조선사편찬위원회로 바뀌었다. 이는 한국사를 왜곡하고 민족의식을 배제해 일본 민족이 우월하다는 의식을 주입하고자 한 것이다. 그 뒤 1925년 6월 일본왕의 칙령으로 조선사편찬위원회는 조선총독부 직할 '독립관청'인 조선사편수회로 승격되었다. 이에 여러 연구기관과 일본·한국 학자들이 대거 참여했다. 조선사편수회는 1910년 11월부터 1937년까지 27년간 전국을 누비며 한국 사료를 광범위하게 수집했고, 전국의 도·군·경찰서 등 관청에 협력을 강력히 지시하기도 했다.

그 결과 조선사편수회는 1932~1938년 식민사관에 따른 『조선사』(37책), 『조선사료총간(朝鮮史料叢刊)』(20종), 『조선사료집진(朝鮮史料集眞)』(3책) 등을 간행했다. 특히 일제는 '단군조선'을 없애려고 기구 개편 때마다 한국사의 상한선을 끌어내렸다. 『조선사』 편찬 초기부터 16년 2개월간 활동했던 일본인 이마

조선사편수회에서 펴낸 『조선사』

니시 류(今西龍)는 단군조선을 신화로 왜곡하고 한국사를 왜곡·말살하는 데 가장 앞장선 인물이다. 일제는 이를 통해 한국인들에게 열등의식·패배감·좌절감 등을 심어주었다.

1920년대 일제가 가장 심혈을 기울인 부분은 친일 세력의 형성 및 육성을 통한 민족분열책이었다. 이러한 정책은 제3대 총독 사이토가 제시한 「조선민족운동에 대한 대책」이라는 글에 잘 나타나 있다. 핵심 내용은 각계각층의 한국인들을 상대로 친일화 작업을 벌이고, 많은 친일 단체를 조직해 친일적 인물의 폭을 확대한다는 것이다. 이에 따라 한국인들 간에 상호 불신 풍조가 조장되었고, 지주와 자본가들을 끌어들여 계급 갈등은 더욱 증폭되었다. 일제는 식민지 지배로 불거진 민족적 저항을 희석

하고자 지주와 자본가들을 식민 통치의 안전판으로 이용했다.

또한 일제는 3·1운동 과정에서 표출된 한국인들의 민족운동을 잠재우고자 이들의 관성을 문화운동으로 유도했다. 즉 절대독립론·독립전쟁론의 분위기에서 독립준비론·실력양성론을 부각시켜 문화운동으로 연결시키고자 했다. 이에 동조하는 일단의 한국 지식인들을 등장시켜 민족운동의 분화를 촉진했다. 다른 한편으로 일제는 1925년 4월 '치안유지법'을 제정·공포해 식민지 지배체제에 맞서는 노동운동·농민운동 등을 더욱 강하게 탄압했다. 1920년대 일제의 식민 통치는 결국 계층 분화를 촉진하고 민족적 갈등을 증폭시키는 결과를 낳았다. 3·1운동 이후 급속히 유입된 사회주의사상은 식민 통치로 야기된 한국 내부의 갈등 구조에 커다란 영향을 미쳤다. 이는 농민·노동자들의 계급의식을 각성시켜 식민 통치로 드러난 민족 모순을 해결하기 위한 독립운동에 관심을 고조시켰다. 이에 농민운동과 노동운동이 급속히 확산되었고 이들이 독립운동의 주체로 등장하기 시작했다.

1920년대에는 독립운동이 매우 다양하게 분화했다. 3·1운동의 영향으로 임시정부가 수립되었고 국외의 독립군 기지 건설 또한 활발하게 전개되었으며 다양한 독립운동 방법론이 등장했다. 국내에서는 일제의 식민 통치 방침과 맞물려 문화운동과 자치운동으로 대표되는 민족개량주의와 같은 타협적 성격의 부르주아운동이 나타났다.

이처럼 독립운동의 이념과 방향이 분화되는 가운데, 1920년대 중반부터 민족주의자와 사회주의자들이 민족해방을 위해 서로 협동해야 한다는 논의가 등장한다. 그 결과 민족해방운동 전선을 통일하기 위한 운동이 본격화되었고, 민족유일당운동과 신간회 등으로 구체화되었다.

04　1930년대 전반: 전시체제로의 전환

1930년대 일제의 식민 통치는 크게 두 가지 문제점을 안고 있었다. 하나는 산미증식계획에 의해 경제적으로 몰락한 한국 농민들의 피폐를 해결할 대책이 절실했다. 그런 중에 1929년 10월에 시작된 세계 대공황과 1930년 일본 내 대풍작으로 쌀값이 폭락하자 일제는 1933년 12월 산미증산계획의 중지를 발표했다. 한국의 식량공급기지화 정책이 일본 농민들의 이해관계와 정면충돌했기 때문이다.

그런데 그 여파는 한국의 농민들에게 전가되어 그들이 몰락하는 계기가 되고 말았다. 그 결과 농민운동이 더욱 격렬해졌고 공산주의 사상의 영향을 받은 혁명적 농민조합이 활성화되어 일제의 식민지 지배를 위협했다. 이에 일제는 체제를 안정시키고자 지주적 농업정책에서 농민적 농업정책으로 전환하고자 했다. 일제는 '조선소작조정령'(1933년 2월 시행)과 '조선농지령'(1934년 10월 시행) 등 소작 관계의 조정을 꾀하는 법령을 만들어 한국 농민들의 식민 통치에 대한 반발을 완화하고자 했다.

특히 1932년 7월부터 조선총독부가 주도한 '농촌진흥운동'이 대대적으로 실시되었다. 일제는 1931년 9월 만주사변 이후 대륙 침략을 본격화하면서 식민지 농업정책을 변화시켜 '춘궁 퇴치', '차금(借金) 퇴치', '차금 예방' 등의 목표를 내세워 한국 농촌의 '자력갱생'을 도모하고자 한 것이다. 하지만 여기에는 치열해진 농민운동을 통제하고 침략전쟁을 뒷받침하기 위해, 한국 농촌을 재편성하고 한국 농민을 '황국' 농민으로 갱생하려는 의도가 숨어 있었다.

농촌진흥운동은 갱생 지정 농가를 대상으로 5개년계획을 세워, 각 도·군·면·읍 단위의 농촌진흥위원회를 중심으로 진행되었다. 특히 경찰관과 하급 관리를 동원, 치안과 농업정책을 일치시켜 학교·농회·금융조합 등이 농민 지도에 직접 간여했다. 더욱이 일제는 농촌진흥회·식산계·청년단·부인회 등을 조직해 1920년대 식민지 지주제의 통치 한계를 극복하고 포섭 대상을 일반 농민들로 확대시켰다. 이는 전시체제로 이행하기 위한 일제의 전 단계 조처였다. 하지만 농촌진흥운동이 농민의 빈곤화와 몰락 촉진, 소작쟁

조선총독부가 제작한
『농촌진흥회약속』 1936년

의 증대 등의 문제점을 양산하자, 1936년 8월 총독이 우가키에서 미나미로 바뀌면서 사실상 중단되었다.

한편, 만주사변 발발 이후 일제의 대륙 침략전쟁이 본격화되면서 한국의 식민정책 또한 변화했다. 당시 도외시되던 한국의 공업화 문제를 '농공병진(農工竝進)'이라는 정책으로 돌파하려고 했다. 즉 일제는 일본을 정공업(精工業) 지대, 한국을 조공업(粗工業) 지대, 만주를 농업 지대로 설정한 것이다. 그렇다고 일제가 한국 내에서의 공업 발전을 촉진하고자 한 것은 아니다. 오히려 일본의 독점자본이 한국의 자원과 노동을 마음대로 수탈하게 했을 뿐이다. 이와 함께 일제는 한국의 지하자원과 수력자원, 값싼 노동력 등을 만주국 방위 목적에 이용하려는 '북선개척계획'을 추진했다. 이는 한국 농민들을 한반도 북부와 만주로 이주시켜 전시에 대비코자 한 것이다.

일제의 독점자본이 한국에 진출한 것은 제1차 세계대전 이후였지만 본격적으로 들어온 것은 이때부터다. 특히 1930년대 초 경제공황을 극복하기 위한 새로운 투자지로, 또한 침략전쟁의 '대륙 전진 병참기지'로 한국을 주목하면서 일본의 독점자본이 한국 공업화의 주체로 떠올랐다. 진출 업종은 전기·화학·기계·금속 등 중화학 공업과 군수공업의 원료를 얻기 위한 철·석탄·알루미늄·마그네슘 등의 광업 부분에 집중되었다.

당시 한국에 진출한 일본 독점자본은 전기·화학 공업 부문의 일본질소를 비롯해 미쓰이(三井), 미쓰비시(三菱)·노구치(野口)·이토추(伊藤忠)·닛산(日産) 등이었다. 이들은 일본 내의 지원뿐만 아니라 조선총독부의 보호와 장려도 받으며 한국의 모든 산업을 장악했다. 결국 한국의 공업화는 일본 독점자본에 의해 파행적으로 진행되었고, 한반도 북부와 북서부를 중심으로 이루어져 지역 편중성을 보였으며, 한국인 자본의 몰락을 가속화했다. 결국 1930년대 이후 극소수의 예속 자본가를 제외하고는 한국인 자본가들은 전적으로 소외되고 말았다.

1930년대 일제 식민 통치의 변화는 독립운동에도 영향을 끼쳤다. 특히 공산주의와 연관된 혁명적 농민조합과 노동조합 운동이 이전보다 크게 확대되어 일제의 식민 통치를 위협했다. 그만큼 일제의 탄압도 거세졌다. 일제는 1934년 '치안유지법'을 개정하고 1936년 12월 '사상범보호관찰령'을 통해 '치안유지법' 위반자들을 장기간 구금·감시했다. 이후 한반도 내에서의 항일운동은 대부분 지하로 잠복하게 되었다.

1937년 7월 중일전쟁을 도발한 일제는 1938년 5월 '국가총동원법'을 한국에도 적용하여 식민지 지배 정책을 크게 변화시켰다. 당시 일제의 식민 통치는 침략전쟁을 뒷받침하기 위한 전시 동원 체제에 초점이 맞춰졌다. 이에 1930년대 후반 이후 일제의 식민지 정책은 한국인의 반대와 저항을 억누르면서 한국을 인적·물적 자원의 병참기지로 만들어 전쟁에 동원하는 국가총동원 체제를 만들고자 했다. 그 때문에 지하자원의 개발과 군수공업 건설 등 전 부문에 걸친 생산력 확충과 증산이 강조되었다.

이를 위해 일제는 '국가총동원법'에 기초해 '국민직업능력신고령'(1939년 1월), '공장사업장기능자양성령'(1939년 3월), '국민징용령'(1939년 7월) 등을 공포해 노동자의 배치, 취업 시간, 임금 동결 등 노동력 전반을 통제하고 군수산업에 노동력을 집중적으로 배치했다. 또한 군수공업을 우선하여 민수산업을 강력히 통제했다. '임시자금조정법'(1937년 10월)을 통해 한국의 금융을 군수산업에 우선 배분하는 한편 '조선공업조합령'(1938년 8월)을 통해 공업조합을 장악하고 관제화했으며, '기업정비령'(1942년 2월)으로 휴업 상태가 된 한국인 기업을 강제로 해산시키거나 일본인 기업에 흡수시켰다. 그뿐만 아니라 일제는 전시 인플레이션을 방지하고 전쟁 비용을 확보하고자 한국인들에게 저축을 강요했다. 이렇게 회수된 자본들은 군수공업을 담당하는 일본 독점자본에 배분되었다.

1930년대 후반기의 농업 정책도 촌락 단위의 생산력 확충을 위한 증산에 중점을 두었다. 이에 1938년 '국민정신총동원운동'이 시작되면서 농촌진흥운동 당시 결정되었던 농촌 조직들은 국민정신총동원운동의 말단 기구였던 부락연맹과 일체화되어 농업과 농민을 직접 통제했다. 이런 가운데 농촌진흥운동은 1940년 10월 '국민총력운동'이 시작되면서 종식되었다.

1939년 대가뭄 이래 일제 말기까지 계속된 흉작으로 군수 식량 확보는 물론이고 한국인의 식량 수급도 매우 어려웠다. 더욱이 미곡 증산 정책을 부활시킨 '조선증미계획'이 성과가 매우 저조하자 일제는 미곡 관리 기구를 정비하는 한편 공출을 강화했다. 특히 1942년부터 강제 공출을 실시해 최대한도의 책임반출량을 정했고, 그래도 부족할 경우 한국 내의 수요를 억제하면서까지 일본으로 미곡을 반출했다. 한국 내의 부족한 식량은 만주에서 잡곡을 수입해 충당했다. 그런데 전쟁이 장기화되고 일제가 수세에 몰려 외국산 미곡의 수입이 중단되면서 한국에 대한 미곡 의존은 더욱 높아졌다. 그럴수록 한국인들의 굶주림은 더욱 심해졌다. 더구나 당시 일제는 공출 미곡을 매상이었지만 대금을 모두 지불하지 않고 일정액의 공제 저축과 저금을 강요했다.

이와 같이 한국인들의 희생을 강요하고자 일제는 철저히 일본인화를 꾀하는 민족말살정책, 즉 '황민화 정책'을 적극 추진했다. 이를 위해 대대적인 관제 운동이 실시되었다. 1938년 "거국일치(擧國一致)", "견인지구(堅引持久)", "진충보국(盡忠報國)", "내선일체(內鮮一體)"라는 4대 슬로건을 내걸고 시작된 '국민정신총동원운동'과 이를 확대·개편하여 1940년대부터 실시된 '국민총력운동'이 대표적이다. 이를 통해 한국인을 빠짐없이 감시하고, 전쟁 동원을 용이하게 하고자 정조직과 일원화원 조직 체제를 완비했다. 이 운동들은 내선일체화를 위한 정신교화운동과 일제의 전쟁 수행을 경제적인 면에서 뒷받침하기 위한 전시협력운동으로 구체화되었다. 이는 한국인들을 정신적·물질적으로 압박하는 동시에 침략전쟁을 수행하기 위한 관제 운동 성격이 강했다.

이와 함께 한국인의 황민화를 위한 여러 정책이 추진되었다. 우선 1940년 8월 ≪동아일보≫, ≪조선일보≫를 폐간해 정보를 통제했고, 1938년 '제3차 조선교육령', 1941년 '국민학교 규정', 1943년 '제4차 조선교육령' 등의 교육령 개정을 통해 한국인들의 의식·언어·역사를 완전히 말살하고자 했으며, 학교를 군대의 보조 기관으로 전락시켜 전체주의·군사주의·국가주의적 교육을 실시했다. 더욱이 일제는 1940년 2월에 '창씨개명'을 단행해 한국인들이 가장 중시하는 혈통을 상대적인 것으로 격하시켰고, 더 나아가

1940년 6월경 창씨개명 안내 광고

혈족·씨족·민족으로 확대되어 가던 민족의식을 말살하고자 했다.

하지만 일제의 일본어 보급은 1943년경에 겨우 22% 정도였다. 언어의 소멸이 곧 민족의 소멸이라고 여겼던 한국인들의 민족의식이 반영된 수치다. 이는 징병제를 앞두고 있었던 일제로서는 당혹스러운 일이었다. 이 외에도 한국인과 일본인의 혼혈을 전제로 한 통혼 정책이 강제되었다. 특히 한국인 남성과 일본인 여성 사이의 결혼을 가장 이상적인 형태로 장려했다. 이는 장래 자녀의 교육을 포함해 한국인의 가정생활 속부터 일본화하고자 한 것이다. 한국인의 혈통과 가정을 파괴해 '내선일체'를 이루어 한민족을 말살하려는 의도가 적나라하게 담겨 있었다.

이러한 황민화 정책은 1944년부터 징병제를 실시하기로 하면서 절정에 달했다. 일제는 1938년에 '조선육군특별지원병제도'를 실시했지만 1941년 12월 태평양전쟁을 일으켜 전선이 확대되자 한국인 대상의 징병제 확대 실시를 급작스럽게 결정했다. 한국인들이 무기를 들고 자신들의 전쟁에 참전하는 것에 전혀 확신이 없었던 일제가 한국의 젊은이들을 동원하기로 하면서 징병 대상자를 대상으로 다급하게 일본어와 일본식 생활 수련, 정신교육을 실시했다. 그런데 일제가 한반도에서 태어나 식민 교육을 받고

육군 소년병 모집 포스터
1945년 6월

자라난 청년들의 정신자세를 신뢰할 수 없었다는 것은, 일제의 동화정책이 성과를 거두지 못했음을 반증하는 것이었다.

참고문헌

강만길 외. 2004. 『일본과 서구의 식민통치 비교』. 선인.
김승태. 2009. 『중일전쟁 이후 전시체제와 수탈』. 독립기념관 한국독립운동사연구소.

김영희. 2009.『1930년대 일제의 민족분열통치 강화』.

김운태. 1998.『일본제국주의의 한국 통치』. 박영사.

박경식. 1986.『일본제국주의의 조선지배』. 청아출판사.

서민교. 2009.『1910년대 일제의 무단통치』. 독립기념관 한국독립운동사연구소.

이계형. 2014.『숫자로 본 식민지 조선』. 한울.

이명화. 2009.『1920년대 일제의 민족분열통치』. 독립기념관 한국독립운동사연구소.

황민호. 2005.『일제하 식민지 지배권력과 언론의 경향』. 경인문화사.

2강 한국 독립운동의 이념과 방략

김기승

20세기 초 한국은 일본제국주의의 식민지 지배를 받았고, 해방 이후에는 냉전 체제하에서 민족 분단이라는 비극적 운명을 맞았다. 당시 한국의 궁극적 과제는 일제의 속박에서 벗어나고 이데올로기적 대립을 해소해 자주적인 통일 민족국가를 건설하는 것이었다. 이러한 한민족의 노력이 가장 집약된 것이 독립운동이었다고 할 수 있다. 이런 점에서 한국 독립운동은 일제에 대한 투쟁과 저항뿐만 아니라 장래 건설될 국가의 형태와 사회의 모습과도 밀접한 관련을 맺고 있었다.

한국 독립운동의 이념이란 독립운동이 지향하는 궁극적 목표로, 독립된 신국가의 구체적인 모습에 대한 전망이라 할 수 있다. 방략이란 그 목표를 실현하기 위한 구체적인 실천 방침 및 전략으로 볼 수 있다. 이런 점에서 한국 독립운동의 이념과 방략에 대한 이해는 일제를 타도하기 위한 전략과 전술뿐만 아니라 일제를 왜 타도해야 하는가, 어떠한 사회를 건설할 것인가에 대한 독립운동가들의 사고와 행동을 이해하는 일이다.

신국가 건설이란 일제의 식민지로부터 벗어날 때 가능한 일이다. 따라서 어떤 운동이든 일제에 대한 저항성이 견지될 때, 즉 항일성을 지닐 때 독립운동이라 할 수 있

2강 한국 독립운동의 이념과 방략 **51**

다. 이러한 점에 유념하면서 독립운동의 사상적 기반, 일제에 대한 인식, 신국가 건설 구상, 사회변혁에 대한 전망 등을 중심으로 한국 독립운동의 이념과 방략에 대해 서술하고자 한다.

한국이 국권을 상실한 이후부터 3·1운동 때까지 한국 독립운동을 이끌었던 지도적 이념은 복벽주의와 공화주의였다. 공화주의 이념을 정착시킨 3·1운동 이후에는 한국 독립운동 선상에 이념적 분화가 발생했다. 1920년대 중반 이후의 한국 독립운동과 8·15해방 이후 신국가 건설운동을 이끌었던 지도적 이념은 다양했지만, 크게 민족주의와 사회주의였다고 할 수 있다. 둘은 본질적으로 구별되는 개념이지만, 한국의 경우 두 이념이 일제에 대한 저항 이데올로기 역할을 했다는 공통점이 있다. 따라서 두 이념은 서로 경쟁관계에 있으면서 연접관계를 맺기도 했다. 3·1운동 이후 민족주의와 사회주의는 상대방의 사상과 논리를 수용하거나 배척하면서 자기 발전을 모색했고, 현실적으로도 대립과 연합을 반복하면서 발전했다.

01 1910년대의 복벽주의와 공화주의

1) 독립운동의 원류

한국이 일제의 식민지로 전락한 후 1910년대에 전개된 독립운동의 직접적인 원류는 1905년 이후 국내외에서 추진된 국권회복운동이었다. 이는 보수 유림과 농민층이 연합해 전개한 의병운동과 문명개화를 주장하는 신지식인 및 시민이 중심이 되어 추진한 구국계몽운동 두 계열이 있었다. 의병운동과 계몽운동은 추진 주체, 현실인식, 이념적 지향성의 차이로 인해 통합되지 못했다. 당시 두 운동이 결합되지 못해 민족적 역량이 분산되었던 것은 한국이 식민지화된 주요한 원인 중 하나가 되었다.

의병운동의 사상적 기반은 성리학에 바탕을 둔 위정척사론(衛正斥邪論)이었다. 의병운동을 지도했던 보수 유림층은 당시의 현실을 과거 임진왜란의 상황에 비유해 야만족 일본이 국권을 침탈하고 있는 상황으로 파악했다. 그들은 유교문화와 도덕을 최고의 유일한 가치로 인식해 서구문화의 수용을 배척했으며, 서구 문명을 수용한 일본을 반인륜적인 야만족으로 이해했다. 국권을 침탈한 일본에 대한 저항은 유교의 충군애국의 의리를 실천한다는 의미뿐만 아니라 야만족의 침입으로부터 유교적인 인륜질서를 지킨다는 대의명분을 갖고 있었다. 의병운동은 일제에 대한 무장투쟁, 친일 개화파와 민족 반역자에 대한 처단과 징벌이 주된 활동

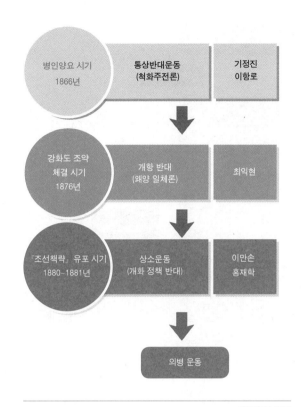

의병운동 계보

이었다. 이들이 추진한 국권회복운동은 존왕주의적 충군애국 의리에 토대를 두었고, 전통적인 유교문화와 질서를 수호하기 위한 것이었다. 따라서 국권 회복이란 대한제국의 국권 회복을 뜻하는 것이었고, 의병운동은 실추된 왕권의 회복을 통한 전통적 전제군주제 국가를 재건하려는 복벽주의(復辟主義)라 할 수 있다.

구국계몽운동은 서구적인 문명개화의 필요성을 역설하면서 교육과 실업의 진흥을 통한 자강이 국권 회복의 방법이라는 인식하에서 전개되었다. 당시 계몽운동자들은 현실을 민족과 국가 간의 생존경쟁이 치열하게 전개되는 상황으로 인식하고, 강대국이 약소국을 침략하거나 식민지로 지배하는 약육강식을 천연의 공례(公例)로 이해했다. 그 결과 국권을 강탈한 일본을 타도 대상이라기보다는 민족과 국가의 실력을 겨루는 경쟁자로 파악했다. 이러한 논리는 국권 실추의 원인을 민족 내부에서 찾

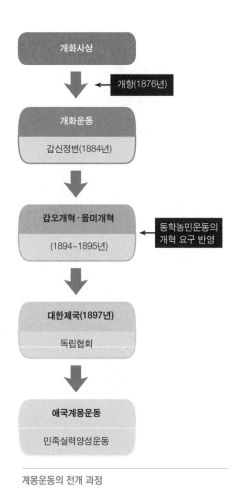

```
개화사상
   │
   ▼ ◀── 개항(1876년)
개화운동
갑신정변(1884년)
   │
   ▼
갑오개혁·을미개혁
(1894~1895년) ◀── 동학농민운동의 개혁 요구 반영
   │
   ▼
대한제국(1897년)
독립협회
   │
   ▼
애국계몽운동
민족실력양성운동
```

계몽운동의 전개 과정

고 국권 회복을 위한 전략으로 민족의 내부 역량을 어떻게 강화할 것인지에 중점을 두었다. 이에 서구적 문명 대국 건설을 지향해 신지식 교육, 지력 향상, 산업 발전을 통한 경제력 강화를 도모했다.

구국계몽운동을 추진한 개화자강 사상가들은 민족의 자강 양성이 국권 회복의 유일한 방법임을 강조했다. 여기에서 민족의 자강력은 국민 개개인 역량의 총합으로 이해되었다. 그리고 자유민권사상의 수용과 함께 국가의 주권은 국민에게 있다는 인식이 확립되었다. 따라서 구국계몽운동에서 추구한 미래의 국가상은 대한제국이 아니라 국민주권주의에 입각한 입헌군주제를 의미하게 되었다. 당시는 형식적으로는 대한제국과 황제가 존재하고 있는 상황이었기 때문에 군주권을 부정하는 공화주의 이념이 전면에 등장하지는 못했다.

2) 1910년대의 독립전쟁론

1910년 일제에 의해 한국이 식민지로 전락하면서 이전의 국권회복운동은 독립운동으로 전환되었다. 1910년대 일제의 무단 폭압 통치로 인해 국내 활동에 제약을 받게 된 국권회복 운동가들은 국외에서 활로를 모색했다. 이들은 국외에 독립운동 근거지를 마련하고 독립군을 양성해 독립전쟁을 통해 한국 독립의 목적을 달성하고자 했다. 즉 장래에 러일전쟁 혹은 미일전쟁 발발 시 러시아나 미국과 연합해 국내진공 작전을 전개하여 일제를 타도하고 독립국가를 건설할 계획이었다. 이른바 '독립전쟁론'이라 할 수 있는 이 같은 독립운동 방략은 운동의 주체·지역·사상 기반 등 다양한 차이에도 불구하고 동시에 나타났다.

1910년 이전 뚜렷한 차이를 보였던 두 갈래의 국권회복운동이 독립운동으로 전환하면서 독립전쟁론으로 모아진 것은 이전 운동 방식의 한계성을 극복하고 상호 보완적으로 결합했다는 것을 뜻한다. 이는 구국계몽운동에서 나타났던 반일 의식의 취약성과 군사적 무장투쟁을 무시한 실력양성론의 한계를 극복한 것이었으며, 국제 정세의 변화와 실질적 군사력을 경시하고 유교적 대의만을 중시했던 의병 투쟁의 한계를 지양한 전략이었다고 하겠다.

독립운동 방략상의 수렴적 경향은 독립운동의 이념 면에도 발전적인 변화를 초래했다. 1910년대에는 독립운동 기반이 전국적으로 확산되면서 운동 참여 계층도 확대되었다. 양반 유생층, 근대적 신지식인층, 종교인 등이 독립운동에 참여했으며, 미약하나마 농민·노동자 등도 이에 동참하기 시작했다. 특히 지속적으로 증가하는 청년·학생층의 참여는 독립운동에 잔존해 있던 보수주의적 경향을 탈피하는 계기가되었다.

이와 함께 1910년 8월 일제에 의한 대한제국의 붕괴와 황제의 권위 추락은 복벽주의의 현실적 기반을 약화시킨 반면, 그동안 잠복했던 공화주의 이념이 전면에 부상하는 결과를 가져왔다. 1910년대 한국 독립운동 이념에서 복벽주의가 퇴조하고 공화주의가 주류를 형성하는 변화가 나타나기 시작한 것이다. 의병 계열에서 볼 수 있었던 중화주의적인 유교 국가 재건보다는 민족국가 건설의 지향하는 경향이 뚜렷해졌다.

1910년대 한국 독립운동 과정에서 독립군 교육의 중요한 부분을 차지했던 것은 민족의식 고양이었고, 여기에서 핵심적 내용은 민족사 교육이었다. 이를 통해 한민족은 단군의 자손이라는 혈연적 공동체 의식을 갖게 했고, 역사적 운명 공동체로서의 민족 개념을 확립했다. 그리고 국가 건설의 지향은 자주적 민족국가라는 점을 분명히 했다. 따라서 일제에 대해 역사적 운명 공동체인 한민족의 자주적 삶을 위협하는 민족의 적이라 인식했고 또한 그것은 일제의 동화정책에 대한 저항 논리의 성격을 띠었다.

3) 3·1운동과 그 영향

3·1운동은 1910년대 국내외에서 전개된 각종 독립운동이 결집되어 나타난 것이며 전 민족 모든 계층이 연합해 전개한 거족적인 독립운동이었다. 3·1운동 이후 한국 독립운동은 국내외를 막론하고 활발히 전개되었다. 그리고 3·1운동 이후 일제의 '문화정치'로 인해 제한적이나마 한국인들에게 자유로운 공간이 주어졌다. 이에 따라 각종 신사조가 급속히 유입되었으며, 다양한 사회조직이 발생했고, 여러 계층의 부문 운동이 가능해졌다. 이로써 한국 독립운동의 이념과 방략에도 다양한 변화가 나타났다.

3·1운동이 1920년대 한국 독립운동의 이념과 방략에 미친 영향은 크게 세 가지로 볼 수 있다.

첫째, 종교 지도자들에 의해 전 민족 제 계층이 참여한 거족적인 3·1운동에 청년·학생층과 농민층이 주요한 역할을 담당했다. 3·1운동에서 민중의 등장은 공화주의 이념 정착을 가능하게 했고 1920년대 이후 '민중'의 존재와 역할이 확대되는 계기를 마련했다.

둘째, 3·1운동은 국제 사조의 변화에 영향을 받은 바가 컸다. 3·1운동 이후 독립운동가들의 국제 정세에 대한 관심의 증가, 문화통치하에서의 제한된 자유 등은 서구 신사상의 폭발적 수용을 가능하게 했다. 급진적 자유주의·무정부주의·사회주의 등이 급속히 유입되었으며 이에 따라 신국가 건설의 구상이 더욱 구체화되었다. 1910년대 '종교의 시대'에서 1920년대 '주의의 시대'로 전환하게 된 것이다.

셋째, 3·1운동은 비폭력 만세시위라는 방법을 택했다. 이러한 운동 방법은 군사적 무력에 의한 독립전쟁 이외에 새로운 운동 방법이었다. 그러나 일제의 폭압적인 진압에 의해 폭력투쟁의 방법으로 변화했다는 것은 만세시위 방법의 한계를 말해주는 것이었다.

어쨌든 3·1운동은 한국 독립운동의 가능성과 한계를 동시에 보여준 운동으로, 1920년대 독립운동 방략에서 다양한 모색의 가능성을 열어놓았다고 할 수 있다.

02 민족주의운동의 이념과 방략

1) 국내 민족주의운동의 발전

1920년대 국내의 민족주의운동은 '문화운동'의 형태로 진행되어 독립을 위한 실력 양성과 준비의 중요성이 강조되었다. 이는 1910년대에 형성된 신지식인층이 국권회복운동 당시의 자강론적 민족주의를 계승·발전시킨 것이다. 문화운동론은 낡은 문화의 청산과 진보적 신문화 건설을 주장하는 신문화건설론과 교육 및 실업의 진흥을 통해 독립의 능력과 자격을 갖추자는 실력양성론이 중심적인 논리였다. 민족의 실력은 민족 구성원 개개인의 역량의 총합으로 이해되었다. 이에 따라 민족 구성원 각자가 신사회에 적합한 자질을 갖추는 것이 선결 과제라는 논리도 나

≪개벽≫에 실린 이광수의 「민족 개조론」 1921년 11월~1922년 3월

타나 정신개조론·민족개조론 등과 같은 인격수양론도 문화운동론의 주요 부분을 차지했다.

문화운동가들의 국가 건설은 사회주의와 뚜렷하게 구별되어 자유주의적 민주주의 체제를 전제로 한 자본주의적 발전을 지향했다. 이에 구래의 전통적 관습과 관행은 타파되어야 할 대상으로, 민중은 계몽되고 개조되어야 할 대상으로 간주되었다. 그 결과 1920년대 국내의 민족주의운동은 근대사회 형성에 필요한 가치와 덕목을 교

1920년대 실력양성운동의 일환으로 전개되었던 조선민립대학기성회 창립총회 장면

육하고 계몽할 '중추 세력' 형성에 역점을 두는 엘리트주의적 특성을 띠었다.

사회변혁론의 관점에서는 점진적이며 온건한 방법론을 선호했다. 따라서 사회발전의 원동력이 투쟁과 혁명보다는 조화와 합의에 있다고 보았다. 그들은 사회발전을 위해 계급 갈등은 해소되어야 한다고 믿었고, 이를 위해 민족 전체의 역량을 결집해야 한다고 호소했다.

실력양성론은 논리적으로 정치적 성격이 강하여 1924년 이후 식민지 자치 의회를 구성해 정치적 자유를 획득하고, 이를 기반으로 대중의 정치적 훈련을 쌓아 장래에 독립운동 단계로 나아가지는 자치론으로 발전했다. 그러나 자치운동론은 일제의 식민지배체제를 인정하는 것이며 독립을 먼 장래의 일로 넘겼다는 점에서 실질적으로 독립투쟁을 포기한 것이었다. 이는 민족주의자의 일부가 일제와 타협해 그에 대한 저항을 포기했음을 뜻하는 것이었다.

일부 타협파에 의해 자치론이 등장하자 민중은 강력하게 저항했고 비타협적인 민족주의자들은 이를 배격하기 위한 운동을 전개했다. 이로써 1920년대 중반 이후 민족주의운동은 일제와의 타협을 거부한 비타협 민족주의자들에 의해 계승·발전되

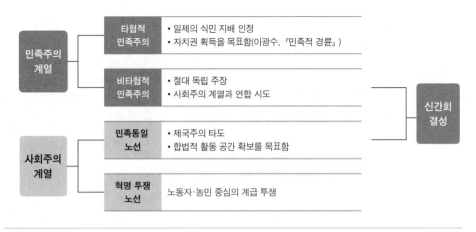

1920년대 민족유일당운동 전개와 신간회 결성까지

민족주의 계열	타협적 민족주의	• 일제의 식민 지배 인정 • 자치권 획득을 목표함(이광수, 『민족적 경륜』)	
	비타협적 민족주의	• 절대 독립 주장 • 사회주의 계열과 연합 시도	신간회 결성
사회주의 계열	민족통일 노선	• 제국주의 타도 • 합법적 활동 공간 확보를 목표함	
	혁명 투쟁 노선	노동자·농민 중심의 계급 투쟁	

었다. 그 뒤 비타협 민족주의자들은 사회주의운동 세력과 연합해 민족협동전선을 결성했다.

1930년대 이후 비타협 민족주의자들은 비록 단일한 조직을 결성하지는 못했지만, 독립을 위한 이념 정립과 방략 수립에 일정 정도 발전이 있었다. 그들은 일제의 억압적인 파쇼 통치에 의한 민족말살정책에 저항하면서 한글 보급과 역사 연구의 중요성을 강조하며 민족문화 수호운동을 통해 민족주의 이념을 확산시키는 토대를 마련했다.

또한 비타협 민족주의자들은 민족해방이라는 공통 목적을 위해서는 전 민족적 단결이 필수적이라는 인식 아래 사회주의운동 세력과의 협동전선 결성의 필요성을 역설했다. 이 과정에서 그들은 사회주의사상과 운동론의 일부를 수용해 민족주의 이론을 발전시켜 나갔다. 즉 사회과학적 역사 발전 단계설을 원용하여 독립운동의 의미를 새롭게 규정하고 사회주의에서 평등주의와 민중 중심주의 요소를 선택적으로 수용했다. 이러한 움직임은 8·15해방 이후 신민주주의와 신민족주의라는 이름으로 나타나게 되었다.

2) 대한민국임시정부 수립과 독립운동 방략상의 갈등

3·1운동을 통해 독립운동의 최우선 과제로 부각된 것이 임시정부의 수립이었고 이에 따라 정부 형태에 대해 구체적으로 모색하게 되었다. 그동안 독립운동 진영에서는 국민주권주의라는 국가 건설의 원칙을 견지했을 뿐 구체적인 국가 건설 계획은 없었다. 그런데 대한민국임시정부가 수립되면서 신국가 건설 계획이 구체화되기 시작했다. 임시정부는 헌법에서 "대한민국의 주권은 대한인민 전체에 재함"이라 하여 주권재민주의에 입각한 민주공화국 국체임을 분명히 했다. 또한 종교·언론·출판·집회·결사의 자유는 물론이고 재산 보유와 영업의 자유, 거주 이전의 자유도 헌법에 보장함으로써 국민 개개인의 자유를 중시했다.

'대한민국임시헌장'
1919년 4월 11일. 대한민국임시정부가 선포한 최초의 헌법이다.

또한 임시정부는 입법·행정·사법 3부의 삼권분립의 원칙을 견지하고 대통령중심제와 내각책임제를 적절히 조화시킨 정부 형태를 구상했다. 따라서 '임시정부 헌법'은 비록 구 황실 우대 조항을 삽입했지만, 종래의 복벽주의 청산을 분명히 하고 공화주의에 입각한 국가 구상을 구체화했다고 하겠다. 이후 공화주의 이념은 조직의 차이, 방법론적 차이와는 관계없이 독립운동의 기본적 이념으로 정착되었다. 1920년대 임시정부 산하의 각종 독립운동 단체는 물론이고 만주의 교포 사회에 기반을 둔 정의부·참의부·신민부 등도 공화주의 이념에 바탕을 두었다.

1920년대 초 국외 독립운동 진영 내에서는 독립운동 방법론을 둘러싸고 대체로 3개의 이론이 등장했다.

첫째, 1910년대 독립전쟁론을 계승한 노선으로 무장독립군 조직과 그에 의한 대일 무력투쟁을 주장하는 무장투쟁 노선이다.

둘째, 국제사회의 여론에 호소하거나 주요 국가에 대한 외교를 통해 국제사회에서 독립을 인정받는 데 주력하자는 외교독립 노선이다.

셋째, 독립전쟁을 위해서는 전쟁을 수행할 만한 군사력과 경제력이, 국제사회에서 독립을 승인받기 위해서는 독립할 만한 실력과 자격이 먼저 갖추어져야 한다는 준비론이다.

세 가지 독립운동 방법론은 당시 운동 세력 간의 주도권 다툼과 관련되었기에 대립적인 양상으로 나타났다. 그런데 독립운동 방법론은 무장투쟁론을 중심으로 외교론과 준비론이 포괄된 것이어야 했다. 외교론의 궁극적 목표는 독립군 조직을 국제사회에서 정식 교전단체로 승인받아 원조를 받거나 우호적인 국가와 대일 연합작전을 수행하는 것이어야만 했다. 또 독립군의 역량 강화나 독립의 실력과 자격이란 일제에 대한 끊임없는 저항과 투쟁을 전제로 할 때만 비로소 형성될 수 있는 것이다.

일제에 대한 저항성이 전제되어야 운동 목표를 상실해 타협화로 흐르지 않고 올바른 의미의 독립운동으로 자리매김할 수 있는 것이다. 결국 1920년대 초 전개되었던 독립운동 방법론을 둘러싼 대립은 무장투쟁론의 승리로 귀결되었다.

3) 독립운동 정당 결성과 이념적 발전

1920년대 중반 이후 중국 내 독립운동 진영에서는 중국의 국공합작, 국내의 민족협동전선운동의 영향으로 민족유일당운동이 나타났다. 이는 방법론상 독립운동 조직을 정당 조직으로 만드는 것이 효율적이라는 인식이 확산된 것과 궤를 같이했다. 무장투쟁론이 주류 운동론으로 정착되자 외교론에 중점을 둔 임시정부의 활동은 위축되었다. 이에 따라 정부라는 조직 형태보다 효율적인 정당 조직을 모색하게 되었다.

민족유일당운동 과정에서 민족주의운동 진영은 경쟁 관계에 있던 공산당 조직에 필적하며 중국의 국민당과 같은 정당 조직의 필요성을 인식하게 되었다. 이에 '정당조직론'이 대세를 이루었다. 그 뒤 1930년대로 접어들면서 민족주의운동 세력은 한국독립당·민족혁명당·한국국민재건파·한국독립당·조선혁명당·통합한국독립당 등 파벌에 따라 이합집산 했지만, 정당을 결성해 활동했다.

1930년대 이후 결성된 독립운동 정당들은 어떤 정당이든 정강, 정책, 조직 체계, 운동 방략 등 정당이 갖추어야 할 기본적인 요건들을 갖췄다. 이는 독립운동 정당들이 이념과 방략에 대한 구상을 구체화했다는 것을 의미한다. 또 한편 정당 간의 주도권 경쟁은 정강·정책의 구체화를 촉진했다는 점에서 독립운동의 이념과 방략의 발

국내	서울: 신간회(1927년 2월)
중국	신안툰(만주): 민족유일당 촉성회(1928년 5월) 베이징: 대독립당 북경촉성회(1926년 9월) 상하이: 한국유일독립당 상해촉성회(1927년 3월) 광저우: 대독립당 광동촉성회(1927년 5월) 우한: 한국유일독립당 무한촉성회(1927년 7월) 난징: 한국유일독립당 남경촉성회(1927년 11월)
일본	신간회 지회(도쿄, 교토, 오사카, 나고야)

민족유일당운동 전개 지역과 중심 단체

전을 가속화했다.

1930년대 후반 이후 중국 내 민족주의운동 진영은 파벌에 따라 조직과 활동에 차이가 있었지만 국가 건설의 이념과 방략에서는 수렴적 경향이 존재했다. 민족주의의 우익적 경향을 대표한 한국국민당은 물론이고, 좌익적 경향을 띠었던 민족혁명당도 삼균주의를 기본적 이념으로 채택하고 있었다. 그뿐만 아니라 1940년대 초 중국 내 독립운동 세력의 통일전선체 역할을 하던 대한민국임시정부도 '건국강령'에서 삼균주의를 지도 이념으로 채택했다. 이런 점에서 삼균주의는 중국 내 민족주의운동 진영의 이념을 대표했다고 할 수 있다.

삼균주의는 민족주의진영의 대표적 이론가 조소앙에 의해 체계화되었다. 그것은 독립운동에서 좌우익 노선의 대립을 지양하기 위한 노력의 산물인 동시에 사회주의 이념에 필적할 민족주의진영의 이념을 체계화하려는 노력의 결실이기도 했다. 사회주의운동 진영의 유물론과 프롤레타리아 국제주의 노선을 철저히 비판하면서도 사회주의의 평등주의적이며 민중 중심주의적 요소를 적극 채택한 것이다.

삼균주의 이념을 체계화하면서 일제에 대해 민족의 적일 뿐만 아니라 이념상의 적, 인류의 적으로 설정해 반일 의식이 더욱 선명해졌다. 삼균주의는 세 부문에서의 균등이 실현된 사회 건설을 지향했다. 균등주의는 동양의 전통적인 균산주의 이념과 서구의 근대사상, 특히 사회주의에서의 평등사상을 절충하고 조화시킨 새로운 이념이었다.

'삼균'은 수직적으로는 개인과 개인, 민족과 민족, 국가와 국가 간의 균등을, 수평적으로는 정치·경제·교육상의 균등을 의미하는 것이었다. 민족국가건설론의 견지에서 볼 때 삼균주의는 정치적으로는 의회주의에 토대를 둔 민주공화국 건설을, 사회경제적으로는 사회주의적 정책의 실시를 통해 균등 사회의 건설을 지향했다. 이 점에서 삼균주의는 사회민주주의 혹은 민주사회주의의 성격을 띠고 있다고 하겠다.

3·1운동 이후 전개된 한민족의 독립운동은 민족주의와 사회주의운동으로 대별되었다. 무정부주의운동은 양대 운동만큼 조직화된 세력을 갖추지 못했지만, 독립운동의 이념과 방략 면에서 한국 독립운동사에 뚜렷한 족적을 남겼다. 다만 무정부주의운동은 3·1운동 직후인 1920년대 초에는 가장 큰 영향을 미쳤으나, 그 후로는 존재는 했으나 영향력은 크지 못했다.

무정부주의는 모든 형태의 독재에 대한 거부감 때문에 반공산주의라는 특성을 지녔다. 무정부의적 정의감은 유교적 의려 정신이나 민족주의적 의분과 친연성을 갖고 있었다. 이에 중국 내 무정부주의운동의 경우 민족주의운동과 밀접히 연관되어 전개되었고, 사회주의운동에 시종일관 적대적인 태도를 취했다.

3·1운동 이후 유입된 미하일 바쿠닌(Mikhail Bakunin), 피터 크로포트킨(Peter Kropotkin) 등의 무정부주의 사상은 한국의 진보 청년들에게 강한 호소력이 있었다. 무정부주의는 일체의 권력적 강제와 지배를 거부하며 사유재산제도도 부정했다. 기존의 모든 정부·제도·경제·종교·철학 등은 지배와 착취를 위한 도구이므로 파괴 대상으로 간주했다. 어떤 형태의 지배와 강권 없이 모든 개인이 자유롭게 연합한 무정부 공산 사회를 건설하고자 했다.

무정부주의는 암살·파괴·폭동 등을 실행 방법으로 제시했다. 이러한 무정부주의 이론과 실천론은 식민지 지식인과 청년에게 일제에 대한 총체적 부정과 희생적 투쟁에 정당성을 부여해 독립운동의 새로운 방향을 제시했다.

무정부주의가 한국 독립운동사에 미친 영향을 단적으로 보여주는 자료가 1923년 의열단 명의로 발표된 「조선혁명선언」이다. 신채호가 작성한 이 선언문은 의열단의 민족주의적 의열투쟁론을 무정부주의 논리로 체계화하면서 기존의 모든 운동론을 비판적으로 검토하고 새로운 운동 방법을 제시했다. 먼저 자치론·참정권론 등의 허구성을 폭로하고 국내 문화운동가들의 실력양성론의 타협화 가능성에 대해서도 경고했다. 그뿐만 아니라 국외 독립운동 진영의 외교독립론과 준비론의 비현실성을 지

1920년대 독립운동의 방략을 무장투쟁으로 귀결시킨 신채호의 「조선혁명선언」

적했다. 결론적으로 일제를 타도하기 위한 민족혁명은 '민중의 폭력적 수단'에 의한 '민중 직접 혁명'만이 방법이라 역설했다.

「조선혁명선언」에는 독립운동이 단순한 항일운동이 아니라 사회구조도 변혁하는 의미도 함축하고 있다고 명확히 규정했다. 타도 대상으로 일제의 식민 통치 외에 특권 계급, 경제적 약탈 제도, 사회적 불평등, 노예적 문화사상 등을 거론하며 독립운동이 곧 신사회 건설운동으로서의 의미를 갖는다는 점을 명확히 했다. 신국가 건설의 이념과 독립운동의 방략이 상호 밀접히 연관되어 있다는 인식이 가능해졌다.

무정부주의가 1920년대 이후 한국 독립운동의 이념과 방략의 발전에 미친 영향은 크게 두 가지다. 첫째, 민중 직접 혁명을 제시함으로써 독립운동의 주체가 민중이 되어야 한다는 점을 명확히 했다는 점이다. 한국 독립운동사의 발전 과정에서 3·1운동이 민중의 역량을 확인한 사건이라면, 민중직접혁명론은 민중이 운동의 주체가 되어야 함을 천명한 것이라고 볼 수 있다. 또한 무정부주의에서는 사회발전의 원리로서 경쟁보다는 상호부조를 중시했다. 여기서 강자의 논리인 사회진화론이 배격되고 약자, 즉 민중의 단결이 강조되었다. 무정부주의의 상호부조론은 노동자와 농민의 단결을 고무한 주요한 이론이었다. 이 점에서 무정부주의는 1920년대 중반 이후 독립운동이 민중 중심적 방향으로 나가는 데 중요한 역할을 담당했다고 하겠다.

둘째, 암살·파괴·폭동 등에 의한 폭력혁명론을 제시했다. 그리고 폭력이 지배와 강권이 없는 무정부적 이상사회를 건설하기 위한 정당한 수단임을 역설했다. 군사력과 경제력이 없는 식민지 민중이 동원할 수 있는 투쟁 방법으로 새롭게 제시된 폭력혁명론은 무정부주의에 의해 정당화되었던 것이다. 이것은 유교의 전통적 의리관이나 민족적 열정과 울분에 기초한 의사 및 열사들의 의열투쟁을 무정부주의 논리로 정당화하고, 고무하는 것이었다. 이 점에서 무정부주의는 과거 독립운동의 방략을 계승·발전시켰다고 하겠다.

04 사회주의운동의 이념과 방략

1) 초기 사회주의운동의 이념과 방략

3·1운동을 전후한 시기 러시아혁명의 영향과 급진주의 사상의 유입으로 한국 독립운동에서도 사회주의운동이 싹트기 시작했다. 사회주의운동은 1918년경부터 국외, 특히 연해주의 한인 교포 사회에서 먼저 시작되어 1920년대 전반 중국 내 독립운동계와 국내 민족운동계에 전파되었다.

1920년대 전반 국내외에서 결성된 사회주의운동 단체는 사회주의 국가 건설을 표방했다. 특히 한인사회당은 약법에서 "사회주의적 국가를 조직한다"라고 했고 상해파 고려공산당은 "모든 계급을 타파한 소비에트정부 수립"을 지향했다. 이르쿠츠크파 고려공산당도 역시 소비에트 정부 수립론을 견지했으며, 국내의 전조선청년당대회도 무산계급 해방과 계급 타파를 제일의 목표로 제시했다.

1920년대 전반 사회주의운동은 이념적 지향성을 강조해 기존의 민족주의운동과의 차별화를 도모하고자 했다. 즉 국가 건설 지향의 차이가 강조된 것이었다. 이에 따라 사회주의자들은 당 조직 건설을 위한 준비 공작과 함께 노동자와 농민의 조직화에 노력하는 한편, 사상운동을 통한 이념의 전파에 중점을 두었다. 그러나 실제로 그들은 아직 미약한 세력에 불과했기 때문에 민족주의운동 단체 내부에서 함께 독립

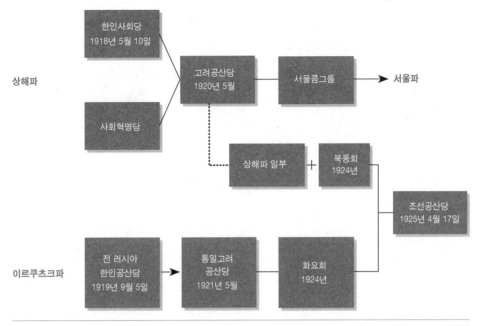

한인사회당
1918년 5월 10일

사회혁명당

고려공산당
1920년 5월

서울콤그룹

→ 서울파

상해파 일부
+
북풍회
1924년

조선공산당
1925년 4월 17일

이르쿠츠크파

전 러시아
한인공산당
1919년 9월 5일
→
통일고려
공산당
1921년 5월

화요회
1924년

초기 국내 공산주의 정립 과정

운동을 전개했다.

당시 사회주의운동의 특징은 비록 민족주의와의 이념적 차별화를 꾀했지만 운동 방법론에서는 본질적 차이를 보이지 않았다. 사회주의운동 내부에는 사회주의는 물론이고 자유주의, 급진적 민족주의, 무정부주의 등 각종 신사조가 혼재되어 있었다고 볼 수 있다.

1925년 조선공산당이 결성되면서 사회주의운동 세력은 조직적 기반을 갖추었고, 그에 따라 이념과 투쟁 방략에 대해 구체적으로 논의하기 시작했다. 이후 사회주의 이념과 운동 방략이 비교적 체계적으로 수용되면서 코민테른 반제통일전선의 전략과 전술이 소개되기 시작했다.

이에 1920년대 전반의 사상운동과 대중운동의 성과를 바탕으로 이를 어떻게 조직화하며 어떻게 발전시킬지를 모색했다. 그 결과 사회주의운동의 국가 건설 지향과 독립운동 방법론이 구체화되었다. 이때 사회주의운동 진영에서는 정치적 독립과 사회 해방을 동시에 추구한다는 의미에서 '민족해방'이라는 용어를 주로 사용했다. 제

1, 2차 조선공산당에서는 「직접·비밀·보통 선거로 성립된 입법부에 기초한 민주공화국 건설」을 강령으로 채택했다. 그리고 민족해방을 위해서는 전 민족의 역량을 총결집해 민족혁명유일전선'을 결성해야 한다고 천명했다. 통일전선에서는 노농계급을 기초로 하여 도시의 소자본가·지식인뿐만 아니라 부르주아까지 동맹 세력이 되어야 한다고 강조했다.

2) 1920년대 후반 이후 민족해방운동론의 변화

1926년 제2차 조선공산당 검거 사건을 계기로 사회주의운동의 주도권이 화요파에서 ML파로 넘어가면서 국면이 바뀌었다. 그 후 사회주의운동계는 이론투쟁의 폭풍에 휩싸였고, 논쟁의 과정에서 마르크스·레닌의 권위가 확립되었다. 특히 이론으로 무장한 신세대 사회주의자들이 주도권을 장악하면서 민족해방운동의 전략·전술에 큰 변화가 일어났다.

화요파를 대신한 ML파가 제3, 4차 조선공산당을 이끌면서 민족해방운동에 관한 구체적인 방침을 마련했다. 이때 채택된 「민족해방운동에 관한 논강」에 나타난 국가건설론을 살펴보면, 소비에트 국가 건설은 좌익 소아병적이고 시민적 공화국 건설론은 우경적 견해라 양쪽을 모두 비판하면서 '노농 대중에 기초한 혁명적 인민공화국' 건설론을 채택했다.

이러한 노선 변화는 신간회라는 민족협동전선 조직에 참여하기 위한 것이었으며, 신간회를 사회주의운동 발전 면에서 어떻게 규정해야 할 것인지 모색하는 가운데 성립된 것이었다.

한편 인민공화국 건설론은 제2차 조선공산당의 민주공화국 건설론을 폐기한 것으로 토지문제에서도 중요한 차이를 보였다. 민주공화국 건설론에서는 지주제의 잠정적 존속을 인정했지만, 혁명적 인민공화국 건설론에서는 노농계급의 주도권을 강조하면서 토지혁명의 즉각적 실현을 주장했다. 즉 당시를 부르주아 민주주의 혁명 단계로 규정했다. 다만 부르주아 계급의 취약성 때문에 노농계급이 혁명의 주체가 되어야 한다는 점을 강조했다. 결국 인민공화국 건설론은 민족혁명과 토지혁명을 직결시킨 것이다. 이리하여 민족협동전선 결성에서도 철저한 계급 분석에 기초해 각 계급과 계층의 역할을 더욱 분명히 규정했다. 이 과정에서 노농계급의 주도권 확보가 중요한 과제로 대두했으며 이를 위한 토지혁명의 중요성이 강조되었다.

그러나 1928년 코민테른의 '12월 테제'에서 기존 조선공산당이 소수 지식인 중심이며, 파벌 투쟁의 온상이라는 이유로 당을 해체하고, 노농계급에 기초한 당 재건 방침을 지시했다. 이후 1930년대 전반 한국의 사회주의운동은 당 재건이 제일의 과제로 설정되었고, 민족해방 투쟁을 위한 민족주의 세력과의 민족협동전선은 부차적인 문제로 취급되었다. 그 결과 민족주의에 대한 투쟁이 당면 과제로 설정되었으며 부르주아 민주주의 혁명 단계에서의 노농계급의 주도권 획득을 무엇보다도 중시하게 되었다. 결국 이들에게 민족주의는 타협파와 비타협파를 막론하고 모두 공격 대상이 되었다.

따라서 1930년대 전반 당 재건 운동기에는 노농 소비에트 건설론이 제기되었으며, 토지혁명 과정에서 빈농 우위 원칙이 견지되면서 노동계급의 주도권이 극단적으로 강조되었다. 구체적 행동 방침으로 프롤레타리아에 기초한 조선공산당 재건을 위해 혁명적 노동조합과 농민조합의 결성이 주된 방침으로 채택되었다. 이렇듯 국내에서는 1930년대 전반 노농 소비에트 건설론이 주류를 이루었다.

그러나 일부 사회주의지들 사이에서는 이러한 좌편향적 노선에 반대하면서 여전히 민족협동전선론적 입장을 견지하던 집단도 있었다. 여운형·배성룡 등과 같은 사회주의자들은 코민테른의 좌편향적 노선을 따르지 않고 민족적 현실에 적합한 운동 노선을 정립해 독자 노선을 걸었다는 점에서 민족주의적이었다. 이렇듯 언론계·교육계 등에서 활동한 사회주의자들은 민중계몽적 성격을 띠었고, 이들의 이념적 지향성은 대체로 사회민주주의에 근접했다고 볼 수 있다.

1930년대 후반 중일전쟁 전후로 국외 사회주의운동계에서는 과거의 극좌주의 노선을 청산하고 더욱 현실적인 민족해방운동 노선을 정립했다. 1930년대 후반의 재만 한인조국광복회와 1940년대 초반의 화북조선독립동맹은 공통적으로 전 민족의 역량을 총결집한 민족해방운동의 필요성을 역설하면서 민족협동전선론적 입장을 견지했다. 이에 따라 종전의 노농 소비에트 국가 건설을 지양하고 장래 수립할 국가 형태를 '조선인민정부'라든가 '민주공화국'이라 표현하는 등 좌편향적 요소를 제거했다.

따라서 1930년대 후반 이후 사회주의운동의 국가건설론은 그 후 사회주의를 일부 수용하면서 발전적으로 변모했던 민족주의 세력의 국가건설론에 접근하는 경향을 보였다. 이에 1930년대 후반 이후 민족주의운동과 사회주의운동은 민족해방이라는 대의를 위해 서로 연합하는 현상이 나타났고, 이와 함께 좌우익이 이념적으로 수렴되는 현상도 나타났던 것이다. 따라서 독립운동에서 나타난 수렴적 경향은 8·15 해방 이후 신국가 건설 운동기에 등장했던 좌우 세력의 통합운동, 통일민족국가 수립운동의 역사적 기초가 되었다고 하겠다.

참고문헌

강만길. 1991. 『조선민족혁명당의 통일전선』, 화평사.

김기승. 1994. 『한국 근현대 사회사상사 연구』. 신서원.

김영범. 1994. 「1930년대 독립운동의 특성」. ≪한국독립운동사연구≫ 8, 1~15쪽.

박찬승. 1992. 『한국 근대 정치사상사 연구』. 역사비평사.

신용하. 1993. 「한국 국내 민족독립운동의 특징」. ≪한국독립운동사연구≫ 7, 1~19쪽.

윤경로. 1994. 「1910년대 독립운동의 동향과 그 특성」. ≪한국독립운동사연구≫ 8, 1~17쪽.

이균영. 1994. 「1920년대 민족운동의 전개와 성격」. ≪한국독립운동사연구≫ 8., 1~20쪽.

조동걸. 2009. 『한국독립운동의 이념과 방략』. 한국독립운동사연구소.

한시준. 1994. 「1940년대 전반기 독립운동의 특성」. ≪한국독립운동사연구≫ 8, 1~18쪽.

3강 한국 독립운동의 시기별 특성

박걸순

　독립운동은 일제에 국권을 빼앗기고 식민지로 전락한 상태에서 나라를 되찾자고 일어난 항일투쟁이다. 독립운동가들은 항일투쟁을 광복, 국토 회복, 복국, 건국 활동 등으로 불렀다. 1910년 경술국치 이전, 반식민지 상태에서 기울어가던 국권을 회복하기 위한 국권회복운동이 독립운동의 전 단계로 일어났다. 의병과 계몽운동은 위정척사와 개화의 사상적 기반 위에서 비록 방법론은 달랐지만, 때로는 대립하고 때로는 상호보완적 관계에서 국권회복운동을 도모했다. 1894년 갑오왜란에 분노해 안동에서 봉기한 서상철 의병은 항일투쟁의 시초였다. 그러나 국권회복운동으로 망국의 사태를 막아내지는 못했다. 곧 반식민지 상태에서 완전한 식민지가 되고 말았다.

　1894년 시작된 항일투쟁은 1945년 해방을 맞이할 때까지 51년간 전개되었다. 이 시기 독립운동은 일제의 식민지 통치 정책, 국제 정세의 변동 등 나라 안팎의 조건에 대응하며 부단히 전개되었다. 특히 국외 한인 사회의 형성과 독립운동 기지 개척은 독립운동의 주요한 역량이 되었다. 독립운동은 한민족의 의지대로만 할 수는 없었다. 중국과 미국, 러시아 등 다수의 한인이 거주하던 국가의 한인 정책과 일본과의 관계, 독립운동에 대한 인식은 독립운동의 성패를 결정짓는 중요한 요인이 되었다.

독립운동은 일제의 지배에서 벗어나기 위한 식민지 해방투쟁이었다. 동시에 근대 국민국가를 수립하고자 하는 과정으로서, 망하기 이전의 체제로 돌아가자는 복고가 아니라 국민이 나라의 주인이 되는 민주공화정의 새 나라를 세우기 위한 발전 과정이었다. 독립운동은 시기에 따라 다양한 이념과 방법론을 수용하고 우리의 실정에 맞도록 변용하며 전개되었다. 그것은 독립운동의 주관적·객관적 조건에 능동적으로 대처한 결과였다. 한국 독립운동의 시기별 특징은 한말 국권회복운동부터 검토해야 하지만, 이는 이 책 4장에서 논의할 것이므로 제외하고 1910년대부터 정리하기로 한다.

01 1910년대 독립운동: 국내 비밀결사 투쟁과 국외 독립군 기지 개척

1910년 8월 대한제국은 일제의 침략으로 멸망하고 말았다. 나라가 망하자, 국권회복운동의 이론이던 사회진화론은 균열 양상을 보였다. 진화의 주체를 국가로 보느냐 민족으로 보느냐에 따라 사람들의 행로가 달랐다. 진화의 주체를 국가로 본 사람들은 더는 진화할 대상이 없어졌다고 생각해 독립운동 선상에서 이탈해 갔다. 이와 달리 진화 주체를 민족으로 여긴 민족주의자들은 비록 외형인 국가는 멸망했을지라도 민족의 국혼이 살아 있다면 국가를 되찾을 수 있다고 믿고 독립운동에 나섰다.

1910년대 일제는 한국을 대륙 침략의 군사적·경제적 요구에 부응하는 식민지 경제로 개편하기 위해 무력과 폭력을 동원해 여러 정책을 강요했다. 일제는 강점 이전부터 일선동조론(日鮮同祖論)을 내세워 독립운동의 사상적 논리를 무력화하려 했을 뿐만 아니라, 폭압적 식민지 정책을 '문명화 사업'으로 포장해 선전하기도 했다. 이같은 상황에서 독립운동은 난관에 부딪쳤다. 일제가 강점한 이후 국내에 잔존한 의병의 잔여 세력들은 소수화·은둔화 경향을 보이며 3·1운동 때까지 지속되었다. 의병항쟁이 3·1운동으로 연계된다는 사실은 한국 독립운동의 내재적 계승과 발전을 의미한다. 곧, 3·1운동을 민족자결주의 등 외적인 요인에 의한 것으로 강변하고자 하는 식민사관의 허구성을 밝히는 중요한 논리가 되는 것이다. 그러나 말기 의병의 활동 양상은 1910년대 비밀결사 조직의 과도적·선행적 양상으로 이해할 수 있으나 일제의 무단통치에 맞서기에는 너무 무력했다.

계몽운동 또한 식민지화에 따라 그 추동력을 거의 상실해 버렸다. 국권회복운동의 실패하자 새로운 형태의 독립운동이 요구되었고, 미주 동포 사회와 일본 유학생을 중심으로 독립운동 준비론이 제기되었다. 준비론은 당장 독립운동에 나설 수 없는 상황에서 불가피한 차선의 논리였다.

일제의 무단통치에 대응한 독립운동의 방법론은 비밀결사 투쟁이었다. 일제는 조선 강점 직후부터 비밀결사의 출현을 우려했다. 헌병 우두머리 아카시 모토지로(明石元二郎)는 "강제 합병 직전 '국가 변천의 시기'에 불평분자들이 폭도로 나타나 활동하는 것은 막기 쉬우나, 학식이 있는 인재가 불평분자가 되어 조직한 비밀결사는 막기 어렵다"라며 우려한 바 있다. 이미 국권회복운동을 탄압한 경험이 있던 그의 우려는 정확했고 현실로 나타났다.

1910년대는 비밀결사 투쟁의 시기였다. 잔여 의병 활동과는 별도로 망국 후 유림과 의병 출신자들을 중심으로 의병 조직을 재정비하려는 움직임이 일어났다. 그 대표적 비밀결사가 독립의군부·풍기광복단·광복회·민단조합 등이며, 이 밖에도 선명당·이증연 등의 비밀결사, 흠치교 비밀결사 등이 있었다. 이들은 대개 유림이 중심이 되었기 때문에 복벽주의적 성향이 농후했다. 그러나 이들은 척사적 사고 범주에만 머물지 않고 사상적으로 확장성과 포용성을 지니며 독립을 추구했다. 계몽운동 계열에서 조직한 비밀결사로는 대동청년단·달성친목회·조선국권회복단·조선국민회가 있으며, 이 밖에 배달모음·흰얼모·송죽회·기성볼단·조선산직장려계·단천자립단 등이 있다. 한편 천도교 계열에서는 민족문화수호운동본부와 천도구국단을 조직해 독립운동을 모색했다.

3·1운동기에는 만세시위를 방략으로 하는 비밀결사가 등장했다. 비밀결사는 명의만 내세운 사례도 있었으나, 시위를 조직화·대중화하고 격렬한 항쟁을 주도하는

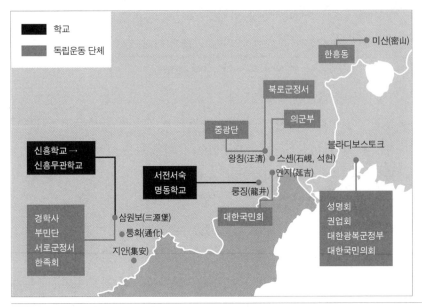

만주 지역에 설립한 학교와 독립운동 단체

데 앞장섰다. 천마산대와 보합단은 3·1운동 직후 서간도로 이동해 독립군단 통합운동에 참여하여 비밀결사의 추이를 잘 보여준다.

국외에 한인 사회가 형성된 것은 1860년을 전후해 영세 농민들이 생계를 위해 두만강과 압록강을 건너 서·북간도와 연해주로 이주하면서부터다. 1905년 11월의 「을사늑약」과 1910년 8월의 경술국치를 겪으며 많은 사람들이 항일투쟁이라는 정치적 목적을 달성하기 위해 국외로 망명했다. 이주 한인이 증가하며 한인의 권익을 도모하고 독립운동을 주도하기 위한 단체들이 생겨났다.

연해주에서는 이상설 등이 중심이 되어 한흥동 건설에 나섰다. 이는 독립전쟁에 대비해 독립군을 양성하여 독립전쟁론을 실현시키기 위한 독립군 기지 개척운동이었다. 이어 연해주 한인들은 13도의군을 결성해 국내 진공을 시도했고, 망국 직전에는 성명회를 조직해 망국 사태를 막아보고자 했다. 권업회는 1911년 5월 한인의 경제 단체를 표방하며 조직되었으나, 실제적으로는 독립투쟁을 주도했다. 특히 한인 이주 50주년을 기념해 1914년 10월 조직한 대한광복군정부는 무장투쟁의 의지를 잘 보여준다. 그러나 곧 제1차 세계대전이 발발했고, 일본과 동맹을 맺은 러시아의 탄압으로 권업회(勸業會)와 대한광복군정부는 해산당하고 독립운동은 난관에 부딪쳤다.

한편 서간도 이주 한인들은 경학사와 신흥강습소를 설치하며 독립운동의 시작을 알렸다. 신흥강습소의 이름이 신민회 정신의 계승을 표방했듯이, 무장투쟁론에 입각한 독립전쟁론은 신민회 방략을 실천하고자 한 것이었다. 북간도에서는 한민자치회를 시작으로 한인 단체가 생겨났고, 1913년 4월 간민회(墾民會) 조직으로 발전했다. 그러나 간민회는 불과 1년도 되지 못해 일본의 방해와 중국의 탄압으로 해산되고 말았다. 연해주 한인 단체가 러시아의 탄압으로 해산되었듯이 간도의 한인 단체도 일본과 중국에 의해 해산되는 양상을 보여준다. 이후에도 끊임없이 한인 단체가 생성되고 소멸되며 자치 지향과 독립 의지를 보여준다. 반면 한인의 독립운동이 그들이 거주하는 러시아와 중국 당국 및 일본에 의해 탄압받는 과정을 보여주는 것이기도 하다.

1911년 10월 중국의 신해혁명과 1914년 7월 제1차 세계대전, 1917년 3월 러시아혁명은 1910년대 독립운동에 민감하게 영향을 끼친 국제 정세의 변화였다. 김규흥·신규식·조성환 등은 일찍이 중국으로 건너가 신해혁명에 참여했다. 국내에 있던 이종일 등은 국제 정세의 변동을 주시하며 천도교를 동원해 독립운동을 모색하고자 했다. 박상진은 신해혁명의 영향으로 광복회를 조직해 독립전쟁론을 실천하며 공화정을 추구했다.

1917년 12월 상하이에서 신규식 등 14인 명의로 발표된 「대동단결선언」은 주권불멸설과 순종(융희황제)의 주권포기설을 근거로 국민주권설을 주장하며 임시정부 수립의 모체가 되었다. 이미 1910년대 해외 독립운동 세력에 의해 정부 조직의 필요성이 제기된 사실은 임시정부의 탄생과 향후 1920년의 민주공화 정체의 출현을 예고한 것이다.

당시 고종은 퇴위된 상태였으나, 국내외 독립운동 세력은 꾸준히 그와 연계를 시도했다. 이회영과 이상설은 그를 국외로 망명케 하여 독립운동의 정점에 두고자 했다. 그러나 독립운동 세력들이 고종과 연계되었다고 하여 그들의 정체론을 보황주의로 해석하는 것은 곤란하다. 그보다는 국제 정세와 연동해 고종을 상징적 존재로 내세우려 했다고 이해하는 것이 타당하다. 임시정부가 '임시헌장'과 '임시헌법'에서 구한국 황실 우대 조항을 둔 것이 입헌군주제로 복귀하려는 의도가 아니었음과 같은 논리다. 고종의 죽음은 민주공화정으로의 지향을 자유롭게 했다.

1910년대의 비밀결사 투쟁의 의의는 매우 크다. 비밀결사들은 국권회복운동을 계승하고 3·1운동 이후 독립운동을 선도하고 있어 한국 독립운동의 내재적 발전과 전개 양상을 잘 보여주고 있다. 그뿐만 아니라, 독립운동의 이념과 방략상의 변화와 발전상을 보여준다. 공간적으로는 특정 지역을 무대로 하되, 전국적 조직은 물론이고 국외까지 외연을 확대하고자 했다. 주체 세력은 점차 신교육을 이수한 학생과 청년, 종교인, 여성으로 확대되는 양상을 보인다. 특히 천도교를 중심으로 종교계가 1910년대에 민족적 과오를 반성하고 민족운동에 나서 3·1운동을 선도한 것은 높이 평가해야 할 것이다.

02　1920년대 독립운동: 통합 전선의 구축과 총력 항쟁

1910년대의 독립운동은 3·1운동으로 결실을 맺었다. 3·1운동은 일제강점기 최대의 독립운동으로서 독립운동의 호수이자 산맥으로 평가된다. 1910년대 비밀결사의 크고 작은 물줄기가 모아져 큰 호수를 이루었다는 뜻이자, 높은 산맥을 경계로 자연과 기후가 달라지듯이 3·1운동 이후 독립운동이 새로운 양상을 맞이했다는 의미다.

독립선언과 만세시위라는 형태의 3·1운동은 세계 피압박민족 해방투쟁사에서 독특한 존재였다. 3·1운동은 우리 스스로에게 독립을 쟁취할 수 있다는 확신을 심어주었다. 따라서 이전에 소수의 선각적 지식인이 중심이 되어 전개되던 독립운동은 전 민중으로 참여 계층이 넓어졌다. 무단통치하에 움츠러들었던 청년·노동자·농민·여성·학생층의 인식이 고양되며 독립운동의 주체로 나선 것이다.

3·1운동 직후 국내외에서 여럿의 임시정부가 동시다발적으로 조직된 것은 3·1운동으로 고조된 독립운동의 분위기를 반영한다. 연해주의 대한국민의회, 국내의 한성정부, 상하이의 임시정부가 통합을 논의해 마침내 상하이로 통합 정부를 수립한 것도 독립에 대한 간절한 열망의 결과였다. 임시정부는 비록 해외에 있었으나, 교통국과 연통부 조직을 통해 국내도 직접 관할하고자 했다. 임시정부의 국내 조직은 곧 발각되어 와해되었으나, 국내에서 임시정부를 지원하기 위한 노력과 활동은 군자금 모금 활동 등으로 계속되었다.

임시정부의 탄생은 독립운동의 이념과 방법론 및 정체론에서도 변화와 발전을 이끌었다. 1910년대에는 복벽주의와 보황주의, 공화주의가 혼재하는 양상을 보였다. 그러나 임시정부의 조직을 계기로 복벽주의와 보황주의가 쇠퇴하고 민주공화정을 추구하게 되었는데, 이는 한국 민주주의 역사에서도 크나큰 진전이었다.

국외 동포 사회에서는 독립군단이 통합·정비되며 본격적으로 무장투쟁 준비에 나섰다. 1910년대의 독립전쟁론이 구체적으로 실천되는 시기를 맞이한 것이다. 봉오동전투와 청산리대첩에서의 승리는 3·1운동의 열기로 거둔 무장투쟁의 쾌거였다. 그에 대한 일제의 보복으로 자행된 1920년의 경신참변(일명 간도참변)으로 독립군은 큰 타격을 받았고, 동포 사회도 참혹한 피해를 입었다. 이어 1921년 발생한 자유시참변(일명 흑하사변)은 무장투쟁 사상 최대의 비극적 사건으로, 독립군은 또다시 타격을 입었다.

그러나 전열을 정비한 독립군단은 1922년 8월 준정부의 기능을 지닌 대한통의부를 결성해 무장투쟁을 펼쳐나갔다. 이후 만주에서는 참의부(參議府)·정의부(正義府)·신민부(新民府)의 3부 체제가 정립되었다. 참의부는 '육군주만참의부(陸軍駐滿參議府)'라고 칭했는데, 정식 군대를 보유할 수 없었던 임시정부의 요청으로 그 산하에 있음을 표방했던 것이다. 정의부는 단군기원을 연호로 사용하는 '독립운동의 유일무이'한 기관으로서 군정부(軍政府)를 지향했다.

1920년대는 중국의 역사에서도 격동의 시기였다. 중국공산당 창당(1921년), 제1차 국공합작(1924~1927년), 쑨원(孫文)의 사망(1925년) 등은 한국 독립운동에 민감한 영향을 미쳤다. 특히 제1차 국공합작은 코민테른의 통일전선 정책과 함께 민족통일전선에 대한 관심을 증대시켰다. 1920년대 독립운동계에서 좌우합작과 민족전선 통합에 노력하고 결실을 이루어낸 것은 특기할 만하다. 1919년 9월 통합 임시정부 수립은 부분적이나마 민족통일전선을 구축한 것으로, 향후 민족유일당 결성의 가능성을 보여주었다. 통합 임시정부 체제는 1921년 1월 이동휘가 떠나고, 1923년 1월 시작된 국민대표회의가 창조파와 개조파의 대립으로 결렬되며 짧은 기간으로 끝나고 말았다. 국민대표회의는 향후 독립운동의 향방을 결정짓는 민족 최대의 대회합이었으나, 실패로 끝나고 말아 임시정부는 한동안 침체기를 맞았다.

이때 신채호가 의열단의 투쟁 이념과 방법을 이론화해 천명한 「조선혁명선언」이 발표되었다. 신채호는 3·1운동 이후 국내에서 제기된 자치론·참정권론·문화운동 등을 일제와 타협하려는 적으로 규정했다. 그뿐만 아니라 일부 해외 독립운동 세력이 주장한 외교론과 준비론 등도 배척했다. 암살·파괴·폭동을 수단으로 한 민중의 직접혁명을 주장한 이 선언은 1920년대 독립운동 논설의 백미로 평가된다.

국민대표회의는 실패했으나, 독립운동을 향한 과감한 통일적 대동 단합의 필요성이 제기된 것은 나름대로 의미 있는 결실이었다. 1920년대 중반부터 국내외에서 민족유일당과 좌우합작운동이 전개되었다. 1924년 초 안창호와 여운형 등은 「대동통일취지서」를 발표해 독립운동 역량을 하나로 모으고자 했다. 안창호는 1926년 '유력한 일대혁명당'의 조직을 주장하고 민족유일당운동에 앞장섰다. 임시정부 국무령에 취임한 홍진은 시정방침 중 하나로 '민족대당체'를 제시했다. 1926년 10월, 임시정부 우파와 베이징의 좌파 세력들을 중심으로 대독립당조직북경촉성회가 설립되었다. 민족유일당운동은 관내 각 지역으로 확산되며 상하이 등지에서 유일당의 전 단계인 촉성회가 설립되었다. 1930년 1월, 상하이에서 민족주의 계열의 인사들을 망라해 창당된 한국독립당이 임시정부에 대한 지지와 옹호를 선언한 것은 소중한 성과였다.

1920년대에 베이징을 중심으로 전개된 한인 아나키스트들의 활동도 돋보였다. 이회영·신채호·류자명 등은 아나키즘운동을 진정한 독립운동으로 여기며 동아시아 아나키스트들과 국제 연대를 모색했다. 신채호가 동방 연맹 결의를 실행하기 위해 국제 위체(爲替) 위조를 주도하다가 1928년 타이완에서 붙잡힌 것도 1920년대 독립운동의 특징적 면모를 보여준다.

국내에서는 1923년경 민족개량주의 노선이 등장해 민족분열정책을 획책하던 일제의 비호 속에 독립운동 세력의 분열을 꾀했다. 1926년 순종의 인산(因山)을 계기로 조선공산당과 천도교가 6·10만세운동을 추진했다. 비록 6·10만세운동은 소기의 성과를 거두지는 못했으나, 추진 과정에서 사회주의와 민족주의 사이에 합작의 공감대가 형성되었다. 이는 조선민흥회(朝鮮民興會) 조직과 「정우회선언(正友會宣言)」을 거쳐 1927년 2월 신간회 조직으로 민족통일전선운동의 결실을 맺었다. 신간회는 노동쟁의·소작쟁의·동맹휴학 등의 대중운동을 지원했다. 1929년 11월 광주학생독립운동은 1920년대 독립운동을 배경으로 광주에서 촉발되어 전국으로 파급될 수 있었다. 신간회는 광주학생독립운동에도 적극 개입하여 진상조사단을 파견하며 일제에 강력 항의했다. 그러나 신간회는 설립 4년 만인 1931년, 사회주의진영의 주도하에 해체되었다.

1924년 3월 암태도 농민항쟁과 1929년 1월 원산 총파업은 1920년대 농민과 노동자 투쟁을 대표한다. 3·1운동 이후 농민과 노동자 의식의 성장은 계급투쟁이 전 민족적 독립운동과 연계될 수 있다는 사례를 보여준다.

1920년대의 독립운동은 3·1운동 이후 국내외에서 총력 항쟁의 형태로 펼쳐졌다. 3·1운동 때 '제령 제7호'를 공포해 한민족의 정치운동을 탄압한 일제는 1925년 4월 '치안유지법'을 공포해 독립운동을 전 방위적으로 탄압하고자 했다. 그러나 한민족은 이에 굴하지 않고 독립운동의 이념을 정비하고 민족통일전선을 추구하며 항쟁했다. 국내외에서 성과를 거둔 민족통일전선운동은 1920년대 독립운동의 큰 결실이었다. 국내에서 노동자·농민·학생들이 일어나 일제에 항거한 것은 3·1운동 이후 독립운동이 양적·질적으로 성장·발전한 양상으로 평가할 수 있다.

1920년대 말부터 1930년대 초에 걸친 세계 경제공황은 일본에 심각한 경제위기를 초래했다. 특히 장기적인 농업공황은 식민지 조선 농업의 황폐화와 이에 따른 농민의 몰락을 초래했다. 일제는 식민지 조선을 자신들의 경제위기를 극복하기 위한 완충지대로 활용하려 했고, 그 부담을 조선 농민들에게 떠넘겼다. 또한 일본의 금융 독점자본과 대지주 등은 중국과 전쟁을 일으켜 위기를 타개하려 했다. 새로 등장한 군부 내각은 군부 파시스트 독재를 강화하며 중국 침략 전쟁을 도발했다.

일제는 조선에서 1920년대부터 진행된 산미증식계획을 통해 계속 미곡을 수탈하는 한편, 전쟁 수행을 위한 병참기지로서의 역할을 강요했다. 1930년대 중반부터는 내선일체로 미화한 민족말살정책을 노골적으로 강행했다. 어문의 금압(禁壓)과 역사의 왜곡과 말살, 창씨개명과 신사참배 강요는 황민화와 민족 말살의 수단이 되었다.

1931년 일제는 만주를 침공해 꼭두각시로 만주국을 수립하고 중국 대륙에 대한 침략을 본격화했다. 친일 만주국 수립은 우리의 독립운동에도 부정적 영향을 끼쳤다. 일제는 중국 둥베이 지방 한인의 생명과 재산을 위협했으며, 독립군을 탄압했다. 결국 만주 독립군은 망국 후 20여 년간 항일 무장투쟁의 근거지가 된 곳을 떠나 중국 관내로 이동할 수밖에 없었다.

그러나 만주에 남은 무장투쟁 세력들은 중국의 무장투쟁 단체와 연대하거나, 중국공산당에 참가해 투쟁을 계속했다. 조선과 중국 민족의 공동 투쟁이 부분적으로나마 실현된 것이다. 조선혁명군과 동북항일연군 내 한인 세력은 초기의 대립을 극복하고 점차 제휴를 강화해 나갔다. 이들은 여건상 대규모 전투보다는 소규모 유격전을 통해 성과를 거두기도 했다. 1937년 재만한인조국광복회가 국내 조직과 연계해 보천보전투에서 승리하기도 했으나, 일제의 탄압이 심해지자 소련으로 이동했다.

독립운동의 활로를 모색하던 김구는 1931년 12월 임시정부의 특무 조직으로서 한인애국단(韓人愛國團)을 조직해 1932년 이봉창과 윤봉길 의거를 주도했다. 특히 윤봉길의 홍커우공원 의거는 침체에 빠졌던 임시정부와 독립운동계에 일대 전기를 만들었다. 한편 1930년 상하이에서 아나키스트로 구성된 남화한인청년연맹(南華韓人靑年聯盟)은 항일구국연맹을 조직하고 한인애국단과 경쟁적으로 의열투쟁을 벌였다. 이 연맹이 1933년 3월 계획한 육삼정의거는 비록 실패했으나, 중국인과 국내의 한민족에게 한인들의 불굴의 투쟁 의지를 알리는 계기가 되었다.

그러나 윤봉길 의거로 말미암아 임시정부는 상하이를 떠날 수밖에 없었다. 이후 임시정부는 항저우(1932년)·난징(1937년)·창사(1937년)·광저우(1938년)·류저우(1938년)·치장(1939년)을 거쳐 1940년 9월 충칭에 정착할 때까지 8년간 어렵고 힘든 유랑의 길에 올라야만 했다. 그러나 끝까지 정부 조직을 유지하면서, 이를 중심으로 활동한 것은 세계사적 차원에서 특별한 경우로 평가된다.

1930년대 중국 관내 지역 독립운동의 특징은 이념 중심의 정당 설립과 통일운동이었다. 만주의 조선혁명당과 한국독립당, 중국 관내의 한국독립당·한국혁명당·신한독립당·민족혁명당·한국국민당·조선혁명당 등은 1930년대를 대표하는 독립운동 정당으로서 독립운동의 이념을 심화화는 데 크게 기여했다. 1932년 한국대일전선통일동맹이 결성되어 일제의 만주 침략 이후 상황에 대비했으나, 1930년대 중국 관내 지역의 정당 통일운동은 소기의 목적을 이루지 못했다. 다만 1935년 임시정부 옹호 세력을 제외한 세력들이 민족혁명당으로 결집되었고, 이에 대응해 임시정부 옹호 세력들은 같은 해 임시정부를 재건하는 한편, 김구를 중심으로 한국국민당을 결성했다.

그러나 관내 지역 정당 통일 세력들의 지향점은 같은 시기 국내나 만주에서 전개되던 민족주의나 공산주의운동과는 달랐다. 그것은 관내 지역에 존재하던 독립운동 세력의 다양성과 일제의 중국 침략 확대에 따른 정세의 변동 때문이었다. 당시 독립운동의 통일을 지향했던 모든 노력과 시도는 임시정부를 유지하고 옹호할 것인가 아니면 임시정부를 대체할 다른 통일 조직을 결성할 것인가와 깊이 관련된다. 독립운동 세력과 정당 통합은 임시정부를 중심에 두고 전개되었다고 해도 과언은 아니다.

이 같은 상황에 일대 변화를 초래한 것은 1937년 7월에 발발한 중일전쟁이었다. 독립운동 세력끼리의 통합은 물론이고, 한중 합작이 시대적 과제로 제기되었다. 먼

저 민족주의 우파인 한국국민당 등 5개 단체가 연합을 성사시켜 한국광복운동단체
연합회를 조직했다. 중국 국민당의 장제스(蔣介石)는 이들을 지원하면서 김원봉 계열
과도 통합할 것을 종용했다. 이에 좌파 단체인 조선혁명자연맹 등 3개 단체가 연합해
조선민족전선연맹을 결성했다. 이로써 우파와 좌파가 각각 연합에 성공한 것이다.
1938년에는 우한(武漢)에서 한중 연합전선으로서 조선의용대가 결성되었다. 조선의
용대는 김원봉이 이끌던 조선민족혁명당원들을 중심으로 조직되었는데, 전투부대가
아니라 무장한 정치선전대였다. 이와 달리 연해주 한인 사회는 1937년 중앙아시아강
제이주를 계기로 독립운동 기지로서의 기능을 상실하고 말았다.

중일전쟁은 일제의 식민지 통치 방침에도 변화를 가져오게 했다. 일제는 만주 침
략 이후 군사와 경찰력을 증강하는 등 조선에서 파쇼적 지배체제를 강화했다. 중일
전쟁 발발 직후 일제는 '국가총동원법'을 공포하고 국민정신총동원운동을 강요했다.
조선 민중의 노동력은 침략전쟁을 위한 전력으로, 물적 자원은 군수물자로 징발되었
다. 강제 병합부터 추진하던 민족 말살과 황민화 정책이 더욱 노골적으로 강제되었다.
1면 1신사제(1937년), 지원병제도(1938년), 창씨개명(1939년)은 그 대표적 정책이었다.

1930년대의 독립운동은 이 같은 일제의 황민화와 민족말살정책에 대응해 강렬한
국학민족주의적 색채를 띠었다. 1930년대 전반기에 문화와 학계가 정비·발전되고,
1934년 조선학운동이 전개되고 있음은 주목된다. 국학민족주의는 국어학·국문학·
역사학이 핵심을 이루며, 문화운동 형태로 나타났다. 이 시기의 문화운동은 일제의
민족 말살에 대항해 민족 보전을 추구한 독립운동이었다. 신간회 해체 이후 정치투쟁
이 좌절되자 문화투쟁으로 방향을 선회한 것이다. 우리 말과 글에 대한 일제의 살벌
한 금압 정책에도 『조선어대사전』 편찬 사업을 추진하고 저항문학을 발달시켜 나갔
다. 또한 조선총독부의 권력과 자금을 동원한 역사왜곡에 맞서 분류사와 통사를 저
술한 것은 세계 피압박민족 해방투쟁사에서 사례를 찾을 수 없는 일이다. 국학자는
단순한 학자가 아니라 독립운동가였다. 신채호·안재홍·문일평·정인보·주시경·최
현배 등은 국학민족주의를 실천한 대표적 인물이었다.

1930년대에 들어 독립운동계는 일제의 군부 파쇼 체제 강화와 침략전쟁의 확대로

어려운 상황을 맞이했다. 특히 동화·황민화·민족말살 정책은 한민족의 존립마저 위협하는 악랄한 것이었다. 독립운동의 중심 무대는 만주에서 관내로 옮겼으나, 임시정부는 1932년 이후 중국 각지를 전전하는 어려운 시기를 보내야 했다. 그러나 이념 정당 형태로 독립운동 조직이 정비되었고, 중일전쟁을 계기로 민족주의진영이 통합되며 새로운 상황 변화에 대비했다. 국내에서 국학민족주의가 크게 고양된 것은 일제의 민족 말살에 대응한 독립운동의 방편이었다.

04 1940년대 전반: 독립의 전망과 노선 통합 노력

1938년 3월 '제3차 조선교육령'과 '국가총동원법' 시행은 일제 말기의 시작을 알리는 것이었다. 1940년대 들어 일제의 사상 통제와 전시 수탈은 더욱 극성을 부렸다. 1941년 12월 일제의 태평양전쟁 도발은 그들의 패망을 가속화했다. 그러나 한민족은 "도의(道義)의 조선"으로서 "국체의 본의"를 철저히 하도록 했다. 또한 전략물자 증산을 위한 생산력 증강이 강요됨으로써 한민족은 더욱 도탄에 빠졌다. 일제는 태평양전쟁 도발 직전인 1941년 3월 '개정치안유지법'을 시행해 '조선사상범'을 탄압하며 '사상보국운동'을 강제했다. 1943년에는 「치안대책요강」을 마련해 사상운동이 독립운동으로 전환하는 것을 막기에 부심했다. 1944년에는 '조선총독부 재판소령 전시특례'와 '조선전시형사특별법' 등을 공포해 전시하의 독립운동 탄압을 사법적으로 뒷받침하고자 했다.

이 같은 상황에서 국내의 독립운동은 크게 위축되었다. 일제가 군·면은 물론이고, 동 단위까지 '애국반'을 조직해 집집마다 통제했기 때문에 극히 일부를 제외하고 비밀결사 활동도 곤란해졌다. 반면 국외의 독립운동 세력들은 어느 이념보다 민족을 가장 상위 개념으로 인식하고 일제의 패망과 독립을 전망하며 이에 대비했다. 1940년대 전반기 국내외의 독립운동 세력은 크게 중국 관내의 임시정부와 화북조선독립동맹, 국내의 조선건국동맹 등 세 그룹이 지역 기반과 이념을 달리하며 독립운동을 이끌고 있었다. 미주 동포 사회에는 재미한족연합회가 임시정부와 기타 독립운동 단체를 지원하는 활동을 폈다.

1932년 윤봉길 의거 이후 상하이를 떠난 임시정부는 1940년 충칭에 정착하며 비로소 정부 조직으로서 기능과 역할을 할 수 있었다. 1939년 5월, 김구와 김원봉의 연합은 독립운동계에 좌우 연합의 새로운 계기를 만들었다. 비록 치장에서 열린 7당 통일회의는 실패로 끝났으나, 한국국민당·한국독립당·조선혁명당 등 우파 3당의 통합을 이루었다. 그들은 '3·1운동의 정맥을 계승한 민족운동의 중심 정당'으로서 한국독립당을 창당하고 임시정부 옹호와 지지를 선언함으로써 여당으로서 임시정부를 뒷받침했다. 이후 조선민족혁명당이 임시정부에 참여했다. 또한 김원봉의 조선의용대 일부가 한국광복군에 편입되고, 류자명 등도 임시정부에 합류함으로써 좌우 연합 정부의 성격을 띠게 되었다. 비로소 임시정부는 당·정·군의 체제를 갖춰 명실 공히 독립운동의 중추 기구로서 역할에 충실할 수 있었다.

한편 1942년 화베이에서 조선독립동맹이 조직되었다. 이 동맹은 화북조선청년연합이 조선의용대의 화베이 진출을 계기로 발전적으로 개편한 공산주의 계열의 항일투쟁 단체이다. 조선독립동맹은 창립선언에서 각 당, 각파를 망라해 항일민족통일전선을 구축할 것임을 밝혔다. 조선독립동맹은 항일투쟁을 벌이며 중국공산당의 본거지인 옌안(延安)으로 이동해 김두봉(金枓奉)을 위원장으로 하고 조선항일군정학교를 운영했다. 조선의용군은 이 동맹의 당군으로서 중국공산당의 지휘를 받아 항전했으며, 후에 중국공산혁명전쟁과 6·25전쟁에 참전하기도 했다.

조선건국동맹은 1944년 여운형이 국내 사회주의자들을 중심으로 조국 광복에 대비하기 위해 조직해 이끌고 있던 비밀결사였다. 이 동맹은 대동단결해 대일연합전선을 형성하여 일제 세력을 모두 몰아내고 조선 민족의 자유와 독립을 회복하기 위해 전국적 조직망과 직능별 보조 단체까지 갖췄다. 조선건국동맹은 결정적 시기에 독립을 자주적으로 쟁취하기 위해 좌우의 이념에 상관없이 국외 항일 단체와 연계를 꾀해 임시정부와 조선독립동맹과 통일전선을 도모했다. 조선건국동맹이 8·15와 함께 건국준비위원회로 발전할 수 있었던 것은 이런 국내 기반에 바탕한 것이었다.

1940년대 전반기를 주도한 세 단체는 서로의 존재를 인정하고 독립을 대비하며 연합전선 구축과 세력의 통일을 시도했다. 특히 1940년대에 들어서는 독립운동 세력 내에서 자본주의나 공산주의의 이념 구분이 옅어지면서 통합 가능성을 높였다. 삼균주의에 기초한 임시정부의 '건국강령'(1941년 11월)과 조선독립동맹의 '강령'(1942년 7월)은 크게 다르지 않다. 임시정부의 '건국강령'은 총강(總綱)·복국(復國)·건국 등 22개 조항으로 되어 있고, 조선독립동맹의 '강령'은 민주공화국 건립을 위한 10개 항목과 혁명투쟁을 위한 7개 항목으로 임시정부의 '건국강령'이 더욱 구체적이고 상세하다. 그러나 독립운동의 목표가 민주공화국 건설로 일치하고 있을 뿐만 아니라, 보통선거제 실시, 토지와 대생산기관의 국유화, 의무교육제도의 실시 등 독립국가 건설의 방향과 방법은 비슷했다. 그래서 통합 논의가 가능했고 결정도 빨랐던 것이다. 임시정부의 김구가 조선독립동맹의 김두봉에게 장건상을 보내 통합 논의를 제안했고, 조선독립동맹이 자신들을 독립운동의 지방단체로 규정하고 임시정부의 대표성을 인정하며 이에 화답한 것은 매우 중요한 사실이다. 그러나 두 사람의 만남이 해방 전 충칭에서가 아니라, 1948년 평양에서 열린 남북협상회의 때 이루어진 것은 안타까운 일이다.

해방을 맞이할 때까지 국외에서 독립운동을 벌이던 무장투쟁 세력이 존재했던 것은 특기할 만하다. 임시정부의 국군인 한국광복군과 조선독립동맹의 당군인 조선의용군은 중국에서 군사 조직을 유지하며 독립에 대비하고 있었다. 중국 둥베이 지역에서 활동하다가 소련으로 이동해 소수민족 국제군 88여단에 소속된 한인 부대가 있었으나, 이때는 독립운동과 관계가 멀었다.

임시정부 군사특파단을 기초로 1940년 충칭에서 창설된 한국광복군은 1942년에 조선의용대 본부 병력이 편입되면서 3개 지대로 진용을 갖췄다. 임시정부는 제2차 세계대전이 발발하자 1941년 12월 10일 주석 김구와 외무부장 조소앙 명의로 「대일선전성명서」를 발표해 한국광복군을 연합군의 일원으로 참전하도록 했다. 이어 독일에도 선전포고를 했다. 한국광복군은 중국에서는 중국군과 연합해 일제에 대항했고, 미얀마와 인도 전선에서는 영국군과 연합작전을 수행했다. 미국 OSS와 합작으로 진행된 '독수리작전(Eagle Project)'은 국토 회복을 목표로 한 것이었다. 비록 일제의 항복으로 실행하지는 못했으나, 해방 직전까지 무장투쟁이 추진되었음을 입증한다. 이는 한국 독립운동의 국제적 위상을 한층 드높였다. 1943년 카이로회의에서 미국·영국·중국 등 국가 원수들이 한국의 독립을 국제적으로 약속한 것은 독립을 향한 한민족의 의지와 노력을 높이 평가했기 때문이다. 김구가 시안(西安)에서 일본의 항복 소식을 듣고 기쁨이 아니라 슬픔의 눈물을 흘린 것은 그 안타까움의 표시였다.

조선의용군은 옌안에 머물며 군정학교 교육과 노선 정비를 통해 전투부대로서 대일 항전에 대비하고 있었다. 한국광복군과 조선의용군의 이념과 편제는 다르나, 전선에 잠입해 정보수집, 선전 활동, 일본군 포로 심문 등 활동은 비슷했다. 그러나 한국광복군의 교육 내용이 군사적이고 기능적이었던 데 비해 조선의용군은 군사훈련과 함께 정치교육의 비중이 높았다는 차이가 있다. 해방 후 한국광복군은 남한을 점령한 미국으로부터 외면을 당해 '국군' 자격으로 귀국하지 못했다. 조선의용군은 중국공산당의 지휘를 받으며 만주로 이동하는 과정에서 강력한 사단 규모의 전투부대로 성장했다.

1940년대는 일제의 패망과 조국의 독립을 전망하면서 독립국가의 청사진을 마련했던 시기다. 1945년 8월에 맞이한 독립은 온전히 자력으로 쟁취한 것은 아니나, 연합군의 승리와 한민족의 독립운동이 함께 이루어낸 결과였다. 한국 독립운동의 시기별 특징은 세계정세의 변화에 능동적으로 대응하며 그때마다 모색한 이념과 방법론의 양상을 보이지만, 최고의 가치는 언제나 조국의 독립 쟁취였다. 독립운동은 일제강점기 동안 한순간도 멈추지 않고, 한민족이 거주하는 국내외 지역에서 모든 이념과 방법론을 동원한 총력적 항쟁이었다.

참고문헌

김희곤. 2016. 『임시정부 시기의 대한민국 연구』. 지식산업사.

박걸순. 2009. 『국학운동』. 한국독립운동사편찬위원회.

박경식. 1986. 『일본제국주의의 조선 지배』. 청아출판사.

염인호. 2009. 『조선의용대·조선의용군』. 한국독립운동사편찬위원회.

윤병석. 1990. 『국외한인사회와 민족운동』. 일조각.

조동걸. 2010. 『한국독립운동사 총설』. 역사공간.

한국근현대사연구회 엮음. 1998. 『한국독립운동사강의』. 한울.

한시준. 1993. 『한국광복군연구』. 일조각.

4강 한말 국권회복운동

이계형

01 의병운동

1) 전기 의병

　　의병운동은 정규군이 아닌 유림이나 일반 백성들이 주축이 되어 일제의 침략에 무장으로 맞선 것을 말한다. 이는 시기별 특성에 따라 전기·중기·후기·전환기 의병 등으로 구분된다. 전기 의병은 1894년 일제가 청일전쟁 직전 경복궁을 침입한 갑오변란과 이후 갑오개혁에 반발하여 봉기했다. 그 뒤 전기 의병은 1895년 을미사변과 '단발령'에 더욱 촉발해 1896년 고종이 아관파천을 단행한 전후까지 이어졌다.

2) 중기 의병

　　1895년 을미사변과 '단발령'으로 촉발된 전기 의병이 종식된 지 10여 년 만에

1906년을 전후로 전국 각지에서 의병이 다시 일어났다. 특히 고종의 밀지를 받은 유림들이나 전기 의병 당시의 의병장들이 주도했다. 이를 중기 의병 혹은 을사의병이라 한다.

중기 의병은 전기 의병과 달리 전직 관료들이 적극 나섰다. 이들은 대부분 유림이었지만 위정척사적인 명분보다는 국가와 민족을 구하려는 의지가 강했다. 반침략적·구국적 성격이 강한 면모를 보여준 것이다. 대표적인 의병장은 원용팔·신돌석·최익현·고광순·양회일 등이었다.

일제는 1907년 7월 헤이그특사 파견을 빌미로 고종을 강제로 퇴위시키고 이어 정미조약과 군대해산을 단행했다. 대대장 박승환의 자결은 한국군 1000여 명이 봉기하는 계기가 되었다. 해산한 군인들이 지방으로 내려가 의병에 합류했다. 지방 진위대의 해산 군인들도 의병으로 전환해 갔다. 1907년 8월 원주에서는 특무정교 민긍호가 봉기했다. 그의 의병 부대는 1908년 2월까지 강원도를 근거지로 삼아 가장 치열하게 항일투쟁을 전개했다. 강화분견대의 해산 군인들은 1907년 8월에 연기우 등의 지휘 아래 봉기했다. 이들은 계몽운동 계열의 대한자강회와 감리교 계통의 개신교 세력의 지원을 받았다. 이 외에도 홍주분견대와 진주진위대도 군대 해산에 저항하고 의병 부대에 동참했다.

이러한 가운데 의병운동이 확산되어 갔다. 1907년 8월 충북에서 노병대가 보은군 속리산에서 의병을 일으켰고 강원도 원주에서는 이인영을 의병장으로 추대했다. 경북에서는 신돌석 의병 부대가 일원산을 중심으로 경상도를 넘나들며 유격 활동을 전개했으며, 정환직은 산남의진을 재편하고 영천 등지에서, 이강년은 문경을 중심으로 충북과의 접경지대에서 활동했다. 경기도에서는 포천의 허위가 강화분견대 군인들을 끌어모아 임진강 유역에서 의병운동을 전개했고, 장단과 황해도 서흥 일대에서는 김수민이 활동했다.

군대 해산 이후 3개월 동안, 일본군의 사상자는 68명이었지만, 의병의 경우는 1850여 명에 달했다. 의병 대부분은 사거리가 20미터에 불과한 재래식 화승총을 사용한 반면 일본군은 러일전쟁 당시 제작된 사거리 200미터의 38식 소총을 사용했고 때로는 기관총까지 동원한 결과였다.

의병운동이 전국적으로 확산되는 가운데 관동의병장 이인영은 연합의진을 편성하고 서울 진공 작전을 주도했다. 그는 전국의 의병장들에게 비밀리에 격문을 보내 경기도 양주에 집결토록 했다. 그 결과 1907년 12월 전국 각지에서 의병 1만여 명이 모여들었다. 다만 아쉽게도 신분 차별을 극복하지 못해 의병장 신돌석·홍범도 등은 평민 출신이라는 이유로 참여가 거부되었다. 연합의진은 통합군 사령부로 '13도창의대진소'를 설치하고 총대장 이인영, 군사장 허위 등으로 의진을 구성했다. 전열을 정비한 13도창의군은 서울 탈환 작전을 계획해 통감부를 파괴하고 「을사늑약」을 무효화해 국권을 회복하고자 했다.

홍범도

이인영

13도창의군은 동대문 밖에서 전군이 집합한 가운데 대오를 정비한 후 음력 정월(양력 1908년 2월 1일)을 기하여 서울로 진격할 예정이었다. 작전에 따라 허위는 300여 명의 선발대를 거느리고 북상하여 1908년 1월 말 지금의 청량리 근처까지 접근했다. 그러나 총대장 이인영이 부친 사망 소식을 듣고 급히 귀향해 버려 허위가 전권을 물려받았지만, 더 이상 버티지 못하고 퇴각하고 말았다. 또 하나의 실패 요인은 서울 진공 작전 개시 2개월 전부터 그에 대한 내용이 ≪대한매일신보≫에 크게 보도되면서 사전에 일제가 손쉽게 정보를 파악했기 때문이다.

허위

3) 후기 의병

중기 의병 이후 일제의 탄압에도 의병운동은 사그라지지 않았다. 오히려 이전

의병의 주력 무기 화승총(왼쪽), 일본군의 주력 무기 38식 소총(오른쪽)

심남일

고광순

보다 의병운동은 격화되었는데 호남지역에서 두드러졌다.

중기 의병 봉기 당시 별다른 움직임이 없었던 호남은 1908~1909년 사이에 후기 의병을 주도해 나갔다. 이곳은 동학농민운동이 활발했던 지역으로 전투 경험이 풍부했고, 일제 침탈의 피해가 컸기 때문에 반일 감정이 강했으며, 전기 의병에 참가하지 않아 상대적으로 전투력을 상실하지 않았기 때문이다.

김동신·고광순 등 대표적인 호남 의병장들은 내장산·지리산 등 산악지대를 근거지로 유격전을 벌였다. 기삼연은 1907년 10월에 호남창의회맹소를 결성하고 장성 등에서 활동했다. 이석용은 진안과 임실에서, 문태서는 무주 등에서 크게 활약했다.

함경도에서는 홍범도 등이 삼수와 갑산 등지에서 항일투쟁을 주도했다. 황해도에서는 박기섭 등이 평산 등지에서 활동했고, 평안도에서는 김관수 등이 활약했다. 함경북도 경성과 명천 등지의 의병들은 대한협회 지회와 연계해 움직였다. 1909년 봄, 제주도에서도 고승천의 주도로 의병이 일어났고, 간도와 연해주 등지에서는 이범윤 등이 이를 주도했다.

이렇듯 후기 의병은 이전과 달리 농민·군인·상인·노동자도 의병을 이끌었고, 개화사상의 영향을 받은 인물들도 포

전기 의병(1895년)

초산
함흥
영원
영흥
고성
유인석 · 강릉
제천
이강년
김복한 · 안동
홍성
허위
선산
가우만 · 노승규
장성 · 진주

중기 의병(1905년)

민종식 · 평해
홍성 · 신돌석
영해
태인 · 영천
순창 순천
최익현
임병찬

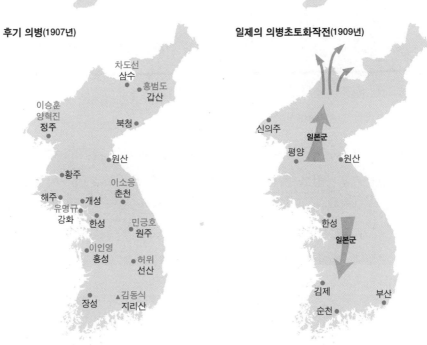

후기 의병(1907년)

차도선
삼수
홍범도
갑산
이승훈
양혁진
정주 · 북청
원산
황주
이소응
해주 · 개성 · 춘천
유명규
강화 · 한성
민긍호
원주
이인영
홍성
허위
선산
김동식
장성 · 지리산

일제의 의병초토화작전(1909년)

신의주
일본군
평양 · 원산
한성
일본군
김제 · 부산
순천

'남한폭도대토벌작전' 당시 피체되어 대구감옥에 수감된 호남 의병장들
앞줄 왼쪽부터 송병운·오성술·이강산·모천년·강무경·이영준, 뒷줄 왼쪽부터 황장일·김원국·양진여·심남일·조규문·안규홍·
김병철·강사문·박사화·나성화다.

농민·포수·서생·군인 등 각계각층의 사람들이 참여한 의병

함되어 있었으며, 주로 산악지대를 이용한 게릴라 전투를 벌였다.

의병운동이 1906년 이후 3~4년 동안 전국에 걸쳐 지속적으로 전개되자 일제는 이를 근절하기 위해 조선주차군사령관 하세가와 요시미치(長谷川好道)가 지휘하는 군대를 증가시켰다. 아울러 일제는 1908년 6월에 '헌병보조원 모집에 관한 건'을 공포해 조선인 헌병보조원을 모집했는데 그 수가 4065명에 달했다. 이들은 의병 토벌과 정보 탐색에 이용되었다. 일제는 전국에 493개소에 분견소를 두고 한국의 군사경찰·행정경찰·사법경찰까지 장악했다. 여기에 10만 명의 친일파 일진회원들이 가세해 의병운동을 방해했고, 일제도 그들의 탐정 활동에 크게 의지했다.

그 뒤 일제는 1909년 9월부터 1개월 동안 '남한폭도대토벌작전'을 전개했다. 이에 일본군 2260여 명이 투입되었다. 제1단계는 남원을 기점으로 고흥·광주·영광으로 이어지는 지대를, 제2단계는 고흥·광주·영광 근방을 기점으로 서·남해안까지를 초토화하는 작전이었다. 제3단계는 도서 지방으로 탈출한 의병을 섬멸하기 위해 무인도까지

샅샅이 뒤지는 것이었다. 이에 따라 일제의 초토화 작전은 전라북도 부안-임실-남원-구례-하동을 잇는 섬진강 이서 지역과 남해안의 도서 지역에 집중되었다. 호남 의병은 끝까지 저항했으나 일제의 막강한 군사력에는 역부족이었다. 호남 의병은 103명의 의병장을 비롯해 500여 명이 전사했고, 2000여 명이 체포(자수 포함)되었다.

1907년 7월부터 1908년 말까지 일본군이 불태운 집은 6681호에 달했다. 이뿐만 아니라 '도망하는 자는 모두 죽이라'는 지침에 따라 피난하던 양민들도 많이 학살되었다. 이에 1907년 8월에서 1909년 말까지 일본군에게 살육된 의병은 1만 6700여 명, 부상자는 3만 6770여 명에 달했다. 결국 후기 의병은 호남 의병이 초토화되면서 일단락되었다.

후기 의병의 특징은 다음과 같다. 첫째, 해산 군인을 비롯한 평민 출신의 의병장이 주축이었다. 둘째, 의병 스스로 무장을 강화해 유격 전술을 통한 효율적인 투쟁을 전개했다. 셋째, 지역 주민들의 도움이 컸다. 넷째, 1908년 전후로 의병 기지를 건설하고자 했다.

4) 전환기 의병

1910년 경술국치 이후 일제의 식민지 지배하에 놓이면서 의병운동은 지속되지 못했다. 일제의 대토벌작전에도 살아남은 의병 부대는 국외로 이동하여 독립군으로 전환하거나 국내에서 소규모 게릴라 전투를 이어갔다. 이들을 전환기 의병이라 한다.

1910년 전후 함경도·강원도 등지의 의병진은 두만강·압록강을 건너 만주의 북간도와 서간도, 러시아의 연해주 등지로 이동했다. 대표적인 의병장은 유인석·홍범도·이진룡 등이다. 이들은 그곳에서 활동 중인 이범윤·안중근 등과 연합했다. 이범윤은 간도관리사로 있었는데 「을사늑약」에 따라 관리사직에서 쫓겨나 연해주로 옮겨갔고, 안중근은 1907년 연해주로 망명하여 의병운동에 참가했다.

연해주 블라디보스토크에서는 1910년 6월 의병연합체인 '13도의군(十三道義軍)'이 조직되었다. 13도의군은 연해주와 간도를 비롯한 전국 13도의 의병을 아우르는 통합

임병찬

채응언(오른쪽)

단체를 표방했다. 도총재에 유인석, 창의총재에 이범윤 등이 선임되었다. 13도의군은 장차 국내로 조직을 확대할 목적이었다. 그러나 별다른 성과를 거두지 못한 채 해체되었다가, 1919년 3·1운동 이후 류허현 싼위안푸의 대한독립단으로 통합되었다. 연해주와 간도에서 활동하던 의병들은 계몽운동 세력과 힘을 합해 민족교육과 독립군의 양성에 힘을 기울였다. 무장투쟁과 실력 양성을 주장하던 양대 세력이 국가와 민족의 독립을 위해 통합되어 갔다.

한편, 일제의 '대토벌작전'에도 불구하고 살아남은 국내의 의병 부대는 1915년경까지 산악 지대를 중심으로 명맥을 이어갔다. 일제는 의병 부대를 완전히 소탕하기 위해 1910년 11월부터 12월까지 경상북도 소백산 부근, 황해도 평산 등지에서 대살육전을 전개했다. 이러한 일제의 탄압 속에서도 임병찬은 고종의 밀서를 받고 1912년 9월 이인순 등과 더불어 '독립의군부'를 조직했다. 1914년 2월 서울로 올라온 임병찬은 독립의군부를 전국적 조직으로 확대해 '대한독립의군부'로 재편했다.

충청북도와 경상북도 등 동남부 지방에서는 '민단조합'이 있었다. 작은 규모의 민단조합은 1915년 문경새재 주변에 거주하던 이동하 등에 의해 조직되었다. 1915년 평안북도 성천에서 의병장 채응언이 일본군에 붙잡히면서, 국내의 의병운동은 종지부를 찍었다.

02 계몽운동

1905년 11월 「을사늑약」 체결을 전후로 일제의 국권 침탈이 가속화되자, 국권 회복을 위해 서구 문물을 받아들여 국민들의 실력을 양성하여 '자강'을 이뤄야 한다는 '국권회복론'이 등장했다. 이를 '계몽운동'이라 하는데, '자강운동', '실력양성운동'이라고도 한다. 이를 주도한 세력은 개신 유학자들과 신교육을 받은 지식층들이었다.

계몽운동의 사상은 개화사상·문명개화론·사회진화론 등을 기반으로 했기 때문에 국가의 독립보다는 문명개화와 실력 양성을 우선시한 측면이 있다. 이와 달리 신채호는 일제가 자행한 한국 침략에 의한 구질서의 파괴와 생존경쟁을 도덕적으로 비난하면서, 민족주의의 수립과 실력 양성으로 이를 벗어날 수 있다는 점을 강조했다.

1) 계몽운동 단체 설립

계몽운동을 전개하려는 단체들도 조직되었다. 1898년 12월 독립협회가 해산된 이후, 대중 기반의 민간단체는 조직되지 못했고, 1903년 10월 개신교 선교사들의 주도로 황성기독교청년회, 즉 YMCA가 창설되었을 뿐이었다. 이런 가운데 1904년 6월에 일본인 나가모리 도키치로(長森藤吉郎)가 한국 정부에 황무지개척권을 요구하면서 이를 반대하는 정치단체가 설립되기 시작했다. 가장 먼저 중추원 의관을 지낸 송수만 등이 민중회의를 열고 1904년 7월 '보안회'를 창설했다. 보안회는 일제의 탄압에도 불구하고 반대운동을 지속적으로 펼쳐 마침내 일본 측의 황무지개간권 철회를 이끌어냈다. 보안회는 일제의 강요로 해산 위기에 처했지만, 그 후 '협동회'로 명칭을 변경해 활동을 계속했다.

보안회 이후 민간단체의 설립이 활발해졌다. 이를 경계하고자 일제는 친일 세력과 독립협회 출신자들을 매수해 1904년 8월 일진회를 조직했다. 비슷한 시기에 정부의 탄압을 받던 동학 세력은 진보회를 설립했다가 그해 12월에 일진회와 통합했다. 이에 맞서 보부상들과 독립협회 출신들은 공진회를 결성했다. 공진회는 일진회의 해산을 목표로 했다가 당시 러일전쟁에 참전한 일본군의 개입으로 1905년 1월에 해산되고 말았다. 1904년 9월에는 이원긍 등의 주도로 국민교육회가 조직되었다.

그 뒤 1905년 5월 윤효정 등의 공진회 회원들이 개신 유학자들과 함께 헌정연구회를 조직했다. 헌정연구회는 입헌정치체제 수립을 위한 민족의 정치의식과 독립 정신을 일깨우는 데 목적을 두었지만, 궁극적으로는 일진회에 맞서고자 했다. 그러나 1906년 2월 설치된 통감부가 한국인의 정치 집회를 금지하면서 헌정연구회는 합법적인 정치 활동을 할 수 없게 되었다.

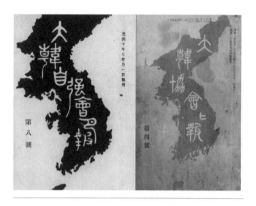

≪대한자강회월보≫(왼쪽), ≪대한협회월보≫(오른쪽)

이에 윤효정 등은 1906년 4월 윤치호를 회장으로 추대해 대한자강회를 발족했다. 대한자강회는 전국에 25개 지회를 설치하고 잡지 ≪대한자강회월보≫를 발행했다. 이렇듯 대한자강회의 활동과 영향력이 커지자 통감부는 대한자강회를 강제해산시켜 버렸다. 장지연 등은 이에 물러서지 않고 1907년 11월에 김가진을 회장으로 대한협회를 출범시켰다. 대한협회는 1908년 지회가 60여 개로 증가하여 회원이 수만 명에 이르렀지만, 1909년 대한협회 지도부가 일진회와의 연합을 획책하는 등 성격이 모호해지면서 변질되고 말았다.

한편, 서울에서 활동하던 지방 인사들을 중심으로 여러 학회가 결성되었다. 학회 설립은 통감부 설치 이후 본격화했다. 1906년 10월 박은식 등 평안도·황해도 출신 인

안창호

서북학회 회관   현재 건국대학교 박물관

≪대한유학생학보≫(왼쪽), ≪호남학보≫(가운데), ≪태극학보≫(오른쪽)

사들이 서우학회를 설립한 것이 처음이었다. 이어 그해 11월에는 이동휘 등 함경도 출신들이 한북흥학회를 결성했다. 두 학회는 안창호·박은식의 주도로 1908년 1월 서북학회로 통합했다. 서북학회는 1908년 2월부터 ≪서북학회월보≫를 발행하여 사회 진화론과 민권론에 바탕을 둔 실력양성론·교육구국론·실업진흥론 등을 펼쳐나갔다.

이어 1907년 7월에 호남학회가 설립되어 ≪호남학보≫를 발간했다. 이 외에도 호서학회·기호흥학회·관동학회·교남학회 등이 설립되었다. 또한 일본 유학생들은 출신 지역별로 각기 태극학회·낙동친목회 등을 조직했는데, 대한유학생회·대한학회·대한흥학회 등의 단체로 통합되었다.

이와 같은 합법적인 테두리 속에서 조직된 계몽 단체나 학회들과는 달리, 1907년 4월경에는 안창호 등이 주도해 평양에서 비밀결사 신민회가 조직되었다. 회원은 주로 관서지방 개신교 신자와 교사·학생 등 800여 명이었다. 신민회는 ① 국민에게 민족의식과 독립사상을 고취하며, ② 동지를 규합·단합하여 국민운동의 역량을 축적하고, ③ 교육기관을 설치하여 청소년 교육을 진흥시키며, ④ 상공업 기관을 만들어 단체 재정과 국민의 부력(富力)을 증진할 것 등을 목표로 삼았다.

이를 실현하고자 신민회는 청소년 교육을 위해 정주의 오산학교, 평양의 대성학교, 강화도의 보창학교 등을 세웠다. 또한 신민회는 계몽강연운동을 활발히 전개했고, 외곽 단체인 조선광문회를 조직해 출판 사업도 추진했으며, 출판물 보급과 사업

이동휘

연락을 위해 평양·서울·대구 등지에 태극서관을 두었다. 나아가 신민회는 민족자본 육성을 목적으로 실업장려운동을 벌여 평양 마산동의 자기회사를 비롯해 협성동사·상무동사·조선실업회사 등을 설립했다. 하지만 시간이 지나면서 신민회 회원들 간에 알력이 심해졌다. 안창호 등을 중심으로 미국 등 국외 동포들은 훗날을 기약하자는 온건파와 이동휘 등을 중심으로 만주에 광복군을 조직해 일본과 결전하자는 급진파로 갈라졌다. 이에 안창호는 미국으로 건너가 1913년 5월 흥사단을 조직했고, 이동휘 등은 만주에 무관학교를 설립하고 독립군 기지를 마련해 독립전쟁을 일으키고자 했다.

한편, 이회영 등은 1910년 평톈성 류허현을 적지로 삼아 이듬해 봄부터 그곳에 독립운동 기지를 건설했다. 1911년 4월 그곳에 자치기구인 경학사를 설립하고 부설 기관으로 신흥강습소를 두었다. 경학사는 병농일치의 원칙에 따라 무장투쟁을 활동 목표로 삼았다. 하지만 풍토병이나 흉년으로 상황이 여의치 않자, 이상룡의 주도하에 1912년 퉁화로 옮겨가 다시 부민단을 조직했고, 신흥강습소를 이전해 새롭게 본관과 사옥을 준공했다. 신흥강습소는 신흥중학교로 개칭되었으나, 1919년 류허현으로 이전한 뒤에 다시 신흥무관학교로 이름이 바뀌었다. 신흥무관학교는 현대적 군사교육을 실시해 1920년 폐교될 때까지 많은 독립군을 배출했다. 신흥무관학교 출신자들은 청산리전투를 비롯한 여러 독립 전선에서 주역으로 활동했다. 이와 달리 국내에 남아 있던 신민회의 간부들이 경술국치 직후인 1912년 12월 일제가 조작한 '105인사건'으로 검거되면서 신민회의 활동은 막을 내렸다.

2) 사립학교 설립

계몽운동의 성과 중 하나로 꼽을 수 있는 것이 학교 설립이다. 1880년대 서양 선교사들이 개신교의 포교 수단으로 학교 설립을 주도했지만, 1890년대 후반기부터 한국인이 설립한 사립학교들이 나타났다. 1896년에는 민영기가 중교의숙(서울, 1906년 폐교)을, 1898년에는 민영환이 흥화학교(서울, 1911년 폐교)를, 1899년에는 안창호가 남녀공학의 점진학교(평안남도 강서, 해방 후 폐교)를 각각 건립했

평양에 설립된 대성학교

다. 1904년 10월에는 상동교회 목사 전덕기가 상동청년학원을 설립했다.

「을사늑약」 체결 이후 국권 회복을 위한 교육 구국운동이 전개되면서 사립학교 설립이 급증했다. 1905년에 세운 보성학교·양정의숙·휘문의숙과 1906년에 세운 진명여학교·숙명여학교·중동학교, 1907년에 세워진 평양 대성학교, 정주 오산학교 등이 대표적이다. 특히 이동휘는 1906년 강화도에 보창학교를 세운 뒤 그 산하에 21개의 분교를 설립하는가 하면 2년 후에는 강화도 안에 56개의 사립학교를 증설했다. 이렇듯 계몽운동가들의 노력에 힘입어 경술국치 직전 사립학교 수가 3000여 개에 달할 정도가 되었다.

사립학교 설립 운동의 특징은 다음과 같다. 첫째, 계몽운동이 활발했던 평안도와 황해도에 집중되었고 유교의 뿌리가 깊었던 삼남에는 사립학교 설립이 부진했다. 둘째, 노동자·농민·어민들이 적극적이었다. 갑산군 광산 노동자들이 보명학교를 세운 것이라든지 북청군 농민들이 북청 제1사립학교를 세운 것 등이 대표적이다. 셋째, 여성 교육에 대한 관심이 크게 늘어 사립학교 가운데 여학교가 84개 교에 이르렀다. 이 사립학교의 교육은 학생들에게 민족의식을 고취해 국권 회복의 의지를 다지는 데 주안점을 두었다.

이에 일제는 민감하게 반응해 1907년 12월에 학부 관제를 개정하고 학무국에 사립학교의 담당 부서를 신설한 뒤, 이듬해 8월에는 '사립학교령'을 제정해 이를 통제·

탄압했다. 그 결과 1910년 5월까지 약 400개 학교가 폐교되었다. 일제의 이와 같은 탄압 책동에 사립학교들은 인가 없이도 존속할 수 있는 외국인 선교학교나 서당 형식으로 학교를 운영해 갔다.

3) 신문 발간

신문 발간도 계몽운동에 큰 영향을 끼쳤다. 가장 먼저 양홍묵·이승만 등의 주도로 1898년 1월 최초의 순 한글 일간지 ≪매일신문≫이 창간되었다. 그해 8월에는 이종일이 한글 전용을 고수한 ≪제국신문≫을, 9월에는 남궁억이 ≪황성신문≫을 창간했다. ≪황성신문≫은 국한문혼용이어서 중류 계층 이상의 독자들이 많이 찾았다. ≪황성신문≫은 「을사늑약」 체결 당시 「시일야방성대곡(是日也放聲大哭)」이라는 논설을 실어 일제로부터 정간을 당하기도 했지만, 민족의식 고취와 대일 비판의 자세를 고수했다.

이에 견줄 만한 ≪대한매일신보≫는 1904년 7월 영국인 어니스트 베델(Ernest Bethell, 한국명 배설)과 양기탁이 1903년부터 격일로 발간되던 ≪매일신보≫를 인수한 뒤에 창간되었다. 이 신문은 외국인이 경영했기 때문에 좀 더 자유롭게 일제의 침략 행위와 친일파 내각, 일진회의 매국 행위를 비판했고, 의병들의 활동을 상세히 보도

우리나라 최초의 순 한글 신문 ≪매일신문≫(왼쪽), 순 한글로 발행된 ≪제국신문≫(가운데), 국한문혼용으로 발행된 ≪황성신문≫(오른쪽)

했다. 이에 국민들로부터 큰 호응을 얻어 ≪대한매일신보≫ 발행 부수가 1만 부에 달하기도 했다. 그런 만큼 일제의 탄압도 만만치 않았다. 1908년 3월 ≪대한매일신보≫가 장인환의 외교고문 스티븐스(Stevens) 암살 사건을 대대적으로 보도하자, 통감부는 '보호정치'의 전복을 선동했다며 신문을 압수하는가 하면 영국 정부에 베델의 추방을 요구하기도 했다. 베델은 1909년 5월 지병인 심장병으로 37세에 세상을 떠나 양화진 외국인 묘지에 묻혔다. 결국 ≪대한매일신보≫는 경술국치 이후 ≪매일신보≫로 바뀌어 조선총독부의 기관지로 전락하고 말았다.

천도교 교주 손병희의 발의에 따라 ≪만세보≫가 1906년 6월 창간되었다. 이 신문은 국한문으로 발행되면서도 한자에 한글 음을 다는 루비 활자를 사용해 한글 독자층을 확보했다. ≪만세보≫에는 일진회를 비난하는 기사가 유독 많았고, 이인직의 「혈의 누」를 연재해 독자들의 흥미를 끌었다.

대한협회는 1909년 6월 오세창 등의 주도하에 ≪대한민보≫를 창간했다. 이 신문은 창간호부터 삽화를 통해 시사를 풍자하는 내용을 게재해 때때로 통감부로부터 삭제 명령을 받기도 했다.

개신교계에서는 1897년 2월 감리교 선교사 헨리 아펜젤러(Henry Appenzeller)가 ≪조선그리스도인회보≫를, 같은 해 4월에는 장로교 선교사 호러스 언더우드(Horace Underwood)가 ≪그리스도신문≫을 창간했다. 두 신문은 1907년 12월 ≪예수교회

대한인국민회의 기관지 ≪신한민보≫(왼쪽)와 이를 발행한 대한인국민회 중앙총회관(오른쪽)

보≫로 통합되었지만, 경술국치 전후로 ≪그리스도회보≫와 ≪예수교회보≫로 각각 분리·발행되었다. 천주교에서는 프랑스 신부 플로리앙 드망주(Florian Demange, 한국 명 안세화)가 1906년 10월 ≪경향신문≫을 창간했다.

나라 밖의 한인들도 신문을 창간했다. 1905년 11월 샌프란시스코의 공립협회가 ≪공립신보≫를 발간했고, 1909년 2월 미국 본토의 공립협회와 하와이의 합성협회가 통합해 국민회로 거듭나면서 ≪신한민보≫를 창간했다. 연해주에서는 신민회 지부 활동을 하던 이강 등이 1908년 2월 ≪해조신문≫을 창간했다. 이 신문은 러시아 거주 한국인이 발행한 최초의 순 한글 신문이라는 점에 의미가 크다.

연해주 블라디보스토크에서 발행된 ≪대동공보≫

≪해조신문≫은 3개월 만에 폐간되었지만 연해주 한인들에게 신문의 필요성을 인식시켜 주어, 1908년 6월 블라디보스토크의 한인 친목 단체인 한인국민회가 ≪대동공보≫를 발행했다. 이 신문은 연해주뿐만 아니라 시베리아를 비롯해 미주·하와이·상하이 등으로 발송되었다.

4) 계몽 관련 서적 출판

당시 출판물의 보급 또한 계몽운동의 중추적인 역할을 담당했다. 자연과학과 사회과학 서적들은 근대 서구의 학문을 전했고. 역사물은 애국심을 고취해 국민을 계몽했다. 광문사는 1900년대 초에 정약용의 『목민심서』·『흠흠신서』 등을 간행했다. 이어 최남선은 1910년 10월 조선광문회를 조직해 고전을 간행했다. 이때 발간된 『월남망국사』나 『금수회의록』 등은 국민들에게 국권 회복 의식을 일깨워줬다. 하지만 1909년

조선광문회 건물 청계천 장통교 인근

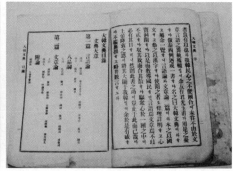

안국선이 저술한 『금수회의록』(왼쪽)과 유길준이 저술한 국한문혼용 『대한문전』(오른쪽)

2월 일제가 '출판법'을 제정하면서 이러한 책자들은 압수되었고, 출판 원고는 사전 검열을 받아야 했다. 이뿐만 아니라 교과서 검정도 실시되어 많은 교과서가 불허되었다. 일제의 출판물 탄압에 여러 어려움이 있었지만 당시에 간행되었던 많은 서적은 국내외의 일반 대중과 학생들에게 커다란 영향을 끼쳤다.

이런 가운데 「을사늑약」이 체결된 전후로 신학(新學)과 구학(舊學) 논쟁이 불거졌다. '신학'이란 서양의 근대 학문과 사상을 가리키고, '구학'이란 유학의 학문과 사상을 일컫는다. 신기선·홍승목·김가진·정교 등 구학 측은 1907년 3월 대동학회를 설립하고 ≪대동학회월보≫를 창간하여, 유교는 몸체이고 이용후생을 내세우는 신학은 용(用)이라며 둘을 합쳐야만 완전한 학문이 된다고 주장했다. 그 뒤 대동학회는 1909년 공자교로 고치고 조직을 강화했다. 하지만 구학 측에 일진회원 혹은 친일파들이 활동하면서 일반 국민들로부터 별다른 지지를 얻지 못했다.

신학 측은 근대 서양 문명뿐만 아니라 민족적인 자주성과 문화유산의 계승·발전에도 관심을 기울여 유교를 개혁하고 국학, 즉 국어와 국사 연구에 심혈을 기울였다.

특히 개화파 인사들은 언문일치를 실현하고자 애썼다. 이들은 갑오개혁 이후 공문서를 국한문으로 작성하는가 하면 국한문체의 교과서를 편찬하거나 한글로 된 신문을 창간하기도 했다. 당시 한글 표기가 통일되지 않아 혼란을 일으키자, 유길준은 국어문법을 정리하여 1895년 『조선문전』을 출판했고 이를 여러 번 수정해 1909년 『대한문

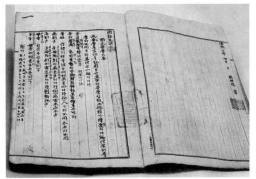

주시경의 『국어문법』 육필원고본(왼쪽), 출판본(오른쪽)

전』으로 고쳐 냈다.

　이후 국문 연구는 주시경에 의해 본격화했다. 그는 『대한국어문법』(1906년) 등을 저술하는가 하면 1907년부터는 하기 국어강습소를 개설해 많은 제자를 길러냈다. 또한 민족 독립의 유지와 발전을 위해서는 국어와 국문을 갈고 닦아야 한다며 1908년에 국어연구학회를 조직했다. 의학교 교장 지석영은 『대한국문설』(1905년)을 저술하고 맞춤법통일안 「신정국문」을 공포했지만, 법어학교 교관 이능화가 문제점을 지적해 결국 시행되지 못했다.

　이런 가운데 국문 연구의 필요성이 고조되면서 1907년 7월 정부 차원에서 학부 안에 국문연구소가 설치되었고 1909년 12월 「국문연구의정안」이 제출되었다. 하지만 이는 통감부에 의해 공포되지 못하고 연구소도 해체되고 말았다.

　역사학은 1894년 갑오개혁 이후 관립학교에서 한국사와 외국사 등을 가르치면서 전통 역사학에서 벗어나 근대적인 학문으로 발전해 갔다. 학부가 주도해 1895년에 『조선역사』·『조선역대사략』이 간행되었고, 김택영에 의해 1899년에 『동국역대사략』과 1905년에 『역사집략』 등이 편찬되었다. 이 외에도 1899년에 현채의 『동국역사』, 1902년에 김택영의 『동사집략』 등이 간행되었다. 그런데 이 역사서들은 중국에 대한 자주독립에 초점을 맞추고 있어 일제의 역사왜곡에는 그리 관심을 보이지 않

았다. 일제의 한국 침략이 구체화되면
서 그 틈에 하야시 다이스케(林泰輔)의
『조선근세사(朝鮮近世史)』(1901년), 쓰네
야 세이후쿠(恒屋盛服)의 『조선개화사』
(1901년) 등 왜곡된 한국사 관련 책자
들이 출판되었다.

김택영   신채호

1906년 이후에는 사립학교가 급증
하면서 한국사 교과서의 편찬이 활기
를 띠었다. 국권이 침탈되는 상황에서 이를 극복하기 위한 일환이었다. 대표적인
한국사 교과서는 정인호의 『초등대한역사』(1908년), 안종화의 『초등본국역사』(1909년)
등이다. 한국 역사서들은 박은식·신채호·장지연·현채 등 이른바 개신유학자들이 주
도했다. 박은식은 국사와 국어, 민족종교 등과 같은 민족정신을 강조하고 나라가 위
태로울 때 위대한 영웅의 출현이 필요하다며 『동명성왕실기』·『발해태조건국지』 등
을 저술했다. 또한 그는 경술국치 이후 『안중근전』과 『한국통사』를 펴냈고, 1919년
3·1운동 이후에는 민족의 항일운동 역사를 모아 『한국독립운동지혈사』를 저술했다.

신채호는 1908년 ≪대한매일신보≫에 「독사신론」을 발표해 역사의 주체를 '민족'
으로 설정하고 민족사관을 정립했다. 그는 한국사를 부여-고구려 중심으로 이해했으
며, 사회진화론적인 역사관을 제시했다. 그의 대표적인 역사 저술로는 『조선사연구
초』와 『조선상고사』 등을 꼽을 수 있다.

당시는 일본어나 중국어로 중역한 외국 역사서가 유행했다. 그중에 1905년 중국
상하이에서 량치차오(梁啓超)가 쓴 『월남망국사』가 가장 인기를 끌었다. 이 외에 국
난을 극복한 을지문덕·최영·이순신 등이나 외국의 잔 다르크(Jeanne d'Arc)·주세페 가
리발디(Giuseppe Garibaldi) 등의 영웅 전기가 널리 보급되었다.

5) 민족종교운동 전개

1880년대에 한때 박해를 받던 천주교가 비로소 포교의 자유를 얻었고, 개신교가 새롭게 밀려들어 왔다. 이즈음에 입국한 개신교 선교사들은 전국 각지에 병원과 학교를 건립해 국민들로부터 호감을 얻고 이를 기회로 국문 성경을 제작하거나 신문과 잡지를 발간해 선교와 국민 계몽 활동을 벌였다. 이에 따라 개신교인이 급증했다.

이에 고무된 제3대 동학 교주 손병희는 일본에 머물며 문명개화·근대화·동양평화론을 내세워 1905년 12월 동학을 천도교로 개편했다. 당시 이용구가 동학의 일파인 일진회를 만들어 일제의 앞잡이 노릇을 하자, 이들과 손을 끊고 동학의 정통성을 내세우기 위한 목적도 있었다.

1906년 2월 귀국한 손병희는 교회 제도 확립에 전념해, 먼저 서울 다동에 천도교 중앙총부를 설치하고 그해 9월에는 이용구를 포함한 교도 62명을 출교시켰다. 이에 일제는 이용구 등을 앞세워 시천교를 설립하도록 하여 천도교와 대립시켰다. 천도교는 보성 소학교·중학교와 보성법률상업학교를 인수하고 동덕여학교를 설립했으며, ≪만세보≫를 간행했고 보성사라는 출판사를 운영했다. 그 뒤 천도교는 민족종교로 자리를 잡아갔다. 1919년 3·1운동에 천도교가 적극 나설 수 있었던 것도 이런 조건에서 가능했다.

나철은 민족의식을 일깨워 민족종교운동을 전개하고자 1909년 오기호 등과 함께 단군을 숭앙하는 단군교를 창시했다. 그들은 '홍익인간 이화세계'를 교의로 삼아 지상낙원을 세우자고 주장했다. 단군교는 포교를 시작한 지 1년 만인 1910년에 교인이 2만여 명으로 늘어나자 '대종교'로 개칭했다. 대종교는 같은 해 북간도에 지사를 설치한 뒤에 1914년에 본사를 그곳으로 옮겼다.

나철

김교헌

1916년 나철이 죽자 제2세 교주로 취임한 김교헌은 『신단실기』와 『신단민사』를 저술하며 교리를 정리하고 교세를 확장했다. 또한 그는 1918년 12월에 북로군정서를 조직하는 데 앞장섰으며, 1920년 청산리전투에서 크게 활약했다.

한편, 유학자 중에는 서양 문물을 수용하려는 진보적인 성향의 개신 유학자들이 나오기 시작했다. 특히 박은식은 1909년 유교 개혁을 주장하는 「유교구신론」을 ≪서북학회월보≫에 발표해 양명학의 지행합일과 사회진화론의 진보 원리를 조화시켜 '대동사상'으로 종합했다. 이를 기반으로 대동교가 창설되었다.

이러한 가운데 정교분리를 고집했던 개신교도 변화하기 시작했다. 목사 전덕기 등이 주도한 상동청년회는 민족의 현실 문제에 눈을 돌리고 비밀결사 신민회에서 중심적인 역할을 담당했다. 또한 옥중에 있던 독립협회 인사 몇몇이 개신교로 개종하고 출옥 후에 1904년 9월 국민교육회를 설립했다. 아울러 외국인들과 한국인들이 공동으로 참여했던 황성기독교청년회 역시 국민 계몽에 앞장섰다. 그러자 일제는 기독교 지도자들의 활동을 근절하고자 1910년 12월 '105인사건'을 조작하기도 했다.

6) 계몽운동의 전환

1900년대 후반 신교육 운동에 따라 사립학교가 수천 개에 이르고 국권 회복에 대한 전 국민의 의지가 확인되면서 전국적으로 다양한 계몽운동이 전개되었다. 다만 계몽운동가들은 문명개화론에 젖어 일제의 국권 침탈에 적극 저항하기보다는 순응했고, 일부는 훼절하기까지 했다. 계몽운동을 주도한 단체들이나 신문들은 대개 의병운동에 부정적인 입장이었고, 그들의 관심은 계몽적인 문화운동에 머물렀다. 그러한 계몽운동도 일제가 '신문지법'을 비롯해 '보안법'·'학회령'·'사립학교령'·'출판법' 등을 공포하면서 점차 위축되어 갔다.

이런 가운데 1907년을 전후로 계몽운동의 노선이 갈라졌다. 실력 양성을 내세워 일제 지배를 현실적으로 인정하는 부류와 독립 유지를 우선해야 한다는 부류로 갈린 것이다. 전자를 대표하는 것이 대한협회였고, 신민회가 후자를 대표했다. 한편,

민족주의에 대한 이해가 넓어지면서 한국사와 문화에 대한 자긍이 더해져 계몽운동
이 한 단계 성장해 갔다. 특히 1910년대 이후 독립운동에 참여한 이들이 이에 영향
을 받은 세대였다.

서상돈

대구 광문사가 1907년 1월 대동광문회라 이름을 바
꾼 뒤, 서상돈이 담배를 끊어 그 돈으로 국채를 갚자고
주장하며 국채보상운동이 시작되었다. 1904년 8월 「한
일의정서」가 체결되면서 대한제국 재정고문으로 부임
한 메가타 다네타로(目賀田種太郎)는 1906년까지 일본으
로부터 1150만 원의 차관을 도입했다. 이는 한국의 재정
을 일본 재정에 완전히 예속시키고 한국을 식민지로 건
설하기 위한 정지 작업에 충당하고자 한 것이다. 1907년
초 대한제국 정부의 대일 차관은 1300만 원에 달해 정부의 1년 예산과 맞먹는 정도
였다.

대구에서 시작된 국채보상운동은 점차 전국적으로 확대되었다. 1907년 2월 서
울에서 '국채보상기성회'가 조직됐고 이후 국채보상운동이 본격화했다. 이는 《대
한매일신보》 등 언론의 역할이 컸다. 국채보상운동에 각 계층의 사람들이 참가했
고 국외에까지도 파급되어 일본 유학생들, 미주와 연해주의 교포, 일부 외국인들도
의연금을 보내왔다. 고종과 정부 대신들도 금연을 하며 이 운동에 동참했다. 그 결
과 1907년 4월 말까지 보상금을 낸 사람은 4만여 명에 달했고, 5월까지 230여만 원
이 모금되었다.

그러나 국채보상운동은 1907년 말부터 일제의 방해로 크게 진척되지 못했다. 일
제는 국채보상 관련 기구의 지도부에 압력을 가했고 이를 주도한 대한매일신보사를

탄압했다. 1908년 5월 대한매일신보사 사장 베델은 금고와 벌금형을 받았고, 그해 7월에는 양기탁이 베델과 함께 국채보상금을 마음대로 유용했다며 구속되었다. 이후 국채보상운동의 지도부는 모금액의 보관과 조사, 감독에 관심을 쏟는가 하면 1909년 13도 대표로 구성된 국채보상금처리회(회장 유길준)를 조직해 보상금 처리 방안을 논했다. 양기탁은 공판 결과 증거불충분으로 무죄선고를 받았지만, 일제의 공작에 운동 주체가 분열되고 운동 자체도 힘을 잃어 국채보상운동은 좌절되고 말았다.

04 의열투쟁

의열투쟁은 민족의 독립을 쟁취하기 위해 개인이나 소수가 일제를 상대로 목숨을 내건 의로운 무력투쟁을 말한다. 대상은 일제의 주요 기관이나 인물들이었다. 그렇기 때문에 일반적인 테러와 구분되는 한국 독립운동사의 독특한 투쟁 방략이었다. 침략자와 불의에 맞서 목숨을 걸고 저항한 사람을 '의사'라고 하는데, 장인환·전명운·안중근·이재명 등이 대표적이다.

1) 장인환과 전명운의 일제 고문관 스티븐스 처단

1908년 3월 샌프란시스코에서 장인환, 전명운이 한국 정부의 외교고문으로 고용되었던 스티븐스를 처단했다. 당시 스티븐스는 미국 내 반일 감정을 무마하고 재미 동포들의 항일 민족운동을 저지하기 위해 샌프란시스코에 도착했다. 그는 그곳에서 "일본의 한국 지배는 한국에 유익하다"라는 성명서를

장인환

전명운

발표해 재미 한인들로부터 공분을 샀다. 서로 모르는 사이인 전명운과 장인환이 스티븐스를 처단하겠다며 나섰다. 그들은 스티븐스가 1909년 3월 23일 9시 30분에 여객선을 이용해 샌프란시스코를 떠난다는 소식을 접하고 그를 기다렸다가 거사를 행했다. 먼저 전명운이 권총을 꺼내들었지만 불발되었고, 이내 스티븐슨과 격투가 벌어졌다. 이를 지켜보던 장인환이 이내 권총을 발사해 스티븐스가 세 발을, 전명운이 한 발을 맞았다. 장인환은 체포되었고 전명운과 스티븐스는 응급실로 옮겨졌다. 스티븐스는 피격 이틀 뒤에 사망했다.

2) 안중근의 이토 히로부미 처단

안중근은 1909년 10월 26일 중국 하얼빈에서 한국 침략의 원흉이자 동양 평화의 파괴자인 이토 히로부미(伊藤博文)를 처단했다.

안중근은 러일전쟁에서 승리한 일제가 한국의 독립과 자주를 보장하겠다는 약속을 저버리고 을사늑약을 체결하며 침략을 자행하자, 이를 통탄하며 중국 상하이로 건너갔다. 그 뒤 부친의 별세로 급히 귀국한 안중근은 1906년 봄 황해도 계동 고향을 떠나 평안남도 진남포로 이주한 후, 삼흥학교를 세우고 남포의 돈의학교를 인수해 인재 양성에 힘썼다. 하지만 1907년 7월 고종이 강제 퇴위되고 군대가 해산되는 등 국망이 현실화되자, 그해 가을, 의병 활동을 펼치기 위해 러시아 연해주로 망명했다. 1908년 6월 말, 그는 대한의군 참모중장의 지위로 300여 명의 의병을 이끌고 국내 진공 작전을 전개해 두만강을 건너 일본군 부대를 공격했지만, 결국 대패하고 말았다. 이에 실의에 빠져 있던 안중근은

안중근

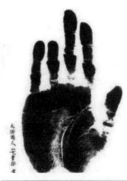

단지한 왼손 지장

1909년 2월에 동지 11명과 단지동맹을 맺고 손가락 한 마디를 끊어 독립 의지를 다졌다. 그러던 차에 만주 하얼빈에 이토가 온다는 사실을 알고 암살을 계획했다. 1909년 10월 26일 오전 9시 반, 안중근은 중국 하얼빈역에서 일본 추밀원 의장 이토를 처단했다. 이토는 안중근이 쏜 세 발의 총탄에 쓰러졌다.

안중근은 거사 직후 하얼빈역에서 체포되어 뤼순의 일본 관동도독부 지방법원에 송치되었다. 공판이 시작된 후 사형선고까지 7일밖에 걸리지 않았다. 그는 공소를 포기한 채 감옥에서 『안응칠역사』를 집필하고, 「동양평화론」 저술에 전념하다가 1910년 3월 26일 뤼순감옥에서 순국했다. 이로써 「동양평화론」은 끝내 미완성으로 남았다.

3) 이재명의 이완용 처단 시도

이재명은 미국의 한인 독립운동단체 공립협회의 일원으로서 1909년 12월 명동성당에서 을사오적의 한 사람인 매국노 이완용을 처단하고자 했다. 이재명은 평안북도 선천 출신으로 1903년 기독교 신자가 된 뒤 1904년 미국으로 건너갔다. 그러나 조국의 국운이 갈수록 기울자 1907년 10월 귀국해 항일운동에 적극 나섰다. 1909년 12월 그는 이완용이 명동성당에서 열리는 벨기에 황제 레

이재명

오폴트 2세(Leopold II) 추도식에 참석한다는 정보를 입수하고 성당 문밖에서 기다렸다. 식을 마치고 나온 이완용이 인력거를 타고 그의 앞으로 지나갈 때 비수를 들고 달려들어 복부와 어깨에 중상을 입혔다. 이재명은 현장에서 체포되어 경성지방법원에서 사형선고를 받고, 이듬해 1910년 9월 24살의 젊은 나이에 순국했다.

참고문헌

신용하. 1994. 『일제경체침략과 국채보상운동』. 아세아문화사.

심철기. 2019. 『근대전환기 지역사회와 의병운동 연구』. 선인문화사.

오영섭. 2009. 『한말 순국, 의열투쟁』. 독립기념관 한국독립운동사연구소.

이계형. 2018. 『한국근대사』. 청아출판사.

조동걸. 2010. 『한국계몽주의와 민족교육』. 역사공간.

한국근현대사학회. 2016. 『한국근현대사강의』. 한울.

홍영기. 2017. 『한말 의병에서 독립군으로: 후기 의병』. 선인.

5강 1910년대 국내 비밀결사운동

이성우

01   1910년대 국내 독립운동의 상황과 비밀결사

1910년 8월 대한제국은 일제의 국권 침탈로 식민지로 전락했다. 일제는 식민지 조선에서 헌병경찰을 동원해 폭압적인 무단통치를 실시했다. 따라서 1910년대 국내 독립운동은 위축될 수밖에 없었다. 당시 국내는 일제의 직접 통치를 받아 감시와 탄압이 심해 많은 독립운동가들은 국외로 망명했다. 그럼에도 1910년대 국내에서는 국권회복운동을 계승한 독립운동이 지속적으로 전개되었지만 이전과는 다른 양상을 보였다. 식민 통치라는 현실에 직면해 한말 국권회복운동의 한계를 극복하고 새로운 독립운동 방략을 모색한 것이다.

한말 국권회복운동은 국권 회복이라는 목적은 같았으나, 의병전쟁과 계몽운동으로 방법과 이념에서 차이를 보였다. 그러나 국망에 직면한 이후 독립운동가들은 계몽운동의 실력 양성이나 의병전쟁의 무장투쟁만으로는 독립을 달성할 수 없다고 인식했다. 이는 독립전쟁론으로 귀결되었는데 국외에서 독립군을 양성해 일제와 전쟁을 벌여 독립을 이룬다는 방략이었다. 이를 실현하고자 국외에 독립운동 기지를 건설했고, 국내에서는 비밀결사들이 조직되었다.

국외로 망명한 독립운동가들은 만주와 연해주 등지에 독립운동 기지를 건설했다. 하지만 이는 국내에서 인적·물적 자원을 조달받아야 가능했다. 따라서 국내에서 조직된 비밀결사들은 연락망을 구축하고 국외 독립운동을 지원하는 활동을 벌였다. 그러나 당시 국내 비밀결사는 의병전쟁과 계몽운동 계열로 나뉘어 각각 복벽주의(復辟主義)와 공화주의(共和主義) 이념을 추구했다. 한말 국권회복운동의 한계를 완전히 극복하지 못한 결과였지만, 두 계열은 점차 투쟁 방략은 무장투쟁, 이념은 공화주의로 정착되어 갔다. 국권 상실과 식민지배라는 상황에서 독립이라는 동일한 목적을 위해 서로 연합해 간 것이다.

02 의병 계열의 비밀결사

1) 독립의군부

독립의군부는 1912년 9월 서울에서 고종의 밀명을 받은 곽한일·이식·전용규 등 재야 유생과 전직 관료들을 중심으로 조직되었다. 곽한일·이식은 최익현의 문인으로 홍주의병에 참여했던 이들이다. 곽한일은 1906년 홍주의병에 참여해 돌격장을 맡아 활동했으나 피체되어 유배형을 선고받아 전라남도 지도로 보내졌고, 이식은 참모사로 활동 중 체포되어 일본 쓰시마에 유폐되었다. 그 뒤 태인의병을 이끌었던 최익현도 임병찬·고석진 등과 함께 쓰시마에 유폐되었다. 이식은 최익현이 쓰시마에서 순국하자 임병찬과 함께 장례를 치렀다. 시종원 시종 전용규는 곽한일을 만난 뒤에 독립의군부에 참여했고, 이정로·이인순 등 비서원과 궁내부에 근무했던 이들도 참여했다. 이처럼 독립의군부는 홍주의병과 태인의병에서 활동했던 재야 유생과 전직 관료층이 서울에서 조직한 것이다.

독립의군부는 경기도·충청도·전라도 지역의 이승렬·윤상보·임병찬 등을 '순무대장(巡撫大將)'에 임명해 부원 확보에 주력했다. 부원 확보는 「사령서(辭令書)」를 전달하고, 참여를 권유하는 형식으로 전개되었다. 「사령서」는 황제의 명령인 '칙명(勅命)' 형식으로 발행되었고, 성명과 관직, 발행일이 표기되었다. 그 결과 많은 부원들을 확보할 수 있었다.

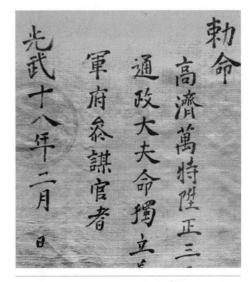

독립의군부 칙명 1914년

독립의군부는 조직이 확대되자 관제인 「독립의군부정헌(獨立義軍府正憲)」1913년 1월 제정했다. 조직 초기 '경략사·순무대장·소모관' 등의 관직 체계보다는 좀 더 조직적인 관제가 필요했기 때문이다. 이는 독립의군부가 '(인재를 모아) 단체 조직 → (일본 정부에) 서면 상신, [선인(鮮人)에게 연설 등으로] 독립사상 고취→ (시기를 보아) 독립 선언→ [열국(列國)과 협조해] 독립 달성' 등의 전략에 따른 것이었다.

이러한 전략은 일본의 정세 변화에 따른 것이었다. 독립의군부를 조직한 곽한일이, 일본에서 민권당(民權黨)의 세력이 커지자 일본 정부가 특단의 조치를 취할 것이라는 소식을 접했기 때문이다. 그는 조만간 일본에서 정변이 일어나 민권당이 주장하는 조선의 독립환원론이 힘을 얻을 것이라 생각하여 국권을 회복하고 독립을 달성할 수 있는 절호의 기회로 여겼다.

이에 독립의군부는 1913년 3월 의병 봉기를 추진했으나 곽한일·이정로 등이 일제에 피체되면서 계획이 무산되는 듯했다. 하지만 일제가 이를 단순 사건으로 처리해 곽한일과 이정로만 구속되는 것으로 일단락되자, 1914년 1월부터 임병찬을 중심으로 독립의군부의 활동이 재개되었다. 임병찬은 같은 해 2월 서울에서 지도부와 협의를 거쳐 독립의군부 조직을 개편했다. 이에 총대표에 곽한일·임병찬·고석진·조재학 등을 선임하고 각군 대표들을 선정하는가 하면 새로운 관제인 '관견(瞗見)'을 제정하기도 했다. 그러나 독립의군부는 같은 해 4월 김창식·이기영·강봉주·정철화 등이 자금을 모집하던 중 피체되고 5월에 임병찬마저 구금되면서 와해되고 말았다.

2) 풍기광복단과 민단조합

채기중

풍기광복단은 1913년 1월경 채기중의 주도하에 김원식·정성산 등 10여 명이 경상북도 풍기에서 조직됐다. 채기중은 경북 상주 출신으로 풍기로 이주한 뒤에 풍기광복단을 조직했다. 풍기는 『정감록』에 '십승지지(十勝之地)'로 알려진 곳으로 전국에서 많은 이주민이 모여들었던 곳이다. 이주민의 출입이 잦아 독립운동을 전개하던 지사들에게는 정체를 숨기고 활동하기에 좋은 장소였던 것이다. 채기중은 이강년의 진·홍주의병 등 한말 의병전쟁에 참여했다가 생활 근거를 잃은 인물을 중심으로 풍기광복단을 조직했는데, 경상도와 충청도 지역의 인물들이 주축이었다.

풍기광복단은 독립운동 기지로 만주를 설정하고 독립군 양성에 필요한 군자금을 모집하고자 했다. 단원들은 서간도에 망명한 독립운동가들과 교류하면서 청장년의 국외 이주를 추진했다. 단원들은 강원도 영월군 상동의 일본인이 경영하는 중석광에 광부로 잠입하여 활동했으며, 친일 부호를 대상으로 군자금 모금 활동을 벌였다. 그 뒤 풍기광복단은 1915년 7월(음) 대구에서 결성되는 광복회에 참여했다.

민단조합은 경상북도 문경에서 이강년의진에서 활동했던 이동하의 주도하에 이은영·김낙문·이식재 등이 중심이 되어 조직되었다. 문경은 이곳 출신 의병장 이강년이 경북 풍기·순흥·예천, 충청북도 제천·단양 등지에서 의병전쟁을 벌였던 곳이다. 이동하는 1908년 7월 이강년이 피체된 후 재기를 도모했으나 실패하고 1911년 만주로 망명했다가 1914년 9월 귀국했다. 그는 귀국 후 독립의군부와 의병전쟁에 참여했던 이들을 중심으로 1915년 민단조합을 조직했다. 민단조합은 충청북도 제천 근북면사무소를 공격해 자금을 탈취하는 등 경북과 충북 일대에서 자금 모금 활동을 벌였다. 그러나 민단조합은 1918년 1월 이동하·이은영·김낙문 등이 체포되면서 해체되었다.

4) 광복회

광복회는 1915년 7월(음) 풍기광복단·독립의군부·조선국권회복단 등 계몽운동과 의병전쟁 계열의 단체와 인물들이 연합해 조직되었다. 광복회는 박상진을 중심으로 조직되었는데, 그의 스승인 의병장 허위와의 인맥이 크게 작용했다.

박상진은 1910년 판사 시험에 합격해 평양법원 판사로 임명되었으나 부임하지 않고 사임했다. 이후 만주로 건너가 그곳에서 독립운동을 전개하던 이상룡·김동삼 등을 만나 투쟁 방략을 모색했다. 이때 중국의 신해혁명을 직접 목격하고 혁명의 필요성을 절감했다. 박상진은 귀국 후 1912년에 독립운동의 재정 지원과 정보 연락을 위해 대구에 상덕태상회(尙德泰商會)를 설립했다. 이런 가운데 그는 1915년 1월 대구 안일암에서 독립운동 단체로 결성된 조선국권회복단에 참여해 활동했다. 한편, 박상진은

광복회 창립지 일제강점기 대구 달성공원

박상진

독립군 기지를 개척하고 독립군을 양성해 독립을 달성한
다는 계획을 세우고 혁명적 독립운동 단체 설립을 추진
했다. 그 결과 1915년 7월(음) 의병과 계몽운동 계열의 인
물들을 연합해 대구 달성공원에서 광복회를 조직했다.

광복회는 독립전쟁 기반을 구축하기 위해 경주 박상
진가(家)의 본부를 중심으로 충청도·경상도·전라도·황해
도·평안도 등의 국내 지부와 만주에 길림광복회(吉林光復
會)도 설치했다. 이로써 광복회는 전국 단위의 조직으로
발전했다. 이와 더불어 광복회는 국내외 상업 조직으로 위장한 연락 기관을 적극 활용
했다. 대구의 상덕태상회, 영주의 대동상점(大東商店), 단둥의 안동여관(安東旅館)과 삼
달양행(三達洋行), 창춘의 상원양행(尙元洋行) 등이 대표적인 기관들이었다. 이 밖에도
예산·연기·인천·광주·삼척에도 광복회의 거점이 있다.

광복회는 비밀·폭동·암살·명령 등 4대 강령을 천명하고 군자금 모집, 독립군 양
성, 무기 구입, 활동 거점 설치, 친일 부호 처단 등의 활동을 펼쳐나갔다. 특히 광복
회는 군자금 모집에 가장 중점을 두었다. 광복회의 목적을 실현하기 위해서는 막대
한 자금이 필요했기 때문이다. 결성 초기에는 일제가 거둬들인 세금을 탈취하기 위
해 우편 마차를 공격하기도 했고, 일본인 소유의 중석광을 공격해 자금을 확보하기
도 했다. 하지만 대구 부호 서우순을 상대로 한 '대구권총사건'이 실패하는 등 자금
모금은 원활하지 못했다. 광복회는 친일 세력들에게 경각심을 일깨우기 위해 의협
투쟁도 전개했다. 경북 칠곡 부호 장승원과 충청도의 친일 면장 박용하, 전라도에서
는 서도현을 처단했다.

그러나 1918년 1월 박용하 처단 후 박상진 등 단원들이 피체되면서 광복회의 전
모가 탄로 나고 말았다. 광복회는 주요 인물들이 체포되면서 큰 타격을 입었지만, 체
포를 면한 회원들을 중심으로 1920년대 주비단과 광복단 결사대를 조직해 활동을 이
어나가기도 했다.

1) 대동청년단

대동청년단은 1909년 10월경 서울의 보성중학교 교장 박중화를 중심으로 서상일·남형우·안희제 등이 조직한 비밀결사다. 단장은 남형우, 부단장은 안희제였으며 단원은 경상도 출신이 중심이었다. 이들은 서울로 올라와 근대 교육을 받았거나 계몽운동단체인 신민회·교남교육회·달성친목회 등에서 활동한 인물들이었다.

단원은 반드시 피로써 맹세할 것, 신입 단원의 가입은 단원 2명 이상의 추천을 받을 것, 단명(團名)이나 단(團)에 관한 사항은 문자로 표시하지 말 것, 경찰 기타 기관에 체포될 경우 그 사건은 본인에만 한정하고 다른 단원들에게 연루시키지 말 것 등을 단규로 정하고 있었다.

대동청년단이 본격적으로 활동을 시작한 것은 국망 이후다. 대동청년단을 조직한 안희제와 서상일은 국망 이후 만주와 연해주 지역으로 망명했다. 이들은 그곳에서 독립운동을 전개하고 있던 안창호·이갑·신채호·김동삼·이동휘 등과 협의한 후, 자금 조달과 인재 육성, 국내외 연락 책임을 맡고 1913년 귀국해 대동청년단을 재흥했다.

이후 대동청년단은 교육 활동을 통한 인재 육성, 군자금 모집 활동을 벌였다. 이

백산상회

안희제

에 경북 안동·의령·달성·상주·대구, 부산 동래 등지에 학교를 설립했다. 이러한 교육 활동은 인적 자원을 확보하는 차원에서 전개된 것이었다.

대동청년단에서 가장 주목되는 활동은 상회 설립을 통한 독립 자금 조달이었다. 안희제는 귀국 후 활동 기반을 구축하고 있던 부산에 백산상회를 설립했다. 백산상회는 처음에는 규모가 작았으나 1919년에는 자본금 100만 원의 백산무역주식회사로 발전했다. 백산상회는 대구·서울·원산 등지에 지점 또는 연락사무소를 설치했다. 이밖에 서상일이 대구에 설립한 태궁상회, 중국 선양의 해천상회 등도 대동청년단이 설립한 상회였다. 이러한 상업 조직은 군자금 모집과 연락사무소로 역할을 했으며, 모금된 자금은 군대 양성과 무기 구입을 위해 재만 독립운동 단체에 지원되었다. 그뿐만 아니라 대동청년단은 1920년대 3·1운동이 지방으로 확산되는 데 기여했고, 대한민국임시정부 지원 활동도 벌였다.

2) 달성친목회와 조선국권회복단

달성친목회는 1908년 9월 대구에서 이근우·김용선 등에 의해 조직되었다. 달성친목회는 청년 교육과 실업을 장려하는 계몽운동단체였다. 그러나 1913년 9월 서상일이 조직을 재흥하면서 독립운동 단체로 변모했다. 서상일은 윤창기·이시영·박영모 등과 만주와 연해주의 독립운동 상황을 돌아보고 귀국한 후 달성친목회를 재흥했다. 이에 정운일·김진만·서창규·남형우·김재열·정순영 등 대구와 경북 지역 출신들이 동참했다. 이들은 부호 혹은 유력자의 자제들이거나 그들과 관련을 맺고 있는 이들이었다. 달성친목회는 대구에 사무소를 두고 회비 1원을 납부토록 했다. 또한 서상일은 강유원간친회(講遊圓懇親會)도 재편했다. 강유원간친회는 달성친목회의 산하단체로 1913년 3월 조직되어 청년 학생들을 대상으로 항일의식을 고취하던 단체였다.

이후 서상일은 태궁상회를 설립해 이를 거점으로 이시영·박영모·홍주일 등과 함께 1915년 1월 대구 안일암에서 조선국권회복단을 조직했다. 단원들은 '한국의 국권을 회복할 것' 등의 서약서를 작성하고 통령 윤상태, 외교부장 서상일, 교통부장 홍주일, 문서부장 서병룡, 권유부장 김규, 유세부장 정순영, 결사대장 황병기, 마산 지부장 안확 등이 주요 직책을 맡았다.

서상일

단원들은 대구를 중심으로 경상도 일원의 부호 또는 중산층이었으며 계몽적 성향의 인물들이었고 대구의 태궁상점과 선양의 해천상회를 주요 거점으로 삼았다. 조선국권회복단은 만주나 연해주에서 무장투쟁을 전개할 목적에서 군대 양성과 무기 구입을 위한 군자금 마련을 최우선으로 삼았다.

이를 위해 1916년 9월 단원들이 광복회원들과 함께 대구 부호 서우순으로부터 자금을 모집하던 중 체포되면서 위기를 맞기도 했지만(대구권총사건), 단원들이 비밀을 유지하여 활동을 지속할 수 있었다. 1919년 3·1운동 후에는 경상남도 창원군 진동에서 만세운동을 추진했으며(진동사건), 4월 초에는 대한민국임시정부에 군자금을 보내기도 했다.

3) 조선국민회

조선국민회는 1917년 3월 장일환 등 평양 숭실학교와 평양신학교 졸업생 및 재학생, 교사 등이 결성한 비밀결사다. 장일환은 숭실학교를 졸업한 후 1914년 9월 미국 하와이로 건너가 독립운동을 주도하던 박용만을 만났다. 이후 그는 국내에서 청년단체를 조직해 독립운동을 전개하기로 하고 1915년 4월 귀국했다. 그 뒤 장일환은 강석봉·서광조·백세빈 등과 함께 만주에 독립운동 근거지를 구축할 것을 결의한 후 잠시 활동을 중단했다.

1917년 3월 다시 활동을 재개한 장일환은 동지 10여 명과 함께 평양에서 조선국민회를 조직했다. 장일환은 회장, 배민수는 통신 겸 서기를 맡고 안동현(백세빈)·경상도(오병섭)·전라도(강석봉)·황해도(노선경) 지역에 책임자를 임명했다. 이는 평양을 중심으로 조직된 한계를 극복하고 전국적 조직으로 확대하기 위해서였다. 회원은 대개 20~30대였으며 숭실학교 출신과 재학생들이 중심이었다. 이 밖에도 평양신학교, 서울 연희전문학교, 군산 영명학교 학생 등도 참여했다.

조선국민회는 일제가 중국을 비롯한 동양의 국가들을 침략해 패권 쟁탈을 벌일 것을 예상하고 이를 이용해 독립을 달성하고자 했다. 이를 위해 간도의 토지를 매입해 장기적인 투쟁기지를 구축하고 국내외 연락기구 설치에 주력했다. 또한 조선국민회는 미국의 대한인국민회가 발행한 ≪국민보≫를 배포하는가 하면 하와이의 대조선국민군단과도 연계 활동을 벌였다. 이 밖에 조선국민회는 독립군 양성을 위해 학생들을 선발해 중국의 군관학교에 입학시키고자 했고, 무기 구입을 위한 자금 마련 계획도 추진했다. 하지만 1918년 2월 조직이 일제에 발각되어 장일환을 비롯한 회원 대부분이 체포되고 말았다. 그럼에도 회원들은 1919년 평양에서 전개된 3·1운동에서 주도자 역할을 담당했으며, 박인관은 1919년 9월 대한국민회를 조직해 활동을 이어나갔다.

04 기타 단체의 독립운동

1910년대 국내에서는 기성볼단·단천자립단·민족문화수호운동본부·천도구국단·배달모음·선명당·송죽회·이중연의 비밀결사·조선산직장려계·흰얼모 등의 비밀결사들이 조직되기도 했다.

기성볼단은 1914년 5월 김영윤·차리석 등이 평양의 대성학교 출신 청년들을 규합해 조직한 비밀결사다. 기성볼단은 신민회를 계승해 조직되었으며 국외 독립운동가들과 협력해 독립을 달성하고자 했다. 이를 위해 청년들을 서간도 신흥무관학교나 미주 네브래스카 무관학교에 입학시키는 것을 목표로 삼았다. 그 결과 김영윤·장병윤 등이 신흥무관학교에 입학하기도 했으나 1915년 3월 단원들이 체포되면서 해체되었다.

　단천자립단은 1915년 8월 함경남도 단천에서 강명환·방주익 등 개신교도들이 조직한 비밀결사다. 단원들은 「자립단규칙서」를 작성하고 함경도 이원·북청·성진·길주·풍산·갑산 등지로 조직을 확대했다. 단천자립단은 육영사업과 항일 역량 배양 등을 목표로 삼았다. 이를 위해 광복청년연성소를 설치하고 독립군 교관의 지도하에 독립군을 양성하고자 했다. 그러나 1916년 3월 단원들이 단천헌병대에 체포되면서 해체되었다.

　민족문화수호운동본부는 1912년 10월 이종일이 천도교도를 중심으로 조직했다. 이종일은 1912년 7월 천도교 인쇄소 보성사를 중심으로 범국민신생활운동을 전개하면서 국민집회를 개최하고자 했으나 발각되어 실패한 뒤 민족문화수호운동본부를 조직했다. 이종일은 1914년 8월 제1차 세계대전 당시 일본이 대독선전포고를 하는 등 국제 정세가 변화하자 민족문화수호운동본부 회원들을 중심으로 천도구국단을 조직했다. 천도구국단은 1916년 민중봉기와 1918년 만세운동을 계획했으나 실행하지는 못했다. 민족문화수호운동본부와 천도구국단은 천도교를 중심으로 조직된 비밀결사로 3·1운동의 모태가 되었다.

　배달모음(배달말글몯음)은 1911년 9월 한글학자 주시경의 제자들이 주축이 되어 조직한 비밀결사다. 배달모음은 1908년 주시경이 설립한 국어연구학회의 후신으로 "조선에 정치혁명을 실현하고 풍속 개량과 기타 여러 혁명사업을 수행"하는 데 목적

주시경

을 두었다. 배달모음은 1913년 4월 단체명을 '한글모'로 바뀌었고, 1914년 주시경이 사망하면서 김두봉·남형우 등이 운영했다. 배달모음은 표면상으로는 한글강습소 형태로 운영되었으나 비밀결사로서 많은 국어학자와 민족운동가를 배출했고, 1920년 서울에서 조직되는 최초의 한인사회주의 단체인 사회혁명당의 모태가 되었다.

선명당은 1915년 11월 정연웅·임광모 등이 간도와 평안도를 근거로 조직한 비밀결사다. 선명당은 은어인쇄물(隱語印刷物) 등을 배포하고 자금을 모집했으며, 조선 총독 이하 고관들을 처단할 계획을 추진했다. 이는 국외 독립운동 세력과 연계해 국내에서 의열투쟁을 전개하는 것이 독립의 지름길이라고 여겼기 때문이다. 그러나 1917년 3월 임광모·정연웅 등이 체포되면서 해체되었다.

송죽회는 1913년 김경희·황애덕 등이 평양의 숭의여학교 졸업생을 중심으로 조직한 비밀결사다. 송죽회는 창립 회원을 송형제(松兄弟)라 하고 하부조직으로 죽형제(竹兄弟)를 두었으며, 상호 간에도 모르게 점조직으로 조직되었다. 회원들은 학생들에게 독립의식을 고취하고 회비를 모아 군자금으로 제공하기도 했다. 1919년 3·1운동 때는 평양 지역 만세운동을 주도했으며 평양에서 조직되는 대한애국부인회의 근간이 되기도 했다.

이중연·황해철 등은 1916년 6월(음) 지리산에서 국권회복을 목적으로 비밀결사를 조직했다. 이들은 조선이 일본에 병합당한 것은 대신들의 잘못이라 여겨 "병합에 찬성한 대신을 처단할 것, 조선의 독립을 도모할 것, 병합조약문을 일본으로부터 반환할 것, 병합 당시 작위를 받은 이들을 처단할 것" 등의 결의 사항을 혈서로 작성한 후 활동을 시작했다. 그러나 1917년 2월 조직원 김병우가 체포되면서 뜻을 이루지는 못했다.

조선산직장려계는 1915년 3월 경성고보 교원양성소 학생 이용우 등이 조직한 비밀결사다. 이용우는 일본물산이 만연하고 있는 상황에서 조선은 패배자가 될 수밖에 없다고 보고 민족경제 자립을 목표로 조선산직장려계를 조직했다. 계원들은 학생과 교사들이 중심이었으며 계는 주식제도로 운영되었다. 계원들은 1주에 20원 하는 주식을 한 사람이 10명의 계원을 모집해 자금으로 활용하고자 했으며, 유근·백남운·안재홍·신석우 등 국내의 명망 있는 지식인들이 참여했다. 계원들은 미국에서 조직된 대한인국민회보인 ≪국민보(國民報)≫를 구독했으며 ≪동유지(東遊誌)≫를 간행해 민족문제를 토론하기도 했다.

흰얼모는 1913년 장지영 등 배달모음 출신들이 조직한 비밀결사다. 흰얼모는 상동청년학원의 여준·이동녕·이회영 등이 국외로 망명한 후 국내와의 연락 등을 목적으로 조직한 것이다. 흰얼모는 1919년 3·1운동 이후 백영사(白英社)라는 명칭을 사용하기도 했으며 국민대회 명의로 격문을 배포하는 등 3·1운동에 주도적으로 참여했다. 이후 회원들은 조선민족대동단·사회혁명당 등에 참여해 항일투쟁을 이어갔다.

이 밖에도 구영필·김대지 등은 1913년경 일합사를 조직했고, 독립의군부에서 활동했던 이용규·전용규 등은 1916년 4월 충남 일대에서 흠치교 조직을 이용해 비밀결사운동을 전개했다. 제주도 법정사(法定寺) 승려 김연일·방동화 등은 1918년 비밀결사를 조직해 일제 주재소를 공격하고 일제 경찰을 처단하는 활동을 벌였다. 개성의 사립 한영학원 교사 신영순·이상춘과 함경북도 종성의 온천학교 교사 최붕남·정주환 등은 1915년과 1916년 민족의식과 민족혼이 담긴 창가집을 배포해 비밀리에 민족교육을 실시하다 체포되기도 했다.

05 | 1910년대 국내 독립운동의 의의

1910년 한일 강제 병합 후 일제는 폭압적인 무단통치를 실시했다. 초법적인 무단통치로 국내에서의 독립운동은 크게 위축될 수밖에 없었다. 우리 민족의 독립운동은 국내를 비롯해 만주와 중국 관내·러시아·미주·일본 등 전 세계에서 다양한 형태로 전개되었다. 그러나 독립운동에서 가장 제약이 많았던 곳은 국내였다. 국내는 일제의 직접 통치를 받고 있었고 감시와 탄압이 그 어떤 지역보다 삼엄했기 때문이다. 1910년대 국내 독립운동이 한국 독립운동사에서 주목되는 이유다.

1910년대 국내에서 조직된 비밀결사들은 독립전쟁을 실현하고자 했으며, 국외에서 전개되고 있던 독립운동 기지를 지원하는 활동을 벌였다. 이를 위해 군자금 모집에 주력했고, 무기 구입 등을 통해 의열투쟁도 전개했다. 한말 국권회복운동의 한계점을 극복하고 의병운동과 계몽운동 계열이 독립이라는 절대 명제 아래 통합되기도 했다.

1910년대 국내 비밀결사 운동은 일제 무단통치 상황에서도 우리 민족의 독립의지를 보여준 상징적인 활동이었다. 또한 한말 국권회복운동이 단절된 것이 아니라 독립운동으로 전환되었음을 증명했고, 1919년 3·1운동으로 민족 역량을 결집시키는 역할을 담당했다.

참고문헌

권대웅. 2008. 『1910년대 국내독립운동』. 한국독립운동사연구소.

박걸순. 2019. 「1910년대 비밀결사의 투쟁방략과 의의」. 『한국독립운동과 역사인식』. 역사공간.

신규수. 2016. 「구영필의 1910년대 비밀결사 활동의 성격과 운동방략」. ≪역사학연구≫, 62, 168~194쪽.

윤경로. 1994. 「1910년대 독립운동의 특성과 그 동향」. ≪한국독립운동사연구≫, 8, 5~37쪽.

윤병석. 1977. 「1910년대의 한국독립운동 시론」. ≪사학연구≫, 27, 69~83쪽.

이성우. 2007. 「광복회 연구」. 충남대학교 박사학위논문.

_____. 2014. 「1910년대 독립의군부의 조직과 활동」. ≪역사학보≫, 224, 163~195쪽.

_____. 2018. 「1910년대 경북지역 독립의군부의 조직과 민단조합」. ≪한국근현대사연구≫, 87, 205~230쪽.

조동걸. 1989. 「대한광복회 연구」. 『한국민족주의의 성립과 독립운동사연구』. 지식산업사.

홍영기. 2002. 「1910년대 전남지역의 항일비밀결사」. ≪전남사학≫, 19, 393~418쪽.

6강 3·1운동

김정인

01 3·1운동의 배경과 추진 과정

1) 제1차 세계대전과 국외 독립운동의 동향

제1차 세계대전은 1914년 7월에 시작되어 1918년 11월에 막을 내렸다. 국외 독립운동가들은 제1차 세계대전을 독립의 기회로 받아들였다. 러시아 연해주 한인들은 독립에 대비한 임시정부 수립을 시도했다. 한인 자치단체인 권업회는 제1차 세계대전이 일어난 직후 대한광복군정부를 수립했으나, 일본과의 마찰을 피하려는 러시아 정부의 명령에 따라 해산되었다. 중국에서도 제1차 세계대전이 일어나자 독립운동가들이 독립의 기회라 여겨 임시정부 수립을 시도했다. 1915년 3월 상하이에서 결성된 신한혁명당은 제1차 세계대전이 독일의 승리로 끝나리라 예상했다. 나아가 이들은 독일이 유럽에서의 승리에 만족하지 않고 중국과 함께 일본을 공격할 것으로 전망했다. 이때가 한국이 독립할 절호의 기회가 될 수 있는데, 승전국이 될 독일이 제정 체제인 점이 문제였다. 신한혁명당은 공화정치를 지향하나, 일단은 제정 체제를 표방하며 고종을 망명시켜 임시정부를 수립할 준비에 나섰다. 하지만 독일이 패하고 고종을 만나러 국내에 잠입한 밀사가 체포되면서 계획은 수포로 돌아갔다.

그 뒤 1917년 7월 상하이에서는 박은식·신채호·김규식·조소앙 등 14명의 독립운동가가 「대동단결선언」을 발표했다. 「대동단결선언」은 국외 한인의 대표자회의를 열어 독립운동의 최고 기관으로 공화정체의 임시정부를 건설하자는 내용을 담고 있었다. '민족의 자주 독립과 평등 복리를 실현하는 공화정체를 만들고자 헌법을 제정하고 민정에 부합하는 법치를 실행하자'라는 것이었다.

우드로 윌슨

독립운동가들의 염원과 달리 제1차 세계대전은 일본을 비롯한 연합국의 승리로 끝났다. 하지만 종전 무렵 민족자결주의가 부상하면서 다시 독립의 희망이 싹텄다. 블라디미르 레닌(Vladimir Lenin)은 1917년 11월 러시아혁명을 일으키고 혁명정부를 세운 후 러시아 내 100여 개 소수민족에 대해 민족자결을 원칙으로 하는 「러시아 제민족의 권리선언」을 선포했다. 1918년 1월에는 미국 대통령 우드로 윌슨(Woodrow Wilson)이 전후 식민지 문제 처리 방안으로 민족자결주의를 내놓았다. 민족자결주의에 대한 기대는 제1차 세계대전을 마무리하는 파리강화회의에 대표를 파견하려는 움직임으로 이어졌다. 상하이에서 활동하던 여운형은 윌슨 미국 대통령의 친구이자 후원자 찰스 크레인(Charles Crane)에게 윌슨과 파리강화회의에 한국인의 독립운동에 대한 후원을 요청하는 청원서를 제출해 줄 것을 부탁했다. 이때 조직된 신한청년당은 김규식을 대표로 파리강화회의에 파견했다. 국내에는 김규식의 파견 소식을 알리고 독립운동 자금을 얻기 위해 밀사들을 보냈다. 미국에서도 1918년 11월에 대한인국민회 북미지방총회가 이승만과 정한경을 파리강화회의에 파견할 대표로 선정했다. 하지만 미국 국무부의 허가를 받지 못해 이들의 파리행은 좌절되었다.

1919년 1월 18일에 파리강화회의가 열렸다. 사흘 후인 1월 21일에는 고종이 갑자기 죽음을 맞았다. 급변하는 정세 속에 국내외에서는 독립운동의 기운이 높아갔

1919년 파리강화회의에 독립을 청원하기 위해 참가한 독립운동가들
앞줄 왼쪽부터 여운홍, 헐버트 부부, 김규식, 뒷줄 왼쪽 두번째가 이관용, 그 옆이 조소앙이다.

다. 2월 8일 도쿄 조선기독교청년회관에서는 유학생들이 모여 조선청년독립단의 이름으로 「2·8독립선언서」를 발표했다. 이들은 독립선언을 준비하면서 이를 알리고자 송계백을 국내에 밀파했다. 그는 1919년 1월 하순경에 서울에 도착해 최린·현상윤·송진우·최남선 등을 만나 독립선언 준비 소식과 함께 「독립선언서」 초안을 보여주었다.

연해주의 한인 자치단체인 전로한족회 중앙총회는 임시정부 수립운동에 나섰다. 1919년 2월 25일에 전로한족회 중앙총회 상설위원 15명이 니콜리스크에 모여 대한국민의회를 조직했다. 의장에는 전로한족회 중앙총회 회장인 문창범이 뽑혔다. 대한국민의회는 의회라 불렸지만 실제로는 행정과 사법 기능까지 삼권을 하나의 기관에 담아낸 조직체로 대통령제를 지향했다. 제1차 세계대전 직후 체코슬로바키아가 세운 국민의회를 모델로 한 임시정부였다. 대한국민의회는 3·1운동이 한창이던 3월

17일에「조선독립선언서」를 발표하면서 공식 출범했다.

제1차 세계대전이 끝나고 파리강화회의의 막이 오르면서 국외에서는 미국 대통령과 파리강화회의에 청원서를 보내고 대표를 파견하는 외교운동과 함께 임시정부 수립운동이 일어났다. 게다가 직접 행동의 하나로「2·8독립선언서」가 발표되면서 국내에서 독립운동을 준비하는 종교계와 학생들에게 큰 자극을 주었다.

2) 3·1운동의 추진, 연대의 힘

손병희

파리강화회의 개막을 전후해 국내에서도 종교계와 학생들이 한국인의 독립 열망을 세계에 알릴 호기라 판단하고 독립운동을 추진했다. 1910년대에 지식인에게는 정치결사의 자유가 없었다. 종교계 지도자나 학교 교원 정도가 사회활동을 할 수 있도록 허용된 범주였다. 바로 그들이 독립운동 모의의 주체로 활약했다. 제일 먼저 천도교가 연대를 기반으로 독립운동을 제안했다. 천도교 창건자 손병희와 그의 측근인 권동진과 오세창, 1910년 국망 직후 천도교에 입교해 보성고등보통학교 교장을 맡았던 최린이 주모자였다. 그들은 1919년 1월 말부터 본격적으로 움직였다. 연락 실무는 최린이 맡았다.

1919년 2월 초에 최린은 먼저 학교 교원들과 연대해, 중앙학교 교장 송진우와 교사 현상윤을 만나 독립운동 계획을 알리고 동의를 받아냈다. 다음으로는 명망가인 박영효·윤치호·윤용구·한규설 등 조선·대한제국 고위 관료 출신과의 연대를 시도했으나, 모두 실패했다. 가장 중요한 연대 세력은 역시 개신교계였다. 최린은 평안북도 정주에 거주하는 장로교 장로 이승훈과의 접촉을 시도했는데, 2월 11일 이승훈이 상경해 송진우를 만나 천도교의 독립운동 계획을 듣고는 동참할 뜻을 밝혔다. 중앙집권적 단일 조직인 천도교와 달리 개신교계는 장로교와 감리교로 양분되어 있

탑골공원 팔각정과 원각사지 10층 석탑　1910년 당시, 서울역사박물관 소장.

어 이승훈은 장로교와 감리교 간의 연대를 시도했다. 2월 17일에 재차 상경한 이승
훈은 천도교의 독립운동 준비에 의심을 품고 개신교만의 독자적인 독립운동을 모색
했다. 그는 감리교와 장로교 지도자들을 만나 함께 일본 정부에 「독립청원서」를 제
출하기로 결정했다. 그런데 2월 21일에 이승훈과 최린이 만나면서 상황은 반전되었
다. 최린은 이승훈에게 개신교만의 독자적인 행보를 중단하고 천도교와 연대하자
고 설득했다. 이승훈은 장로교와 감리교 지도자들과 협의 끝에 천도교와 연대하기
로 결의했다.

　　천도교와 개신교의 연대가 성사된 것은 2월 24일이었다. 양측은 3월 1일 오후 2시
에 탑골공원에서 독립선언식을 거행하기로 합의했다. 천도교에서 「독립선언서」를
인쇄하고, 천도교와 개신교가 함께 전국에 배포하기로 했다. 서울의 독립선언 일시
에 맞춰 지방의 천도교회와 개신교회에도 「독립선언서」를 배포하며 독립선언식을
갖도록 독려하기로 했다. 또한 민족대표는 천도교와 개신교에서 각각 선정하되, 불
교와도 연대하기로 결정했다.

「독립선언서」

　최린은 신흥사 승려 한용운을 만나 연대를 요청했다. 1월 말부터 최린에게 독립 의사를 비췄던 한용운은 즉시 승낙했다. 한용운의 주선으로 해인사 승려 백용성의 동의도 받았다. 한편 최린은 한용운을 통해 유림과의 연대를 시도했던 것으로 보인다. 곽종석과 김창숙이 호의적인 반응을 보였다고 하나, 중심이나 조직이 뚜렷하지 않아 자칫 개별 접촉을 시도하다 보면 사전에 발각될 염려가 있고 시일도 촉급해 결국 성사되지는 않았다.

　천도교와 개신교, 불교의 연대가 이루어질 무렵, 학생 지도자들도 종교계의 3월 1일 독립선언식에 연대하기로 결정했다. 본래 학생들은 전문학교 대표들을 중심으로 독자적인 독립운동 계획을 마련해 놓고 있었다. 그들은 종교계와 마찬가지로 1월 말부터 본격적인 준비에 들어갔다. 1월 26일 연희전문학교의 김원벽, 보성법률상업학교의 강기덕, 경성의학전문학교의 한위건 등이 독립운동 문제를 논의하고자 모였다. 이 자리에는 중앙기독교청년회 간사 박희도와 보성법률상업학교 졸업생 주익이 함께했다. 준비 과정에서 주익이 「독립선언서」를 작성했는데, '일본과 제휴하고 동양의 평화에 대한 유색인종 단결의 결실을 맺고자 민족자결주의에 입각해 조선의 독립을 선언한다'는 취지를 담고 있었다고 한다. 1달여간의 준비 끝에 2월 20일에는 각 전문학교 대표를 뽑고 대표자들이 체포될 경우에 대비해 시위를 이끌어갈 책임자를 정했다. 그런데 박희도가 종교계가 연대해 2월 23일에 독립 시위를 벌일 예정이라는 소식을 전했고, 2월 25일에는 독립 시위 날짜가 3월 1일로 정해졌다는 소식을 전해 들었다. 학생 지도자들은 이틀간 잇달아 회의를 열어 3월 1일에는 중등학교 학생들을 동원해 탑골공원의 독립선언식에 참석하고, 3월 5일에는 학생만의 독자적인 시위를 전개한다는 방침을 수립했다. 이처럼 학생들은 스스로의 결정에 따라 3월 1일의 독립선언식 참여를 결정함으로써 종교계의 독립운동에 연대하고자 했다.

2월 27일과 2월 28일에는 민족대표 선정, 「기미독립선언서」 인쇄와 배포 등의 과정에서 구체적인 연대 활동이 펼쳐졌다. 2월 27일에 종교계는 민족대표를 최종 선정했다. 천도교에서는 중앙교단의 도사, 장로를 중심으로 최고위직 간부 15명이 참여하기로 했다. 개신교에서는 장로교 6명, 감리교 10명이 참여했다. 불교에서는 2명이 동참했다.

천도교(15명)	손병희, 최린, 권동진, 오세창, 권병덕, 김완규, 나용환, 나인협, 박준승, 양한묵, 이종일, 이종훈, 임예환, 홍기조, 홍병기
개신교(16명)	이승훈, 박희도, 이갑성, 길선주, 김병조, 김창준, 박동완, 신석구, 신홍식, 양전백, 오화영, 유여대, 이명룡, 이필주, 정춘수, 최성모
불교(2명)	한용운, 백용성

2월 28일 「독립선언서」의 배포는 종교계와 학생들의 연대를 통해 이루어졌다. 「독립선언서」는 전날인 2월 27일에 천도교가 경영하는 보성사에서 2만 1000매를 인쇄했다. 천도교월보사 사장 이종일의 책임 아래 「독립선언서」가 전국에 배포되었다. 천도교는 평안도·함경도·황해도 등 북부지방을 중심으로 배포에 나섰다. 개신교계에서는 이갑성과 함태영이 배포를 주도했다. 이갑성은 강기덕에게 1500매를 보내 학생들을 시켜 서울에 배포하도록 요청했다. 2월 28일 밤 승동교회에는 10여 명의 전문학교와 중등학교 학생 지도자들이 모여 「독립선언서」를 나눴다. 불교계에서는 한용운이 3000매를 받아 학생 9명에게 건네어 서울 등지에 배포하도록 했다.

태화관

    2월 28일 밤, 처음으로 천도교·개신교·불교 지도자 즉 민족대표 중 23명이 손병희의 집에 모였다. 이 자리에서 박희도와 이갑성이 다음 날 학생들도 탑골공원에 모인다는 소식을 전했다. 민족대표들은 자칫하면 불행한 소요 사태가 일어날 수 있다며 학생과의 연대에 우려를 표시했다. 이로 인해 민족대표들이 참가하는 독립선언식 장소는 인사동에 자리한 태화관으로 변경되었다.

    이처럼 종교계의 연대는 민족대표를 선정하는 과정에서 이루어졌다. 종교계의 연대를 긍정적으로 평가한 학생들은 종교계가 준비한 독립선언에 연대하고자 했으나, 민족대표들은 학생들의 연대를 부담스러워했다. 하지만 「독립선언서」 배포 과정에서 알 수 있듯이 학생들의 종교계와의 연대 노력은 3월 1일에 서울에서 열린 독립선언식과 만세시위의 대중화에 결정적인 역할을 했다.

02   3·1운동의 전개 양상과 특징

1) 1919년 3월 1일의 만세시위

1919년 3월 1일에는 서울만이 아니라 평양·진남포·안주(평안남도), 선천·의주(평안북도), 원산(함경남도) 등 7군데에서 만세시위가 일어났다. 서울을 제외하고는 모두 북부지방에 자리하고 있었다. 만세시위가 일어난 지역은 모두 도시였다. 당시에 서울과 평양은 대표적인 2대 도시였고, 개항장인 원산과 진남포는 항만도시, 진남포는 신흥 공업도시였다. 의주는 국경지대에 자리한 전통적인 상업도시였고, 선천과 안주도 중심부인 선천면과 안주면에 평안도를 대표하는 시장이 자리하고 있었다. 무엇보다 이 7개 도시에는 모두 철도역이 있어서 독립 시위 소식을 빠르게 접하고 전파할 수 있었다.

3월 1일 대부분 도시에서는 종교 연대 혹은 종교계와 학생 간의 연대에 기반해 만세시위가 일어났다. 서울에서는 천도교·개신교·불교의 연대 및 종교계와 학생 간의 연대를 기반으로 「독립선언서」를 배포할 준비가 이루어졌다. 평양에서는 장로교와 감리교, 천도교의 종교 연대로 대규모 시위를 이끌어냈다. 종교와 학생 간의 연대도 이루어졌다. 진남포에서는 개신교의 주도로 학생은 물론이고 천도교인과 노동자가 연대했다. 원산에서는 장로교와 감리교 즉 개신교 연대로 함께 시위를 준비했으며,

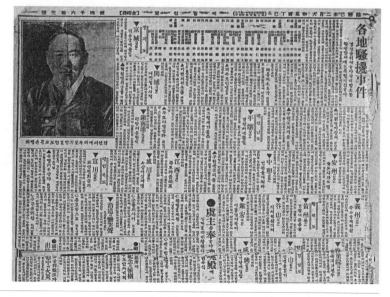

3·1운동을 처음으로 보도한 기사 《매일신보》, 1919년 3월 7일 자

개신교계 학교의 학생들도 적극 연대했다. 의주에서는 개신교인과 개신교계 학교의 학생들이 연대했고, 시위 현장에서는 천도교인까지 연대했다.

그런데 연대 시위이긴 했으나, 개신교가 주도적으로 준비한 시위가 대부분이었다. 특히 민족대표로 참여한 개신교 지도자들의 활약이 두드러졌다. 선천의 시위를 준비한 양전백, 원산의 시위를 준비한 정춘수, 의주의 시위를 이끈 유여대가 바로 개신교계 민족대표였다. 안주의 만세시위는 김찬성 목사가 주도했다. 선천의 경우에는 개신교계인 신성학교 교사와 학생을 중심으로 만세시위를 추진했다. 서울과 평양에서도 개신교의 역할이 적지 않았던 만큼 사실상 첫날 만세시위가 일어난 7개 지역 모두에서 개신교가 주도적으로 만세시위를 준비했다고 볼 수 있다.

첫날 만세시위가 일어난 7개 지역에서는 서울에서 작성한 「독립선언서」가 낭독되었다. 2월 27일에 「독립선언서」가 인쇄되고 다음 날인 2월 28일에 전국적인 배포를 시도했는데, 이것이 성공했음을 의미한다. 2월 28일 당일에 평양에는 천도교 선천교구장 김상열이 서울에서 선언서를 가져와 전달했고, 진남포에서는 평양의 개신교 지도자에게서 선언서를 받아왔다. 선천에서는 천도교에서 개신교 지도자에게 선언서를 전달했고, 원산에서는 서울로 사람을 보내 선언서를 직접 받아왔다. 안주 역시 2월 28일에 「독립선언서」를 전달받았다. 의주의 경우는 만세시위 당일, 현장에 「독립선언서」가 전달되었다.

조선총독부는 첫날부터 군대라는 무력을 동원해 만세시위를 탄압했으며, 군인과 경찰의 발포로 3명의 희생자가 나왔다. 서울·평양·선천에서는 군대가 출동했고 진남포에서는 경찰의 발포로 2명이, 선천에서는 군인의 발포로 1명이 희생되었다. 평화로운 비폭력시위에 대한 무력 탄압은 무단정치의 단면을 보여주는 동시에, 이후 일어난 만세시위에 조선총독부가 강경 대응할 것을 보여준 전조이기도 했다.

3월 1일에 7군데에서 일어난 만세시위는 곧바로 인근 지역으로 확산되었다. 3월 1일부터 3월 7일까지 첫 주에 147회의 만세시위가 있었는데, 주로 서울과 경기도 일원, 평안남북도와 황해도, 함경남도에서 일어났다. 3월 1일부터 14일까지 2주간 전국에서 일어난 276회의 만세시위 중 평안남도 71회, 평안북도 45회, 황해도 28회, 함경남도 41회, 함경북도 12회로 71%가 북부지방에서 일어났다. 그만큼 첫날 시위의 파급력은 컸다.

2) 만세시위의 전국화·일상화

1919년 3월 1일 이후 주로 북부지방의 도청 소재지나 주요 도시에서 만세시위가 일어나 철도와 간선도로를 따라 인근 도시와 농촌으로 점차 확산되어 갔다. 3월 중순 이후에 만세시위는 전국에서 일어났다. 이제 중부와 남부지방, 각 면·동·리의 마을 곳곳에서 "독립 만세" 함성을 들을 수 있었다. 이렇게 전국으로 확산된 3·1운동은 두 달이 넘게 지속되었다.

도시가 촉발하고 농촌으로 번져가는 3·1운동의 만세시위 양상은 새로운 경험이었다. 도시와 농촌의 시위 풍경은 달랐다. 서울의 시위는 1919년 3월 1일 탑골공원에서 「독립선언서」를 낭독하며 시작되었다. 탑골공원은 망한 나라, 즉 대한제국 정부가 도시개량사업의 일환으로 시민들의 왕래가 번잡한 종로 거리에 조성한 근대적 시민공원이자 광장이었다. 「독립선언서」 낭독과 만세 삼창을 마친 학생과 시민 등 시위대는 이들을 진압하려는 일본 군인, 기마경찰, 형사, 헌병 등과 뒤섞인 채 시내를 가득 메우며 만세시위를 벌였다.

도시에서는 시위 주체도, 방식도 새롭고 다양했다. 먼저 근대 교육의 혜택을 받은 학생들이 독립운동의 주체로서 처음 역사에 등장했다. 학생들은 시위를 모의하고 주도하는 한편, 등교를 거부하는 집단행동 즉 동맹휴학으로 맞섰다. 노동자도 동맹파업으로 시위에 동참했다. 의주에서는 3월 3일에 의주농업학교 학생들이 동맹휴학에 들어가자 다음 날 노동자들이 동맹파업으로 호응했다. 상인들이 상점 문을 닫는 철시는 규모도 크고 장기간 지속되는 특징을 보였다. 평양에서는 3월 1일, 선천·의주·함흥에서는 3월 4일에 상인들이 철시를 단행했다. 이어 3월 9일에는 서울 시내 주요 상점이 일제히 철시했다. 그리고 철시와 때를 같이해 노동자들이 동맹파업에 돌입했는데, 여기에는 용산인쇄국·경성지방철도국·동아연초회사·경성전기회사 등의 노동자들이 동참했다. 3월 10일 아침에는 전차 승무원들이 동조 파업에 들어가면서 전차 운행이 중단되었다. 조선총독부는 만세시위보다 20여 일간 지속된 철시를 더 곤혹스러워했다.

도시에서 가장 낯선 풍경은 시위에 참가한 여학생이 검거되고 투옥되는 것이었다. 여성이 학교를 다니는 경우도 드문 현실에, 여학생이 시위에 참여하고 검거되어 모진 수모를 겪는 데 대한 분노가 컸다고 한다. 그 분노와 증오로 응집된 반일 의식은 전차 발전소에 돌을 던지거나 파출소를 공격하는 것으로 나타났다. 하지만 도시에서 폭력투쟁이 계획적으로 발생하는 경우는 드물었다.

농촌 시위에는 전통적 요소와 근대적 요소가 혼재된 풍경이 연출되었다. 시위는 주로 사람들이 많이 모이는 장날에 장터를 중심으로 일어났다. 지역마다 장날이 정해져 있으므로 그날이 오면 장터에 모인 장꾼들은 누군가의 만세 선창을 은근히 기다렸고, 헌병경찰들은 경계하며 순시하곤 했다. 마침내 시위 주동자가 번화한 장소에서 미리 조직한 군중과 함께 연설을 하거나 「독립선언서」를 낭독한 뒤 몰려든 시위 군중과 함께 독립 만세를 불렀다. 그리고 태극기와 독립만세기를 높이 치켜들고 시위행진에 들어갔다. 농민들은 농악을 울리거나 나팔을 불어 투쟁 의지를 고취했다. 분위기가 무르익어 면사무소나 헌병과 경찰이 있는 주재소로 몰려가 "왜놈은 물러가라"라고 구호를 외치며 시위를 감행하면, 헌병과 경찰, 때론 군대가 총칼로 위협하며 시위대를 강제해산 시키고 주동자를 체포했다. 이에 격분한 농민은 돌멩이·몽둥이·죽창·가래·삽·괭이·도끼·낫 등으로 무장하고 헌병대·경찰관서·면사무소 등으로 몰려가 구속자 석방을 요구했고, 이에 응하지 않으면 폭력을 행사했다. 결국 시위대는 헌병과 경찰의 폭력 진압으로 사상자가 발생하고 나서야 해산했다. 농촌의 만세시위는 대개 이런 순서로 진행되는 경우가 많았다.

이처럼 장날이라는 시간에 장터라는 공간을 이용하고 농악대를 동원하는 것은 전통적인 일상의 반영이라 할 수 있다. 농민항쟁 당시 자주 벌였던 횃불시위, 산상 봉화 시위, 산호시위 등도 시위에 활용되었다. 특히 각 지역 간의 연대 투쟁에 유용했다. 충청남도 연기와 논산에서는 각각 청주, 익산과 연결해 군 단위로 산상 봉화 연대시

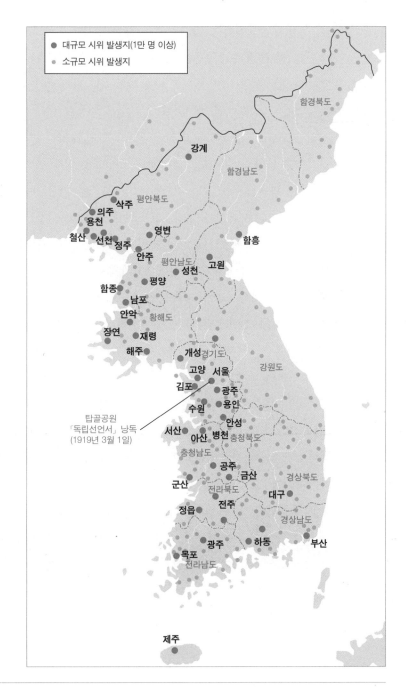

범례:
- 대규모 시위 발생지(1만 명 이상)
- 소규모 시위 발생지

강계

함경북도

함경남도

삭주
의주
용천
철산 선천 정주
안주
성천
평양
함종
남포
안악
장연 재령
해주
개성
고양 서울
김포
수원 용인
서산 안성
아산 병천
공주
금산
군산
정읍 전주
목포 광주 하동 부산

영변
함흥
고원
평안북도
평안남도
황해도
경기도
강원도
충청북도
충청남도
전라북도
경상북도
경상남도
전라남도

탑골공원
「독립선언서」 낭독
(1919년 3월 1일)

광주

제주

위를 벌였다. 충청도 지방에서는 3월 말부터 4월 초까지가 봉화만세운동의 절정기였다. 반면에 태극기가 등장하고 주동자를 따라 만세를 부르며 행진하는 만세시위 방식은 농촌에서는 새로운 풍경이었다. 도시가 만들어낸 만세시위 문화가 3·1운동 과정에서 농촌지역에 널리 확산된 것이었다.

농촌에서의 시위는 도시처럼 매일 일어나기가 쉽지 않았다. 하지만 소규모 지역 단위의 고립성과 분산성을 극복하고 생활권을 중심으로 연대 투쟁을 모색하는 적극성을 보였다. 가령 평안남도에 있는 금제면 원장리와 반석면 상사리는 각각 대동군과 강서군에 속했지만, 두 곳 모두에 장로교 교회가 있었고 사천장이 들어서는 날에는 서로 왕래했다. 3월 4일에 개신교인이 합세해 원장리부터 사천시장으로 행군하며 벌인 만세시위는 한국인 19명과 일본 헌병 3명이 죽는 격렬한 유혈 투쟁으로 종결되었다. 이처럼 농촌지역에서는 고립성과 분산성을 극복하고 리 단위, 면 단위 연대, 나아가 군 단위 연대 투쟁이 전개되기도 했다. 경상남도 함안면에서 일어난 시위에는 여항면·대산면·가야면·산인면·군북면의 주민들이 연대했고, 군북면 시위에는 가야면·대산면의 주민들이 함께했다.

3·1운동은 일본의 무단통치하에서 일어난 반일 항쟁이었다. 시위가 전국화·일상화될 수 있었던 것은 민족의 일원으로서 누구든 시위를 조직하고 참여하고자 했던 자발성 덕분이었다. '일제 치하에서는 도저히 못 살겠다'는 반일 의식에서 비롯된 자발성은 폭발적이었다. 도시나 농촌 가리지 않고 세대와 세력의 구분 없이 모두가 시위를 주도하고 동참하는 데 주저하지 않았다. 구세력인 유림, 식민 통치에 협조하던 면장·구장과 같은 관리는 물론이고 청소년들까지 누구든 조직하고 참여하는 대중적 자발성, 그것이 3·1운동의 전국화·일상화를 가능케 한 힘이었다.

3) 3·1운동과 신문화의 등장

3·1운동을 통해 학생이 처음 독립운동 세력으로 등장한 것처럼, 이전과는 또렷이 구별되는 새로운 시위 문화가 탄생했다. 무엇보다 만세시위는 3·1운동의 발명품이

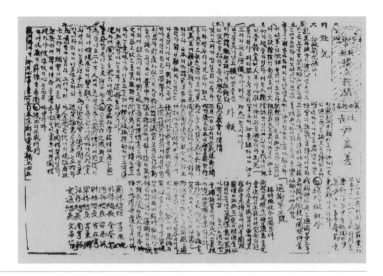

있다. 1919년 3월 1일 7군데에서 열린 만세시위는 약속이나 한 듯 똑같았다. 「독립선언서」를 낭독하고 독립 만세를 부른 다음 태극기를 흔들며 행진하는 방식은 첫날부터 동일했다. 다만 서울에서는 첫날 태극기가 등장했다는 기록은 없다. 비폭력적인 만세시위는 곧바로 확산되어 3·1운동을 대표하는 시위 방식으로 자리를 잡았다.

조선총독부는 만세시위의 확산 원인을 '선동적 문서의 배부'에서 찾았다. 학교나 교회에 비치한 등사기로 등사한 각종 유인물과 격문, 신문 등은 3·1운동의 전국화·일상화의 촉매제였다. 1919년 3월 1일, 서울 시내에는 ≪조선독립신문≫이 뿌려졌다. 조선총독부의 눈으로 볼 때는 불온 문서이자 불법 신문이었다. 하지만 한국인의 눈에 볼 때는 만세시위 소식을 방방곡곡에 알려주는 배달부였다. ≪조선독립신문≫의 영향으로 전국 곳곳에서 지하신문들이 발간되었다.

지하신문과 함께 간단한 구호를 적은 전단·낙서·포스터, 시위 계획이나 투쟁 방침을 알리는 격문·사발통문, 관리의 사퇴나 일본인의 퇴거를 요구하는 경고문·협박문 등의 유인물이 사람들을 거리로 이끌었다. 서울에서는 한국 학생에 대한 압제를 고발하는 「우리 동포여!」, 자치론을 배격하고 완전 독립을 이루자는 「경고문」 등 다양한 주장을 담은 각종 유인물이 등장했다. 3월 하순에 접어들면서 지방에서도 이러한 격문을 흔히 접할 수 있었다.

시위를 선전하고 선동하는 유인물은 각 지역에서 직접 작성·제작하는 경우도 있었지만, 대개는 서울이나 중국에서 만든 것을 들여와 등사하는 경우가 많았다. 「임시정부선포문」 등은 상하이에서 제작되어 베이징, 톈진을 거쳐 철도 편으로 국내에 반입되어 철도 부근 지역을 중심으로 배포되었다. 이렇게 제작된 유인물은 우편을 이용하거나 직접 가택에 던져 넣는 방식으로 배포되었다. 유인물 배포를 위한 조직도 결성되었다. 대구의 혜성단은 10명의 단원이 인쇄책·배달책·출납책 등의 조직망을 조직해 각종 선전물 11종 2000여 매를 인쇄해 배포했다.

이처럼 인쇄매체는 훌륭한 선전 도구였다. 신문과 유인물 등을 통해 궁벽한 산촌은 물론이고 방방곡곡에서 일어나는 시위와 투쟁, 일제의 잔악무도한 탄압 소식 등을 접하는 일은 반일의 기치하에 민족적 정체성을 확인하는 과정이기도 했다.

이러한 '민족의 발견', 그것을 상징하는 문물이 태극기와 「애국가」였다. 시위 현장에는 "대한 독립 만세", "조선 독립 만세" 등이 적힌 다양한 깃발이 등장했다. 가장 많이 흔든 깃발은 단연 태극기였다. 1883년 공식적으로 국기의 지위를 획득한 태극기는 각종 행사에 등장하면서 조선·대한제국의 표상으로 자리 잡았다. 하지만 1910년 국망으로 국기로서의 지위를 상실한 태극기가 1919년 3·1운동을 통해 애국·애족의 상징으로 다시 등장한 것이었다. 태극기는 주로 만세시위를 준비하는 학생들이 제작했다. 학생 이외에도 여성 노동자, 기생, 농민, 청년 등 다양한 계층이 태극기를 만드는 데 동참했다. 순사와 면서기가 태극기를 만들어 만세시위에 참가하는 경우도 있었다.

시위 현장에서만 태극기를 볼 수 있는 것이 아니었다. 면사무소에 일장기 대신 태극기를 게양하거나, 손수 그리거나 만든 태극기를 가가호호 내건 마을이 등장했다. 대형 태극기를 마을 높은 곳에 달고 기차가 지나갈 때마다 승객과 마을 사람들이 호응해 만세를 부른 일도 있었다. 3·1운동을 거치면서 태극기는 국권 상실의 현실을 각인하고 독립의 사명을 일깨우는 상징물이 되었다. 이후 3·1운동 기념식 등 각종 기념식에 태극기가 등장했고 임시정부의 모든 행사는 태극기에 대한 경례로 시작되었다.

1926년 6·10만세운동과 1929년에 일어난 광주
학생운동에도 태극기가 등장했다.

만세시위에는 「혈성가」, 「대한독립가」 등 새
로운 운동가도 등장했다. 숨죽이며 부르던 「애
국가」도 만세시위에서 제창되었다. 「애국가」는
조선·대한제국에서 국가(國歌)로서 공식적인 지
위를 획득한 바 없었다. "동해 물과 백두산이 마
르고 닳도록 하나님이 보호하사 우리 대한 만
세"로 시작되는 애국가는 나라의 운명이 기울
어져 갈 무렵, 애국창가운동의 일환으로 민간에
서 널리 불리던 노래로, 「올드 랭 사인(Auld Lang

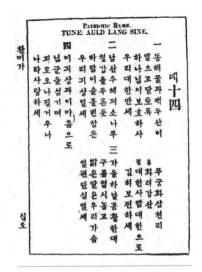

3·1운동 당시 불렀다는 「애국가」

Syne)」의 선율을 그대로 사용했다. 만세시위에서 「애국가」를 제창하기 위해, 미리 학
생들에게 「애국가」를 가르쳐 합창단으로 동원하는 경우도 있었다. 3·1운동의 확산과
함께 「애국가」도 전국적으로 퍼져갔다. 그리고 대한민국임시정부가 국민의례에서
「애국가」를 국가로 부르기 시작했다.

이렇게 3·1운동을 거치면서 새로운 시위 문화가 탄생하고 있었다. 신문과 각종
유인물을 통해 전해지는 소식들은 비폭력 평화시위인 만세시위를 널리 알렸다. 시
위 현장에서 태극기와 「애국가」는 나라 상실의 고통을 절감하게 했고, 독립투쟁의
의지를 고취시켰다.

03 3·1운동의 영향과 의의

1) 3·1운동에 대한 세계의 인식

세계가 3·1운동을 바라보는 눈은 각국이 처한 현실에 따라 달랐다. 당시 세계는

제국주의와 식민지로 분할되어 있었다. 서구 열강은 한국인의 독립투쟁보다는 일본 제국주의의 식민지에서 일어난 반란이라는 관점에서 3·1운동에 주목했다. 3·1운동을 한국인의 독립투쟁으로 높이 평가한 것은 제국주의에 신음하는 식민지, 그리고 식민지로 전락할 위기에 처한 민족과 나라들이었다.

제암리학살사건 현장

3·1운동이 일어나자, 한국에 거주하던 서양인들은 무력을 동원한 탄압에 대해 조사하고, 조선총독부에 항의했다. 서양인과 서양 언론이 가장 주목한 것은 제암리학살사건이었다. 1919년 4월 15일에 수원시(현재 화성시) 향남면 제암리에서 일본군 부대가 마을 주민 29명을 학살했다. 제암리학살사건은 다음 날인 4월 16일, 한국에 사는 서양인들이 제암리 주변 지역에서 일어난 일본군의 만행 소문을 확인하는 과정에서 우연히 발견되었다. 한국에 거주하던 각국 영사관 직원과 개신교 선교사들이 직접 현장을 조사해 학살의 진상을 살핀 후, 조선총독부에 항의하고, 불타 폐허가 된 현장 사진과 함께 제암리학살사건을 본국 정부에 보고하거나 서양 언론을 통해 알렸다. 하지만 미국·영국·프랑스 정부는 한국 주재 영사관의 요청에도 일본의 학살을 문제 삼지 않고 침묵했다.

3·1운동 당시 산둥반도를 일본에 빼앗길 처지에 있던 중국인들은 한국인들의 독립투쟁에 환호했다. 베이징대학 교수 천두슈(陳獨秀)는 3·1운동에 대해 "위대하고 간절하며 비장한 동시에 명료하고 정확한 관념을 갖춰 민의를 사용하되 무력을 사용하지 않음으로써 세계 혁명사의 신기원을 열었다"라고 높이 평가했다. 그러면서 "한국인과 비교하면 우리는 진정으로 부끄러워서 몸 둘 바를 모르겠다!"라며 중국의 무기력한 현실을 개탄했다. 베이징대학 학생 푸쓰녠(傅斯年)은 3·1운동의 교훈으로 첫째, 무기를 사용하지 않은 비폭력 혁명이었다는 점, 둘째, 불가능하다는 것을 알면서도 실

천한 혁명이라는 점, 셋째, 순수한 학생혁명이라는 점을
꼽았다. 그리고 중국인의 무장해제 된 정신상태를 맹렬
히 비판했던 그는 마침내 5·4운동을 이끌어냈다. 1919년
5월 4일 학생 3000명이 천안문광장과 거리에서 반일 시위
에 나섰다. 5·4운동은 2개월에 걸쳐 22개 성과 200여 개 도
시로 파급되면서 중국 전역을 뒤흔들었다. 이렇게 동병상
련의 처지에 있던 중국인들은 3·1운동을 비폭력의 거족적
투쟁으로 승화한 한국인의 저항 정신에 관심을 보였고, 전
폭적인 지지를 보냈다.

천두슈

　　1919년의 봄, 세계는 각자의 처지와 이해관계에 따라 3·1운동을 달리 바라보고
있었다. 일본에서는 3·1운동 초기에 이를 종교인의 선동에 의한 폭동이라 부르며 무
력 탄압을 당연시하는 분위기가 형성되었다. 하지만 차츰 3·1운동의 원인으로 헌병
경찰제의 위압과 공포에 의한 군벌정치·무단정치·압박정치·군인정치 등을 지목하
며 비판하는 목소리가 높아졌다. 일본 정부로서는 대책을 세울 수밖에 없었다. 먼저
조선 총독은 식민지 조선에서 전제군주적 지위를 누리는 만큼 3·1운동이라는 예상
치 못한 항쟁에 대해 전적으로 책임을 져야 했다. 하세가와 요시미치(長谷川好道) 총
독이 이런 이유로 사임했다. 당시 일본 수상 하라는 대안으로 군인이 아닌 관리를 조
선 총독에 임명하는 방안을 내놓았다. 하지만 육군의 반대와 추밀원의 심의 지연 등
으로 실패했다. 그나마 문관과 무관 모두 조선 총독에 임명할 수 있도록 관제를 개정
했다. 그러나 이 역시 육군 대장이 아닌 해군 대장 사이토를 조선 총독에 임명하는 데
그쳤다. 1919년 9월에 부임한 사이토 총독은 '훈시'와 '유고'를 발표하면서 무단통치
에서 문화통치로의 전환을 공식화했다.

　2) 3·1운동의 시대정신

　　3·1운동은 민주주의, 평화, 비폭력의 시대정신이 응축되어 폭발한 민족운동이었

다. 먼저 3·1운동은 민족마다 자유와 평등을 누리는 것은 정당한 권리이므로 마땅히 독립해야 한다는 민주주의 원리에 따른 저항운동이었다. 3·1운동 당시 발표된 독립선언서들도 민주주의를 무기로 일본의 식민지배를 비판하고 독립의 정당성을 주장했다.

「2·8독립선언서」에서는 일본의 식민지배를 "무단 전제이자 부정하고 불평등한 정치"라고 비판하면서 한국인에게 참정권, 집회·결사의 자유, 언론·출판의 자유를 불허하고, 신교(信敎)의 자유와 기업의 자유를 구속했으며, 행정·사법·경찰 등 모든 통치기관이 개인의 권리를 침해했다고 주장했다. 또한 일본 '정복자'가 인권에 반하는 노골적인 민족 차별을 일삼고 있다고 비판했다. 「2·8독립선언서」에서 독립은 자유와 정의의 획득을 의미했고, 독립운동은 '민족 생존을 위한 자유의 행동'이었다. 3월 1일에 발표된 독립선언서는 독립, 자주, 인류 평등, 생존의 정당한 권리 등 민주주의적 가치로 독립의 정당성을 주장했다. 또한 '영원히 한결같은 민족의 자유 발전'과 '전 인류의 공존동생권'의 가치를 내세워 각 민족의 자유 발전과 인류로서 차별 없는 대우를 강조했다.

1919년 3월 17일 연해주에서 대한국민의회가 발표한 「조선독립선언서」는 일본을 민주주의의 공적이라 비판했다. 나아가 민주주의라는 보편적 가치로 보면 세계의 모든 민주주의자는 독립투쟁에 나선 '우리 편'이라고 선언했다. 민족의 독립과 자치를 열망하는 민주주의적 의지는 민족자결주의라는 개념에 응축되었다. 연해주에서 1919년 3월 20일경 대한국민의회 명의로 발표한 「독립선언서」는 민족자결론의 시각에서 독립의 정당성을 설파했다. "세계에 존재하는 모든 민족은 행복을 위해 자유롭게 살아갈 권리를 가진다"라는 것이다.

이처럼 일본제국주의에 맞서 싸우는 독립운동은 자유, 정의, 평화를 실현하기 위해 싸우는 민주주의 투쟁이었다. 1919년 3월 11일경 중국 지린에서 독립운동가들이 발표한 「대한독립선언서」는 '대한 민주의 자립'을 선포했다. 그리고 마침내 1919년 4월 11일에 중국 상하이에서는 대한민국임시정부가 수립되었다. 대한민국임시정부는 '대한민국은 민주공화제로 한다'는 내용의 '대한민국임시헌장'을 반포했다.

「2·8독립선언서」

　3·1운동은 세계를 향해 한국의 독립 없이는 동양 평화도 세계평화도 없다고 외쳤다. 당시 한국 독립이 곧 평화의 실현이라는 평화 담론이 광범위하게 퍼져 있었다. 「2·8독립선언서」를 발표했던 조선청년독립단이 내놓은 「민족대회소집취지서」의 첫머리는 "동양평화·세계평화를 위해서 우리 조선 민족은 윌슨 씨가 주장한 민족자결주의가 우리 조선 민족에게도 적용되기를 절실히 요구한다"라고 시작한다. 대한국민의회의 「독립선언」는 "동양의 평화는 한국의 자주 독립에 있다"라고 단언했다. 「기미독립선언서」도 2000만 조선인을 위력으로 구속한다면 '동양의 영구한 평화'는 보장할 수 없다고 선언했다.

　3·1운동은 비폭력 평화 정신을 구현하고자 했다. 3·1운동을 모의한 종교계는 「기미독립선언서」의 공약 3장의 하나로 "일체의 행동은 가장 질서를 존중하여 우리의 주장과 태로 하여금 어디까지나 광명정대하게 하라"라고 하여 비폭력의 원칙을 제시했다. 1919년 3월 1일에 천도교에서 배포한 지하신문 《조선독립신문》도 "한 사람이라도 난폭하거나 파괴적인 행동을 하면 천고에 구할 수 없는 조선을 만들 것이므로 천만 주의하고 자중해야 한다"라고 호소했다.

이러한 비폭력의 정신에 의거한 직접 행동이 3·1운동에서 처음 등장했던 만세시위였다. 3·1운동이 일어날 무렵 아시아에서는 독립운동이 고조되고 있었다. 3·1운동에 만세시위가 있었다면, 4월 5일 인도에서 시작된 국민회의파의 비폭력 직접행동에는 연좌시위가 있었다. 간디(Mohandas Karamchand Gandh)는 "비폭력 저항이 지배집단에 항거하는 수단으로서 혁명적 잠재력을 갖고 있음을 의심해서는 안 된다"라고 설파했고, "비폭력은 사람들을 순수한 민주주의로 인도한다"라고 주장했다. 여성과 어린이조차 거뜬히 한몫할 수 있도록 하는 직접행동이라는 것이다.

　3·1운동으로 빛났던 민주주의·평화·비폭력의 시대정신은 이후 독립운동에서 더욱 빛을 발했다. 3·1운동이 전국화·일상화되는 과정에서 활약했던 다양한 주체 즉 학생·청년·노동자·농민·여성들이 시대정신을 계승하며 대중운동을 펼쳤고, 독립운동에 뛰어들었다.

참고문헌

김소진. 1999. 『한국독립선언서연구』. 국학자료원.

김정인. 2015. 『민주주의를 향한 역사』. 책과함께.

_____. 2017. 『독립을 꿈꾸는 민주주의』. 책과함께.

_____. 2019. 『오늘과 마주한 3·1운동』. 책과함께.

김정인·이정은. 2009. 『국내 3·1운동 I: 중부·북부』. 한국독립운동사연구소.

김진오·박이준·박철규. 2009. 『국내 3·1운동 II: 남부』. 한국독립운동사연구소.

박찬승. 2013. 『대한민국은 민주공화국이다』. 돌베개.

_____. 2019. 『1919 대한민국의 첫번째 봄』. 다산초당.

이윤상. 2009. 『3·1운동의 배경과 독립선언』. 한국독립운동사연구소.

이정은. 2009. 『3·1독립운동의 지방시위에 관한 연구』. 국학자료원.

조한성. 2019. 『만세열전』. 생각정원.

한국역사연구회·역사문제연구소. 1989. 『3·1민족해방운동연구』. 청년사.

1920년대 국내 독립운동

강윤정

01 　1920년대 국내 항일투쟁 상황

　　3·1운동에서 보여준 민중의 결집은 1920년대 독립운동이 민족의 총력 항쟁으로 전개될 수 있는 원동력이 되었다. 3·1운동으로 비로소 민중이 역사의 주체임을 인식했다는 신채호의 말처럼 1910년대와는 달리 1920년대에는 다양한 계층이 항일투쟁을 전개했다.

　　1919년 3·1운동 직후부터 1920년 사이에 국내에서 결성된 비밀결사의 수만 해도 100여 개가 넘었으며, 대한민국임시정부 수립 후 전국 각처에 연통부와 교통국 등 임시정부의 국내 조직이 생겨났다. 더불어 농민·노동자·여성·청년·학생 등 각 부문 운동이 사회·경제·문화 분야에서 다양하게 전개되었다. 만주와 연해주에서는 70~80여 개에 달하는 독립군 단체가 무장항일 투쟁을 수행했다. 그야말로 1920년대는 민족 총력항쟁 기간이었다.

　　독립운동의 이념과 방략도 다양해졌다. 경술국치 이전 국권수호운동 시기의 항일투쟁 전선은 복벽주의와 공화주의가 큰 축을 이루었다. 양자는 갈등과 마찰도 적지 않았지만, 1910년대를 거치면서 복벽주의는 점차 극복되었고, 3·1운동을 계기로 대한민국임시정부 수립과 함께 공화주의가 정착되었다. 또 한편에서는 사회주의사상이 수용되어 이에 기초한 대중운동이 활기를 띠었다. 1925년 4월 조선공산당 결성은 사회주의 운동이 본격화되는 계기가 되었다. 사회주의진영과 자유주의진영이 정치적 이념과 목표를 달리하면서 독립운동 세력의 분파 현상이 나타나기도 했다.

그러나 양쪽은 일차적 목표였던 독립을 이루어내기 위해 힘을 모아야 할 필요가 있었다. 이에 따라 나라 안팎에서 민족통일전선운동이 활발히 일어났다. 특히 나라 안에서는 조선공산당이 1926년 민족통일전선을 제기하며 천도교 세력과 통일전선을 형성해 6·10만세운동을 추진했으며, 이는 1927년 2월 신간회 결성으로 이어졌다. 신간회는 1920년대 전반기부터 꾸준히 추구된 민족통일전선운동의 바탕 위에 비타협적 민족주의자들과 사회주의자들이 연합해 결성한 조직으로, 1920년대적인 성격을 갖는다고 할 수 있다. 신간회는 농민·노동·학생 운동 등을 지도하면서 국내 민족운동의 구심 역할을 수행했다.

농민·노동·청년·학생운동 등 대중운동이 발전한 것도 1920년대 항일투쟁의 특징 중 하나다. 농민운동은 3·1운동을 계기로 활성화되어 소작쟁의를 중심으로 전개되었다. 1920년대 소작쟁의는 소작료 인하, 소작권 이동 반대 등 기본적으로는 소작농민의 경제 권익을 위해 투쟁하는 양상을 보였다. 그러나 그 이면에는 식민 수탈을 자행하던 일제에 대한 정치투쟁의 성격이 깔려 있었다.

1920년 4월 조선노동공제회 결성을 전후해 농민들은 각지에서 소작농민단체를 조직하고 소작쟁의를 일으켰다. 사회주의자들은 소작농민단체가 주도한 소작쟁의에 직간접적으로 간여했다. 그 뒤 1924년 4월 조선노농총동맹이 창립되고, 이어 1927년 9월 조선농민총동맹이 출범함으로써 전국적인 규모의 농민운동이 전개될 기반을 갖췄다. 한편 1920년대 후반기 산미증식계획이 본격적으로 실시되자 계급적 몰락이 심화된 자작농층도 농민운동에 참여했다. 이에 농민운동의 주체는 소작농민과 자소작농민뿐만 아니라 자작농민층으로 확대되었고, 운동 양상도 소작쟁의와 함께 수리조합반대운동·조선농회반대운동 등으로 전환되었다. 그리고 지역 단위 농민운동 단체는 소작조합에서 농민조합으로 확대·개편해 가면서 일제의 농민 지배와 농업 수탈에 대항했다.

1920년대 노동운동은 노동쟁의를 중심으로 전개되었다. 3·1운동 직후 고조된 민족의식을 바탕으로 1920년대에는 대중에 기반을 둔 노동단체가 조직되었다. 1920년 4월 조선노동공제회가 창립된 이후 전국 각지에서 노동조합·노동회·노우회 등 다양한 이름의 노동단체가 활발히 조직되었다. 이 시기 노동단체는 사회주의사상 단체와 직간접적인 관련 속에서 조직되거나 청년운동과 밀접한 관계를 맺으면서 발전했다. 이 가운데 노동자와 사회주의자가 중심이 되어 1922년 10월 결성한 조선노동연맹회는 노동운동 발전에 크게 기여했다.

3·1운동 직후 학생운동도 활발히 전개되었다. 1919년 2·8독립선언과 3·1운동에서 전위적 역할을 담당한 학생들의 사회적 지위가 크게 향상되었고, 학생계의 의식도 성장했다. 이와 더불어 다양한 학생조직이 생겨났다. 1920년대 전반기 학생운동 조직은 주로 교양적·계몽적 성격에 머물렀지만, 사회주의사상을 수용하면서 점차 극복되어 나갔다. 학생들은 6·10만세운동을 주도하면서 점차 주체적 역량을 키워나갔고, 투쟁 방법도 더욱 조직화되었다. 이와 함께 학생운동 조직의 양상도 중앙 본위의 조직에서 학교나 지방 단위로 변천되어 갔다. 그리고 조직 형태도 표면 단체보다는 비밀결사 방식으로 존재하는 경우가 많았다. 이는 학생운동이 식민통치에 전면 대항하는 독립운동의 성격을 강화해 갔음을 보여주는 것이었다.

6·10만세운동은 순종(융희황제)의 죽음을 계기로 당시 조선공산당과 학생계·천도교 세력들이 민족통일전선을 이루며 3·1운동의 경험을 바탕으로 제2의 만세운동을 기획하면서 비롯되었다. 거사를 앞두고 일본 경찰에 발각되면서 계획대로 만세시위가 크게 확산되지는 못했지만, 철통같은 일제의 경계에도 학생들은 6월 10일 순종 인산(因山, 장례) 당일에 만세시위를 일으켰다. 6·10만세운동은 좌우합작을 통한 시위운동이었다는 점에서 독립운동에 새로운 전기를 마련한 것이었지만, 학생운동의 측면에서도 일대 전환점이 되었다. 즉 3·1운동 시기에 전위 역할을 담당한 학생층이 6·10만세운동에서는 독자적 주체로 성장함으로써 학생운동이 독립운동의 주류 중

하나로 부상한 것이다.

1920년대에는 의열 활동이 왕성하게 전개되었다. 1920년대 의열투쟁을 이끌었던 대표적인 단체로는 의열단이 있다. 1919년 11월 10일 김원봉 등 13명이 지린(吉林)에서 결성한 의열단은 1920년에 중국 관내로 옮겨 항일투쟁의 선봉에서 활약했다. 1920년 제1차 국내 기관 총공격 거사(밀양 폭탄사건), 박재혁의 부산경찰서장 폭살 의거, 최수봉의 밀양경찰서 투탄 의거, 1921년 김익상의 조선총독부 진입 투탄 의거, 1923년 김상옥의 종로경찰서 투탄 의거와 김시현 등의 제2차 국내 대거사 시도는 1920년대 전반기를 대표하는 의열단의 투쟁이다.

의열단 이외에도 나라 밖의 독립운동 조직과 연계된 의열투쟁도 다양했다. 신흥학우단원 문상직의 폭탄 거사 추진과 대한민국임시정부를 지원하기 위한 조기홍의 폭탄 제조 시도 등이 주목된다. 또 송두환·최윤동이 주도한 군자금 모집 활동과 대한통의부원 이덕숙의 창수 의거, 의성단원 김홍진의 장사동 의거, 김창숙의 군자금 모집과 나석주 의거 지원 등은 의열투쟁사에 족적을 남겼다.

한편 1920년대 후반의 대표적인 의열투쟁으로는 장진홍 의거가 손꼽힌다. 1927년 10월 장진홍이 조선은행 대구 지점으로 도화선에 불이 붙은 폭탄을 전달하여 대구 도심을 뒤흔든 의거가 일어난 것이다. 이는 일제 통치기관을 공격한 전형적인 의열투쟁이었다.

02 농민·노동 운동

1) 농민운동

농민들의 생활은 농업정책에 영향을 받을 수밖에 없다. 1910년대 일제의 농업정책은 토지조사사업, 농사단체 조직, 품종 교체 등 주로 수탈에 적합한 식민지 농업 체계를 구축하는 데 중점을 두었다. 토지조사사업이 수탈에 적합한 시스템을 구축하

<표 7-1> 경영형태별 농가 계층 호수의 추이

(단위: %)

연도	지주	자작농	자소작농	소작농
1917	2.8	19.6	40.2	37.4
1920	3.3	19.5	37.4	39.8
1931	3.6	17.0	29.6	48.4

자료: 조선총독부, 『통계연보』, 각 연도.

기 위한 기초 작업이었다면, 품종개량사업은 일본이 필요로 하는 농산물을 수탈하기 위한 것이었다. 일제는 자국의 발전에 필요한 쌀·면화·고치 등을 중점 수탈 대상으로 정하고, 이것을 한국의 전 지역에서 최대한 상품화하고자 했다. 일제는 이러한 사업을 좀 더 효율적으로 추진하고, 농민들을 통제하기 위해 '농업단체'를 조직했다. 일제가 가장 역점을 둔 것은 지주회와 면작조합·양잠조합 등이었다. 농민들은 강제로 이러한 조합에 가입해야만 했고, 이들의 통제를 받아야만 했다.

이러한 정책을 바탕으로 1920년대는 수탈 농정이 한층 강화된 시기였다. 일제는 육지면장려계획(陸地棉奬勵計劃, 1919년), 산미증식계획(産米增殖計劃, 1920년), 산잠백만석증수계획(産蠶百萬石增收計劃, 1925년)을 통해 이른바 삼백(三白)의 증산에 본격 착수했다. 산미증식계획이 일본 내 식량문제를 해결하기 위해 추진된 것이라면, 면화·양잠정책은 일제의 외화 획득 요구를 충족시키기 위한 것이었다. 일제는 1920년대 이러한 정책을 추진하기 위해 한층 강력한 농업 지배기구가 필요했고, 그 결과 조직된 것이 '농회'였다.

1920년대에 본격화된 이러한 식민지 상업적 농업은 농민층의 변화에 많은 영향을 초래했다. <표 7-1>은 농민층 분해 양상을 간접적으로 파악할 수 있는 경영 형태별 농가 계층 호수에 대한 통계다. 이는 식민지 수탈 농정이 본격화된 1920년대를 거치면서 소작농이 급격히 증가하고 있음을 보여준다.

결과적으로 1920년대의 식민 농정은 순 소작농을 확대시켰다. 결국 이들은 치열한 차지(借地) 경쟁에서 밀려나 극빈농·화전민으로 전락하거나, 일본이나 간도 방면으로

1920년대 농민운동을 대표하는
암태도 소작쟁의 장면

떠나갔다. 일제강점기 농민은 전 인구의 80%를 차지했다. 따라서 농민 대중은 식민지 민중의 최대 구성원이었기 때문에 그들의 문제는 민족문제요, 그들의 해방은 민족해방이나 다름없었다. 그러나 이 농민 대중은 일제의 식민지 농업 수탈 정책에 따라 점차 경제적으로 몰락함으로써 토지로부터 유리되고, 결국은 터전을 떠나 떠돌게 되었다.

이와 같은 상황에서 1920년대 농민운동은 소작쟁의를 중심으로 전개되었다. 농민운동은 3·1운동을 계기로 활성화되기 시작해 1920년대 후반 일제의 산미증식 정책이 진행되자 다양하게 분화·발전했다. 다만 3·1운동 직후에는 농민운동과 노동운동을 분리해 인식하는 수준에 이르지는 못했다. 1920년 4월 노동운동 단체로 조직된 조선노동공제회는 노동문제의 일환으로 농민문제를 취급하는 수준이었다. 그러나 1921년부터 소작조합·소작회·소작인회 등 소작농민단체가 조직되기 시작했다. 특히 1922년 "소작인은 단결하라"라는 조선노동공제회의 선언은 전국에서 폭발적으로 각종 농민단체가 만들어지는 계기가 되었다. 1922년 23개, 1924년 107개, 1925년 126개로 늘어났다.

그중 1922년 3월 경상남도 진주에서 조직된 진주노동공제회는 그해 9월에 독자적으로 소작노동자 대회를 열고 본격적으로 농민운동을 전개했다. 그 뒤 1922년 12월 전라남도 순천군 서면에서 지주의 횡포에 맞서는 소작농 1600명이 참가한 가운데 서면농민대회가 열렸다. 이후 순천군 내 각 지역에서는 농민단체가 속속 탄생해, 1924년 말에는 20개의 농민단체와 1만여 명의 회원이 활동하기도 했다.

소작쟁의를 중심으로 한 농민운동 발생 건수와 참가 인원수는 1923년과 그 이듬해에 급격히 증가했다가 1930년 다시 한번 급증하는 양상을 보였다. 내용 면에서는 1920년대 전반기 소작쟁의는 소작료 인하가 주요 쟁점이었다. 그런데 1920년대 후반기에 접어들면서 수리조합 반대운동, 곡물검사제 반대운동, 농회·산업조합·산림조합 반대운동 등으로 다양하게 분출되었다. 특히 '제2차 산미증식계획' 등 일제의 수탈 정책이 강화되자 대지주를 제외한 한국 농민의 전 계층이 농민운동에 참여했다. 그 결과 소작농민 중심의 농민운동단체도 농민 전 계층을 포괄하는 농민조합으로 확대·발전해 갔다. 1930년대에는 혁명적 농민조합운동이 대두하면서 투쟁성과 혁명성이 제고됨으로써 농민운동의 항일투쟁적 성격이 증폭되어 갔다.

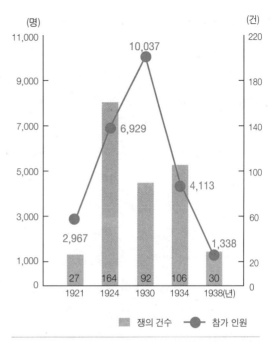

소작쟁의 발생 추이

자료: 조선총독부 경무국, 『최근의 조선치안 상황』(1938).

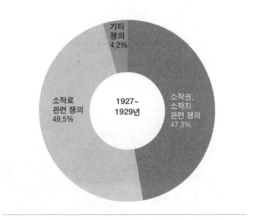

소작쟁의의 원인별 비율

2) 노동운동

일제하 한국의 공장은 양적인 면에서 증가했다. 1911년 252개에 불과하던 공장이 1920년에는 2000여 개를 넘었으며, 1930년 들어서는 4613개에 달했다. 이에 맞물려 노동자 수도 증가했다. 그러나 한국인 노동자는 매우 열악한 환경에 처해 있었다. 한국인의 노동시간은 일본인의 1.2~1.5배에 달했지만, 임금에서는 일본인 노동자와 두 배 이상 차이가 났다. 이러한 상황은 시간이 지나도 나아지지 않았다. 이는 여성 노동자의 경우 더욱 심각했다. 특히 고용주들은 강제 저축과 보증금이라는 명목으로 임금을 지급하지 않는 경우도 많았다. 이러한 억압과 모순에 대해 한인 노동자들은 처음에는 도주나 탈주 등 소극적인 저항 방식을 취했으나, 점차 생존권까지 위협을 받자 노동쟁의나 연대 파업 등 적극적인 방법을 행사하기 시작했다.

3·1운동의 영향으로 1920년 들어 노동운동 단체가 조직되기 시작했다. 1920년 4월 조선노동공제회 창립을 시작으로 노동회·노우회·노동친목회·노동조합·노동계 등 다양한 이름의 노동단체가 조직되었다. 당시 노동운동은 노동자뿐만 아니라 농민들과도 밀접한 관련을 맺으며 전개되었다. 아직 농업노동자와 임금노동자가 명확히 분리되지 않은 데다가, 소작농민이 공업노동자보다 수적으로 많았기 때문이다. 노동

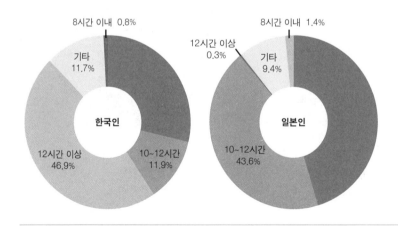

한국인과 일본인의 노동시간

단체들은 전위당 조직이나 사상단체와 직간접적인 관련 속에서 조직되거나, 청년운동과 밀접히 연관되며 발전했다.

조선노동공제회는 진보적 지식 계층의 주도로 기관지 ≪공제≫를 발행했다. 이를 통해 일반인이 노동문제의 심각성을 깨닫고 공감대를 갖도록 하는 데 목표를 두었다. 그러나 이는 지식인이 중심이 된 단체였다. 이 같은 한계를 딛고 1922년 10월 노동자와 사회주의자가 중심이 된 조선노동연맹회가 결성되었다. 이 조직은 '신사회 건설'과 '계급적 단결'을 강령으로 내걸었다. 사회주의를 중심 사상으로 하는 노동운동 단체임을 표방한 것이다. 전국에 2만여 명의 회원을 확보한 조선노동연맹회는 1923년 5월 1일 전국적인 메이데이 행사

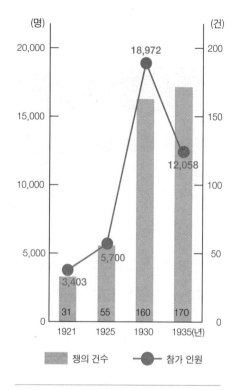

1920~1930년대 노동쟁의
자료: 조선총독부 경무국, 『최근의 조선치안 상황』(1938).

를 처음으로 개최했다. 또한 경성여자고무직공조합과 경성양말직공조합이 전개한 파업 투쟁을 지원하기도 했다.

이어 1924년 4월 농민과 노동자를 아우르는 조선노농총동맹이 탄생했다. 전국 260여 노농단체와 5만 3000여 회원을 거느린 이 단체는 노동쟁의와 소작쟁의를 적극적으로 주도했다. 1927년 9월 조선노농총동맹은 조선농민총동맹과 조선노동총동맹으로 분리되었는데, 이는 노동자와 농민의 의식 성장에 바탕을 둔 것이다.

1920년대 노동운동은 주로 노동쟁의의 형태로 전개되었다. 1921년 9월 부산 부두 노동자들이 최초로 대규모 연대파업을 일으킨 이후 노동쟁의가 곳곳에서 일어났다. 1920년대 초반 50여 건에 지나지 않던 쟁의가 1931년에는 200여 건으로 증가했다. 또 참가 인원은 평균 80여 명이었으며 대대수가 공장노동자였다.

조선노농총동맹 창립총회 1924년 1월   1920년대 노동운동을 대표하는 원산총파업

　　1920년대 노동쟁의는 조직화된 파업보다 자연발생적 파업이 많았다. 노동단체는 사전에 계획해 지도하기보다는 대부분 쟁의가 발생한 이후에 개입했다. 또 직종별 파업 참가 인원 수는 각종 인부, 부두노동자, 잡공장 직공 순서로 나타났다. 지역별 파업 건수나 참가 인원 수는 경기도·경상남도·전라북도순이었다. 이 세 개 지역의 파업 건수는 전체의 65.8%에 달했고, 참가 인원은 70.3%나 되었다.

　　파업의 원인을 살펴보면 1920년대 초반에는 임금인상 요구가 다수를 차지했으나, 1920년대 후반 들어서는 노동조건 개선을 요구하는 비율이 증가했다. 특히 원산총파업은, 1920년대 후반에 투쟁을 통해 조직과 계급의식을 강화한 대표적인 노동운동으로 평가된다. 나아가 노동운동이 전개되는 과정에서 단순한 경제 투쟁을 넘어 민족운동임을 드러냈다는 측면에서도 그 의의가 적지 않다.

03　청년·학생 운동

1) 청년운동

　　청년이란 자본주의가 발전하던 19세기, 중세 유럽의 신분질서 해체 과정에서 출현했다. 그렇기 때문에 청년운동은 다양한 계급의 이해를 실현하기 위한 계층운동에서 출발했다. 그러나 식민지 국가에서의 청년운동은 제국주의 침략에 따른 외래적 자본주의 유입과 제국주의의 필요에 따라 남아 있던 봉건 질서의 잔재를 극복하려는 움직임으로 나타났다.

한국에서 청년운동이 본격적으로 부상한 것은 3·1운동 이후의 일이다. 3·1운동과 더불어 대중운동의 폭이 확대되고 청년층의 역할과 사회적 위상이 높아지면서 청년 조직이 급속히 증가했다. 1919년 말부터 1920년 초에 걸쳐 청년회·청년구락부·청년수양회 등 다양한 명칭을 가진 251개 청년단체가 전국 각지에서 조직되었다. 이에 1920년 봄 서울의 각계 지도자들은 하나의 통일된 지도기관의 필요성을 인식하고, 그해 6월 조선청년회연합회 기성회를 발기했다. 그 결과 12월 2일 장덕수·오상근 등의 주도로 조선청년회연합회가 창립되었고, 121개 단체가 창립 당시 가입했다.

조선청년회연합회는 교육 진흥, 산업 진흥, 도덕 수양 등을 통한 지·덕·체 3육을 활동 목표로 내걸었다. 주요 활동은 순회강연을 통한 계몽 활동에 집중되었다. 그 뒤 1923년 이후 조선청년회연합회는 '수양'보다는 '사업'에 더 중점을 두기 시작했다. 사업의 주요 내용은 민립대학 설립과 조선물산장려운동·소비조합·생산조합·소작인

전조선청년당대회에 참가한 참석자들 1923년 3월, 중앙청년회관

조합 운동 등이었다. 그런데 이러한 운동은 약 반년 만에 침체의 길로 들어섰다. 일제의 방해로 자금 모금 활동이 곤란해지기도 했지만, 1923년 3월 전조선청년당대회 이후 청년단체가 '실력 양성' 노선, '문화운동' 노선을 버리고, '무산계급운동' 노선으로 방향을 전환했기 때문이다. 이는 사회주의 확산과도 관련이 깊다.

사회주의사상의 확산은 계몽적 수준에 머물던 청년운동에도 새로운 바람을 불러일으켰다. 사회주의사상은 식민 통치의 부당성과 모순을 사회과학적인 기준에서 깊게 성찰하도록 함으로써 식민지 현실을 극복하기 위한 혁신적 주장을 하도록 이끌었다. 그 과정에서 이념적 갈등을 낳기도 했다.

청년운동의 이념적 갈등은 1922년 1월 친일 지식인 김윤식의 사회장 문제와 '사기공산당사건'으로 표출되었다. 결국 1922년 4월 조선청년회연합회를 탈퇴한 서울청년회는 함께 탈퇴한 18개 청년단체와 함께 전국적인 청년운동 기관을 조직하려 했다. 이에 1923년 3월 24일 90여 개 단체 대표 150명과 개인 참여자 50명이 출석한 가운데, 전조선청년당대회가 열렸다. 이 대회는 고려공산청년회(이하 고려공청) 중앙총국과 고려공산동맹(서울파)의 청년사회주의자들이 주도했다. 전조선청년당대회에서 "민족주의 반대", "민족적 투쟁을 경제상 계급투쟁으로 전환"하자는 주장이 제기되었고, 물산장려운동을 개량주의 노선으로 규정해 이를 주도한 동아일보에 대해 비매동맹할 것을 결의했다. 즉 이들은 계급투쟁을 통해 민족문제와 계급문제를 동시에 해결하고자 했다. 청년당대회의 결의에 일부 사회주의자들은 당시 주요 임무인 통일전선을 고려하지 못한 좌익적 경향의 결정이라 비판하기도 했다.

이후 청년운동의 중심 세력이 무산계급운동으로 집중되면서 청년운동에도 분화가 일어났다. 조선청년회연합회는 지방 청년단체의 지지를 상실해 스스로 변화를 모색해야만 했다. 이에 1923년 후반 조선청년회연합회는 김철수(金喆壽)를 집행위원장으로 내세워, 활동 방침을 농촌문제와 노동문제를 비롯한 사회문제로 확대하고, 청년운동의 방향과 농촌문제를 해결하기 위한 '전선소작인대회'를 개최하고자 했다. 그러나 이는 개성과 재령에서만 개최되었고 성과도 미미했다.

한편, 서울청년회는 1923년 3월 청년당대회 개최 이후 국내에서 가장 강력하고

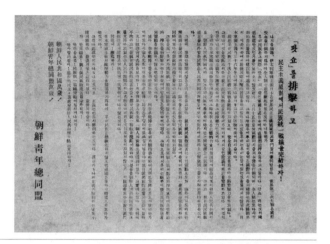

조선청년총동맹 「팟쇼를 배격하고 민주주의 원칙에서 민족통일전선을 완결하자」

합법적인 청년운동의 지도 세력으로 빠르게 부상했다. 그해 12월 제3회 정기총회에서 강령을 바꾼 서울청년회는 '신사회의 건설'을 내걸고, "계급적 자작과 단결로 무산대중 해방운동의 전위"가 될 것을 선언했다. 또한 서울청년회는 새로운 전국적 청년단체 결성을 위해 1923년 이후 세력이 급속히 약화된 조선청년회연합회와 함께 계급운동에 기초한 전국적 청년단체 결성에 합의했다. 고려공청 중앙총국도 1924년 합법적인 청년운동 지도단체로서 신흥청년동맹을 결성하고 이들과 함께하기로 했다. 이에 1924년 3월 서울청년회·청년회연합회(115개 단체)·신흥청년동맹 등의 대표자로 조선청년총동맹 창립위원회가 구성되었다. 이어 4월 223개 단체 대표와 700여 명의 방청객이 지켜보는 가운데 조선청년총동맹(청총)이 창립되었다.

청총은 민족문제에 대해 과거와 같은 타협적 민족운동을 배척하고 '혁명적 운동'과 협동한다는 방침을 제시해, 민족운동 세력과 손잡고 대중선전운동을 전개하고자 노력했다. 청총이 혁명적 민족운동과의 협동전선을 천명한 것이다. 그러나 행사 대부분은 일제 경찰에 의해 금지되었다.

1925년 후반부터는 청년운동의 방향 전환 문제가 논의되기 시작했다. 청총은 제한된 무산계급 청년운동에만 머물지 않고 '민족적으로 대중적인 청년운동'을 전개하

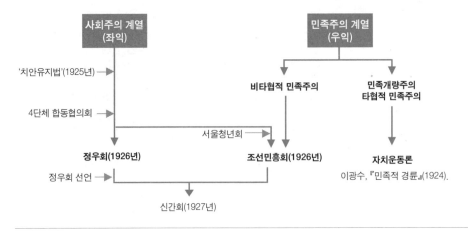

```
사회주의 계열                          민족주의 계열
  (좌익)                                (우익)

'치안유지법'(1925년)→          비타협적 민족주의    민족개량주의
                                                    타협적 민족주의
4단체 합동협의회→
                    서울청년회→
정우회(1926년)              조선민흥회(1926년)        자치운동론
                                              이광수, 『민족적 경륜』(1924).
정우회 선언→
        신간회(1927년)
```

신간회 결성과 국내 민족유일당운동

기 위해 강령을 수정하고 대중적인 슬로건을 제시했다. 그러나 1925년 11월 '제1차 조선공산당 검거 사건'으로 이러한 논의는 더 이상 진척되지 못했다. 1926년 중반 청년운동은 새로운 국면에 들어섰다. 6·10만세운동 과정에서 확인된 민족통일전선의 가능성과 민흥회 발기, 아세아민족대회 반대투쟁 등은 청년운동에 많은 영향을 끼쳤다. 1926년 8월 고려공청은 청총의 강령을 계급적인 것에서 민족적 것으로 개정한다는 데 합의했다. 즉 과거 무산 청년의 조직에서 탈피해 종교 청년과 민족주의 청년도 가입할 수 있도록 하자는 것이었다.

이어 1926년 11월 정우회가 비타협적 민족주의 세력과의 제휴를 제창한 「선언」을 발표하자, 경성청년연합회·한양청년연맹 등이 이를 지지하며 전 민족적 청년단체 조직을 요구하고 나섰다. 이어 1927년 2월 신간회가 결성되자, 청년운동에서 민족문제에 대한 인식은 한층 더 높아졌다. 청총은 창립 이후 집회 금지 상태에 있었기 때문에 청년운동의 방향 전환에 대한 구체적인 결정과 이를 통한 조선 청년운동의 통일적 지도가 매우 어려웠다. 서울청년회도 마찬가지였다. 이러한 가운데 신흥청년동맹은 정기대회에서 "부분적 운동에서 전체적 운동에로, 관념적 운동에서 현실적 운동에로, 경제투쟁에서 정치투쟁에로"를 주창하며 청년운동의 방향 전환을 모색했다.

이에 청총은 1927년 6월 제4회 집행위원회에서 '신운동방침'을 수립하고 청년운동의 방향 전환을 선언했다. 청총은 "무산계급 청년운동을 전 민족적 청년운동으로 전선을 확대한다"라는 방침 아래 강령과 규약을 수정하고, 서면대회의 형식으로 지방 청년단체의 의견을 수렴해 중앙집행위원회를 구성했다. 그 뒤 1927년 8월 31일과 9월 1일 이틀에 걸쳐 중앙집행위원회를 열고 청년운동 방침을 확정했다. 이어 반(리) → 지부(면) → 청년동맹(부·군) → 도연맹 → 조선청년동맹으로 이어지는 체계적이고 통일적인 조직이 구성되었다.

이처럼 신간회 결성을 계기로 청년회가 활성화되는 듯했으나, 신간회 해소 움직임으로 조선청년총동맹도 그 영향을 받게 되었다. 게다가 1928년 '12월 테제'로 인해 노농계급에 기초한 민족해방운동이 요구되면서 청년운동도 변화를 맞았다. 이에 따라 1930년부터 조선청년총동맹 해소 논의가 제기되었다. 당시 해소를 주장하던 세력은 조선청년총동맹을 비무산계급적 집단으로 규정했고, 무산계급적 의식으로 농민층과 노동자층 속으로 들어갈 것을 강조했다. 이런 가운데 조선청년총동맹 산하의 청년단체는 농민조합이나 노농조합의 청년부로 점차 개편되었다. 또한 사회주의 계열의 청년 인사들은 독자적인 청년 단체보다는 혁명적 농민조합이나 노동조합에 참가하면서 대중운동에 투신했다.

2) 학생운동

19세기 이래 등장한 근대 학생운동은 독일·이탈리아·일본 등의 후발 자본주의 국가나 한국·중국과 같은 식민지·반식민지에서 특히 큰 파장을 불러일으켰다. 식민지라는 특수한 상황에서 시작된 한국의 근대 학생운동은 출발부터 민족운동과 밀접한 관련을 맺었다. 한국에서 학생운동이 하나의 부문운동으로 본격화된 것은 3·1운동 직후였다. 3·1운동 이전까지 학생 조직은 동창회·학우회·향우회 등과 같은 친목단체가 대부분이었다. 그런데 1919년 2·8독립선언과 3·1운동을 통해 학생계의 의식이 크게 성장하면서 학생 조직 또한 다양하게 개편되었다. 이런 가운데 1920년 5월 조선학생대회 창립총회가 열렸다. 이는 한국 최초의 전국적 학생운동단체였다.

조선학생대회는 "조선학생의 단결, 조선물산장려, 지방 분열 타파" 등을 표방했으며, 학생층을 위한 교양적·계몽적 성격을 띠었다. 출범 이후 강연회·토론회·운동회·음악회 등을 통해 학생은 물론이고 일반 민중의 민족의식 고취와 계몽에 힘썼다. 또한 호서·호남·영남 지역의 학생친목회 간부와 회동해 각종 학생친목회를 하나로 통일하는 문제를 논의했다. 비록 성과는 없었지만 단일 학생조직을 결성하려 했다는 점에서 의미있는 시도였다고 할 수 있다. 일제 경찰의 감시와 탄압 속에서도 조선학생대회는 1920년과 1921년 두 차례의 하기 순회강연으로 학생계를 선도하는 문화운동의 주역으로 떠올랐다. 회원도 중등학교 이상의 학생을 망라함으로써 2만여 명에 달했다. 상황이 이에 이르자 일제와 학교 당국은 적극적인 대응에 나섰다. 결국 1922년 7월 서울 시내 7개 중등학교 교장 회의에서 중등학생의 참가를 불허한다는 결정이 내려졌다. 이에 따라 중등학생 회원의 탈퇴가 이어지면서, 조선학생대회는 창립 2년 7개월 만에 막을 내렸다.

그 후속 조직으로 1923년 2월 9일 조선학생회가 조직되었다. 조선학생회의 활동 역시 강연회, 토론회, 운동회, 음악회 등 교양적이고 계몽적인 수준에 머물렀다. 그러나 이러한 문화운동 노선은 사회주의사상이 수용되면서 변화를 맞이했다. 그동안 조선학생회가 견지해 왔던 부르주아민족족주의적인 문화운동 노선을 둘러싸고, 내부에서 노선 갈등이 점차 고개를 들기 시작했다. 이러한 갈등은 중앙집행위원 김동양 등이 별도의 조선학생총연합회를 조직하면서 가시화되었다. 조선학생총연합회는 '조선 민중 해방'과 '신사회 건설'을 강령으로 사회주의를 지향하는 단체였다.

국내 학생운동계의 이와 같은 사회주의 수용은 일본 도쿄에서 조직된 조선고학생동우회 간부들이 1922년 1월 계급투쟁 선언문을 발표할 때부터 싹트고 있었다. 1924년 11월 조봉암·김찬·권오설 등 화요회 인사들이 개입해 계몽단체에서 사상단체로 탈바꿈시킨 혁청단(革淸團)도 초기 사회주의 학생운동과 밀접하게 관련된 조직이었다. 이어 사회주의 노선에 입각한 학생운동은 1925년 5월 25일 조선공학회(朝鮮共學會)의 탄생으로 본격화되었다. 공학회는 회원이 63명에 불과했지만 대부분 사회

조선학생과학연구회 강연회

주의사상을 가진 정예분자로 학생운동의 전위를 자임하며 매우 유기적인 조직을 갖
추었다. 그러나 사회과학 연구와 민중 본위 교육을 표방했던 조선공학회는 강령이 불
온하다는 이유로 창립된 지 6개월도 안 되어 해산당하고 말았다.

　공학회가 강제로 해산되었지만 이후 사회주의 학생 조직은 오히려 확산되어, 경
성학생연맹·서울학생구락부·조선학생과학연구회 등의 단체들이 생겨났다. 이 학생
단체들은 일반인 사회주의 조직인 북풍회, 서울청년회, 화요회의 영향을 받으며 학
생운동을 추진해 나갔다. 이 단체들 가운데 화요회계가 이끄는 조선학생과학연구회
는 1920년대 후반 학생계를 이끌어간 대표적인 학생 사상단체였다. 1925년 9월 27일
창립 당시 70여 명으로 시작했지만, 6·10만세운동이 일어나던 1926년 6월에는 500여
명으로 증가할 만큼 성장세를 보였다. 특히 조선학생과학연구회는 6·10만세운동을
주도하며, 한국독립운동사에 뚜렷한 자취를 남겼다.

　1926년 6·10만세운동은 독립운동 전반에 큰 영향을 끼쳤지만, 특히 학생운동이
일대 전환하는 계기가 되었다. 3·1운동 당시 전위 역할을 담당했던 학생층이 6·10만
세운동 과정에서 독자적 주체로 성장해 학생운동이 독립운동의 중요한 흐름으로 부
상했다. 학생운동계는 주체적 역량을 키웠고, 조직적인 투쟁 대오와 이론을 성숙시
켰다. 이와 함께 학생운동 조직의 양상도 중앙 중심의 조직에서 학교나 지방 단위로
변화했다. 조직 형태도 비밀결사인 경우가 많았다. 그것은 학생운동이 식민통치에

6·10만세운동 주도 인물의 제1회 공판 모습 ≪동아일보≫, 1926년 9월 28일 자.

전면 대항하는 독립운동의 성격을 강화해 갔음을 의미한다. 6·10만세운동 이후 전국
에서 전개된 동맹휴학 또한 성격이 변화했다. 동맹휴학은 1920년대 학생운동의 일상
적인 투쟁 형태로, 1920년대 전반기의 맹휴는 주로 교장과 교사 배척, 교수 방법과 교
과과정 시정 등 주로 학내 문제가 주요 요구 사항이었다. 그런데 6·10만세운동을 기
점으로 학생들의 동맹휴학은 항일운동적 성격을 더욱 분명하게 띠었다.

6·10만세운동 때 등장한 "조선인 본위 교육"이라는 구호가 민족교육의 이념으로
정착해 동맹휴학을 비롯한 학교 투쟁의 중심 화두가 된 것이다. 식민지 노예 교육 철
폐, 조선 역사와 지리의 교수, 교수 용어로 조선어의 사용, 학우회의 자치, 교내 언론·
집회의 자유 허용 등이 동맹휴학의 요구조건으로 제기되었다. 1920년대 후반기를
대표하는 동맹휴학으로는 숙명여자고보 맹휴가 손꼽힌다. 숙명여자고보 학생들은
1927년 5월 말부터 9월까지 무려 4개월에 걸쳐 끈질기게 투쟁했다. 그 결과 학교 운
영 주도권을 쥐고 민족 차별적 언행을 서슴지 않았던 일본인 교무주임을 퇴사시키는
성과를 이루었다. 여기에는 학부형회와 졸업생 단체, 사회단체의 지원이 한몫했다.

1928년 들어 동맹휴학은 양적·질적으로 한층 확대되고 심화되었다. ≪조선일
보≫의 통계에 따르면 1928년 4월부터 10월까지 동맹휴학을 단행한 학교는 54개교

이며, 참가 학생도 1만여 명에 이르렀다. 내용 면에서도 1927~1928년의 학생 동맹휴학은 사상적이고 민족적인 색채를 분명하게 띠며 지구전으로 전개되었다. 그 대표적인 사례가 1927년과 1928년에 걸친 함흥고보의 맹휴였다. 함흥고보 맹휴 과정에서 특별히 주목되는 것은 1928년 6월 국내의 각 학교와 재일본 한국인 단체에 발송한 「전조선 피압박 동지 제군에게 격함」이라는 격문이다. 그 내용은 '조선인 본위 교육 획득, 식민지 차별적 교육제도를 타도, 조일공학(朝日共學) 절대 반대, 군사교육 절대 반대, 교내 학우회의 자치제 획득'이었다. 조선인 본위 교육 실시와 식민지 노예 교육 철폐를 주장한 것이다.

이처럼 1920년대 후반의 학생운동은 표면상 동맹휴학이 주류를 이루었지만, 학생들의 비밀결사 활동 또한 활발히 전개되었다. 이 시기의 비밀결사는 중등 이상의 각 학교에서 조직된 독서회가 주종을 이루었다. 이러한 독서회는 사회주의 세력 특히 조선공산당과 고려공산청년회의 지도로 서울을 비롯한 전국 각지에서 조직되었다. 수원고등농림학교의 건아단과 같은 민족주의 계열의 결사와 동래의 혁조회와 같은 무정부주의 성향의 단체도 있었지만, 대부분 마르크스주의 계열이었다. 대표적으로 서울의 'ㄱ당'과 조선학생전위동맹, 대구의 신우동맹·혁우동맹·적우동맹, 광주의 성진회와 독서회 중앙본부 등을 손꼽을 수 있다. 1927년 이후 동맹휴학이 전국에 걸쳐 조직적으로 치열하게 전개될 수 있었던 것은 바로 그 이면에서 투쟁을 지도한 학생 비밀결사가 있었기 때문이다. 특히 1929년 광주에서 발생한 한·일 학생 간의 충돌이 조직적인 운동으로 발전한 것은 광주 지역 각 학교의 독서회와 이를 지도하는 독서회 중앙본부의 역할이 있었기에 가능했다. 독서회 중앙본부는 1926년 11월에 결성된 성진회의 후신으로 광주 지역 학생운동의 지도체였다.

이렇듯 6·10만세운동 이후 전개된 동맹휴학은 일제의 식민지 동화교육과 차별교육에 대한 학생들의 대중적인 저항운동이었다. 이 과정에서 학생들은 식민지 노예교육의 철폐를 요구하며, 그것을 대신할 민족교육 이념으로 '조선인 본위 교육'을 제창했다. 그러나 이는 사실상 민족의 해방 없이는 불가능한 일이었다. 결국 민족교육을 요구하는 학생들의 단결투쟁은 독립을 목표로 하는 투쟁으로 나아갈 수밖에 없었

女高普生도 參加
高普生示威行進
일본인중학교의 유도사범
伊田某도 學生에 加擔

광주학생운동 관련 기사   《중외일보》, 1929년 11월 5일 자.

다. 1929년의 광주학생운동은 그 단적인 사례였다.

　1929년 11월 3일 광주에서 불붙기 시작한 광주학생운동은 1930년 3월까지 5개월에 걸쳐 전국 각지에서 전개되었다. 일제 측 자료에 따르면 194개 학교에서 5만 4000여명이 참가했다. 이는 당시 중등학교 이상 학생 60%에 해당한다. 5개월간의 투쟁 과정에서 1642명의 학생이 구속되었으며, 582명이 퇴학당하고, 2330명이 무기정학을 당했다. 광주학생운동은 투쟁 형태도 동맹휴교에서 벗어나 가두시위 형태로 전개되었다는 점에서 이전과는 달랐다. "일본제국주의의 타도", "피억압 민족해방 만세"와 같은 격문의 구호에서도 드러나듯이 '학원운동'을 넘어, 식민지 통치를 정면으로 부정했다는 점에서도 의미가 크다. 이런 면에서 광주학생운동은 1920년대 항일투쟁의 '총결산이자 일대 분수령'으로 평가된다.

04　사회주의 수용과 독립운동의 분화

　3·1운동 이후 청년 지식층의 사회주의사상 수용 또한 급속도로 진전되었다. 사회주

의운동의 주 무대는 국외에서 국내로 확산되었고, 1925년 4월 조선공산당이 탄생했다.

조선공산당은 총 네 차례 조직되었다. 제1차 조선공산당은 '화요파'를 중심으로 1925년 4월 17일 결성되었다. 4월 18일에는 산하 단체인 고려공청이 결성되었다. 당과 고려공청은 각기 중앙간부회를 개최하고 책임 부서를 정했다. 조선공산당의 책임 비서는 김재봉이, 고려공청의 책임비서는 박헌영이 맡았다. 당과 공청은 창당 이후 조선노동총동맹에 대한 사업 확대, 기관지 발간, 조선공산당 만주총국 설치 등을 당면 과제로 삼아 활동에 나섰다. 그러나 화요회의 독단적인 당 창당을 반대하는 당 내외 세력의 강력한 반대운동에 부딪쳤고, 1925년 11월 12일 신의주사건으로 주요 간부들이 대거 검거되면서 위기를 맞았다.

이런 상황에서 강달영과 이준태 등 후속당 간부와 청년회 책임자로 내정된 권오설이 후계 조직 건설에 나섰다. 그 결실로 강달영을 책임비서로 하는 제2차 조선공산당이 구성되었다. 고려공청의 책임비서는 권오설이 맡았다. 제2차 조선공산당과 고려공청은 당의 선전 사업과 당원 양성 훈련 등 여러 사업을 추진했다. 그 가운데 무엇보다 큰 성과는 6·10만세운동이었다. 이를 계획하고 이끌어낸 것은 권오설이었다. 그러나 6·10만세운동은 준비 단계에서 발각되면서 총책인 권오설을 비롯한 관련자들이 6월 6일에 체포되었다. 이와 함께 조선공산당 투쟁지도부 대부분이 검거되거나 해외로 망명했다. 이로써 화요파가 주도한 최초의 조선공산당은 붕괴되고 말았다.

제2차 조선공산당의 붕괴는 조선공산당 안팎에서 진행되던 통합운동을 진전시키는 계기가 되었다. 화요파가 궤멸 상태에 빠진 상황에서 새롭게 조선공산당의 중심에 선 것은 '엠엘(ML)파' 또는 '엘엘(LL)파'라고 불리는 그룹이다. 이들은 1925년 하반기 이래 조선공산당 진영과 이를 반대하는 서울청년회, 북풍회, 노동당, 국민의회가 연합한 양대 진영으로 나뉘어 파쟁이 진행되는 과정에서 양측의 청년들을 중심으로 형성된 그룹이다. 6·10만세운동 이후 검거되지 않은 제2차 당 간부 김철수와 고려공청 책임비서 고광수는 ML그룹과 통합에 나섰다. 여기에 안광천을 비롯한 일월회 인사들이 1926년 9월 조선공산당에 입당하면서 한층 세력을 강화했다.

이어 11월 15일 안광천과 ML그룹은 「정우회선언」을 발표했다. 이는 분파 투쟁

조선공산당 검거와 재판을 다룬 당시 기사
《동아일보》, 1927년 9월 13일 자.

청산과 사상 단체 통일, 경제투쟁에서 정치투쟁으로 전환한다는 것이 핵심 내용이었다. 각파 연합에 의한 통일공산당이 결성되면서 대중운동은 크게 활성화되었고, 2차 당 시절부터 시도되던 민족통일전선운동을 크게 진전시켰다. 그 결실로 1927년 2월 민족통일전선체인 신간회가 결성되었다.

각파 연합에 의한 3차 당은 활발한 활동을 펼쳐나갔으나, 구성상 심각한 내부 분열에 직면했다. 결국 서울·상해 합동파 조선공산당과 ML파 조선공산당으로 분열되었다. 이를 제4차 조선공산당이라 부른다. 그러나 양 공산당은 국제공산당 지부로 승인받지 못했고, 이른바 '12월 테제'는 새로운 방침과 당 재조직을 요구했다. 이에 따라 1929년 이후 한국의 사회주의 운동가들은 분파 투쟁의 근절과 노동자를 기초로 한 새로운 당 재건운동에 나섰다.

05   6·10만세운동 발발과 전개

6·10만세운동은 1926년 6월 10일 순종 장례일을 기해 일어난 제2의 만세운동이다. 1926년 4월 25일 순종이 사망하자 6·10만세운동이 추진되었다. 이를 이끌어

낸 인물이 경상북도 안동의 권오설과 김천 출신의 김단야였다. 1926년 5월 1일을 기해 서울에서 메이데이 시위를 기획하고 있던 이들은 황제가 승하했다는 소식을 듣고 장례일에 대중적 시위를 일으키는 쪽으로 운동 방향을 바꾸어 4월 말부터 6·10만세운동을 계획하기 시작했다.

권오설은 1926년 5월 1일 압록강을 건너 안둥(현재 단둥)에서 김단야를 만나

한국 사회주의운동사에서 쌍벽을 이룬
김단야(왼쪽)과 박헌영(오른쪽)

만세시위, 곧 제2의 3·1운동을 일으키기로 했다. 이에 국내로 돌아온 권오설은 조선 공산당의 동의를 얻고, '6·10투쟁 특별위원회'를 만들어 만세 준비에 나섰다. 이어 3·1운동에서처럼 전 민족적 운동으로 발전시키고자 사회주의, 민족주의, 종교계, 청년계, 학생계를 망라한 통일전선 조직을 구상했다. 그 결과 국외에서는 조선공산 당 임시상해부, 대한민국임시정부와 그 외곽 단체인 병인의용대, 국내에서는 조선공 산당·고려공산청년회·천도교·조선노농총동맹 그리고 일본 유학생과 국내 조선학 생과학연구회 등 다양한 주체가 정치적 이념을 초월해 연대를 이루었으며, 지도 기관 인 '대한독립당'도 만들었다. 상하이에 있던 김단야는 민중에게 알리는 「격고문」을 직접 쓰고 5000매를 인쇄해 국내로 들여보냈다.

그런데 만세운동이 일어나기 사흘 전인 6월 7일 「격고문」이 발각되어 권오설이 체포되고 말았다. 이어 이튿날인 6월 8일, 일제는 거의 전 지역에서 철야 경계에 돌 입해, 장례에 참여하고자 서울로 오는 사람들을 미리 막아 만세운동이 지방으로 확 산될 여지를 원천 봉쇄했다. 이로 인해 200여 명이 체포되었고, 6·10만세 추진위원 회가 구상했던 지방으로의 연락 계획은 좌절되고 말았다.

더 이상 만세운동이 일어나기를 기대하기 어려운 상황이었다. 그런데 6월 10일 기습적인 독립만세운동이 일어났다. 장례 행렬이 종로3가 단성사 앞을 지나자, 안동 출신의 중앙고보생 이선호가 길 가운데로 뛰어나오며 만세를 부르기 시작했다. 이것

권오설과 그의 옥사 기사 《조선일보》, 1930년 4월 19일 자.

은 6·10만세운동의 신호탄이 되었다. 중앙고보생들이 이선호의 뒤를 이어 만세를 외치고 태극기와 격문을 뿌렸고, 만세 함성은 거리 곳곳으로 퍼져나갔다. 관수교(觀水橋), 경성사범학교 앞, 훈련원, 동대문, 청량리에 이르는 연도에서도 많은 학생과 민중이 호응했다.

이날의 만세 투쟁은 비록 3·1독립만세운동처럼 크게 확산되지는 못했지만, 3·1운동을 경험했던 일제의 삼엄한 경계 속에 전개되었다는 것 자체로 중요한 의미가 있다. 그 밖에도 독립운동사에서 몇 가지 값진 족적을 남겼다. 첫째, 사회주의운동의 추진 주체들이 민족혁명에 깊은 관심을 보이면서 민족주의자들과 연대를 이루어 민족통일전선에 새로운 장을 열었다는 점, 둘째, 민족통일전선을 이루어 신간회 설립의 밑거름이 되었다는 점, 셋째, 학생운동에 영향을 주어 1929년 광주학생운동을 시작으로 전국적으로 학생운동이 발전해 갈 수 있었다는 점이다.

참고문헌

강윤정. 2002.「1920년대 안동지역의 식민지 상업적 농업의 전개와 농민층 분해」. ≪안동사학≫, 7, 109~136쪽.

김경일. 2008.『노동운동』. 독립기념관 한국독립운동사연구소.

김영범. 2009.『의열투쟁 I』. 독립기념관 한국독립운동사연구소.

김용달. 2009.『농민운동』. 독립기념관 한국독립운동사연구소.

박철하. 2009.『청년운동』. 독립기념관 한국독립운동사연구소.

이준식. 2009.『조선공산당 성립과 활동』. 독립기념관 한국독립운동사연구소.

장규식. 2009.『1920년대 학생운동』. 독립기념관 한국독립운동사연구소.

장석흥. 2009.『6.10만세 운동』. 독립기념관 한국독립운동사연구소.

조동걸. 1979.『일제하 한국농민운동사』. 한길사.

_____. 2010.『식민지 조선의 농민운동』. 역사공간.

한규무. 2009.『광주학생운동』. 독립기념관 한국독립운동사연구소.

한국근현대사학회. 2012.『한국독립운동사 강의(개정판)』. 한울.

8강 1930~1940년대 국내 독립운동과 사회주의운동

김명섭

01 일제의 만주 침략과 혁명적 대중운동의 확산

1929년 10월 24일 뉴욕 주식시장에서 증시가 대폭락하면서 발발한 대공황으로 세계경제는 1933년까지 장기침체 국면에 들어갔다. 대공황이 발생하자 미국과 영국 등 선진 자본주의 국가들은 보호무역주의에 기초한 경제블록을 강화하면서 뉴딜정책 등 국가 주도의 경제부흥 정책을 통해 위기를 돌파해 나가려 했다. 이에 비해 경제 블록이 견고하지 못했던 독일과 일본 등 후진 자본주의 국가들은 더욱 심각한 위기를 겪어야 했다. 따라서 이 국가들은 군수산업에 박차를 가했다.

일본은 경제공황을 타개하고 국민들의 경제난을 바깥으로 돌릴 수 있는 방안으로 중국 대륙 침략을 꾀했다. 1931년 7월 중국 지린성 창춘현향에 위치한 완바오산(萬寶山)에서 중국인 농민과 한인 이주 농민들이 제방과 수로를 내는 과정에서 충돌한 사건이 발생하자(완바오산사건), 일본은 이를 대륙 침략의 기회로 삼으려 했다. 일본 영사관 측은 자국민 보호라는 명분으로 무장경찰을 파견해 공사를 강행시켰고, 결국 상황은 유혈 충돌로 치달았다. 이후 사건이 국내와 일본 언론을 통해 과

완바오산사건의 발단이 된 수로

장·왜곡되어 알려지면서 한국 내에서 중국인 배척운동이 일어나 상점 파괴와 인명 살상의 유혈 사태로 악화되었다. 완바오산사건 직후 1931년 9월 18일 밤 펑톈(현재의 선양) 북동쪽 류탸오후 부근을 지나는 만주철도 선로에서 폭파 사건이 일어났다. 만주 사변의 시작이었다. 일본 관동군이 비밀리에 폭약을 터뜨린 것인데, 일제는 이 사건을 중국군의 소행으로 조작해 인근의 중국군 병영인 북대영(北大營)을 기습 공격했다. 그리고 철도 보호라는 명목 아래 일본 관동군에 출동 명령을 내려 만주철도 연선을 장악하고 만주 전역을 침략했다. 그리하여 일본은 1932년 초까지 만주 전역을 거의 점령하고, 그해 3월에는 괴뢰국가 만주국을 세워 실질적인 지배권을 행사했다.

한편 세계대공황에 이어 일본 농업의 대풍작으로 쌀값이 폭락하면서 한국의 중소 지주와 자작농·소작농층은 급격히 몰락해 갔다. 대지주들은 줄어든 수익을 소작료 인상으로 메우려는 농간을 부려 소작농들의 빈곤은 극으로 치달았다. 그 결과 1930~1932년 사이에 농가의 부채액은 2배로 늘어났고, 전체 소작 농가의 7할이 춘궁기에 먹을 것을 찾아 산야를 헤매야 했다. 이 같은 농가 경제의 파탄과 농촌 사회의 양극화로 인해 민중의 생활이 피폐해지면서 농민과 노동자의 생존권 투쟁이 격렬하게 일어났다. 1926년에 소작쟁의와 노동쟁의는 각각 17건과 85건이었지만, 1930년에는 92건(참가 인원 1만 37명)과 160건(1만 8972명)으로 급격히 증가했다. 이렇듯 노동자·농민들의 생존권 투쟁이 급증하자, 일제는 농민조합과 노동조합에 대한 탄압을 강화했다.

1930년대에 등장한 혁명적 농민조합은 기존의 농민조합을 혁명적으로 개편한 경우와 아직 조직되지 않은 농민 대중을 새로운 조합으로 조직화해 설립하는 경우로 나뉜다. 농민조합은 대략 5명 안팎으로 구성된 마을 단위의 반(班)을 바탕으로 면 단위 지부와 군 단위로 결성하는 방식을 취했다. 전국 220개의 군(郡) 가운데 80여 곳에

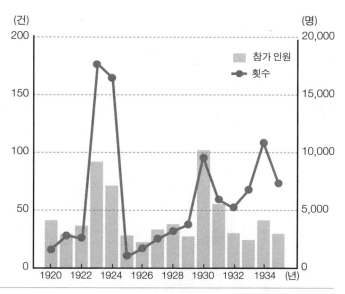

(건)
(명)

1920~1930년대 소작쟁의 건수와 참가 인원 변화

그 조직이 있었던 것으로 확인된다.

혁명적 농민운동은 표면적으로는 소작료 인하와 소작권 보호 등 농민들의 당면 이익을 보호하기 위한 활동을 벌이면서 공과금 납부 거부, 부역 동원 반대 등과 같이 조선총독부의 시책에 맞서는 투쟁으로 연계했다. 그리고 야학, 독서반, 교양 강좌 등을 조직해 "토지는 밭갈이하는 농민에게!", "노동자와 농민이 주인인 세상을 만들자!", "타도 제국주의!" 등의 슬로건을 내걸고 농민을 의식화하는 활동도 펼쳤다. 계급의식을 고취하는 노래의 보급과 연극 공연 또한 중요한 교양 활동 가운데 하나였다.

이 같은 활동을 바탕으로 혁명적 농민조합은 3·1운동 기념일과 세계노동절을 비롯해 8·29국치일 등 각종 기념일에 마을 장터 등에서 항일 유인물을 살포하고, 대중적 시위를 조직해 정치투쟁을 전개했다. 투쟁은 농장사무소 습격, 면사무소와 경찰서 습격 등 격렬한 폭동의 형태로 발전하는 경우도 적지 않았다. 대표적인 사건으로 1930년 7월 함경남도 단천농민조합운동과 정평농민시위, 1931년 8월 함경남도 홍원농민시위, 1932년 3월 경상남도 양산농민조합운동 등을 꼽을 수 있다. 120여 건에

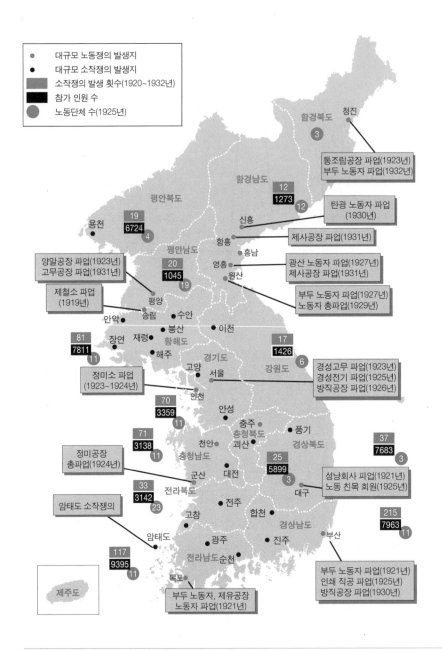

대규모 노동쟁의 발생지
대규모 소작쟁의 발생지
소작쟁의 발생 횟수(1920~1932년)
참가 인원 수
노동단체 수(1925년)

함경북도　청진
③

통조림공장 파업(1923년)
부두 노동자 파업(1932년)

함경남도
12
1273　12

탄광 노동자 파업
(1930년)

평안북도
신흥

19
6724
④

제사공장 파업(1931년)

용천
함흥
흥남

양말공장 파업(1923년)
고무공장 파업(1931년)

평안남도
영흥
원산

광산 노동자 파업(1927년)
제사공장 파업(1931년)

20
1045
⑲

제철소 파업
(1919년)

부두 노동자 파업(1927년)
노동자 총파업(1929년)

평양
안악
송림
수안
봉산
이천

81
7811
⑪

장연　재령
황해도
해주

경기도
강원도

17
1426
⑥

경성고무 파업(1923년)
경성전기 파업(1925년)
방직공장 파업(1926년)

정미소 파업
(1923~1924년)

고양
서울

인천
안성

70
3359
⑪

충주
충청북도
풍기
괴산

25
5899
③

경상북도

37
7683
③

정미공장
총파업(1924년)

71
3138
⑪

천안
충청남도

군산
대전

성냥회사 파업(1921년)
노동 친목 회원(1925년)

암태도 소작쟁의

33
3142
㉓

전라북도
전주
합천

대구

215
7963
⑪

암태도

고창
경상남도

부산

117
9395
⑪

광주　순천
진주

제주도

목포
전라남도

부두 노동자 파업(1921년)
인쇄 직공 파업(1925년)
방직공장 파업(1930년)

부두 노동자, 제유공장
노동자 파업(1921년)

1920~1930년대 노동쟁의와 소작쟁의 현황

자료: 조동걸, 『일제하 한국농민운동사』(한길사, 1978).

이르는 혁명적 농민조합 사건으로 일제 검사국에 송치된 인원이 6250명이었고, 그 가운데 공판에 회부된 인원이 1769명에 이르렀다. 특히 함경북도 명천농민조합은 1934년부터 1937년까지 세 차례에 걸친 일제의 탄압으로 1000여 명이 넘는 농민이 검찰에 송치될 정도였다.

혁명적 노동조합운동은 1930년 9월 노동조합인터내셔널(프로핀테른)에서 「조선의 혁명적 노동조합운동의 임무에 관한 결의」(일명 '9월 테제')를 발표하면서 본격화되었다. 또 1931년 10월 범태평양노동조합 비서부에서 서신(일명 「10월 서신」)을 공개하면서 새로운 방침의 혁명적 노동조합운동이 전개되었다. 혁명적 노동조합의 조직은 대도시의 공장지대나 신흥 공업도시의 공장에서 노동자 3~5명으로 반 또는 공장그룹 등의 세포조직을 만들고, 이를 기초로 공장 분회를 설치한 뒤 이를 지도하는 공장위원회와 지역 단위의 산업별 노동조합을 결성하는 방식으로 진행되었다. 노동조합운동은 일본의 제국주의 병참기지화 정책으로 인해 새롭게 개발되던 함경도의 함흥·흥남 등 공업도시를 중심으로 빠르게 확산되었다.

공산주의자들은 직업 노동 현장에 들어가 노동자들의 세포조직화와 의식화 교육에 힘쓰는 한편, 농촌에 활동가를 파견해 농민조합을 조직함으로써 '노농동맹'을 실현하려 했다. 또한 이들은 학교 내의 비밀 독서회를 기반으로 반제동맹을 결성해 훈련된 학생들을 공장과 농촌에 파견했다. 노동조합원들은 공장 조사와 함께 ≪공장신문≫ 등의 기관지나 선전지를 발행해 노동자들을 의식화하고, 세포조직을 통해 독서회와 토론회를 실시했다. 또한 이들은 임금협상과 파업 투쟁을 통해 조직을 확장해 나가고자 했다. 하지만 일본 경찰은 노동조합 결성을 위한 집회도 일체 금지했고, 노동조합의 활동을 억압하거나 해체를 강요했으며, 파업 주동자나 참가자들을 무조건 검거·투옥했다. 이러한 일제의 탄압 일변도 정책으로 인해 혁명적 노동조합 대부분은 결성 초기 단계에서 일제 경찰에 의해 탄로 나거나 선전 또는 파업 투쟁을 전개하는 단계에서 와해되고 말았다.

일제 당국의 발표만 보더라도 1931년부터 1935년 사이에 혁명적 노동조합운동으로 검거된 사건이 70여 건, 투옥된 인원은 1759명에 달했다. 대표적인 노동조합운동은 함경남도 홍남 일대를 중심으로 1930년 말부터 1935년까지 4차에 걸쳐 전개된 이른바 태평양노동조합운동, 서울을 중심으로 1932년 말부터 1936년 말까지 지속된 이재유그룹의 운동, 원산 지방을 중심으로 1936년부터 1938년 사이에 전개된 혁명적 노동조합운동 등을 꼽을 수 있다.

이처럼 혁명적 농민조합운동과 혁명적 노동조합운동은 농민과 노동자를 단순한 계급운동이 아닌 민족해방운동의 주체로 나서게 하는 데 기여했다. 하지만 혁명적 운동들은 빈농과 공장노동자 위주로 진행되어 자작농이나 중농, 자유노동자 등을 배제해 운동의 폭을 넓히지 못한 한계점을 드러냈다. 또한 기존의 혁명적 조합운동은 합법적 활동을 개량주의라 비판하고 조선공산당의 정치노선과 활동에 종속시키려는 문제점도 나타났다.

02   학생운동과 조선공산당 재건운동, 아나키스트운동

1929년 11월 광주학생운동 이후 1930년대의 학생운동은 일제의 만주 침략으로 조성된 파시즘 체제로 인해 큰 변화를 겪어야 했다. 일제는 조선에 주둔하는 일본군을 3개 사단으로 늘리고, 경찰력도 2만여 명으로 증강했다. 이에 일제 군경은 국내 민족운동 세력 전반에 대해 감시·탄압했을 뿐만 아니라, 학생운동 세력을 와해하는 데도 동원되었다. 그 결과 동맹휴교나 가두시위와 같은 표면적 학생운동은 절반 가까이 줄었고, 민족운동적 성격이 크게 약화되었다. 양적인 면에서 동맹휴학은 1931년에는 102건이었지만 1932년 33건, 1933년 38건, 1934년 39건, 1935년 36건으로 줄어들었다.

동맹휴학의 원인을 살펴보면, 대개 일본인 교사의 민족 차별에 대한 불만이 가장 많았고, 품행 불량 교사에 대한 배척이 그 뒤를 이었다. 이는 식민지 교육의 현실을 그대로 반영한 것이다. 당시 학생들은 "노예교육 철폐", "학우회 자치권 약탈 반대" 등의 구호를 내걸고 동맹휴업에 나섰다.

학생운동에 대한 일제의 감시와 탄압이 강화되자, 학생들은 표면적 활동 대신 문맹 퇴치를 비롯한 농민계몽운동에 관심을 기울였다. 방학 기간을 이용해 학생들은 동아일보사의 브나로드운동이나 조선일보의 문자보급운동, 개신교계의 하기 아동성경학교 등에 동참했다. 또한 학생들은 조선어학회가 일제의 조선 언어·문화

브나로드운동   《동아일보》, 1930년대 초.

말살 정책에 맞서 1933년 새로운 '한글맞춤법통일안'을 제정하자, 각 언론사와 기독교청년회 등이 주도한 한글 강습에도 적극 동참했다. 농민계몽운동은 한글과 산수를 배우는 것에 그치지 않고, 민족의식 계발과 민족운동으로 확대되었다.

일제는 학생 주도의 농민계몽운동이 민족적 학생운동으로 변화되어 가자 '근로의식의 고취', '멸사봉공의 정신 함양'이라는 명분으로 농촌계몽운동과 문자보급운동을 당국의 허가를 받아 시행하라는 지침을 내렸다. 나아가 일제는 1935년 전국의 모든 학교와 경찰서에 공문을 보내 비합법적 문맹퇴치운동과 강습회 등을 중단하도록 지시했다. 이로써 학생운동은 점차 비밀결사를 통한 지하운동으로 전환해 갔다.

1930년대 학생들의 비밀결사운동은 민족교육과 사회주의이론을 학습하는 독서회 활동과 일제의 침략 정책에 대해 반전운동을 펼치는 반제동맹 활동으로 양분되었다. 교양과 독립운동을 지향한 민족주의 계열의 독서회도 있었지만, 대부분의 비밀결사는 사회주의 계열의 반제동맹이 다수를 차지했다. 대표적인 예로는 대구고보의 백망회(白望會)와 고창고보의 S당, 함흥고보의 독서회와 쟁의단, 동래고보의 적기회(赤旗會)와 반제전위동맹, 공주고보의 반전비밀결사, 대구농업학교의 적색돌격대, 중앙고보의 반제동맹 등을 들 수 있다.

여러 학교 학생들이 연합한 비밀결사도 조직되었다. 예를 들어 1931년 6월 서울

의 이화여고보와 고학당 학생들은 '서울공산당재건설계획'이라는 결사를 조직하다가 적발되었고, 경성제대·경성치과의전·제2고보·경신학교·법학전문학교·중앙기독교청년회학관 학생들은 그해 9월 '성대반제부'와 '적우회'를 조직했다. 또 경성제대·제1고보·제2고보·보성고보·송도고보·개성공립상업학교 학생들은 중국공산당 조선국내공작위원회 후계 조직을 결성하다가 탄로 났다. 함흥에서는 함흥고보 학생들과 농업학교·상업학교·영생고보·영생여고보 학생들이 학생공동위원회를 조직했고, 평양에서는 평양신학교와 숭실전문학교 학생들이 농촌연구회를 조직해 운영하다 1938년 6월 발각되었다.

학생들의 반제동맹은 조선공산당 재건운동과 밀접한 관련을 맺으며 결성되었는데, 각 학교 비밀결사에 반제부가 설치되고, 독서회가 반제동맹으로 발전하기도 했다. 대표적인 학생 반제동맹으로는 경성제대와 동래고보·중앙고보·해주고보의 반제동맹을 들 수 있다. 이들은 의식이 투철한 학생들을 중심으로 교내에서 비밀 독서회를 만들어 반전 격문이나 소식지를 만들어 배포했다. 그리고 학교 단위 반제동맹을 기초로 지역 단위 반제동맹을 만들고, 이로써 '반제동맹 조선 지부 학생부'를 완성하려 했다.

반제동맹은 학교 내에서 반제국주의 대중투쟁을 전개해 당시 성행한 혁명적 농민조합과 노동조합에 종사할 예비 활동가를 양성하는 한편, 궁극적으로 향후 재건될 조선공산당의 예비 요원을 확보하려는 복합적인 목적에 따라 만들어졌다. 하지만 학생 반제동맹은 소수 정예의 비밀결사라는 한계 때문에 장기적인 대중적 차원의 실천운동으로 발전하지는 못했다. 또 독서회를 비롯한 학생단체와 각종 사상단체·청년단체들에 대한 일제의 감시와 탄압이 강화되면서 주목할 만한 성과를 내지는 못했다. 이어 1935년 7월에 열린 코민테른 7차 대회에서 인민전선전술이 채택된 이후 학생운동은 점차 자취를 감추었다.

일제의 탄압에 의해 사실상 해체된 조선공산당은 1928년 코민테른에서 제시한 '12월 테제' 지침에 따라 당을 재건해야만 했다. '12월 테제'는 종래 공산당이 부르주아 및 지식계급을 중심으로 삼았기 때문에 심각한 파벌 투쟁과 연속적인 대량 검거를 초래했다고 비판하면서 종래의 분파 투쟁을 근절하고 노동자·농민을 기초로 당을 재조직하라는 코민테른의 지령이었다. 이러한 당 재건 방침에 따라 서울-상하이 합동파, ML파, 화요파는 각각 자파 세력을 기반으로 파벌 해소와 노농 대중적 기초의 확대·강화를 토대로 당과 공산청년회의 재건을 추진했다. 즉 혁명적 농민조합과 노동조합을 확대해 노농 대중적 기초를 강화하는 동시에 전국 차원의 당 조직을 결성해 각 지역 기관을 통해 열성자대회를 열어 당을 결성한다는 계획이었다.

조선공산당 재건운동은 초기운동 (1929~1932년)에 이어 '이재유그룹'(1933~ 1936년), '원산그룹'(1936~1938년), '경성콤 그룹'(1939~1941년) 등의 재건운동이 꾸준히 전개되었다. 먼저 서울·상해파는 1929년 3월 당 재건 방침을 협의한 후 '조선공산당 재건설준비위원회'를 열어 노동운동과 연결하려 했다. 하지만

이재유

1930년 6월 코민테른 동양부의 지시에 따라 이를 해체하고 '좌익노동조합전국평의회'를 새롭게 조직했다. 한편 ML파는 활동가들의 연락 기관이 필요하다는 인식 아래 1931년 4월 '공산주의자협의회'를 결성해 전국의 운동단체를 모으려 했다.

안광천이 이끄는 '레닌주의그룹'은 중국 베이징에서 의열단의 단장 김원봉과 협의해 '레닌주의정치학교'를 설립했다. 정치학교는 1930년 9월부터 6개월 과정 동안 공산주의 이론과 조직 및 투쟁 전술, 조선혁명사 등을 가르쳐 세 차례에 걸쳐 졸업생을 배출했다. 이 졸업생들 중 일부는 조선 국내로 파견되어 강원도 강릉과 평양·서울 등지에서 농민조합과 노동조합을 조직하려다가 체포되었다.

한편, 코민테른 조선위원회는 조선공산당 재건을 직접 지휘하기 위해 국제레닌대학이나 모스크바 동방노력자공산대학을 졸업한 조선인들을 활용하고자 했다. 먼저 1930년 9월 김단야와 박헌영을 통해 잡지 ≪코뮤니스트≫를 발간했다. ≪코뮤니스트≫는 "볼셰비키 이론과 전술로 공산주의자를 돕는 조선 공산주의운동의 '특수작업

대'"의 역할을 목적으로 발간되었고, 김단야·박헌영 등은 이를 통해 비밀 독서반과 국내의 배포망을 건설하는가 하면, 혁명적 노동조합과 지역 단위의 현장 파업을 지도하려 했다. 하지만 일제에 의해 1933년 7월 상하이에서 활동하던 박헌영이 체포되고 국내 연락 책임자들도 검거되면서 당 재건도 수포로 돌아가고 말았다.

이어 1932년 12월 '4차 조선공산당'에 연루되어 투옥된 이재유는 출옥 후 지난날의 조선공산당과 다른 새로운 당 건설을 계획했다. 그는 지난날의 당 재건운동이 "분열과 대립을 일삼아 프롤레타리아의 전투력을 갉아먹었다"라고 비판한 후, "내부의 통일, 또는 지방적 통일로부터 높은 단계의 통일과 전국적 통일로 나아가야 한다"라고 판단했다. 그는 유력한 성원이 당을 조직하는 것이 아니라 협의회식으로 회원 모두가 자유롭게 선전·투쟁하며 당을 만들어가야 한다고 보았다. 그는 마치 세 마리 말이 자유롭게 마차를 끄는 것처럼 해야 하며, 이런 운동 방침을 '트로이카식'이라고 이름 붙였다.

이재유는 서울 영등포에서 노동운동을 지도하던 안병춘을 비롯해 이현상과 이순금, 그리고 일본 경찰에 의해 '매우 전투적인 좌익 교수'로 평가받은 경성제국대학 법문학부의 미야케 시카노스케(三宅鹿之助) 교수 등을 만나 자신의 의견을 말하고 동지로 만들었다. 그는 서울을 중심으로 '트로이카운동'을 전개하기로 했는데, 이는 "종래와 같이 사람을 지도한다거나 받는 것이 아니라, 지도함과 동시에 자신도 지도되는 것에서 공산주의자로서 첫발을 내딛어 스스로 최하층의 노동자들과 교유하면서 대중층에서 동지를 획득해 서서히 상부 조직으로 전개하려 한 것"이다.

이런 가운데 이재유는 1934년 1월 일제 경찰에 의해 체포되어 혹독한 고문을 받던 도중, 두 차례의 시도 끝에 극적으로 탈출했다. 그는 시카노스케 교수의 집에 몰래 숨어 살면서 다시 '경성재건그룹'을 만들어 운동을 재개했다. 재건그룹은 학생단체를 통한 제국주의 반대투쟁과 노동자 파업 및 태업 데모를 지원했고, 독서회와 조사 활동을 지도했다. 이재유는 활동가들이 대거 검거되는 와중에서도, 이관술 등과 함께 1936년 10월 '조선공산당재건 경성준비그룹'을 조직하고 기관지 ≪적기≫를 발간했다. 이들은 기관지 발간과 배포망을 통해 동지 획득에 나서고 학생부를 통해 서

울의 많은 고등보통학교 안에 오르그(조직)를 조직해 제국주의 교육 반대투쟁을 전
개하고자 했다.

하지만 ≪적기≫ 3호 등사를 끝낸 다음 날인 1936년 12월 25일 이재유가 일제 경
찰에게 체포되고 말았다. 징역 6년을 선고받은 이재유는 고문 후유증에 시달리다가
1944년 10월 40살의 나이로 사망했다. 가까스로 검거망을 피한 이관술은 김삼룡·이
현상 등 활동가들과 함께 '경성콤그룹'을 결성해 지하활동을 이어갔다.

이후 조선공산당 재건운동은 이주하와 이강국·최용달 등 혁명적 노동조합운동을
전개한 '원산그룹'과 박헌영·이관술·이현상 등이 주도한 '경성콤그룹'에 의해 이어졌
다. 원산그룹은 전국의 혁명적 노동조합과 농민조합 운동단체들을 연결해 '노동자 전
위지도단'을 만들고 ≪노동자신문≫을 발간했다. 이 신문은 1936년 11월부터 1938년
10월까지 36호를 발행해 대중 단체 지도자들에게 선전되었다.

'원산그룹'은 노동자뿐만 아니라 농민들에게도 이익을 주기 위해 소비조합을 만
들어 각 산업별·지역별로 확산하려 했고, 파업 투쟁을 지원하는 한편, 이를 반제국주
의 침략운동으로 확대하려 했다. 그러나 일본 경찰들이 1938년 10월부터 1939년 7월
말까지 375명의 활동가를 체포·구속하면서 계획도 무산되고 말았다.

이후 경성콤그룹은 1938년 12월 말부터 1941년까지 당 재건운동에 앞장섰다. 경
성콤그룹은 박헌영을 지도자로 삼아 서울을 중심으로 함경도와 경상남도 지역에 기
반을 둔 '국내 최후의 집결체'였다. 1939년 9월 가석방된 박헌영은 이관술과 김삼룡
등 이전 서울의 '이재유그룹'과 결합한 후, 그들의 지도자가 되었다. 경성콤그룹은
1939년 9월부터 공산주의자 기관지를 발행했는데, 이듬해 1940년 5월부터 박헌영이
'콤뮤니스트'로 제목을 바꿔 인쇄했다.

경성콤그룹은 생산 현장에서 당 재건의 기초를 만들고자 공장과 농촌에서 혁명
적 노동조합과 농민조합을 만들고자 했다. 이들은 함경북도에 위치한 군수사업공
단을 중심으로 비합법 노동조합을 만들고 이를 도 단위의 노농 조직과 연결하기 위
해 지역 운동자들과의 연계를 꾀했다. 또 경성콤그룹은 지주와 고리대금업자, 반동
지주를 비롯한 지주·소작농 등에 관한 상세 조사를 통해 혁명적 농민조합을 조직하

고자 했다. 나아가 이들은 학생 조직과 청년단체를 조직하기 위해 기관지를 배포하기도 했다.

하지만 경성콤그룹의 실체를 파악한 일제 경찰은 1940년 12월부터 검거에 나서 이현상과 김삼룡을 체포했고, 이어 1941년 1월 7일 이관술을 서울에서 붙잡았다. 이후 일제 경찰은 1941년 가을과 1942년 12월에도 경성콤그룹 검거에 나섰지만, 박헌영은 체포하지 못했다.

조선공산당 재건그룹들은 코민테른의 '12월 테제'를 충실히 이행하고자 하면서도 반일적인 부르주아 민족주의 세력이나 민족주의 좌파 세력과 연대하지 못했다. 즉 재건그룹들은 계급 대 계급 전술의 틀에서 벗어나지 못한 채, 민족개량주의와 민족주의, 친일 요소와 반일 요소의 옥석을 가리지 않고 '비혁명적'이라 판단되는 세력은 모두 민족개량주의로 매도하고 '적'으로 선포했다. 박헌영이나 이재유그룹 역시 난징의 조선민족혁명당에 대해 노동 대중에 기초를 두지 않았다는 이유로 비난하는 배타적인 경향을 드러냈다.

1930년대 전반기 공산주의자들의 당 재건운동과 더불어 국내 아나키스트들의 농민·노동자 대중운동도 주목할 만하다. 이미 국내에 조직된 아나키즘 성향의 대중 단체로는 원산의 본능아연맹(1926년), 함흥의 정진청년회(1927년), 평양의 관서흑우회와 흑전사(1927년), 창원의 흑우연맹(1928년), 충주의 문예운동사(1929년), 단천의 흑우회(1929년), 제주도의 우리계(1929년) 등이 대표적이다.

서울을 비롯한 중부권과 충주·대구 등 남부지방, 그리고 원산·함흥·평양과 관서지방 등 전국적으로 망라된 아나키스트 조직은 주로 일본에서 이론과 노동운동을 경험했던 젊은 활동가들과 국내와의 연계 속에서 주도되었다. 국내 아나키스트들은 주로 농촌 야학과 노동단체의 조직, 청년회의 독서 토론 지도, 출판사 운영 등에 주력했다. 대규모 공장이나 지역 노동조합 활동에서 공산주의 세력에 비해 상대적으로 영향력이 미약했던 아나키스트들이 일부 지식인과 노동단체, 소작농 등을 중심으로 항일 사상 활동을 펼치려 했음을 알 수 있다.

특히 평양의 관서흑우회는 국내 아나키스트들의 전국적인 단일 조직이 필요하다고 보고 1929년 11월 전조선흑색사회운동자대회를 개최하기로 했다. 하지만 일본 경찰에 의해 제지당하자, 이들은 비밀리에 조선공산무정부주의자연맹을 결성했다. 결의문에서 아나키스트들은 "현재의 국가제도를 폐지하고 코뮌을 기초로 한 자유연합적 사회제도를 건설할 것, 현재의 사유재산제도를 폐지하고 지방분산적 산업 조직으로 개혁할 것, 현재의 계급적·민족적 차별을 철폐하고 인류의 자유·평등·우애의 사회를 건설할 것" 등을 결의했다. 관서흑우회 중심의 아나키스트들이 단천·원산·함흥 등 함경도 지방에서 대중조직을 만들며 세력을 확장해 나가자, 1930년 6월 평안 안주에서 결성된 안주흑우회가 순정 아나키즘 입장에서 이를 비판했다. 그러던 중, 1931년 4월 일본 경찰에 의해 최갑룡·유림 등 다수 활동가가 체포되면서 관서흑우회 활동은 위축되고 말았다.

일제는 국내 아나키스트 세력을 뿌리째 뽑기 위해 1934년 10월 '제일루(第一鏤)사건'을 기획했다. 즉 만주와 일본·국내 등지에서 활동하다 옥고를 치르고 석방된 이을규·이정규 형제와 채은국 등이 제일루라는 서울 종로의 중국 음식점에서 회합하려 하자, 종로경찰서는 이들이 비밀결사를 결성해 사상 선전을 위한 출판물을 간행하려 했다며 검거에 나선 것이다. 이 사건으로 인해 관련자 대부분 '치안유지법' 위반 혐의로 3년 형을 선고받았다. 이후 국내 아나키스트들은 회합조차 가질 수 없는 실정에 이르고 말았다.

03 중일전쟁기 일제의 파시즘 체제 확립과 강제 연행

1937년 7월 7일 중일전쟁이 발발하자, 조선총독부는 경찰력을 더욱 강화했다. 우선 경기도와 함경북도에 외사경찰과를 신설해 중국에서 활동 중인 독립운동가들의 국내 잠입을 경계하고 금의 밀수출을 단속했다. 또 총력전 체제 강화를 위해 통제경제 위반 사항을 단속하고자 1938년 11월 조선총독부의 경무국 경무과와 각 도 보안과에 경제경찰계를 설치하고, 1940년에는 이를 경제경찰과로 승격시켰다. 경찰 숫자도 점차 늘려 1935년에 1만 9400여 명이었지만, 1943년에는 2만 2700여 명으로 늘어났다.

1935년 11월에는 '방공법'을 시행하고, 1939년에는 조선총독부 경무국에 방호과를, 각 도 경찰부 경찰계에 방공과를 두었다. 1939년 10월에는 종래의 방호단·소방조·수방단 등을 통합해 '경방단'을 조직했다. 그 결과 경방단의 수는 2427개, 경방단원은 18만 1221명에 달했다. 또 조선총독부는 1936년 12월 '치안유지법' 위반 관련 기소유예·집행유예·가출옥·만기출옥자 등의 사상 활동을 감시하기 위해 '조선사상범보호관찰령'을 제정·시행했다.

그리고 경성·함흥·청진·평양·신의주·대구·광주에 보호관찰소를 설치해 독립운동가와 공산주의자, 아나키스트 중 전향하지 않은 이들을 '사상범'이라는 명분으로 보호관찰 한다며 사실상 구금했다. 1937년 2월부터는 사상범 보호단체로 '대화숙(大和塾)'을 설치해 '사상범'을 집단 수용한 후 황민화 교육을 시키며 감시했는데, 그 대상자는 1941년 9825명에 달했다. 대화숙에서는 친일 인사까지 포섭해 사상보국운동을 펼친 결과 1943년 91개 지부에 5400여 명의 회원을 보유했다. 1938년 7월에는 보호관찰소를 중심으로 사상 전향자를 모아 '시국대응전선 사상보국연맹'이라는 단체를 만들어 3300여 명을 가입시켰다. 또한 총독부 경무국은 1938년 8월 공산주의 사상 및 운동의 박멸, 일본 정신의 고양을 목적으로 한 '조선방공협회(朝鮮防共協會)'를 만들었다.

「황국신민서사」를 암송하는 학생들

일제는 중일전쟁으로 전력이 부족해지자, 전시 통제경제 체제를 구축해 자원 수탈을 일삼았다. 더욱이 일제는 1939년 대흉작으로 식량 사정이 악화되자 강제 공출·배급제를 실시하는가 하면 1943년 10월에는 식량을 배급·저장하는 조선식량관리영단을 설립했다. 민족 말살

을 위한 정책도 추진되어 1937년 10월 황국신민화와 내선일체를 내세우는 「황국신
민의 서사」를 제정·낭독케 했고, 매일 천황궁을 향해 동방요배 하는 행위를 강요
했다. 나아가 1939년 11월 '조선민사령(朝鮮民事令)'을 개정해 이듬해 1940년 2월부터
조선 '성' 대신 일본 '씨'를 쓰게 하는 창씨개명을 강요했으며, 1942년 10월 한글을
연구하는 학자들 모임인 조선어학회 회원 33명을 내란죄로 몰아 기소하는 등 탄압
을 자행했다.

　조선인을 전쟁의 총알받이와 짐꾼으로 쓰기 위한 강제동원정책도 추진되었다.
1938년 2월 일본 내각은 '조선육군특별지원병령'을 공포한 후 군대식 훈련을 실시하
기 위해 나남·함흥·평양·대구 등지에 훈련소를 설치했다. 1943년 7월 '해군특별지원
병령'을 공포하고, 같은 해 10월에는 전문학교생과 대학생을 대상으로 학병제를 실시
하기로 했다. 이에 따라 2만 3000여 명이 '학도지원병' 명목으로 전쟁터에 끌려갔다.
전문학교와 고등학교 한인 재학생으로 학병에 지원하지 않은 적령자나 졸업생에게
는 징용 영장을 발급했다.

　또한 일제는 1942년 5월 조선에서도 징병제를 실시하기로 결정해 1944년부터 시
행했다. 중등학교 이상 학교에는 현역 장교를 배속해 학생들에게 군사훈련을 시켰
고, 국민학교 졸업생은 청년훈련소에, 이를 수료하지 못한 자는 청년특별훈련소에 수
용했다. 같은 해 10월에는 일제히 징병 적령 신고를 하도록 했는데, 적령자의 96%인

약 25만 8000여 명이 신고했다. 이어 1944년 4월 징병제가 본격 실시되면서 해방 직전까지 약 20여만 명의 조선인 청년들이 전선에 동원되었다. 이 밖에도 군속이나 군무원으로 동원되어 군사시설 공사나 포로 감시원, 운수나 경리 등으로 일한 조선인도 약 15만 명에 이르렀다.

전쟁터로의 동원뿐만 아니라 후방으로의 노동력 동원도 실시되었다. 1938년 4월 일본 본토에서 '국가총동원법'이 공포된 이후 '국민직업능력신고령' 등 각종 노동관계 법령이 제정되었고, 동시에 조선에도 적용되었다. 1939년 7월 일본에 '국민징용령'이 반포되어 모집의 형식으로 노무 동원이 실시되었는데, 이듬해 1940년 1월 '조선직업소개소령'이 공포되어 관에 의한 노동력 동원이 시작되었다. 모집된 노동자는 주로 일본 각지의 석탄광산·금속광산·공장 등지로 보내졌는데, 1941년부터는 홋카이도와 사할린, 남양군도 등에 보내져 힘겨운 광산과 토목 공사, 댐 건설 등에 동원되었다.

태평양전쟁이 발발한 이후 조선총독부는 1941년 10월 '국민근로보국협력령'을 공포해 노동력 동원을 본격화했다. 1942년 3월에는 대규모 '국민동원계획'을 수립하고, 더욱 강화된 관 알선 방식으로 '근로보국대'라는 명목하에 노동력을 동원했다. 근로보국대는 계층별로 다양한 조직을 두었는데, 직장보국대·학도보국대·농민보국대를 비롯해 형무소 재소자들로 구성된 남방파견보국대 등도 있었다. 이들은 주로 도로와 철도·비행장·신사 등을 건설하는 데 동원되었으며, 일부는 일제 군사시설에 파견되었다.

1944년 4월에는 '긴급학도근로동원방책요강'·'학도동원비상조치요강' 등 각료회의 결정에 기초한 학생동원계획이 수립되어 모든 학생이 군수물자나 식량 증산, 국방시설 건설 등에 동원되었다. 1944년 2월 조선총독부는 공장이나 광산에서 일하는 노동자들을 직장에서 이동하지 못하게 하는 '현원징용(現員徵用)'을 발표한 데 이어, 그해 8월부터는 일정한 연령대의 남성에게 영장을 발부해 전선으로 보내는 '일반징용'을 실시했다. 이처럼 '모집'과 '관 알선', '징용'에 의해 일본으로 강제 연행된 조선인은 대개 112만여 명에 달하는 것으로 알려져 있다.

이 밖에도 조선총독부는 1938년부터 부족한 노동력을 확충하기 위해 관제 근로보국운동을 벌여나갔다. 학생들은 학교 단위로 '학도근로보국대'를, 일반인은 마을 단위로 '일반근로보국대'를 조직했다. 여성들은 1944년 8월부터 '여자근로정신대'라는 이름으로 동원해 일본의 공장에서 노동을 시켰다. 특히 일본 군부는 중국 대륙과 동남아시아·태평양 일대로 확산된 전선에 투입된 일본군들의 정신적 위안을 도모한다는 구실로 군 위안소를 운영했다. 위안소 설치와 운영은 표면적으로는 민간인 업자에게 위임한 것처럼 보이지만, 실제 군의 조직적인 계획 아래 감독·운영되었다. 조선인 소녀들은 군부와 관청의 관리하에 취업을 명분으로 사기를 당하거나 납치와 인신매매, 협박과 폭력의 방식으로 끌려가 군위안부로 참혹한 생활을 해야 했다.

04 반파쇼 저항운동과 조선건국동맹의 활동

일제 말기 파쇼적 총동원체제가 조선인 전체에 대한 인적·물적 수탈 강화로 치닫자, 반파쇼 저항운동이 소극적 거부에서 적극적 반대 투쟁까지 다양하게 전개되었다. 학생이나 사회주의 세력을 중심으로 한 비밀결사 조직이 가장 큰 탄압을 받았지만, 학병이나 징병·징용 등 강제 동원에 대항하는 새로운 비밀결사들이 계속 생겨났다. 저항운동의 주체나 형태도 다양해져 노동자·농민의 '국민징용령' 반대와 농민동맹운동, 신사참배 거부와 조선어학회사건 등 종교·문화 운동을 비롯해 여러 가지 방식으로 전개되었다.

먼저 국내 학병이나 징병에 동원됐던 젊은이들이 집단적 또는 개인적인 반일운동과 탈출 사건을 벌였다. 학병·징병 거부자들은 '결정적 시기의 무장봉기'라는 정세관과 운동 방침을 갖고 있었다. 일제 패망이 목전에 달해 독립의 결정적 시기가 오면 국내 동지들을 규합해 무장 조직을 편성하는 한편, 국외의 독립운동 세력과 무장 조직이 국내 진공에 맞춰 중요 시설 파괴와 봉기를 일으킨다는 방침이었다. 대표적인 사례로는 1945년 3월 경상남도 산청군에 조직된 보광당(普光黨)이나 1943년 여름 일본에서 유학생들에 의해 조직되어 이듬해 경기도 포천 일대에서 군사훈련을 실시한 조선민족해방협동당, 1944년 평양 일대의 징병·징용 거부자 모임인 조국해방단 등을 들 수 있다.

다음으로 일본군에 입영했다가 탈출한 학병들의 반일운동이다. 탈출 학병들은 일본군 내부를 동요·약화시켰을 뿐만 아니라 항일 독립군에 합류해 군사력을 강화하는 데 힘을 보탰다. 일본군 내의 억압과 민족 차별로 많은 조선인 학병들이 탈영·탈출했는데, 1944년 6월 함흥43부대의 학병 탈출 사건, 1944년 7월의 평양사단 학병 탈출 시도 사건, 1944년 6월의 대구24부대 학병들의 집단 탈출 사건, 용산·나남에서의 반란 사건 등이 그것이다. 탈출하려다 체포된 학병들은 '치안유지법' 제3조 '국제 변경을 목적으로 한 국가반란죄' 등으로 기소되어 가혹한 고문에 시달리다가 처형되거나 옥중에서 해방을 맞았다. 중국 전선에서는 400명 이상이 일본 군영을 탈출하려 했으며, 이 중 200명 이상이 성공했다.

중일전쟁으로 가중된 일제의 강제징용과 징병, 강제징발과 공출 조치에 대한 청년·노동자·농민들의 저항도 점차 격화되었다. 저항은 중국이나 만주 또는 야산으로의 도피, 위장취업, 자해·입원 등 소극적인 방법부터 경찰관 살해, 무장 저항 등 적극적인 방법으로 다양하게 전개되었다. 조직적인 사례로는 1944년 경상북도 경산에서 청장년 27명이 결심대를 조직해 무장을 한 채 입산한 경우와 지리산·덕유산·백운산 등지의 징병 기피 단체활동을 들 수 있다.

전시 통제 체제에 대한 노동자들의 저항도 거세졌다. 조선총독부 경무국 통계에 따르면, 1937년부터 1940년까지 430건의 노동쟁의가 발생했다. 참가 노동자 수는 6267명인데, 대부분 임금인상이나 노동시간 단축, 열악한 처우에 대한 개선 요구 등이었다. 1943년 나진 부두노동자 파업이나 성진 고주파공장 운반 노동자 파업은 민족적 탄압과 차별 대우에 대한 반대투쟁과 임금인상 파업으로 조사되었다.

노동자들의 파업은 일제 경찰에 의해 즉시 검거·진압되었기에 태업 방식을 이용하는 경우가 많았다. 잦은 태업은 일제 군수물품 생산량을 저하시켜, 결과적으로 일제를 패전에 이르게 한 독립운동의 일환이기도 했다. 나아가 일제의 강제노동에 대해 한인 노동자들은 집단 도주로 맞서거나 각종 군사정보를 연합군에 제공하는 첩보 활동으로 저항했다. 1937~1944년간 첩보 사건으로 검거된 인원은 139건, 301명에 달했다. 또한 이들은 비행장·철도·항만 등 주요 군사시설이나 교통시설을 파괴하는 일도 전개했다.

전시총동원체제 아래 각종 수탈로 파산 지경에 이른 농민들의 저항도 다양해졌다. 농민들은 단체활동이 불가능해지자, 공출에 저항하기 위해 곡물을 은닉하거나 농경을 포기하는 한편, 집하물을 방화하거나 공출 독려원을 구타하기도 했다. 조직적인 형태로는 1936년부터 경기도 양주군 봉안에서 일어난 이상촌운동과 1944년 10월 경기도 양평 용문산에서 조직된 농민동맹을 들 수 있다.

농민동맹은 여운형 등이 지역 농민 12명을 규합해 만들었다. 농민동맹은 학병이나 징용·징병을 가지 않으려는 청년 수십 명을 용문산 일대로 피신시킨 뒤 의사를 통해 부정 진단을 하여 징용·징병을 면제시켜 주었다. 이들은 소학교 직원과 학생들을 규합해 각처에 침투하여 민족의식 고취와 배일사상 고양에도 주력했다. 그들의 활동 범위는 여주·광주 등 경기도와 강원도, 서울 등지로 확대되었다. 농민동맹 활동은 단순한 농민 조직이기보다는 건국동맹의 조직·선전·군사 활동의 근거지 역할을 하기 위한 것이라 할 수 있다.

일제의 대대적인 민족말살정책과 종교 탄압에 대해 종교인들의 저항운동이 전개되었다. 개신교계의 장로교가 1938년 9월 총회에서 신사참배를 가결하고 이에 동참했지만, 이를 거부하는 운동이 평양과 신의주·경상남도에 이어 만주 등지로 확산되었다. 이들은 신사참배를 긍정하는 노회를 파괴하고 불참배운동을 벌이다가 불경죄, '치안유지법'·'보안법' 위반 등으로 체포되는 한편, 평양신학교 등은 폐교되었고 200여 교회가 문을 닫았다. 투옥된 사람은 2000명이 넘었고, 주기철 목사 등 50여 명은 옥중에서 순교했다. 함석헌 등은 민족주의를 강조한 ≪성서조선≫을 발간해 강연회를 열다

≪성서조선≫

가 검거되기도 했다.

민족종교인 대종교는 1942년 11월 한글학자 이극로가 윤세복에게 쓴 편지가 빌미가 되어 간부진 전원이 검거되었다. 일제는 대종교를 국체 변혁을 목적으로 한 반국가단체로 규정해 만주의 대종교 교주 윤세복을 비롯해 국내의 지도자들을 검거한 것이다. 이는 조선어학회사건과 거의 동시에 진행되었는데, 체포된 이들은 잔혹한 고문과 악형으로 다수가 옥사하거나 해방 직전까지 옥고를 치러야 했다.

이극로

일제 말기 가혹한 탄압에 맞서 1945년 7월 24일 일어난 부민관 폭파사건은 국내에서 발생한 반일운동 중 가장 큰 반향을 일으켰다. 사건의 주모자인 조문기는 일본에서 노동자로 일하던 중 친일파 처단을 결심하고 동지 5명을 규합해 1945년 5월 대한애국청년당을 결성했다. 이들은 악질 친일파 박춘금이 서울 부민관에서 '아시아민족분격대회'를 연다는 광고를 보고 대회장 폭파를 계획했다. 당일 무대 밑에 설치한 폭탄이 터져 대회는 무산되었지만 용의자는 끝내 잡지 못했다. 이는 일제 말기 탄압에 대한 한국인의 항일투쟁 의지가 최고조에 달했음을 보여주는 상징적인 사건이었다.

1944년 8월 여운형에 의해 조직된 조선건국동맹은 일제 말기 국내에서 조직된 전국적 규모의 최대 항일 단체였다. 일본에서 미군기의 도쿄 공습을 목격한 여운형은 미국·영국의 전쟁 준비로 일제가 급격히 패전할 것이라는 확신을 갖고 1년간 조선민족해방연맹을 통한 준비 작업 끝에 조선건국동맹을 조직했다. 동맹은 민족주의자부터 공산주의자에 이르는 다양한 구성원을 규합해 중앙조직을 구성하고, 각 도별 지방조직을 꾸려나갔다. 나아가 예하에 다양한 계급별·계층별 조직을 두었는데, 경기도 용문산에서 조직된 농민동맹과 학병·징병·징용 거부자 조직, 청년학생그룹 등이 대표적이다. 또한 조선건국동맹은 산하에 군사조직을 만들어 군사위원회를 두었고, 노동자와 부녀자, 학교 교원 등의 조직을 시도했다. 조직원 수는 1만 명에서 7만여 명이라는 다양한 주장이 있다.

조선건국동맹은 충칭(重慶)의 대한민국임시정부와도 접촉을 꾀했다. 1944년 10월

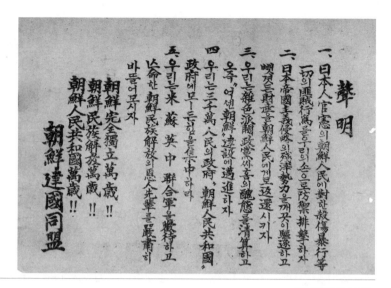

一 日本人官憲의 朝鮮人民에 對한 殺傷暴行等

一切의 暴威行爲를 우리의 손으로 防禦排擊하자

二 日本帝國主義侵略의 殘餘勢力을 깨끗이 驅逐하고

빼앗긴 財産을 朝鮮人民에게로 返還시키자

三 우리는 雜色派閥政黨써 흐리의 醜態를 清算하고

오즉 "여센 朝鮮" 建設에 邁進하자

四 우리는 三千萬 人民의 政府, 朝鮮人民共和國,

政府에 모一드라고를 忠中하라

五 우리는 來 蘇 英 中 聯合軍을 擊行하고

命한 朝鮮民族解放의 國人先輩들를 嚴肅히

바들어 무시자

朝鮮完全獨立萬歲 !!

朝鮮民族解放萬歲 !!

朝鮮人民共和國萬歲 !!

朝鮮建國同盟

조선건국동맹 「성명」

3일 임시정부 국무위원회는 국내와 연계해 비밀공작을 추진하기로 결의하고, 국내 공작위원회를 설치해 군무부장인 김원봉과 김성숙 등 5인을 위촉했다. 이에 따라 일부 비밀공작원이 국내 공작원으로 파견되었으나 일제에 의해 체포되고 말았다. 건국동맹도 1945년 5월 임정 요인에게 국내 사정을 전달하고 협동전선을 상의하기 위해 중국 베이징으로 공작원을 파견하기도 했다.

하지만 충칭의 임시정부와 국내의 건국동맹 간의 연계는 거리나 방법상으로 너무 어려운 문제였으므로, 직접적인 접촉은 이루어지지 못했다. 다만 건국동맹의 일부 특파원은 중국 옌안(延安)에서 활동 중인 독립동맹의 베이징 연락원과 연계를 맺었다. 비록 임시정부가 옌안의 독립동맹과 러시아 연해주의 한인 부대, 국내의 건국동맹 등과 연계를 추진해 구체적인 성과를 내지는 못했으나, 일제의 패망 직전까지 국내외 독립운동 세력들이 상호 연계를 꾀하고 통일전선을 추진한 점은 매우 중요한 역사적 경험이라 할 수 있겠다.

김경일. 2009. 『노동운동』. 독립기념관 한국독립운동사연구소.

김명섭. 2008. 『한국아나키스트들의 독립운동: 일본에서의 투쟁』. 이학사.

김승태. 2009. 『중일전쟁 이후 전시체제와 수탈』. 독립기념관 한국독립운동사연구소.

김영희. 2009. 『1930년대 일제의 민족분열통치 강화』. 독립기념관 한국독립운동사연구소.

김용달. 2009. 『농민운동』. 독립기념관 한국독립운동사연구소.

박찬승. 2014. 『한국독립운동사: 해방과 건국을 향한 투쟁』. 역사비평사.

정병준. 2009. 『광복 직전 독립운동세력의 동향』. 독립기념관 한국독립운동사연구소.

정혜경. 2003. 『일제말기 조선인 강제연행의 역사』. 경인문화사.

최규진. 2009. 『조선공산당 제건운동』. 독립기념관 한국독립운동사연구소.

한국독립운동사연구소 엮음. 2013. 『한국독립운동의 역사』. 한국독립운동사연구소.

한규무. 2009. 『광주학생운동』. 독립기념관 한국독립운동사연구소.

한국 독립운동과 민족통일전선운동

박윤재

1910년 국가권력을 상실한 이후 독립과 해방을 위한 투쟁은 쉼 없이 전개되었다. 투쟁이 전개되는 지역은 한반도를 넘어 상대적으로 감시와 탄압의 정도가 약했던 국외로 확장되었다. 이민이나 망명을 한 한국인들은 독립운동을 재정적으로, 군사적으로 지탱해 주는 기반이 되었다. 비록 굴곡은 있었고 범위나 강도에서 차이도 있었지만, 독립운동이 지속적으로 전개된 결과 한민족은 1945년 해방을 맞이할 수 있었다.

그러나 독립운동이 항상 단일한 대오를 이루며 전개된 것은 아니었다. 초기에는 신분의 차이가 운동을 나눴고, 출신 지역이 주는 차이도 분열을 낳았다. 새롭게 유입된 다양한 이념이 운동을 가르기도 했다. 그중에서도 사회주의는 독립 후 신국가의 건설 방향에서 다른 이념과 차이를 보였고, 소련을 중심으로 한 세계 사회주의의 영향을 받으면서 그 차이를 강화해 갔다. 1920년대 이후 독립운동의 주요 목표 중 하나는 분화되는 이념의 차이를 딛고 민족통일전선을 이룩하는 것이었다.

민족통일전선을 형성해 통일된 독립운동을 전개하려는 움직임은 1910년대 말부터 시작되었다. 일본제국주의를 몰아내기 위해 민족 전체의 역량 결집이 필요하다는 당위적인 요구가 있었고, 사회주의의 실현은 민족 독립 다음이라는 단계적 투쟁 방략도 원론적으로 제기되었다. '뭉쳐야 한다'는 민족적 요구가 '우리는 다르다'는 이념의 차이를 넘어서지 못하는 경우도 있었지만, 반일 투쟁을 위해 모든 독립운동 세력이 통합해야 한다는 목표는 반대하기 어려운 당위성을 지니고 있었다.

이 글은 1910년대 말부터 전개된 민족통일전선운동을 정리하는 데 목적이 있다. 한국에서 사회주의를 가장 먼저 수용한 한인사회당이 대한민국임시정부에 참여해 좌우합작 정부를 구성한 점에서 알 수 있듯이 민족통일전선운동의 역사는 길다. 하지만 1927년 신간회, 1935년 민족혁명당, 1942년 대한민국임시정부를 제외하면 오랜 시기 독립운동은 통일보다는 분열된 채 진행되었다. 이념의 차이는 같은 민족이라는 당위성으로 극복하기 힘든 과제였다. 그럼에도 그 과제를 실현하기 위해 전개된 노력은 분단된 한반도의 현실을 극복하고자 할 때 중요한 참조의 대상이 될 수 있을 것이다.

01 1910년대 말~1920년대 초 민족통일전선운동

1) 좌우합작 대한민국임시정부의 성립

1919년 4월 상하이에 설립된 대한민국임시정부는 전 민족적 항일투쟁인 3·1운동의 주요 성과였음에도 상하이 지역의 독립운동가들이 중심이 되었다는 인적·지역적 한계를 지닌다. 이 한계는 서울에 설립된 한성정부의 조각을 기초로 러시아 지역의 대한국민의회와 통합하면서 극복될 수 있었다. 실질적인 활동이 가능했던 두 개의 정부가 통합함으로써 대표성을 높였기 때문이다. 이 통합정부에 사회주의 정당인 한인사회당이 참가했다.

사회주의 이념은 1919년 3·1운동 이후 한국인들 사이에 확산되기 시작했다. 1917년 혁명을 통해 사회주의체제를 수립한 소련은 자국 내 소수민족에 대해 민족자결을 인정했고, 식민지배를 받던 피압박민족의 독립과 해방을 약속했다. 구두 약

속에 그친 것이 아니라 실질적인 지원도 했다. 40만 루블을 독립운동 자금으로 지원한 것이다. 파리 강화회의에서 승전국들의 무관심에 실망했던 독립운동가들은 이제 다시 희망 섞인 시선으로 모스크바를 바라보았다. 그들은 소련을 "우리의 독립운동을 진정으로 동정하는 자"로 이해했다. 독립운동을 위

하바롭스크에서 조직된 한인사회당의 주역, 김알렉산드라(왼쪽)와 이동휘(오른쪽)

한 방편으로 사회주의 수용은 주요한 경향으로 자리 잡았다.

1918년 이동휘가 중심이 되어 결성한 한인사회당의 활동과 지향은 이런 경향을 그대로 반영하고 있었다. 이후 발표된 강령에서 알 수 있듯이 한인사회당은 프롤레타리아트 독재와 소비에트 정부의 수립을 지향하고 있었다. 하지만 동시에 "민족적 해방이 사회혁명의 전제"요, "이 역시 곧 세계 혁명의 달성"을 위한 것임을 분명히 했다. 한인사회당의 우선적인 목적은 일본제국주의로부터 식민지 한국을 해방하는 것이었다. 사회주의국가 건설은 다음 과제였다.

1919년 상하이에 대한민국임시정부가 수립되자 한인사회당은 참여를 결정했다. 이동휘가 임시정부의 국무총리로 부임한 것이다. 한인사회당이 민족해방을 선차적 과제로 삼은 만큼 임시정부 참여는 자연스러운 선택이었다고 평가할 수도 있다. 하지만 독립운동의 분열을 막으려는 고심에서 나온 행동이라는 평가도 가능하다. 상해임시정부가 통합 과정에서 약속을 지키지 않았다는 비판, 즉 한성정부 승인 뒤 해체가 아니라 내각 개조만 했다는 비판이 제기되고 있었기 때문이다. 한인사회당은 비판보다 통일을 선택했다. 한인사회당의 참여는 임시정부가 시작부터 좌우연합적인 성격을 띠는 결과를 낳았다. 임시정부의 활동이 1920년대 초까지 활발하게 전개될 수 있었던 배경에는 이념을 넘어 통합한 독립운동 세력의 노력이 있었다.

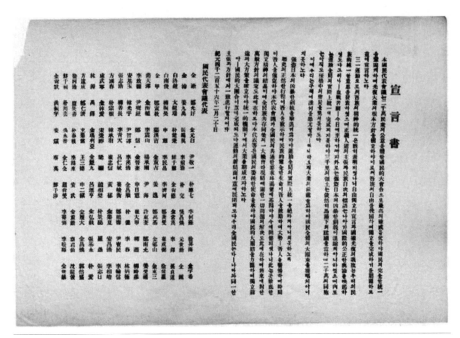

「국민대표회의 선언서」 독립기념관 소장

2) 임시정부의 분열과 국민대표회의

독립운동의 구심점으로 기대를 모았던 임시정부는 1920년이 지나면서 약화되기 시작했다. 서북파·기호파 등으로 구분되는 지방색, 이승만의 위임통치 청원을 둘러싼 갈등은 약화의 원인이 되었다. 1921년에 제기된 국민대표회의 소집 요구는 통일된 독립운동기관의 건립과 독립운동에서 최선의 방침을 수립하자는 목적과 연계되어 있었다. 상하이에서 시작된 국민대표회의 소집 요구는 베이징·만주로 이어졌고, 반임정 세력의 근거지였던 베이징에서는 1921년 4월 박용만·신채호 등에 의해 군사통일회의가 개최되어, 임시정부에 대한 불신임안을 가결했다.

국민대표회의 소집은 1921년 5월 임시정부 유지에 노력하던 안창호도 제창했다. 안창호는 임시정부를 건립할 때 각 방면의 의견을 충분히 구하지 못한 한계를 인정했고, 임시정부를 더욱 견고한 민족적 통일 기관으로 만들려면 국민대표회의가 소집

될 필요성이 있다고 주장했다. 여운형 역시, 분규가 극에 달한 임시정부 문제를 해결하기 위해 국민대표회의 소집의 필요성을 거들었다. 국민대표회의 소집 요구에는 공통된 목소리가 있었다. 현재의 임시정부는 독립운동을 지도할 수 있는 최고 기관이 아니라는 비판이었다.

1923년 1월 국민대표회의가 개최되었다. 자격 심사를 거쳐 대표로 확정된 인원은 125명이었다. 독립운동가들의 관심과 참여 속에서 시작된 국민대표회의는 본격적인 논의에 들어가면서 분열하기 시작했다. 개조파와 창조파의 대립이

창조파	신채호, 박용만
	연해주 공산주의자(김만겸)
개조파	안창호
	상해파 공산주의자(이동휘)
임시정부 고수파	김구, 이동녕

시작되었기 때문이다. 개조파가 임시정부를 최고 기관으로 인정하되 잘못된 점이 있으면 개조하자는 입장이라면, 창조파는 국내외 독립운동 단체를 모두 없애고 새로운 기관을 설립하자는 입장이었다. 핵심은 임시정부 존폐였다.

창조파는 상해임시정부가 3·1운동 이후 국내외에 세워진 여러 임시정부 가운데 하나에 불과하다고 평가했다. 따라서 상해임시정부로는 분열된 독립운동 세력을 통일할 수 없다고 판단했다. 임시정부가 문제가 있다는 점은 개조파도 인정하고 있었다. 임시정부가 성립될 당시 인적·지리적으로 대표성이 제한적이었다는 점을 인정한 것이다. 하지만 현실적인 조건 역시 강조했다. 임시정부 성립의 한계는 "혁명 시의 불가피한 일"이거나, "시기의 절박 때문에 그렇게 된 것"이라고 옹호했다. 나아가 개조파가 생각할 때, 임시정부는 정통성이 있었다. 임시정부는 3·1운동 과정에서 국내의 13도 대표가 모여 만든 한성정부를 계승했다는 임정법통론이 그것이다. 임시정부의 존폐 문제를 둘러싸고 개조파와 창조파가 극단적으로 대립했다.

개조파와 창조파가 충돌만 한 것은 아니다. 회의의 성공을 위한 노력도 병행되었다. 안창호 등 개조파는 창조파와 비공식 회의에서 임시의정원의 결의로 이승만 대통령을 탄핵하고, '임시헌법'의 개정을 통해 정부 개조 권한을 국민대표회의에 이임하겠다는 약속을 했다. 하지만 약속은 실현될 수 없었다. 헌법개정권을 임시의정원의

의결로 다른 기관에 위임한다는 개조파의 계획은 법리상 위헌이었고, 무엇보다 임시정부의 정통성을 주장하는 임시정부 고수파가 격렬히 반대했기 때문이다. 임시정부 고수파가 임시정부에 대한 어떠한 변화도 허용하지 않는 한 신기관의 건설이라는 창조파의 목적은커녕 임시정부의 유지와 개조를 목적으로 한 개조파의 견해조차 관철될 수 없었다. 결국 국민대표회의는 성과 없이 1923년 6월에 종료되었다.

국민대표회의는 상해임시정부의 지역적·인적 한계를 극복하고 명실상부한 독립운동의 최고 기관을 출범시킬 수 있는 기회였다. 하지만 회의에 참석한 대표들은 지역과 이념에 따라 분열했다. 민족주의진영은 서북파와 기호파 등 지역에 따라 나뉘었고, 북경파는 반임정 자세를 포기하지 않았다. 사회주의진영은 민족주의 세력과의 연합에 호의적인 상해파 고려공산당과 반임정 입장을 견지한 이르쿠츠크파 고려공산당으로 분열했다. 창립 당시의 기득권을 포기하지 않으려 한 임시정부 고수파의 고집 역시 회의의 성공을 막는 요인 중 하나였다. 국민대표회의는 목표로 했던 독립운동 세력의 통일과 최고 기관 수립에 성공하지 못했지만, 회의를 거치면서 새로운 독립운동 방략이 모색되었던 것이다. 독립운동을 추진하는 데 '정부'의 형식에 대한 고민이 제기되고, 새로운 대안이 모색되는 계기가 되었다. 독립운동의 최고 기관으로 '당'을 수립하자는 대안으로 의견이 모아졌다.

02 1920년대 후반 민족통일전선운동

1) 통일전선론의 대두와 신간회 창립

1920년대 중반부터 독립 대신에 자치권을 얻어, 독립할 수 있게 실력을 양성하자는 일종의 정치적 실력양성운동, 즉 자치론이 본격적으로 대두했다. 자치운동의 대두는 절대 독립을 원하는 독립운동가들에게 위기감을 불러일으켰다. 위기감에는 좌우의 구별이 없었다. ≪조선일보≫는 제국주의와의 항쟁을 위해 "사회운동과 민족운동이 서로 악수해야" 한다고 주장했다. 반제국주의 투쟁을 위한 민족통일전선을 주장한 것이다. 조선공산당은 1926년 2월 "민족해방의 조선독립과 공산정치의 동일기(同一期)를 획책하고 민족 사회 양 운동자를 통일하기 위한 국민당 조직의 전제로서 천도교를 기초로 할 것"을 결의했다. 민족주의자와 연대를 결의한 것이다. 조선공산당과 대립하던 서울파 사회주의자 역시 연대를 모색했고, 그 결과 물산장려회계 민족주의자와 제휴한 통일전선그룹 민흥회를 발기했다. 절대 독립을 추구하는 민족주의 좌파와 사회주의자의 연합 노력은 신간회 창립으로 이어졌다.

1927년 2월 신간회가 결성되었다. 회장에는 이상재가 추대되었고 부회장에는 홍명희가 선출되었다. 신간회는 정치적·경제적 각성의 촉진, 단결의 견고화, 기회주의의 부인을 목표로 설정했다. 신간회에 대한 기대는 컸고, 참여도 뜨거웠다. 1927년 5월부터 지방의 사회주의자들이 신간회에 참여하면서 신간회 지회가 급속히 늘어났다. 이후 해소될 때까지 신간회에는 149개의 지회가 설립되었고, 회원은 4만 명에 이르렀다.

신간회는 규모에 걸맞은 투쟁을 시도했다. 1929년 갑산화전민사건 진상보고연설회, 광주학생운동을 대중운동으로 확산시키기 위한 민중대회 개최가 대표적인 예였다. 하지만 광주학생운동 진상보고대회를 겸한 민중대회는 신간회 활동을 약화하는 계기가 되었다. 이 사건을 계기로 중앙집행위원장 허헌을 비롯해 간부 다수가 구속되었기 때문이다. 조선총독부는 신간회의 활동을 지속적으로 방해하고 있었다. 제3차 조선공산당 검거 사건 등을 빌미로 1928년 2월의 제1회 정기대회를 금지했고, 1929년 2월의 제2차 정기대회 역시 금지했다. 신간회의 주요 참여 세력인 조선일보에 대해서도 압력을 가해 신간

신간회 경성지회 정기대회 광경

회에 참여한 조선일보 사원의 탈퇴를 요구하기도 했다.

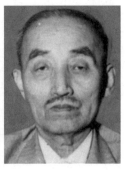

허헌   김병로

허헌이 구속된 이후 집행부의 공백을 메우기 위해 재정부장이던 김병로가 중앙집행위원장 대리가 되었다. 김병로는 허헌과 달리 조선총독부와 대립하지 않고 합법적인 운동을 진행하려 했다. 그런 가운데 중앙집행위원의 한 사람인 박문희가 ≪대중공론≫에 자치 문제에 관한 원고를 보낸 사실이 알려지자, 경성지회를 비롯해 다른 지회에서 반발이 일어나기 시작했다. 이들은 신간회 본부가 우경화를 넘어 자치운동까지 염두에 두고 있다고 의심했다. 신간회 본부가 신간회와 지도 정신에서 차이가 있는 단체나 개인이라도 "조선 민족 당면의 이익을 위한 투쟁을 전개하는 경우"에 한해 협동이 가능하다는 뜻을 표명하자 그런 의심은 더욱 짙어졌다.

신간회 본부의 합법화·온건화 경향에 대한 반발은 해소론으로 이어졌다. 해소론은 주로 사회주의자들에 의해 제기되었다. 사회주의자들은 세계대공황 이후 한국에도 혁명적 분위기가 성숙되고 있다고 파악했다. 이런 상황에서 신간회는 적극적 투쟁을 하지 못하고, 그 결과 신간회 내부의 노동대중은 투쟁 의욕을 상실하고 있었다. 신간회는 "소부르주아 개량주의 영도하"에 있었고, "조선의 민족부르주아지는 제국주의 통치에 대해서도, 봉건적 유제에 대해서도 유력한 투쟁자가 될 수 없"었다. 대안은 민족통일전선의 변화였다. 사회주의 세력은 민족주의 세력과 상층 연합에 의한 정당 형태의 통일전선 방침을 폐기하고, 대중투쟁을 통한 아래로부터의 통일전선운동을 모색했다. 1928년 12월 세계공산당인 코민테른이 한국의 사회주의운동과 관련하여 전달한 이른바 '12월 테제'는 새로운 민족통일전선을 요구하고 있었다.

1931년 5월 신간회 제2회 전체대회가 열렸다. 1927년 창립대회 이후 처음 열리는 전체대회였지만, 동시에 해소대회였다. 해소론자에 따르면 해소는 해체와 달랐다.

"해소는 한 조직체의 해산을 뜻하는 해체와는 달리 한 운동에서 다른 형태의 운동으로 전환하는 변증법적 자기 발전"을 뜻했다. 신간회가 가진 결함을 극복한 다른 통일전선 조직을 결성하자는 주장이었다. 하지만 현실은 이상과 달랐다. 조선총독부가 해소 결의 이후 모든 집회를 금지함으로써 신간회 해소는 결국 해체로 이어졌다. 결과적으로 민족통일전선은 와해되고 말았다.

한국 독립운동사의 주요 성과인 신간회는 전국적인 조직망이 있었고, 일제에 대한 직접 투쟁을 시도했다. 더 나아가 분화를 심화하는 이념의 차이를 극복하고 좌우합작의 민족통일전선을 형성한 점은 높이 평가할 수 있다. 하지만 규모에 걸맞은 투쟁을 전개했는지에 대해서는 의문이 남는다. 합법 조직이 가지는 한계는 분명했다. 하지만 해소를 결정할 만큼 무의미한 조직이었는지도 의심스럽다. 신간회는 적어도 조선총독부에 대한 압력 수단으로 의미가 있었다. 대공황 이후의 정세를 과대 해석해 해소를 주장한 사회주의자들의 행동이 아쉬운 대목이다.

2) 민족유일당운동

1920년대 중반 중국 관내와 만주 지역에서 여러 갈래로 나뉜 독립운동을 통일하려는 민족유일당운동이 전개되었다. 유일당이라는 용어에서 알 수 있듯이 이 운동은 독립운동 추진 주체로 정당을 상정했다. '정당으로써 국가를 통치한다'는 이당치국(以黨治國)이 목표였다. 좌우파가 연합해 정부가 아니라 정당을 조직하되, 민족유일당 즉 민족을 대표하는 하나의 정당을 만들자는 것이었다.

민족유일당운동의 움직임은 상하이에서 먼저 일어났다. 1926년 7월 안창호는 독립운동을 전개하기 위해 하나의 커다란 혁명당을 건설해야 하며 구체적으로 중국 국민당과 같은 좌우합작 정당을 건설하자고 주장했다. 그의 주장은 임시정부의 존속을 전제로 하고 있었다. 새롭게 건설될 정당은 이당치국의 형태로 임시정부를 충실하게 보조할 수 있었다. 임시정부의 신임 국무령 홍진 역시 이 운동에 동참했다. 그는 비타협적 운동의 전개와 대당 결성에 동조하는 적극적인 자세를 취했다. 1927년 3월 임시정부는 개헌을 통해 "광복운동자가 대단결한 당이 완성될 때는 최고 권력은 그 당에 있는 것으로 한다"라고 명시함으로써 이당치국 노선을 분명히 했다. 3년 전 국민대표회의에서 제기된 개조와 창조, 어느 입장에도 동의하지 않았던 임시정부의 모습을 고려하면 새로운 변화였다.

민족유일당운동은 베이징으로 확산되었다. 안창호는 1926년 8월 베이징의 좌파 세력을 대표하는 원세훈을 만났다. 이 만남은 민족유일당 조직을 준비하는 촉성회 조직으로 이어져 같은 해 10월 베이징에서 대독립당조직북경촉성회가 결성되었다. 상하이의 경우 좌파 세력이 동조하면서 1927년 3월 좌우 세력을 대표한 홍진, 홍남표 두 사람의 이름으로 된 「전 민족적 독립당 결성의 선언문」이 발표되었다. 민족유일당 조직을 위한 노력은 가속화되어 상해촉성회 결성을 위한 모임이 열렸고, 같은 달 창립총회가 개최되었다. 파괴와 암살이라는 투쟁 방식을 폐기하고 정당으로 변신한 의열단도 민족유일당운동에 참여했다. 광둥, 우한, 난징에 촉성회가 조직되면서 북경촉성회가 결성된 지 1년도 안 된 시점에 중국 관내 주요 5개 도시에 민족유일당 결성을 위한 지역별 조직이 마련되었다.

1927년 11월 상하이에서 한국독립당 관내촉성회연합회가 결성되었다. 민족유일당 결성을 촉구하기 위해 각 지역에서 촉성회가 만들어졌다면, 다음 순서는 당 조직 주비회를 조직하는 것이었다. 연합회는 여러 촉성회를 연결해 민족유일당을 조직할수 있는 주비회를 결성하고자 했다. 연합회에는 각 지역의 촉성회뿐 아니라 홍진을 비롯한 임시정부 계열과 사회주의 세력이 참여했다. 좌우합작을 통한 민족통일전선 결성 시도가 당 조직이라는 형태로 전개된 것이었다.

그러나 1928년에 접어들면서 민족유일당운동은 정체되기 시작했다. 통일전선 결성 원칙에서 좌우가 의견 차이를 보이기 시작했기 때문이다. 우파가 중앙집권적 독립당 결성을 추진했다면, 좌파는 노농 대중의 입장에 기초한 전투적 협동전선 혹은 혁명적 통일전선의 결성을 주창했다. 국내에서 전개된 신간회 운동이 그렇듯 '12월 테제'로 대표되는 국제 사회주의진영의 개입은 좌우합작에 대한 사회주의자들의 불신을 촉발시켰다.

한국독립당 창당 기념

　1929년 10월 좌파는 상해촉성회를 해체하고 유호한국독립운동자동맹(留滬韓國獨立運動者同盟)을 조직했다. 상해촉성회는 「해체선언서」에서 혁명을 지도할 당은 대중적 공동 투쟁을 통해 조직되어야 하며, 조직 형태로는 유일당이 아닌 대중적 협동전선을 취해야 한다고 주장했다. 상해촉성회가 해체되면서 민족유일당운동은 멈추었다.

　그 뒤 1930년 1월 우파는 한국독립당을 창당했다. 임시정부를 유지할 이당치국의 주체로 정당을 조직한 것이었다. 한국독립당은 조소앙의 삼균주의에 기반을 두고 정강과 정책을 마련했다. 내용은 민주 독립국가의 수립과 균등제도의 실현이었다. 특히 토지와 대생산 기관을 국유화한다는 좌파의 이념을 수용한 점은 향후 민족통일전선 운동의 전개와 관련해 의미 있는 변화였다. 좌우가 합작할 수 있는 공통의 기반으로 작용할 수 있었기 때문이다.

　1926년부터 진행된 민족유일당 결성 노력은 실패로 돌아갔다. 하지만 성과가 없는 것은 아니었다. 민족유일당운동은 한국 독립운동의 단계적 성장을 보여주고 있었다. 임시정부를 운영할 조직으로 정당이 결성되었기 때문이다. 종래 임시정부가 정부의 형태만 있을 뿐 참여 정당이 없었던 점을 고려하면, 향후 운영이 체계적으로 진행될 수 있는 기반이 마련된 것이었다. 더 나아가 한국독립당이 사회주의 이념을 수용해 토지와 대생산기관의 국유화를 명시한 점은 주목할 만하다. 이런 변화는 민족통일전선 결성을 위한 기반이 확대되고 있었음을 알려준다.

03 1930년대 독립운동 정당의 통일운동

1) 민족혁명당의 건설

1930년대에 접어들면서 중국 관내에서 새로운 민족통일전선운동이 전개되기 시작했다. 1931년 만주사변, 1932년 상하이사변이 발생하고, 같은 해 이봉창 의사, 윤봉길 의사의 의열투쟁이 이어지면서 중국인들이 한국 독립운동을 새롭게 인식했고, 본격적인 지원을 시작했다. 이런 변화는 적극적인 독립투쟁을 위한 조직 통합의 필요성을 높였다.

1932년 10월 한국독립당·신한독립당·의열단·광복단의 대표가 모여 대일전선통일동맹을 결성했다. 하지만 이 동맹은 조직 차원에서 각 단체의 제휴 수준에 머물렀고, 한층 강력한 역량 결집을 위한 노력이 진행되었다. 목표는 단일한 정당의 결성이었다. 1933년 3월 대일전선통일동맹의 제2차 대표대회 겸 한국혁명 각 단체 대표자대회가 개최되었고, 마침내 1935년 6월 제3차 대회에서 동맹의 발전적 해소와 새로운 정당의 창립이 결정되었다. 민족혁명당이었다.

1935년 7월 민족혁명당이 결성되었다. 결성에 참여한 단체는 의열단·한국독립당·신한독립당·조선혁명당·대한독립당 등이었다. 의열단이 사회주의 이념을 수용한 점을 고려하면, 새롭게 창당한 민족혁명당은 좌우합작의 민족통일전선이었다고 평가할 수 있다. 민족혁명당 결성을 추동한 요인 중 하나는 임박한 세계대전이었다.

김원봉과 김원봉이 이끌었던 난징의 조선혁명군사정치간부학교 옛터

독일의 재무장과 국제연맹 탈퇴, 이탈리아의 에티오피아 침공 등은 제2차 세계대전을 예고했고, 새로운 정세에 대응할 수 있는 민족통일전선 결성의 필요성을 높이고 있었다.

민족혁명당은 혁명적 수단으로 일제를 물리치고 정치·경제·교육의 평등에 기초한 민주공화국을 건설하겠다는 목표를 내세웠다. 조소앙의 삼균주의가 새로운 정당의 이념 기조를 제공한 것이었다. 구체적인 경제정책으로는 대규모 생산기관과 토지의 국유화를 내세웠다. 국유화된 생산기관은 낙후된 농업과 수공업을 발전시키는 토대로 활용될 수 있었고, 경작지를 분배받은 농민은 생산력과 소비력을 향상시켜 농촌의 발전을 이끌 수 있었다. 민주공화국 수립이라는 민족적 과제를 추구하되 경제정책과 관련해서는 계급적 과제의 실현을 추구했던 것이다. 민족혁명당에 이르러 민족통일전선의 실질적 모습을 갖추기 시작했다고 평가할 수 있다.

그러나 민족혁명당은 내부적인 문제와 한계를 안고 출발했다. 김구를 비롯한 임시정부 고수파를 포용하지 못했고, 좌우의 사상적 갈등이 표출될 가능성이 잔존해 있었다. 현실적으로는 중국 국민당의 자금 지원이 문제가 되었다. 의열단의 김원봉이 재정을 독점하고 있었던 것이다. 김원봉은 조선혁명군사정치간부학교 출신 청년 당원도 자신의 세력으로 확보함으로써 당 운영을 주도해 나갔다. 김원봉의 독주는 다른 세력의 불만을 낳는 원인이 되었다. 결국 민족혁명당은 창당 2개월 뒤인 1935년 9월 한국독립당 계열이 탈퇴해 한국독립당을 재건하고, 신한독립당의 일부 세력도 탈퇴하면서 의열단 계열, 지청천 등의 신한독립당 계열, 최동오를 비롯한 조선혁명당 계열의 인물들로 구성된 조직으로 축소되었다.

2) 좌우의 분열과 독립단체의 결성

민족혁명당이 결성 직후 분열하자 임시정부 고수파로 구성된 한국국민당은 우파 세력의 통합을 시도했다. 조소앙 등이 건설한 재건한국독립당, 지청천 등이 건설한 조선혁명당이 대상이었다. 통합이 모색되는 가운데 그 속도를 더하는 사건이 발생했다. 1937년 7월 발발한 중일전쟁이었다. 중국과 연합작전을 추진하기 위해서는 통합된 조직이 필요했다. 결실은 그해 8월, 한국국민당·재건한국독립당·조선혁명당과 미주 지역의 6개 단체가 합쳐진 한국광복운동단체연합회로 나타났다.

한국광복운동단체연합회의 이념은 통합을 주도한 한국국민당의 '정당강령'을 통해 알 수 있다. 한국광복운동단체연합회는 민족통일전선 결성과 관련해 "민족적 혁명 역량을 총집중할 것"이라며 좌우합작에 원칙적으로 동의했다. 하지만 "독립운동에 대한 사이비 불순적 이론과 행동을 배격할 것"과 "임시정부를 옹호 진전시킬 것"

9개의 재외 한인 정당과 단체가 참여해 마련한 「한국광복운동단체연합선언」

등을 규정함으로써 좌우합작의 실질적 진전을 어렵게 만들고 있었다.

좌파 역시 통합을 시도했다. 가입 단체의 연이은 탈퇴로 약화된 민족혁명당은 세력을 만회하기 위해 통합을 추진했다. 중일전쟁의 발발은 역시 좌파들의 통합 추진을 가속화하는 사건이었다. 좌파 세력은 1937년 11월 대표회의를 열었다. 참가 단체는 김원봉이 주도하던 민족혁명당, 난징에서 조직된 조선민족해방동맹, 무정부주의 단체인 조선혁명자연맹이었다. 회의를 거쳐 1937년 12월 통합조직으로 조선민족전선연맹이 결성되었다. 일종의 연합전선 조직이었다.

조선민족전선연맹은 민주주의적 독립국가 건설과 민족의 자유·평등 실현이라는 민족적 과제를 강령으로 채택했다. 사회주의 성격의 단체가 포함되었음에 불구하고 민족적 과제의 실현을 우선한 것이었다. 다만 임시정부에 대해서는 부정적 시각을 가지고 있었다. 임시정부가 "각 혁명단체와 인민의 합법적 선거에 의해 조직된 것이 아니고, 국토와 인민이 없는 상황에서 정권을 행사할 수 없다"라는 것이 주된 이유였다. 조선민족전선연맹은 일본에 대한 직접적인 무장투쟁을 강령으로 채택했고, 1938년 10월 중국군과 연합 투쟁을 전개할 군사조직으로 조선의용대를 탄생시켰다.

이상과 같이 분리되어 활동하던 좌우파의 연합이 시도되었다. 중국 국민당은 효과적인 항일투쟁을 위해 한국 독립운동 세력의 통일을 요구했다. 1938년 11월, 1939년 1월 장제스는 김구와 김원봉을 각각 초대해 합작을 권유했고, 이 요구를 받아들인 김구와 김원봉이 1939년 5월 「동지 동포 제군에게 보내는 공개통신」을 발표했다. 내용은 좌우파 정당 단체의 해소와 단일당 조직이었다. 정당 결성을 통해 "불통일 현상을 연장하고 무원칙한 파쟁을 합리화"할 위험을 제거하자는 데 합의한 것이다. 구체적인 강령으로는 자주독립국가의 건설, 민주공화제 채택, 주요 기업의 국유화, 농민에 대한 토지 분배, 노동보험제도 실시, 의무교육 등을 제시했다.

그러나 좌우합작은 현실화되지 못했다. 1939년 우파 3당과 좌파 4당으로 구성된 7당 통일회의가 개최되고, 이어 5당 회의가 열렸지만 통합조직 결성에 이르지는 못했다. 좌우파는 민족통일전선의 조직 방식과 임시정부의 위상에 대해 의견이 합치하지 못했다. 1939년은 중국이 일본과 전면전을 벌이던 시기였으므로, 한국 독립운동의 통합과 투쟁을 어느 때보다 강하게 원하던 때였다. 그런데도 민족통일전선이 결성되지 못한 것은 좌우파 사이에 형성된 불신이 그만큼 깊었음을 방증하고 있다.

04 1940년대 민족통일전선운동

1940년대 민족통일전선은 민족혁명당이 임시정부에 참여하는 방식으로 이루어 졌다. 1930년대 말부터 민족혁명당을 둘러싼 상황은 불리하게 전개되고 있었다. 조 선의용대 내부에 사회주의 성향이 강한 세력들이 분화해 나가기 시작했고, 1940년에 이르면 3분의 2가 넘는 조선의용대의 병력이 화베이 지역으로 이동해 버렸다. 중국 정부의 지원도 문제였다. 1941년 전후로 중국 정부는 국제적 승인을 거론하면서 한 국 독립운동의 지원 대상을 임시정부로 단일화했다.

1941년 12월 태평양전쟁 발발 직후 민족혁명당은 임시정부 참여를 결정했다. 이 유는 국제 정세의 변화였다. 여러 민주주의 국가가 파시즘 집단과 혈전을 전개하고 있으므로 단결이 요청되었고, 국제사회가 임시정부를 승인할 가능성이 높아졌기 때 문이다. 다른 요인으로는 이념의 공유가 있었다. 임시정부의 '건국강령'은 개인이나 특정 계급에 의한 독재를 배격하는 민주공화국 건설, 정치적·경제적·교육적으로 균 등한 생활을 향유할 수 있는 균등사회 실현을 목표로 삼았으므로, 민족혁명당의 지 향과 공유하는 바가 많았다. 1940년대 진행된 임시정부 중심의 좌우합작은 이런 공 유에 기반을 두고 진행된 것이었다.

통합이 추진되는 과정에서 정치통일을 먼저 할 것인가, 군사통일을 먼저 할 것인 가를 놓고 의견이 대립했다. 민족혁명당은 임시정부의 여당에 해당하는 한국독립당 과 당적 통일을 주장했다. 한국독립당은 당시 충칭에 남아 있는 민족혁명당 당원만 수용하겠다는 입장이었다. 통합은 군사 방면에서 먼저 이루어졌다. 이렇게 된 데는 중국 군사위원회의 개입이 있었다. 군사위원회는 조선의용대의 광복군 편입과 김원 봉을 광복군 부사령관으로 임명하는 조직 개편을 명령했다. 1942년 7월 조선의용대

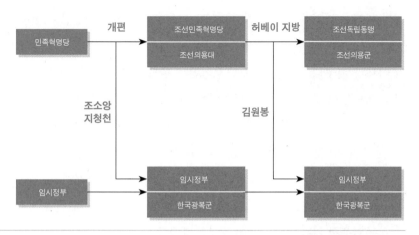

민족혁명당	개편 →	조선민족혁명당	허베이 지방 →	조선독립동맹
		조선의용대		조선의용군

조소앙
지청천   김원봉

임시정부	→	임시정부	→	임시정부
		한국광복군		한국광복군

독립운동 세력의 재편(1940년대)

는 광복군에 합류했다. 다음은 정치통일이었다. 1942년 8월 '임시의정원 선거규정'
이 신설되면서 그해 10월 임시의정원 의원으로 민족혁명당 인사들이 선출되었다.

통합을 이룬 임시정부는 스스로를 "우리 민족의 각 혁명 정당과 사회주의 각 당의
권위 있는 지도자들이 연합 일치하여 생산한 전 민족 통일전선의 정부"라고 규정했
다. 따라서 "대내적으로는 일체 반일 세력을 통일적으로 지도할 수 있고, 대외적으로
는 전 민족의 의사와 권력을 대표"할 수 있었다. 1944년 민족혁명당 인사들이 임시정
부 주석단 및 국무위원에 선출되었다. 주석에 한국독립당의 김구, 신설된 부주석에
민족혁명당의 김규식이 선임되었다. 민족혁명당 당원인 김원봉은 군무부장, 최석순
은 문화부장에 선임되었다. 임시정부는 명실상부하게 중국 관내의 좌우파를 통합한
독립운동의 구심체가 되었다. 1919년 설립 당시 좌우합작 정부를 구성하며 독립운동
을 주도했던 임시정부가 해방을 앞두고 당시와 같은 위상과 권위를 회복한 것이다.

<h2>05 민족통일전선운동의 역사적 의미</h2>

독립과 해방이라는 민족적 과제가 분명했음에도 한국의 독립운동은 통합보다 분

열의 시기가 길었다. 좌우합작은 1919년 임시정부, 1927년 신간회, 1935년 민족혁명당, 1942년 임시정부로 구현되었지만, 일시적인 경우가 많았다. 통합이 내부의 요구가 아니라 외부의 압력에 의해 이루어진 경우도 적지 않았다. 1937년 중일전쟁 발발이후 국민당이 중국 관내의 독립운동 세력의 통합을 요구한 것이 대표적인 예라고 할 수 있다. 그 통합 역시 일시적으로 지속되었을 뿐이다. 분열은 상시적으로 나타났고, 좌우의 이념을 극복하는 일은 어려웠다.

그러나 민족통일전선운동의 전개는 한국 독립운동의 단계적 성장을 의미했다. 정부에서 정당으로의 조직 변화는 대표적인 예였다. 3·1운동의 결과 국내외에 설립된 주요 독립운동 기관은 하나같이 정부를 자칭했다. 독립을 선언했으니 정부가 수립되는 것은 원론적으로는 당연했다. 하지만 정부가 독립운동에 효과적인 조직 형태인가에 대해서는 이견이 표출되었다. 대안으로 나온 것이 정당이었다. 정당은 결집력과 활동력에서 효과적인 투쟁 조직이 될 수 있었다. 1930년대에 접어들면서 대부분의 독립운동 단체는 정당이라는 형태를 취하기 시작했다.

좌우파가 통일전선운동을 전개하면서 이념의 공통 기반을 넓혀나간 것 역시 한국 독립운동의 성장을 반영하고 있었다. 1930년 결성된 한국독립당은 정치·경제·교육의 균등을 표방했다. 삼균주의를 강령으로 채택한 것이다. 균등은 사회주의의 지향과 합치되는 지점이었고, 1935년 좌우합작 정당인 민족혁명당의 결성, 1940년대 민족혁명당의 임시정부 참여를 가능하게 한 배경이 되었다. 공유된 이념은 해방 이후 신국가 건설 과정에도 반영되었다. 해방 이후 남북이 이념으로 갈라졌음에도 토지개혁, 농지개혁을 통해 지주제를 해체하고 새로운 산업사회로 나아갈 수 있었던 배경에는 민족통일전선운동에서 나타난 이념의 공유가 있었다.

참고문헌

강만길. 2003. 『증보 조선민족혁명당과 통일전선』. 역사비평사.

국사편찬위원회. 2001. 『한국사』 47~50.

김희곤. 2004. 『대한민국임시정부 연구』. 지식산업사.

김희곤 외. 1995. 『대한민국임시정부의 좌우합작운동』. 한울.

이균영. 1993. 『신간회연구』. 역사비평사.

이현주. 2008. 『해방전후 통일운동의 전개와 시련』. 지식산업사.

임경석. 2003. 『한국 사회주의의 기원』. 역사비평사.

조철행. 2010. 「국민대표회 전후 민족운동 최고기관 조직론 연구」. 고려대학교 사학과 박사학위논문.

10강 국내외 여성 독립운동

김성은

01 대한제국 시기 여성들의 국권회복운동

1) 패물폐지부인회·국채보상부인회와 국채보상운동

1907년 2월 대구 남일동의 부인 7명이 패물폐지부인회를 조직했다. 이는 국내 여성계 최초의 국채보상운동이었다. 이후 서울 대안동국채보상부인회, 평안남도 삼화항(현재 진남포) 패물폐지부인회 등 각지에서 여성들의 국채보상 단체가 결성되었다.

국채보상운동은 1907년 2월 21일 대구에서 출판사 광문사를 운영하던 김광제와 서상돈이 일본에 빌린 국채 1300만 환을 빨리 갚아야 하는데 국고로는 해결할 도리가 없으니 2000만 동포가 3개월 동안 금연하여 빚을 갚아 국권을 회복하자는 취지문을 ≪대한매일신보≫에 게재하며 시작됐다. 앞서 말한 대로 이에 공감한 대구 남일동의 여성 7명이 패물폐지부인회를 조직하고, 1907년 3월 8일 자 ≪대한매일신보≫에 국채보상취지서인 「경고(敬告) 아(我) 부인동포라(우리 부인 동포들에게 삼가 고합니다)」를 발표했다. 여자도 나라의 백성으로 나라 위하는 마음과 도리는 남자와 다르지 않으며,

패물폐지부인회를 주도한
정경주, 서채봉, 김달준

여성들도 각자 가진 패물을 내놔 국채보상운동에 참여하자는 내용이었다.

취지서에 이름을 올린 여성들은 정운갑 모 서씨, 서병규 처 정씨, 정운화 처 김씨, 서학균 처 정씨, 서석균 처 최씨, 서덕균 처 이씨, 김수원 처 배씨 등이었다. 최근 이들이 서채봉, 정경주, 김달준, 정말경, 최실경, 이덕수라는 사실이 밝혀졌다. 정경주와 정말경·최실경·이덕수 등은 고부간이고, 서채봉·김달준은 동서 사이다. 즉, 달성 서씨와 연일 정씨 집안 여성들이 뜻을 모아 여성계 최초로 국채보상운동에 나선 것이다. 이들은 은반지·은장도 등을 출연해 총 13냥 3돈쭝의 은을 의연했다.

비슷한 시기에 서울 북촌 양반 여성들도 대안동국채보상부인회를 조직해 1907년 3월 창립한 이후 11월까지 7차에 걸쳐 299명에게서 현금 141환 10전과 은 4냥을 수합해 대한매일신보사로 보냈다. 이 외에도 평안남도 삼화항 패물폐지부인회, 함경도 청북강계부인급수보상회, 인천 국미적성회, 서울 부인감찬회, 부산항 좌천리 감선의연부인회 등이 조직되어 국채보상운동에 동참했다.

2) 윤희순과 안사람의병단

경제적인 면에서의 국채보상운동 이외에 군사 지원을 통해 국권회복운동을 전개한 여성들도 있었다. 대표적인 인물이 윤희순이다. 그는 초기 을미의병 당시부터 후기 정미의병 때까지 직간접적으로 의병운동에 참여했던 우리나라 최초의 여성 의병 지도자였다. 그는 시아버지 유홍석이 제천의병으로 나가 싸우는 모습을 보고 의병운동에 뜻을 두게 되었다. 그는 16세 때 고흥 유씨 유제원에게 출가해 유홍석의 며느

윤희순이 친필로 써서 남긴 「안사람 의병가」

리, 유중교의 증손부가 되었다.

　윤희순은 많은 여성이 의병운동에 참여하도록 독려하기 위해 「안사람 의병가」를 지어 구국 활동에 나서야 한다고 촉구했다. 그는 모두 8편의 의병가를 만들어 많은 여성과 청년에게 나라 사랑의 정신을 일깨워 주었다. 특히 그는 네 편의 경고문을 지어 의병과 싸우던 관군, 의병을 신고한 밀고자, 일본군의 잘못을 지적했다.

　그뿐만 아니라 춘천에 대대로 살아온 고흥 유씨 집안의 여성들은 향촌 여성들 76명으로부터 군자금 355냥을 모집했다. 이 자금으로 춘천의 가정리 여의내골에서 놋쇠와 구리 등을 구입하여 탄환·유황 등을 모아 화약을 제조해 공급했다. 나아가 가정리 여성 30여 명으로 여성의병(일명 안사람의병단)을 조직했다. 여성들은 의병들의 취사와 세탁을 돕는 등 의병운동에 적극 협조하는 한편, 직접 의병 훈련에도 참가했다. 더욱이 윤희순은 남장을 하고 정보수집에 나서기도 했다.

　1910년 8월 경술국치 이후 시아버지가 만주 환런현(桓仁縣)으로 망명하자, 1911년 윤희순 역시 가족과 함께 만주로 들어가 독립을 위한 인재 양성과 무장투쟁을 계속했다. 그러나 1913년 12월에 유홍석, 1915년 10월에 남편 유제원이 세상을 떠났고, 그 뒤 대한독립단에서 활동하던 윤돈상마저 일본 경찰에 잡혀 고문 끝에 1935년 7월 숨지고 말았다. 이렇듯 3대에 걸친 독립운동을 뒷바라지하는 한편, 직접 독립운동에 나서기도 했던 윤희순은 아들이 떠난 해 8월 1일 자손에게 훈계하는 글과 일생을 기록한 글을 남기고 만주 땅에서 일생을 마쳤다.

1) 3·1운동과 여성들의 궐기

(1) 국내외 동향과 여성계의 3·1운동 준비

3·1운동 이전에 국외에서도 독립운동의 움직임이 일었다. 일본 도쿄에서는 유학생들이 「2·8독립선언서」를, 만주에서는 「대한독립선언서」를 발표했는데, 간도에 있는 애국부인회 회원 8명 또한 「대한독립여자선언서」를 발표했다. 3·1운동 전후 여성이 주동해 만든 독립선언서는 이것이 처음이었다. 선언서에는 대한 민족의 문화적·역사적 우월 의식과 함께 세계 추세로 보아 독립할 때가 왔으니 여성도 독립운동에 참여해야 한다며 여성의 역할을 강조했다. 여성들이 구습을 타파하고 용감한 정신으로 분발해야 한다는 것이었다.

일본에서 유학 중이던 황애시덕·김마리아·차경신 등은 2·8독립선언에 고무되어 국내 여성계에 독립운동을 촉구하고자 학업을 중단하고 국내로 들어왔다. 김마리아와 황애시덕은 각자 전국 각지를 돌며 동지들을 만나 만세시위를 의논하며 참여를 격려했다. 한편 김마리아·황애시덕·박인덕·나혜석·신준려 등은 이화학당에 모여 여성들의 독립운동 참여를 논의했고, 이를 위해 항일 여성단체를 조직할 필요가 있다는 데 공감했다.

당시 상하이의 신한청년당이 한국 독립을 청원하기 위해 김규식을 파리강화회의에 파견하자 국내 만세시위를 촉구하기 위해 서병호(김순애의 형부)·김순애(김마리아의 고모) 등이 국내에 잠입했다. 이때 전국 각지에 흩어져 있던 백신영·김마리아·김함라·김필례·김애희 등은 친인척 관계로 서로가 만나 만세시위 준비를 논의했다.

먼저 김순애는 숭의여학교 교사 김경희를 찾아갔는데 그는 병중에 있었다. 김경희는 수업 시간에 하얼빈은 안중근 의사가 원수 이토를 저격한 곳이니 광복 후 이곳에 안중근 의사의 동상을 세우자는 말을 했다가 사찰하던 일본인에게 발각되었다. 경찰서에 수감된 뒤 몇 주 동안 악형을 받고 골병이 들어 몇 년간 앓고 있었다. 그런데도 김경희는 병석에서 일어나 김순애와 함께 평양성 내외를 다니며 많은 동지들을 소개해 주었다. 1913년 숭의여학교 교사였던 김경희·황애시덕은 졸업생 안정석과 함께 비밀리에 송죽결사대(일명 송죽회, 1913년)를 조직하고 숭의여학교 재학생 황신덕·박현숙·채광덕·이마대·이효덕·송복신·김옥석·최자혜·서매물 등을 회원으로 확보했다. 이들은 망명 지사의 가족을 돕고, 독립군의 자금을 지원하고, 실력을 함양하는 것을 목적으로 삼았다.

이처럼 3·1운동 이전에 이미 국내외에서 만세시위에 대한 준비가 진행되던 때에 여성들도 이에 동참하고자 여러 네트워크를 가동해 적극적으로 움직였다.

(2) 여성들의 만세시위

3·1운동 당시 전국 각지의 여성들은 개신교·천도교 등의 종교단체, 학교, 지역(장날 시장)을 중심으로 만세시위를 전개했다. 특히 여학생·기숙사생·여전도사의 활약이 컸으며, 수원·해주·통영·진주 등에서는 기생들의 참여가 두드러졌다.

이화학당에서는 학생 자치단체 이문회(以文會) 정기모임에서 3월 1일 전교생이 소복을 입고 대한문 앞에 나아가 망곡을 한 뒤 만세시위를 전개하기로 계획했다. 하지만 학교 당국의 제지로 15명만이 담을 넘어 만세시위에 동참했다가 체포되었다. 3월 5일에 만세시위 도중 4명의 학생이 체포되어 서대문형무소에 수감되었다. 교사 박인덕·신준려 등은 학생을 선동한 주모자로 몰려 검거·투옥되었다. 이후 휴교령으로 학생들은 각자 고향으로 돌아갔다. 이때에 귀향한 유관순은 천안 아우내장터 만세시위에 참가했다가 일제의 총칼에 부모를 잃었다. 본인도 체포되어 일제에 항거하다가 서대문형무소 옥중에서 순국했다.

정신여학교에서는 기숙생 30여 명이 3월 5일 만세시위에 참가했다가 이아주를 비롯해 여러 명이 투옥되었다. 경성여고보에서는 3월 1일 최은희를 중심으로 기숙사 학생들이 만세시위에 참가했다가 32명이 연행되었고 이 가운데 7명이 퇴학당했다. 진명여고보에서는 기숙사생 23~30명이 만세시위에 참가했고, 숙명여고보 학생들도 만세시위에 참가했다. 3·1운동에 참여하지 못했던 배화학당 학생들은 1920년 3·1운동 1주년이 되는 날에 만세시위를 전개했다가 20여 명의 학생들이 경찰서에 연행되어 재판에 넘겨졌다.

지방에서는 대구 신명여학교, 부산진 일신여학교, 마산 의신여학교, 전주 기전여학교, 광주 수피아여학교, 평양 숭의여학교, 선천 보성여학교 등의 여교사들이 여학생들을 이끌고 만세시위에 참가했다가 투옥되었다.

신명여학교에서는 교사 임봉선과 학생 이선애를 비롯해 학생 50여 명이 만세시위에 참가했다. 일신여학교에서는 교사 주경애·박시연과 고등과 학생들이 중심이 되어 만세시위를 전개했다가 11명이 검속되어 옥고를 치렀는데, 이는 경상남도 3·1운동의 효시가 되었다. 의신여학교에서는 교사 박순천이 주동이 되어 만세시위를 전개했다. 박순천은 일본 경찰의 체포를 피해 일본으로 피신했으나 결국 검거되어 옥고를 치렀다. 기전여학교에서도 교사와 학생들이 만세시위를 전개했다. 특히 기전여학교 출신으로 천안 양대 여숙 교사로 활동하던 임영신은 이에 동참했다가 검거·투옥되었다. 수피아여학교에서는 교사 박애순, 학생 홍승애·윤형숙을 비롯해 많은 여성들이 만세시위에 참가했다가 체포되었다. 윤형숙은 시위대 선두에 섰다가 일본 헌병의 군도에 오른팔을 잃고 쓰러진 뒤 다시 일어나 왼팔로 태극기를 집어 들고 독립 만세를 불렀다. 숭의여학교에서는 교사 박현숙, 학생 권기옥·김옥석 등이 태극기를 만들어 만세시위를 준비했다. 보성여학교에서는 학생 60명이 적극적으로 만세시위에 참가했고, 1920년 3월 1일에는 교사 강기일, 교회 권사 김성모의 주도로 1주년 기념 만세시위를 전개했다.

개성에서는 만세시위 준비와 거사가 모두 여성에 의해 이루어졌다. 전도사 어윤희, 호수돈여학교 학생 권애라와 기숙생들, 미리흠여학교 학생들과 졸업생 심명철 등이 이를 주도했다. 이 외에 평안도 순천군 신창면 전도사 김온유, 평양 남산현교회 집사 안정석, 평안도 강서 증산면 전도사 나성겸 등 개신교 신앙을 가진 여성들도 각지의 만세시위를 이끌었다.

함경북도 명천에 사는 동풍신은 만세시위에 참가했던 아버지가 총에 맞아 숨졌다는 소식에 현장으로 달려와 부친의 시신을 확인하고는 울분을 토하며 독립 만세를

경성여고보 전경

정신여학교 전경

외치기 시작했다. 총격에 놀라 골목 안으로 몸을 숨겼던 시위 군중도 이에 호응해 다시 시위를 전개했다. 동풍신은 체포된 뒤 옥중에서 순국했다.

2) 대한민국임시정부 수립과 각지 애국부인회

(1) 국내 대한민국애국부인회

1919년 3·1운동이 일어나자 서울·평양 등 각지에서 항일 여성단체가 조직되었다. 1919년 4월 장선희(정신여학교 교사)·이정숙(세브란스병원 간호사)·오현주(황해남도 재령 명신여학교 교사)·오현관(전라북도 군산 메리블덴여학교 교사)·이성완 등 정신여학교 동창이 중심이 되어 3·1운동으로 수감된 동지들의 사식과 필수품의 차입, 그 가족들의 생활 구제뿐만 아니라 유족들을 구제하려는 목적에서 혈성부인회(일명 혈성단애국부인회)를 조직했다. 이들은 지방을 순회하며 동지를 규합하고 자금을 모집하는가 하면, 참기름 등 일용품을 판매해 자금을 조달했다. 이 단체는 1919년 4월 이후에는 기구를 확장해 상하이에 세워진 대한민국임시정부와 긴밀히 연락하며 독립운동에 적극 동참했다.

한편, 1919년 4월 대한청년외교단의 임창준·이병철 등은 여고보 졸업생 가운데 개신교 신앙이 깊은 이들을 규합해 대조선독립애국부인회를 조직했다. 이 단체는 임시정부에 독립운동 자금을 지원하는가 하면 김원경을 여성 단체 대표로 상하이에 파견했다. 같은 해 6월 이병철은 경하순(이병철의 아내)·최숙자·김희열·김희옥(일설에는 김혜옥) 등과 혈성단애국부인회 오현주와 협의한 끝에 두 단체를 통합하기로 했다. 통합 단체는 '대조선독립애국부인회'라는 명칭을 그대로 사용했고, 줄여서 '애국부인단'이라 불리기도 했다. 얼마 뒤 이병철의 발의에 따라 널리 여성들을 규합하기 위해 지부를 설치하기로 하고, 이름을 대한민국애국부인회로 바꾸었다. 회비는 각 회원이 분담하고 징수는 지부장이 하되 총회비의 3분의 1은 중앙본부에 독립운동 자금으로 보냈다. 외교원(일설에는 지방통신원) 장선희는 1919년 7월부터 전국 각지를 돌면서 지부장을 물색해 본부에 추천하고 신임장을 교부했다. 이렇게 해서 서울·재령·진남포·평양·대구·영천·부산·경남·진주·청주·전주·군산·원산·선진·함흥 등지에 대한민국애국부인회 지부가 설치되었다. 그러나 회장 오현주가 독립운동에 회의를 품어 애국부인회 활동에 소극적으로 임해 회원들의 불신과 불만을 야기했다.

1919년 8월, 3·1운동과 관련해 '보안법' 위반 혐의로 수감되었던 김마리아·황애시덕 등이 예심 면소 판결로 출옥한 뒤 대한민국애국부인회는 새로운 활로를 찾았다. 김마리아는 정신여학교 부교장 천미례(Lillian Dean Miller) 선교사의 사택에 기거하며, 황애시덕, 정신여학교 교사 장선희·신의경·김영순 등과 함께 침체되어 있던 대한민국애국부인회의 재조직을 추진했다.

1919년 9~10월, 김마리아·황애시덕·장선희·김영순 등 10여 명이 김마리아·황애시덕의 출옥 환영 위로연을 구실로 천미례 선교사 사택에서 모였다. 대한민국애국부

대한민국애국부인회 임원
번호순으로 김영순 서기, 황애시덕 총무, 이혜경 부회장, 신의경 서기, 장선희 재무부장, 이정숙 적십자부장, 백신영 결사대장, 김마리아 회장, 유인경 대구지부장이다. 독립기념관 제공.

인회 조직을 개편하고 임원을 새로 선출한 결과, 회장 김마리아, 부회장 이혜경, 총무 및 편집원 황애시덕, 서기 신의경·박인덕, 교제원 오현관, 적십자부장 이정숙·윤진수, 결사대장 이성완·백신영, 재무부장 장선희 등으로 새롭게 꾸려졌다. 당시 본부의 회원은 약 80명이었다. 이 회동에서 대한민국부인회는 적십자부와 결사부를 신설했다. 이는 대한민국임시정부 산하에 항일 독립전쟁과 부상자 치료를 위한 대한민국적십자회가 재건되었기 때문이다.

대한민국애국부인회는 국내 각 중요 지점에 지회를 설립하고 회원 획득에 주력해 군자금으로 6000원을 모아 임시정부에 보내는 등 활발한 활동을 전개했다. 같은 맥락에서 1919년 10월 하와이 호놀룰루의 한인애국부인회는 대한민국애국부인회에 2000원을 보내 독립운동 자금 모금에 호응했다.

국내 최대의 여성 단체로 전국적 조직망을 갖추고 독립운동을 전개하던 대한민국애국부인회는 1919년 11월 동지 오현주의 밀고로 조직이 와해되었다. 전국 각지에서 간부들과 회원들이 체포·구금되어 심문을 당했다. 이 사건은 여자애국단 사건으로 불리며 언론에 대대적으로 보도되었다. 김마리아·황애시덕·이혜경 등 9명이 징역 1~3년의 실형을 선고받고 대구감옥에서 옥고를 치렀다.

(2) 상하이 대한애국부인회와 대한적십자회 간호부양성소

상하이 대한애국부인회는 대한민국임시정부 산하 단체로 1919년 4월 창립되었다. 김순애·이화숙·이선실·강천복·박인선·오의순 등 상하이의 한인 교포 여성들을 중심으로 조직되었고, 그해 6월 회원 수는 60여 명으로 늘어났다. 상하이 대한애국부인회는 국내외의 애국부인회와 통신 연락, 한중 협력에 목적을 두고 중국 학교 순회 강연, 독립운동 과정에서 피해를 입은 유족 위로, 대한적십자회 회원 모집과 모금, 독립전쟁에 대비한 간호 훈련, 독립운동 자금 모금, 인성학교 교사 모집과 건축비 모금 등의 활동을 했다. 이 외에도 상하이 대한애국부인회는 고인이 된 하란사·김경희·이인순 등의 추도회를 통해 독립운동에 대한 의지를 다지기도 했다.

대한애국부인회의 김순애·이화숙·오의선·이신실·김원경·이봉순 등은 대한적십자사 회원 대표로서 적십자회 활동에도 적극 동참했다. 1920년 1월 독립전쟁을 대비해 재건된 대한적십자회가 부설 기관으로 간호부양성소를 설립하자 김연실·김원경·이경신·이화숙·오남희·김순애·이봉순·강현석·이메리(이매리) 등이 입학해 간호 교육을 수료했다. 간호부양성소의 수업 기간은 3개월, 수업 시간은 매주 18시간이었다.

1923년 1월부터 5월까지 상하이에서 대한민국임시정부의 역할과 방향을 둘러싼 여러 문제를 해결하고자 국민대표회의가 개최되었다. 세계 각지에서 활동하던 한인 독립운동단체 대표들이 모인 이 자리에서 김마리아가 대한민국애국부인회 회장 자격으로 개회 연설을 했다. 김마리아는 대구지방법원과 복심법원에서 3년 형을 선고받아 옥고를 치르면서 고문으로 건강 상태가 악화되었다. 병보석으로 풀려나 치료를 받으며 요양하던 중에 1921년 7월 동지와 선교사의 도움으로 탈출해 그해 8월 초 중국 상하이에 도착했다. 그는 상하이에서 첫째 고모 김구례(서병호의 아내), 셋째 고모 김순애(김규식의 아내) 등의 도움으로 건강을 어느 정도 회복하자, 난징 진링대학(성경사범학교)에 입학해 학업을 이어나갔다. 1922년 2월 임시의정원 황해도 대의원으로 임명되었으나 의정 활동을 하지 않아 자격을 상실했다. 그러나 한국 최초로 여성이 국회의원으로 거론되면서 여성의 의정 활동 가능성을 열었다. 김마리아 이외에도 국민

대한적십자회 간호부양성소 제1기 졸업사진
1920년. 아랫줄 왼쪽부터 김연실, 김원경, 이경신, 이화숙, 오남희, 김순애, 이봉순, 김현숙, 이매리다.

대표회의에 상하이 대한애국부인회 대표 김순애·오의순, 연해주 소녀단 대표 정학수, 연해주 애국부인회 대표 윤보민, 임시의정원 경상도 대의원 양한나 등 각지 여성계 대표들도 참석했다.

세계 각지에서 활동하고 있던 한인 독립운동 세력들의 통합을 위해 개최된 국민대표회의에서는 임시정부를 해체하고 독립운동의 최고 영도 기관을 재창출하자는 창조파, 임시정부를 확대·개편하자는 개조파, 임시정부를 현 상태로 유지하자는 파로 나뉘어 혼란이 거듭됐다. 여성계에서는 김마리아·양한나, 상하이 대한애국부인회 오의순이 개조론을 지지한 반면, 김순애는 창조론을 지지했다. 이렇듯 여성 동지들 사이에서도 독립운동 방략에 대한 견해가 달랐다.

상해임시정부를 중심으로 활동하던 여성 독립운동가들의 활동은 국민대표회의가 결렬된 이후 한때 침체되었지만, 임시정부가 경제적으로 어려움에 처하면서 다시 재개되었다. 1926년 7월 상하이 거주 한인동포 200여 명은 임시정부를 경제적으로 지원하기 위한 경제후원회를 조직했는데 여성들도 적극 참여했다. 김순애·조마리아·오의순 등이 준비위원으로 활동했고, 조마리아·김순애 등은 위원으로 선출되었다.

상하이에는 대한애국부인회 이외에도 1928년 한국여자구락부, 1930년 8월 한인여자청년동맹 등이 조직되어 활동했다. 한인여자청년동맹은 한국독립당 산하의 여성독립운동 단체였다.

(3) 충칭 한국애국부인회

1943년 제2차 세계대전에서 독일과 일본에 맞서 싸우던 연합국이 승기를 잡으면서 일제의 패망이 예견되었다. 이에 충칭의 대한민국임시정부는 여러 단체를 통합해

한국혁명여성동맹 창립총회 기념 1940년 6월

임시정부 조직을 재구성하는 데 주력했고, 이와 함께 여성 단체도 재건에 나섰다. 여성계에서는 1943년 1월 당파와 사상을 불문하고 일치단결해 그동안 활동이 정체되어 유명무실해진 대한애국부인회를 재건해 한국애국부인회를 조직하고 김순애를 주석(대표)로 선임했다. 한국애국부인회는 국내와 세계에 흩어져 있는 1500만 한국 여성의 단결과 국내 각계각층 여성, 우방 각국의 여성 조직, 재미한인여성단체와의 긴밀한 상호 관계를 통한 여성 연대를 표방했다.

한국애국부인회는 강령 1조에 "국내외 부녀를 총단결하여 전 민족해방운동 및 남자와 일률 평등한 권리와 지위를 향유하는 민주주의 신공화국 건설에 적극 참가하여 공동 분투하기로 함"이라 적시했다. 강령에서는 '남녀 평등한 권리'와 '지위의 획득과 향유'를 강조하며 여권신장을 내세웠다. 이와 같은 내용은 '대한민국임시헌장'(1919년 4월 11일), '대한민국임시헌법'(1919년 9월 11일), '대한민국건국강령'(1941년 10월 28일)에도 명시된 바였다. 이러한 문건에 의하면 여성이 국민으로서 남성과 같은 권리를 주장하기 위해서는 먼저 독립운동가가 되어 국민의 자격을 갖추는 것이 선결 과제였다. 독립운동은 국민의 자격이자 국민의 의무이며, 국민의 권리를 주장할 수 있는 근거가 되었다. 여성계의 단결을 통한 조직적인 독립운동이 필요한 시점이었다.

(4) 미주 대한여자애국단, 하와이 대한부인구제회, 뉴욕 근화회

하와이에서는 1919년 3월 황마리아 등 하와이 각지 한인 여성 대표 41명이 호놀룰루에 모여 독립운동 후원을 결의하고 '대한부인구제회'를 결성했다. 대한부인구제회는 하와이 부녀 사회의 운동 역량 집중, 독립운동 자금 모집과 독립전쟁 출정 군인 구호를 위한 적십자대(원) 훈련, 독립운동과 외교 선전 후원 등을 목적에 두었다. 재정은 매년 회비를 2달러 50센트씩 걷어 경상비에 쓰고, 사업 경비는 특별의연금으로 충당했다.

대한부인구제회는 3·1운동 당시 죽거나 다친 독립운동가의 가족에게 1500달러의 구제금을, 임시정부 외교선전 사업에 지원금을, 만주 대한군정서와 대한독립군 총사령부 출정 군인에게 구호금을, 1940년대에는 충칭의 한국광복군에 후원금을 보냈다. 또한 국내에 한재·수해와 같은 재난이 일어났을 때 조선기독교청년회(YMCA)·조선일보사·동아일보사를 통해 구제금을 보냈다.

미국 캘리포니아에서는 각지 부인회들이 1919년 8월 다뉴바에 모여 대회를 열고 대한인국민회 중앙총회로부터 인준을 받아 '대한여자애국단'을 조직했다. 본부는 다뉴바(1919년 8월~1923년 10월), 샌프란시스코(1923년 10월~1933년 3월), 로스앤젤레스(1933년 3월~)에 두었고, 새크라멘토·윌로스·오클랜드, 멕시코의 메리다, 쿠바의 마탄사스·하바나·갈데나스 등 11곳에 지부를 두었다.

대한애자애국단은 대한인국민회와 협력해 독립운동 자금을 조달하고 국내 동포 구제 사업에 목적을 두었다. 재정은 단원 연회비 3달러씩을 모아 경상경비로 쓰고, 사업경비는 특별회비를 갹출해 썼다. 단원은 가장 많을 때 150여 명 정도였다.

대한여자애국단은 1924년 8월에 '사회 개량과 대한 독립의 기초적 역량 마련'에 주력하기로 하고, 정기적으로 지원금을 모금해 임시정부에 독립 자금을 송금했고, 1940년 한국광복군 창설 때도 지원금을 보냈다. 그뿐만 아니라 태평양전쟁이 일어났을 때는 미국 적십자 사업을 도왔고, 미국 정부가 발행하는 전시공채를 매입하는 등

대한여자애국단 창립 17주년 기념사진 1936년

후방 지원 활동에 적극적으로 참여했다. 국내에 한재와 수재가 발생했을 때 구제금
을 송금했고, 미국 교포의 자녀 교육 활동에도 힘썼다.

　한편 1928년 2월 뉴욕에서 김마리아·황애시덕·이선행·우영빈·이헬렌·윤원길·
김애희·박인덕·김메리 등 미국에서 유학하던 한인 여성들이 모여 '근화회(槿花會)'
를 조직했다. 회장은 김마리아였다. 근화회는 독립운동을 후원하기 위해 조직되었
으나, 경비 조달에 어려움을 겪으면서 여성 유학생들 간의 연락과 친목을 도모하는
데 그쳤다.

1) 여성들의 의열투쟁

의열투쟁으로 알려진 안경신은 평양 대한애국부인회에서 활동했으나 조직이 발각되어 더 이상 활동이 불가능해지자 중국으로 피신했다. 그는 독립을 달성하기 위해서는 투탄(投彈)·자살(刺殺)·사살(射殺) 등과 같은 무력투쟁이 효과적이라 판단하고 임시정부의 군사기관인 대한광복군총영에 가담해 활동했다. 광복군총영은 서울·평양·신의주 등지에서 폭탄 거사를 실행하기로 하고 대원 13명을 선발해 3개 대로 나누어 밀파했다.

안경신

안경신은 제2대에 속해 폭탄과 권총을 휴대하고 평양으로 잠입하다가 안주에서 경찰에 검문을 당하자 그를 쏘아 죽이고, 평양에 있던 평남도청에 폭탄을 던진 후 함흥으로 피신했다. 안경신은 1921년 3월에 체포되어 평양지방법원에서 사형을 구형받았으나, 이 사건과 전혀 무관하다는 임시정부 측 투서 덕분에 징역 10년 형을 선고받고 복역하다가 1927년 가출옥했다.

남자현은 1919년 3·1운동 직후 46세 나이에 아들과 함께 만주로 망명했다. 서로군정서에서 독립군들의 뒷바라지를 하는 한편, 독립운동 단체와 군사기관, 농어촌을 순회하면서 독립 정신을 고취했다. 또한 만주 지역 12곳에 교회 예배당을 세워 전도했으며, 10여 곳에 여자교육회를 설립해 여성 교육 계몽에 힘썼다.

남자현

남자현은 1920년대 중반 동지들과 사이토 총독 암살을 계획했으나 미수에 그친 뒤 다시 만주로 돌아갔다. 1927년 지린에서 김동삼·안창호 등 47명이 중국 경찰에 검거되자 이들을 지성으로 간호하며 석방운동에 온 힘을 기울였다. 1931년에는 김동삼이 하얼빈(哈爾濱)에서 붙잡히자 그를 탈출시키려 했으나 실패하고 말았다. 1932년 국제연맹 리튼 조사단이 하얼빈에 오자, 흰 수건에 "한국독립원(韓國獨立願)"이라는 혈서를 써서 조사단에 보내 한민족의 독립을 호소했다. 1933년 동지들과 주만 일본대사 무토 노부요시(武藤信義)를 죽이기로 하고, 권총 1정과 탄환·폭탄 등을 몸에 숨기고 걸인 차림으로 창춘으로 이동하다가 하얼빈 교외에서 체포되었다. 6개월 동안 혹형을 받고 단식투쟁을 받았던 데다가 단식투쟁을 하며 병세가 악화되었다. 병보석으로 석방된 뒤 "독립은 정신으로 이루어지느니라"라는 유언을 남기고 순국했다.

여성으로 의열투쟁을 전개한 또 다른 인물로 조신성이 있다. 그는 안창호가 설립한 평양의 진명여학교에 교장으로 부임해 학교를 다시 일으켰고, 1918년 제1차 세계대전이 끝나갈 무렵 비밀리에 베이징에 다녀온 뒤, 1919년 11월 영원·덕천·맹산 등지에서 청년들을 모아 만주 콴뎬현의 대한독립청년단연합회와 긴밀한 관계를 맺고, 맹산독립단을 조직했다. 맹산독립단은 무장투쟁과 군자금을 모금하다가 일본 경찰에 발각되어 단원들이 체포되었다. 조신성은 평양지방법원에서 6개월 형을 선고받고 옥고를 치렀다. 출옥 후에는 교육운동에 매진했다.

2) 서울 지역 여학생들의 항일 학생운동(일명 서울여학생만세운동)

1929년 11월 광주학생운동이 일어나고 그해 12월부터 서울 지역 여학생들도 항일 학생시위에 동참했다. 1929년 12월 근우회 간부로 활동하고 있던 박차정이 동창생으로 이화여고보에 재학 중이던 최복순을 만나 뜻을 같이하기로 했고, 허정숙·한신광 등 근우회 동지들과 만나 항일 여학생운동을 지도하고 후원하기로 의견을 모았다. 이에 12월 20일 숙명여고보·정신여학교·경성여자상업학교 여학생들이 만세시위를 벌였으나 이화여고보 학생들은 학교 당국이 그날 갑자기 동계 휴가를 선언하는 바람에 동참하지 못했다.

박차정

허정숙

그러다가 1930년 1월 11일 이화여고보 기숙사에서 몇 명의 학생들이 학생 항일운동을 의논하기 위해 모였다. 이 자리에서 최복순이 중앙본부를 맡았는데, 중앙본부는 서울 시내 각 학교 대표자들에게 연락하는 일을 담당했다. 최복순은 1월 12일 저녁에 이화여고보 동급생 최윤숙·김진현 등과 함께 허정숙의 집으로 찾아갔다. 이들은 그곳에 와 있던 박차정과 함께 여학생 만세시위를 계획하고, 허정숙에게 가르침을 받은 동덕·상업·근화·미술·숙명·진명·실천 등의 여학교 학생들에게 연락을 취해 1월 15일 일제히 궐기하기로 했다. 그리고 허정숙의 도움을 받아 결의문(격문) 6항목을 작성했다.

이화여고보에서는 3학년 기숙사생들이 보자기와 종이로 태극기 100여 개와 격문을 쓴 선전 삐라 100여 개를 제작했고, 이순옥은 붉은 깃발(적기)과 사회주의 구호가 적힌 전단을 만들었다. 운동장에 모인 이화여고보 1, 2, 3학년 학생들은 선전 전단지와 태극기 및 적기를 건네받고 만세를 부르며 교문 밖으로 진출하고자 했다. 그러나 학교 당국이 교문을 폐쇄한 데다가 기마경찰까지 출동해 제지당하고 말았다.

한편 정신·진명·숙명·배화·동덕·여상·미술·근화 여학교의 여학생들은 1930년 1월 15일 만세시위를 전개했다. 이날 참여한 여학생 수는 1800여 명이나 되었고 그 가운데 100여 명이 체포되어 서대문형무소에 구금되었다. 그중에서 89명이 경성지방법원 검사국에 송치되어 34명은 구속 상태로, 55명은 불구속 상태에서 신문을 받았다. 이 가운데 허정숙·이순옥·최복순·최윤숙·임경애·김진현·송계월·박계월 8명이 기소되어 재판을 받았다. 김병로·이인·양윤식·강세형 변호사가 무료로 이들을 지원하며 법정에서 무료로 변호를 맡았다.

1930년 3월 만세시위를 주도한 여학생들에 대한 판결이 났다. 허정숙 징역 1년, 최복순 징역 8개월, 이순옥 징역 7개월에 집행유예 4년, 최윤숙·김진현·임경애(이상 이화여고보), 송계월(경성여자상업학교), 박계월(여자미술학교)에게는 징역 6개월에 집행유예 2년이 선고되었다. 박차정은 병보석으로 잠시 풀려나 있을 동안 오빠들의 도움으로 중국으로 탈출했고, 허정숙과 최복순을 제외한 나머지 6명은 집행유예로 풀려났으나, 허정숙과 최복순 두 사람은 형기를 채울 때까지 복역하며 옥고를 치렀다.

04 중국 관내에서 활동한 여성 독립운동가

1) 임시정부 살림을 이끈 정정화

정정화

정정화는 1920년 상하이로 망명해 1946년 귀국할 때까지 거의 대부분의 삶을 임시정부 요인들을 뒷바라지하는 데 헌신했다. 김구·이동녕·이시영 등 임시정부 요인들 가운데 그가 지은 밥을 먹지 않은 사람이 없을 정도였다.

정정화는 1910년 가을 김가진의 셋째 아들이자 동갑내기인 김의한과 결혼했다. 1919년 3·1운동이 일어나고 대동단 총재로 추대된 김가진이 김의한과 함께 상하이로 망명하자, 정정화 역시 1920년 1월 서울역에서 의주행 열차에 올라 상하이로 망명했다.

그는 임시정부의 독립운동 자금을 조달하기 위해 여러 번 국내로 파견되었다. 한번은 압록강 철교를 지나다가 일본 경찰에 체포되어 서울 종로경찰서로 압송된 뒤 조사를 받고 풀려났다. 시아버지 김가진의 부음을 전해 듣고 1922년 7월 장례식 참석을 명분으로 시동생 김용한과 함께 다시 상하이로 갔다. 정정화는 그 뒤로도 독립운동 자금을 마련하기 위해 국내에 잠입하곤 했다.

대한민국임시정부는 1923년 국민대표회의 이후 분열과 대립으로 위상이 크게 떨어진 데다 경제적으로도 지원받는 데 어려움을 겪었다. 임시정부가 명목만 유지하며 요인들은 끼니도 제대로 해결하지 못하는 상황에서 생계와 독립운동을 위한 자금 조달이 급선무였다. 1929년 7월 정정화는 여섯 번째로 다시 고국 땅을 밟은 뒤 1931년 초 다시 상하이로 돌아갔다. 1931년 7월 '완바오산사건'과 그해 9월 '만주사변'으로 중국인들의 반한(反韓) 감정이 고조되면서 임시정부의 입지와 활동이 더욱 어려워졌다.

1931년 말 김구는 이러한 난국을 타개하기 위해 의열투쟁을 목표로 한인애국단을 조직했다. 한인애국단이 주도한 1932년 1월 이봉창 의거와 4월 윤봉길 의거를 계기로 한중 갈등과 대립이 해소되었고 장제스 정부는 임시정부를 지원하기 시작했다. 하지만 윤봉길 의거 이후 일본이 프랑스조계로 들어와 체포에 나서자 독립운동가들은 더는 상하이에 머물 수 없었다. 1932년 5월 정정화는 남편 김의환과 함께 기차 편으로 자싱(嘉興)으로 피신했고, 여기에서 이동녕 등 임시정부 요인들을 모셨다. 이때 김의환이 중국 정부의 지방행정 관리가 되면서 1934년 봄 장시성(江西省) 펑청현(豊城縣)으로 떠나 1년쯤 있다가 다시 우닝현(武寧縣)으로 이주해 3년 가까이 생활했다. 정정화는 1935년 11월 임시정부 여당으로 창당된 한국국민당에 가담했다. 한국국민당은 당시 추진된 민족통일전선에 영향을 받아 한국독립당·조선혁명당·한국혁명당·의열단·한국광복동지회 등이 조직한 한국대일전선통일동맹이 1935년 7월 민족혁명당을 결성하고 임시정부 폐지론을 제기한 데서 비롯되었다.

정정화는 1938년 2월 남편과 함께 우닝현을 떠나 후난성(湖南省) 창사로 가서 임시정부에 합류해 자신의 역할을 충실히 해냈다. 당시는 중일전쟁이 본격화되던 때였다. 독립운동 단체는 우익 계열의 한국광복운동단체연합회와 좌익 계열의 조선민족전선연맹으로 갈렸다. 한국국민당·한국독립당·조선혁명당 등 우익 3당의 대표들이 1938년 5월 난무팅(楠木廳)에 모여 통합 논의를 진행하던 중 이운환의 테러로 현익철이 사망하고 김구를 비롯한 여러 사람이 중경상을 입었다. 겨우 목숨을 건진 김구를 정정화가 돌보았다. 치장에 있을 때는 임시정부의 맏어른 이동녕을 마지막까지 간호하며 그의 임종을 지키기도 했다.

1940년 9월 충칭에 정착한 임시정부는 한국독립당을 창당하고 한국광복군을 창설하는 등 비교적 안정을 되찾았다. 이때 정정화는 김의한과 더불어 한국독립당의 창립 당원으로 활약하는가 하면, 1940년 6월 치장에서 한국여성동맹을 창립하기도 했다. 또한 1943년 2월 충칭에서 한국애국부인회를 재건하고 훈련부 주임을 맡아 각종 매체를 통해 국내외 동포 여성들에게 민족적 각성을 촉구하며 독립운동 참여를 호소하고, 광복군을 위문하는 등 적극적으로 독립운동과 지원 활동을 했다.

2) 조선의용대 부녀복무단 단장 박차정

박차정은 1930년 1월 근우회 중앙집행위원회 상무위원 겸 조사연구부장으로 활동하며 허정숙과 함께 서울 여학생 만세시위운동을 지도했던 일로 배후 세력으로 지목되어 서대문경찰서에 구금되었다.

병약했던 박차정은 병보석 중에 의열단에서 활동하고 있던 둘째 오빠 박문호가 보낸 청년을 따라 중국 베이징으로 망명했다. 그곳에서 화베이대학(華北大學)에 진학하는 한편 의열단 단장 김원봉을 만나 의열단에 합류했으며, 조선공산당재건동맹 중앙위원으로서 레닌주의정치학교(1930년 4월~1931년 2월) 운영에 참여했다. 1931년 3월 김원봉과 결혼해 1944년 충칭에서 사망할 때까지, 두 사람은 15년 동안 부부이자 혁명 동지로 지내며 함께 독립운동에 매진했다.

박차정은 1932년 김원봉과 함께 난징으로 거주지를 옮겼다. 김원봉이 중국 국민당 정부로부터 자금을 지원받아 세운 조선혁명간부학교에서 교관으로 교양 교육과 훈련을 담당했다. 조선혁명간부학교는 중국 국민당 정부의 군사위원회 간부훈련반(일명 난징군관학교) 제6대로서 한국인 교관(준교관 포함) 21명, 중국인 3명(군인)이 훈련을 담당했다. 조선혁명간부학교는 비밀 엄수를 위해 반원을 전부 같은 곳에 수용했고, 교관들은 모두 김원봉 집에서 합숙했다. 「광야」, 「청포도」, 「절정」을 지은 시인 이육사(본명 이원록)는 조선혁명간부학교 1기 졸업생(1933년 4월)이었다.

당시 독립운동 노선이 분열하던 상황에서 박차정은 민족혁명당 산하 여성들의 단결을 위해 조직을 구성할 필요가 있다고 느꼈다. 이에 1936년 7월 박차정은 이성실(지청천의 아내) 등과 함께 '남경조선부인회'를 창립했다. 이 단체는 '여성들을 전체 민족해방운동에 편입하고 해외 조선 부녀의 총단결로 전 민족적 통일전선의 편성'을 목표로 민족해방운동과 여성해방운동을 지향하며 부녀자들의 민족의식을 고취하고 대동단결을 주도하고자 했다.

1937년 7월 중일전쟁이 발발하자 국민당 정부의 피난 명령에 따라 박차정은 11월 민족혁명당원 및 가족과 함께 난징을 떠나 한커우(漢口)로 향했다. 박차정 부부, 허정숙 부부, 권기옥(비행사) 부부도 함께 피난길에 올랐다. 이후 박차정과 허정숙은 한중 민족연합전선의 일환으로 중국 국민협회에 파견되어 일본 라디오방송에 맞서 무선방송을 통한 선전 활동에 주력했다.

1937년 12월 조선민족혁명당·조선민족해방동맹·조선청년전위동맹·조선혁명자연맹(일명 조선무정부주의자연맹)이 연합해 민족통일전선인 조선민족전선연맹이 결성되자, 박차정은 기관지 ≪조선민족전선≫을 이용한 선전과 홍보 활동에 주력했다. 그는 이 기관지 창간호(1938년 4월)에 「경고 일본의 혁명대중(敬告日本的革命大衆)」을 중문(中文)으로 기고했다. 이를 통해 그는 일제를 중국·조선·일본 민중의 적으로 규정하고, 삼국의 민중이 긴밀히 연합해 이를 타도하고 진정한 동아시아 평화를 건설하기 위해 무장 궐기할 것을 촉구했다.

1938년 10월 조선민족전선연맹의 산하 군사조직으로 조선의용대(대장 김원봉)가 창설되자, 박차정은 부녀복무단 단장으로서 대원들의 사기 진작과 선전 활동에 주력했다. 부녀복무단 인원은 22명 정도로 알려져 있다. 중일전쟁에서 붙잡힌 일본군 소속 한국인 여성 포로들은 훈련소에서 1개월의 훈련을 마친 후 조선의용대 대원으로 편입되었다. 조선의용대는 중국 국민군 산하의 전지공작대(戰地工作隊)로서 항일전을 지원하는 한편, 한국인의 독립 쟁취를 위한 혁명 무장 세력이기도 했다. 조선의용대는 주로 일본군에 관한 정보수집, 일본군 포로 취조와 교육, 대일본군 선전 공작, 중국군과 한국인·중국인에 대한 선전 활동 등 대일 심리전을 담당했다.

그뿐만 아니라 박차정은 한커우 만국부녀대회에 한국 대표로 참가하는 한편, 창사 대한민국임시정부에 특사로 파견되어 일제의 침략을 규탄하는 라디오방송을 했고, 1938년 3월 안창호 추도회에 참석하기도 했다. 1939년 2월 박차정은 장시성 쿤룬산(崑崙山)에서 일본군과 교전 중 메가폰을 잡고 반전 선전 활동을 하다가 부상을 입었다. 1940년 대한민국임시정부가 있는 충칭에 정착했지만 병약했던 데다 부상 후유증으로 몸이 더욱 쇠약해져, 1944년 5월 만 34세의 젊은 나이로 세상을 떠났다.

3) 조선혁명군과 한국광복군에서 복무한 오광심

오광심은 한국 독립군의 대표적인 여군이었다. 그는 남만주 한인 자치단체 한족회(韓族會)에서 설립한 배달학교 교사로 활동하던 1930년에 조선혁명당에 가입했다. 1931년 9월 만주사변으로 정세가 급변하자 조선혁명당 산하 조선혁명군에 입대했다. 오광심은 사령부 군수처에서 복무하는 한편, 유격대원으로 한중 연합 항일전에 참여해 지하 연락을 담당했다. 조선혁명군의 참모장 김학규와 결혼한 후에도 함께 독립운동에 헌신했다.

오광심

1932년 4월 윤봉길의 홍커우공원 의거 이후 중국 국민당 위원장 장제스의 도움으로 한인들을 위한 뤄양군관학교가 개설되어 조선혁명군·한국독립군 일부가 중국 관내로 이동하게 되었다. 1933년 말 조선혁명군에서는 김학규와 오광심을 대한민국임시정부에 파견했다. 이때 오광심은 다음과 같은 제목의 노래를 지었다.

임 찾아가는 길

비바람 세차고 눈보라 쌓여도
임 향한 굳은 마음은 변할 길 없어라
임 향한 굳은 마음은 변할 길 없어라

어두운 밤길에 준령을 넘으며
임 찾아 가는 이 길은 멀기만 하여라
임 찾아 가는 이 길은 멀기만 하여라

험난한 세파에 괴로움 많아도
임 맞을 그날 위하여 끝까지 가리라
임 맞을 그날 위하여 끝까지 가리라

그들이 난징에 도착했을 때는 이미 임시정부를 비롯해 의열단·신한독립당·조선혁명당 등이 한국대일전선 통일동맹을 결성해 활동하고 있었다. 김학규는 오광심을 보내 만주의 조선혁명당과 조선혁명군에 이상과 같은 협력 분위기를 전하고, 이에 동참할 것을 제안하는 보고서를 올리기로 했다. 1934년 7월 오광심은 난징을 떠나 다시 만주로 향했고 이를 조선혁명당에 보고했다. 이에 고무된 조선혁명당 간부들이 싱징현(興京縣) 왕칭먼(旺淸門) 이도구(二道溝)의 한인의 집에서 비밀 지령문을 작성하던 중 변절자가 방화 사건을 일으켰다. 이때 겨우 목숨을 구한 오광심은 산간의 바위 굴에서 3개월 동안 화상 치료를 받은 뒤 1935년 1월 난징으로 돌아가 단일당운동에 동참한다는 비준서를 전달했다.

그 후로도 오광심은 1935년 7월 설립된 민족혁명당의 부녀부 차장으로 활약했고, 1936년 난징의 대한애국부인회 간부로도 활동했다. 그 뒤 1940년 9월 충칭에서 한국광복군 총사령부가 창립되자, 김정숙·지복영·조순옥·신순호·민영주 등과 함께 광복군으로 복무했다. 오광심은 1942년 2월 임시정부 군무부 제6징모분처 간부로서 김학규·지복영·오희영과 함께 안후이·허베이·산둥 등지에서 군인 모집, 선전, 파괴 등의 활동을 전개했다. 1945년 6월 제6징모분처가 광복군 제3지대로 확충·개편되자 제3지대장 김학규 휘하에서 기밀실장으로 활약하다가 해방을 맞았다.

참고문헌

김성은. 2008. 「대한민국 임시정부와 여성들의 독립운동: 1932~1945」. ≪역사와 경계≫, 68, 227~263쪽.

_____. 2009. 「중경임시정부시기 중경한인교포사회의 생활상」. ≪역사와 경계≫, 70, 47~78쪽.

_____. 2011. 「1930년대 황애덕의 농촌사업과 여성운동」. ≪한국기독교와 역사≫, 35, 141~180쪽.

_____. 2013. 「장선희의 삶과 활동: 독립운동 및 기예교육」. ≪이화사학연구≫, 47, 121~151쪽.

_____. 2013. 「최선화의 중국망명생활과 독립운동:『제시의 일기』를 중심으로」. ≪숭실사학≫, 31, 243~285쪽.

_____. 2018. 「상해임정시기 한국여성독립운동」. 한국여성사학회 9월 월례발표회.

_____. 2019. 『김순애(金淳愛): 통일국가 수립을 위해 분투한 독립운동가』. 역사공간.

박용옥. 2009. 『여성운동』. 독립기념관 한국독립운동사연구소.

정정화. 1987. 『녹두꽃』, 미완(1998. 『장강일기』. 학민사).

3·1여성동지회. 2018. 『한국여성독립운동가』. 국학자료원.

김주용

11강 만주 지역의 독립운동

01 만주 지역과 한인 이주

이주란 모국을 떠나 새로운 삶의 무대를 찾아 그곳에서 정착·생활하는 것을 일컫는다. 오늘날 중국 둥베이 지방(만주)에 거주하는 조선족의 원형은 불과 100여 년 전에 형성되었다. 그곳으로 한인들이 이주한 것은 대략 19세기 말부터 1945년 해방 전까지 이어졌다.

한인들이 만주로 이주한 원인은 크게 두 가지로 나눌 수 있다. 첫째, 초기 이주는 국내 문제, 즉 조선 후기 정부의 무능과 부패에 따른 생활의 곤궁에서 벗어나기 위해서였다. 둘째는 당시 세계의 주도권을 장악하고 자본을 무기로 한 제국주의 국가들이 약소국을 식민지로 만들려 하자 상대적 박탈감과 착취에서 벗어나고자 한 것이다. 특히 일제의 조선 침탈은 한인들의 만주 이주를 더욱 가속화했다.

한인들의 만주 이주는 크게 자율기, 방임기, 통제기로 구분할 수 있다. 1860년대 함경도 지방의 큰 가뭄으로 만주 이주는 본격화했다. 한인들이 압록강과 두만강을 수시로 건너 만주에서 사냥을 하곤 했지만 거주와 정착을 위한 이주는 1860년대 후반

만철과 동청철도

부터 이루어졌다. 당시 여러 해 동안의 기근과 흉작에 허덕이던 함경도 농민들은 두 만강을 넘어 북간도에 정착해 황무지를 개간하기 시작했다. 이와 더불어 평안도 지역 한인들은 압록강을 건너 서간도에 정착했다.

이렇듯 한인들의 이주가 급증하자 그동안 봉금정책을 고수해 왔던 청국 정부는 1881년 만주를 효율적으로 관리하기 위해 북간도 지역을 전면 개방했을 뿐만 아니라 훈춘에 초간국(招墾局)을 설치했다. 이후 청국 정부는 산둥성 등 관내 한족들의 대규모 이주를 독려하는 한편, 개간·농경을 장려하는 정책을 취했다. 이들은 한인보다 상대적으로 특권을 갖고 있었다. 한족 농민들은 우선적으로 토지를 분배받았고, 지방정부의 보호를 받았다.

이에 반해 한인들은 청국 법령에 귀속해야만 토지소유권을 부여받았다. 즉, 한인들은 변발과 만주족 옷을 입는 치발역복(薙髮易服)과 귀화 입적을 해야지만 토지소유권을 얻을 수 있었다. 그럼에도 한인들의 이주 물결은 계속되었다. 1903년 7월 한반도 북부와 간도 지방을 탐방한 러시아 관리 코자코프(Kozakov)의 증언에 의하면, 북간도 허룽(和龍)과 룽징(龍井, 용정)에는 대부분 한인들이 거주하고 있었으며, 그들이 미개척지를 개간한 선구자였다고 평가했다. 이처럼 한인들은 룽징을 중심으로 정착했으며, 옌지·허룽·훈춘 등지로 영역을 넓혀갔다. 그 결과 1910년 만주 지역 한인 이주 수는 20여만 명 이상에 이를 정도였다.

만주는 열강의 마지막 자원의 보고이자 거대한 '먹잇감'이었다. 가장 야욕을 보인 것은 러시아였다. 러시아는 시베리아횡단철도 착공(1891년), 중국 내의 부청멸양(扶淸滅洋)을 내세운 의화단사건(1900년), 동청철도 개통(1901년) 등을 통해 만주의 이권을 차지하고자 했다. 먼저 러시아가 청일전쟁 후 삼국간섭으로 뤼순과 다롄을 비롯한 요동반도를 조차해 숙원 사업인 부동항을 획득했다. 두 번째는 일본의 움직임이다. 일제는 청일전쟁의 승리로 요동반도를 획득했지만 삼국개입으로 러시아에 그 권익을 넘겨줘야만 했다. 하지만 10년 뒤 일본은 러일전쟁에서 승리해 요동반도를 다시 획득하면서 만주 침략의 교두보를 마련했다.

1906년 11월 남만주철도주식회사를 설립한 일제는 만주 지역 조사를 본격적으로 벌였다. 1907년 8월 일제는 한인이 많이 거주하는 간도 지역에 통감부간도임시파출소를 설치했다. 「을사늑약」을 빌미로 한국의 외교권을 장악한 일제는 간도 지역 한인을 보호한다는 명목으로 간도임시파출소를 설치했지만 실질적인 목적은 만주 조사와 한인 감시였다. 이후 이토 히로부미(伊藤博文) 통감은 간도임시파출소에 소장으로 취임한 일본 육군 중좌 사이토 스에지로(齋藤季次郎)에게 국경 확정과 한인 이주자

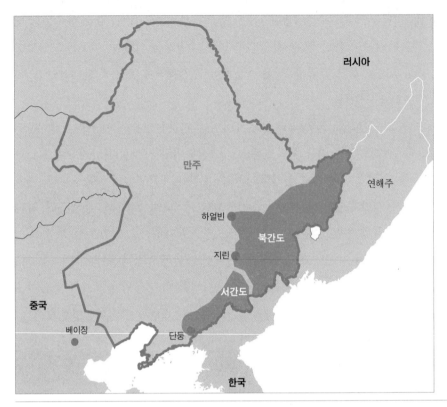

만주 지역

들의 지위 문제를 청 정부와 논의토록 했다. 당시 사이토 소장은 "간도는 한국 영토라 간주하고 행동할 것"이라고 했지만, 1909년 9월 일제는 「간도협약」을 체결해 간도를 청 영토로 확인하고 남만주철도부설권을 획득했다.

그런데 '간도협약'은 일제가 대한제국과 청국 간의 현안인 간도 문제를 만주 침략 정책의 일환으로 이용한 대표적인 사례다. 일제는 두만강과 압록강을 국경으로 삼는 다는 청의 요구를 들어주는 대신에 요동지방의 철도부설권, 광산채굴권을 얻어내는 한편, 중국 내 한인과 관련된 일련의 법적 문제 해결에 참여할 수 있게 되었다.

이런 중에도 1910년 8월 경술국치 이후 한인들은 대거 만주로 이주했다. 강제 병 탄 이전의 만주 이주는 대부분 함경도와 평안도 사람들이 했는데, 경제적 이유가 절 대적이었다. 경술국치 이후에는 정치적인 망명도 눈에 띄게 증가했지만, 1910년대 초 일제의 토지 수탈이 가속화되면서 토지에서 유리된 농민들이 가족을 이끌고 강을 건너 만주로 이주해 갔다. 당시 북간도와 서간도는 이주한 한인들로 넘쳐났다. 1920년대부터는 남부지방의 주민들이 북간도에서 훨씬 먼 지방으로 이주했다. 수전 경작에 능한 남부지방 농민들의 이주는 만주 지역 수전 경작을 더욱 발전시키는 계기가 되었다.

이렇게 되자 일제는 한인을 이용해 중국과의 갈등을 조장했다. 이에 중국 지방정부는 한인 구축(驅逐) 정책을 펼쳤고 중국인들 사이에 한인들은 일본의 주구라는 부정적 인식이 확산되기도 했다. 1931년 7월 지린성 창춘현에서 발생한 완바오산사건이 이를 단적으로 보여준다. 일제의 술책으로 한인 농민과 중국인 농민 간의 다툼이 유혈 사태로까지 번졌고, 일제는 이 사건을 과장 보도해 한국과 중국 간의 관계를 더욱 악화시켰다. 이 때문에 인천을 시작으로 서울·원산·평양 등지에서 중국인 배척운동이 일어났다. 특히 평양에서는 대낮에 중국인 상점과 가옥을 파괴하고 구타·학살하는 사건이 며칠간 계속되기도 했다.

일제는 이를 빌미로 1931년 9월 만주사변(9월 18일)을 일으키고 이듬해 만주국을 건립한 뒤, 한인의 만주 이주정책을 적극적으로 실시했다. 안전농촌과 집단부락이 그 좋은 예다. 이 시기 이후 한인 이주는 마을 단위의 집단 이주가 실시되었다. 또한 일제는 일본 국내의 과잉인구 문제를 해결하고 만주 지역을 개척하기 위해 일본인 이민정책도 본격 추진했다. 무장이민, 청소년의용단 등 일본인의 집단 이민정책이 실시되었지만 그 효과는 크지 않았다. 결국 만주국에서 '자랑스럽게' 추진했던 100만 호 일본인 계획은 실패로 돌아갔다. 이에 반해 한반도 남부에 거주하던 농민들은 선만척식회사라는 알선 업체를 통해 집단적으로 이주하기 시작했다. 1930년대 초에 약 100만 명이던 한인 이주자는 1945년 8월 해방 당시 220만 명에 달했다.

1) 북간도 지역

북간도 지역은 20세기 초 이주 한인들에게는 새로운 삶의 터전이었다. 한인들은 이곳에서 삶의 뿌리를 견고하게 내리고자 가장 먼저 학교를 설립했다. 1906년 룽징에 이상설 등이 서전서숙을 설립하면서 북간도에도 근대적 민족교육이 실시되기 시작했다. 이상설은 「을사늑약」 직후 네덜란드 헤이그에서 열리는 만국평화회의 참석차 한국을 떠났지만, 도중에 회의가 취소되는 바람에 귀국하지 못하고 룽징에 학교를 세운 것이다.

설립 초기 이상설은 학생 모집에 어려움을 겪자 그곳 유지인 김학연과 남위언의 도움을 받아 학생들을 모집했다. 하지만 서전서숙은 1907년 4월 이상설이 다시금 헤이그 특사로 파견되면서 일제의 감시와 강압에 폐교되고 말았다. 그 뒤 1908년 4월 김약연 등이 서전서숙의 맥을 잇는 명동학교를 설립하면서 민족주의 교육은 지속되었다.

명동학교 1908년

룽징 3·13만세운동 장면(위)과
「독립선언포고문」(아래)

명동학교를 비롯해 1910년대 북간도의 민족학교가 100개에 달할 정도로 민족교
육이 활발히 전개되었다. 학교는 경비 문제, 중국 지방정권의 방해 공작 등으로 어려
움도 겪었지만, 간도 지역이 독립운동 기지로 정착하는 데 큰 도움을 주었다. 간도 지
역은 항일운동의 인적 공급처로서의 기능도 담당했던 것이다.

북간도는 이를 기반으로 독립전쟁론을 구현할 독립운동 기지의 터전을 굳혀나갔
다. 이는 1915년 6월 왕칭현 뤄쯔거우의 동림무관학교(일명 뤄쯔거우사관학교), 1920년
3월 북로군정서 사관연성소 등의 결실로 나타났다. 1919년 북간도 룽징에서 3·13만
세운동이 전개된 것도 민족교육기관을 통해 독립운동 기지를 건설했던 독립운동가
들의 노력 덕분이었다.

3·13만세운동은 국내 3·1운동의 지역적 한계를 뛰어넘었다는 데 의의가 크다. 북
간도 룽징의 종교계·교육계 인사들이 중심이 되어 시작된 3·13운동은 옌지·허룽·왕
칭·훈춘 등지로 확대되었다. 특히 이 운동에서 학생과 교사, 즉 민족교육기관의 역할
은 운동의 방향성을 결정할 만큼 중요했다. 3·13만세운동이 룽징에서 개최된다는 소

식이 전해지면서 명동학교와 정동학교의 학생들은 김학수를 총대장으로 320여 명의 '충렬대(忠烈隊)'를 조직했으며, 도립중학교의 한인 학생들은 최경호(崔經浩)를 단장으로 한 '자위단(自衛團)'을 조직해 질서유지의 임무를 맡았다.

각 사립학교 교사들은 항일 민족의식이 매우 투철했다. 이들은 3·13만세운동을 전후해 독립 시위운동에 매우 적극적으로 참여했다. 당시 명동·정동·광성 등의 민족학교들은 독립운동에서 여러 단체의 연락처와 무기보관소 역할을 했다. 특히 명동학교는 북간도 민족독립운동의 중심지로서 매우 큰 역할을 했다. 명동학교 학생들은 교사들의 신변 보호뿐만 아니라 비밀리에 독립운동에 관한 인쇄물을 배포하는 데 참여하기도 했다. 북간도와 연해주를 연결하면서 학생들을 모집할 때 그 장소로 명동학교가 이용되었다. 그뿐만 아니라 독립운동가들의 도피처 역할을 했고, 국민회에서 독립군을 편성할 때도 가장 큰 역할을 했다.

민족교육기관의 독립운동은 명동학교뿐만 아니라 그 밖의 민족학교도 적극적으로 독립운동에 가담하는 등 과감한 투쟁 형태로 나타나고 있었다. 1920년 초 3·13만세운동의 열기가 무장투쟁운동으로 발전하는 시기에 룽징촌의 기독교 부속중학교 학생들은 국내의 3·1독립선언 1주년을 기념하기 위해 시위운동을 모의하고 태극기 95개를 제작하기도 했다.

2) 서간도 지역

서간도는 1910년대 지린성 서남부와 랴오닝성 동부 지역으로, 신흥무관학교로 대표되는 독립운동 기지의 요람이었다. 이회영의 6형제와 이동녕·이상룡 등의 항일지사들은 류허현 싼위안푸 쩌우자가 일대를 한국 독립운동 기지로 건설하는 토대를 마련했다. 독립운동 기지 경영은 이곳에 경학사를 건설함으로써 본격화되었다. 1911년 4월 그곳에 정착한 항일지사들은 대회를 개최해 회원 만장일치로 조국 독립의 원대한 의지를 표명한 경학사 취지문을 채택하고, 사장 이상룡, 내무부장 이회영, 농무부장 장유순, 재무부장 이동녕, 교무부장 유인식 등의 간부를 선출했다. 경학사는 그 후

백서농장

1919년 3·1운동 때까지 부민단과 한족회로 발전하면서 한인이 거주하던 서간도 전 지역을 망라한 항일 단체로 성장했다. 처음 경학사 결성과 함께 설립된 신흥강습소는 신흥학교, 신흥무관학교로 발전하면서 무장 활동을 펼칠 인재를 배출했다.

서간도 지역에서 가장 먼저 3·1운동이 전개된 곳은 류허현 쌴위안푸였다. 1919년 3월 12일 개신교도를 중심으로 200여 명의 한인들이 서문밖교회에 모여 독립선언 경 축대회를 개최하고 대한 독립 만세를 불렀다. 3월 18일에는 쌴위안푸에서 학생 중심 으로 주민 500여 명이 대한 독립 만세를 부르고 독립선언 축하식을 성대히 거행했다. 퉁하현에서는 3월 12일 개신교 신도와 한인청년회 회원 등 300여 명이 금두화락교회 에 집결해 대한 독립 만세를 부르며 태극기를 앞세우고 시위운동을 전개했다. 창바 이현에서는 3월 16일 천도교인 30여 명이 태극기를 들고 일본 헌병대를 습격하려 했 으나 혜산진 일본 헌병대의 반격으로 중지되기도 했다. 3월 30일 창바이현의 정몽학 교 학생들과 교사들을 중심으로 300여 명이 만세시위운동을 전개했다. 그뿐만 아니 라 지안현·환런현·콴뎬현 등에서도 크고 작은 만세시위운동이 전개되어 3·1운동의 열기를 4월 말까지 이어갔다.

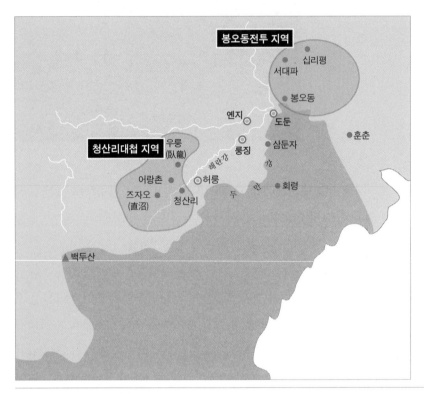

봉오동전투와 청산리전투 지역

1) 봉오동전투

  일제가 한국을 강점하자 많은 독립운동가들이 만주·연해주 지역으로 망명해 독립운동 단체를 조직했다. 3·1운동을 계기로 독립운동 단체들은 좀 더 적극적인 항일투쟁을 전개하기 위해 종전의 조직을 독립군 단체로 전환해 갔다. 이 단체들은 한·만 국경지대와 만주와 연해주 지역에서 적극적인 항일 무장투쟁을 전개하는 동시에 국내진공작전을 통해 일제를 구축하고자 했다. 독립군 단체들의 국내진공작전은

1919년 후반부터 홍범도가 이끄는 연해주의 대한독립군을 비롯해 서·북간도의 여러 독립군 단체에 의해 이루어졌다. 대한독립군은 일본군의 삼엄한 경비에도 혜산진(惠山鎭)을 점령한 뒤 갑산(甲山)으로 진격해 들어와 강계(江界)와 만포진(滿浦鎭)을 점령하는 전과를 올렸다.

1920년은 대한민국임시정부가 '독립전쟁 원년'으로 선포한 해이기도 하다. 북간도 지역에서 이것을 알리는 승전고가 울렸다. 1920년 6월 7일 독립군 연합부대와 일본 정규군 사이에 처음으로 대규모 군사적 충돌이 일어났다. 봉오동전투의 서막은 삼둔자전투였다. 6월 4일 새벽 20여 명 규모의 독립군 부대가 두만강을 건너 함경북도 종성군 강양동으로 진격해 일본군 헌병 순찰대를 격파하고 귀환했다. 이 소식을 접한 일본군 수비대가 대규모의 병력을 동원해 두만강을 건너 독립군을 추격했다. 독립군은 두만강 건너 삼둔자에 매복했다가 일본군 추격대를 공격해 대승을 거두었다.

패전 소식을 듣고 격분한 일제는 일본군 제19사단 병력을 동원해 월강추격대를 조직해 독립군을 궤멸하고자 했다. 추격대를 봉오동 골짜기로 유인한 독립군은 6월 7일 오후 1시경 매복시킨 군을 이용해 추격대에 집중사격을 가했다. 이 전투에서 일본군은 전사 157명, 중경상 300여 명의 피해를 입었으며, 독립군은 6명의 사상자를 냈을 뿐이다.

2) 청산리전투

독립군의 국내진공작전으로 패전을 거듭하던 일본군이 1920년 10월부터 당시 만주의 군벌 장쭤린(張作霖)과의 협상에서 한국 독립군의 '소탕'을 요구했다. 이에 따라 만주 지역에서는 한국 독립군 단체에 대한 대대적인 탄압이 자행되었다. 독립군 부대는 일제의 대대적인 탄압을 피해 북만주 미산으로 근거지를 옮기고자 했다. 이를 간파한 일제는 한국 독립군 '소탕'을 위해 간도에 군대를 파견하는 이른바 '간도 출병'을 감행했다. 일본군은 당시 청산리 지역에서 이동하던 독립군 부대, 즉 김좌진이 이끄는 북로군정서와 홍범도가 이끄는 대한독립군, 최진동의 군무도독부군 등 1600여 명의 독립군을 추격했다.

1920년 10월 21일 오전 새로운 근거지로 이동해 가던 독립군과 이를 추격하던 일본군이 청산리에서 만났다. 김좌진이 이끄는 북로군정서는 백운평 골짜기에 매복해 있다가 추격하는 일본군을 공격해 200여 명을 사살했다. 같은 날 홍범도 연합부대는 완루구에서 일본군을 대파했다. 이 과정에서 독립군 연합부대는 일본군과 아홉 차례의 전투를 벌여 일본군 1200여 명을 사살하는 전과를 거두었다. 청산리전투는 독립군 기지를 개척한 독립군의 준비된 전쟁이며, 서부 전선에서의 전투가 끝난 뒤에 러시아로 넘어가 미산에 집결할 때도 연합작전을 수행했다는 점이 특징이다. 또한 한인 사회의 적극적인 지지가 없었다면 청산리전투는 성공하기 쉽지 않았을 것이다. 그만큼 한인 사회와 독립군 간의 관계가 상당히 긴밀했음을 알 수 있다.

청산리전투에서 승전을 거둔 독립군 연합부대는 국민회군·의군부·광복군단 등 독립군 단체들이 집결한 북만주 미산으로 이동했다. 미산에 집결한 독립군 단체들은 계속되는 일본군의 추격을 피해 연해주의 한인 거주지역으로 이동할 것을 계획했다. 레닌 등은 10월혁명에 성공하자 약소민족에 대한 지원을 약속했고, 이에 한국 독립군은 러시아의 지원을 받아 장기 항전을 도모했던 것이다. 독립군 단체들은 연해주로 이동하기에 앞서 미산에서 각 단체를 통합해 대한독립군단이라는 새로운 독립군 단체를 조직했다. 이후 연해주 지역으로 이주해 자유시에 집결한 대한독립군단은 1921년 6월 시베리아에서 적군(赤軍)에 협조하던 한인 부대 자유대대와 사할린부대가 통합을 추진하는 과정에서 일어난 주도권 싸움에 휘말려 수백 명이 죽고 포로가 되는 참변을 당했다. 이른바 자유시참변이라고 한다. 자유시참변으로 독립군의 장기 항전 계획이 좌절되면서 대한독립군단은 다시 만주 지역으로 이동해 종래의 무장 독립군 활동 근거지를 재정비하면서 항일 무장투쟁을 재개했다.

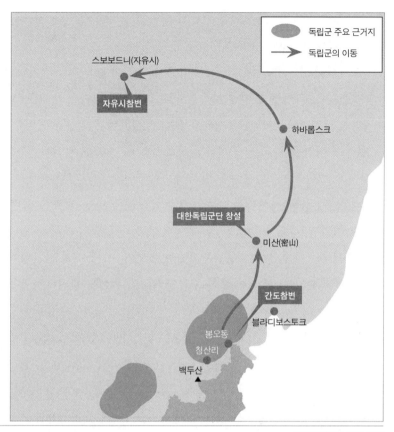

대한독립군단 이동 경로

04 독립운동 세력의 재정비와 3부 성립

일제의 간도 침략에 북만주로 이동해 군비를 정비하는 독립군과 남만주로 이동해 항전하는 독립군이 있었다. 미산을 거쳐 연해주로 이동한 독립군들은 국제사회의 혹독한 현실 앞에서 '자유시참변'이라는 쓰라린 경험을 했다. 1921년 8월 이후 북만주 지역에는 또다시 독립군 세력이 형성되었다. 즉 김좌진이 이끄는 북로군정서 병력과 구춘선이 이끄는 국민회 병력, 신민단 등이 미산·둔화·둥닝현을 중심으로 진영을 갖추었다. 흥업단, 광한단은 평안도 대안인 창바이·지안 등지에서 1922년까지 수십 차례 이상 일본군과 교전했다.

각 독립군단은 기존 병력을 갖추기 위해 독립군 양성에 진력했다. 예를 들면 대한국민회는 사관학교를 설치해 지속적으로 독립군을 배출할 수 있는 토대를 마련하고자 했다. 하지만 독립군들은 소규모 부대로 정규군인 일본군과 대결해야 하는 어려운 현실에 직면했다. 따라서 이를 극복하기 위해 북만주 지역에 산재해 있던 각 독립군단은 1922년 8월 통합운동을 벌여 대한독립군단을 결성했다.

1920년대 중반 만주에서 민족주의운동 단체는 민정 기관을 군정 기관보다 우위에 두고 자치 비중을 높여갔다. 이때 자치는 펑톈 군벌의 테두리 속에서 한인만의 교육 진흥과 식산흥업을 이룩하려는 반공자치였다. 따라서 이 시기의 독립전쟁론은 외교론을 부정했고, 상황 변화에 따라 무장력으로 독립을 쟁취하는 무장투쟁론의 기본정신을 계승하면서 일상적인 자치에 큰 비중을 두었다. 하지만 독립운동에서 필수적인 요소가 자금이었는데 모든 독립운동 단체가 이 문제로 어려움을 겪어야 했다.

1922년 만주의 독립군 단체들은 남만한족통일회(南滿韓族統一會)를 개최해 좀 더 효과적인 무장투쟁을 전개하기 위해 대한통군부(大韓統軍府)를 조직한 후 곧이어 이를 대한통의부(大韓統義府)로 확대·개편했다. 그러나 대한통의부 조직 내 의병 계열은 탈퇴해 의군부를 조직한 뒤 상하이의 임시정부와 교섭을 통해 남만주 지역에서의 군정부로 승인을 받았고, 1924년 8월에는 임시정부의 주만참의부(駐滿參議府)로 새로이 발족했다.

만주 지역의 독립군 단체가 통의부·참의부 등으로 분열되자 좀 더 효과적인 무장투쟁을 전개하기 위해 조직 통합의 필요성이 부상했다. 이에 따라 대한통의부와 참의부 등 여러 단체가 지린에서 회합해 정의부를 조직했다. 한편 이 시기 북만주 지역에서는 신민부가 조직되어 무장투쟁에 주력하고 있었는데, 이 단체는 일본군의 만주 출병과 자유시참변 이후 북만주 일대와 북간도의 북부로 이동했던 독립군 단체들이 연합해 결성한 것이었다.

이와 같이 만주 지역의 독립군 단체들은 정의부·참의부·신민부 등 3부로 통합·

한인 다수 분포 지역

신민부 관할

하얼빈

정의부 관할

창춘   지린   둔화   블라디보스토크
                              훈춘
                         옌지
                       안두
선양   참의부 관할

          지안
       환런

3부 성립

재편성되면서 항일 무장투쟁을 활발히 전개해 나갔다. 그러나 1925년 일제와 둥베이 군벌정권 사이에 비밀 협약인 「미쓰야협정(三矢協定)」이 체결되면서 중국 관헌들에 의해 한국 독립운동가들이 피체되고 독립군 단체가 '토벌'이라는 명목으로 탄압을 받으면서 만주 지역 독립운동은 큰 타격을 입었다. 당시 중국 관내에서는 한국독립유일당 북경촉성회가 성립되어 독립운동 단체의 통합운동이 일어나고 있었다. 이에 영향을 받은 만주 지역 독립군 단체들도 정의부 중심으로 민족유일당운동을 추진했으나, 운동단체 간의 방략상의 차이로 통합운동은 실패하고 말았다. 그 결과 정의부의 일부 인사와 신민부의 군정파 및 참의부 계열이 중심이 되어 혁신의회를 구

성했다. 그 후 신민부 군정파와 무정부주의자들을 중심으로 재차 한족자치연합회(韓族自治聯合會)가 조직되었다. 다른 한편으로 민족주의자들을 중심으로 한국독립당이 조직되어 한국독립군을 창설하면서 한중 연합군을 편성해 반만항일전을 전개했다. 통합운동 실패 후 정의부의 주력과 신민부의 민정파, 참의부의 일부 세력이 연합해 국민부를 조직함과 동시에 조선혁명당을 결성하고 당내에 조선혁명군을 항일 투쟁했다.

05 만주사변과 독립운동 세력의 동향

1) 민족주의 계열의 독립운동

1929년 세계대공황의 여파와 만주 지역에서의 고전을 타개하기 위해 일제는 '만주사변'이라는 극단적인 선택을 했다. 1931년 4월 성립된 하마구치 오사치(浜口雄幸) 내각이 가장 중요하고 시급히 해결해야 할 것은 만몽 문제였다. 이 내각은 만몽에서 일본의 특수 권익이 축소된 원인으로 시데하라 기주로(幣原喜重郎)의 연약외교를 지적했다. 이에 따라 하마구치 내각은 만몽의 특수 권익을 공고히 하기 위해 무력 사용의 필요성을 절감했다.

1934년 3월 1일 푸이의 만주국 황제 즉위를 기념해 발행한 엽서

1931년 9월 18일 일제는 이른바 '류탸오후(柳條湖)사건'을 일으키면서 만주 침략을 단행했다. 흔히 '만주사변'으로 일컫는 이 사건을 계기로 일제는 빠르게 만주 지역을 점령했고, 1932년 3월 1일 괴뢰정권 만주국을 세웠다. 만주국 정부는 1932년 3월 9일 집정 푸이

(溥儀), 국무총리 정샤오쉬(鄭孝胥) 체제로 출범했다. 만주국은 일제로서는 대륙 침략 정책의 이정표이면서 새로운 실험 무대였다.

한편 1930년대의 만주 한인 사회는 만주 지역 한인들의 경제적인 모순을 부각해 계급적인 측면을 강조한 사회주의자와 약 20년간 한인 독립운동의 주도권을 장악해 온 민족주의 계열이 대립하는 양상을 보였다. 결론적으로 김좌진이 1930년 1월 공산주의자에게 피살당한 후 둘 사이는

양세봉   지청천

'거의 돌이킬 수 없는 강'을 건넌 것 같았다. 이러한 분위기를 일신하기 위해 1930년 7월 홍진·지청천·조경한·황학수·신숙·이장녕 등이 한족총연합회와 생육사를 모체로 웨이허현(葦河縣)에서 한국독립당을 창당했다. 한국독립당의 강령은 삼본주의의 바탕 아래 민본정치의 실현, 노본경제(勞本經濟)의 조직, 인본문화의 건설이었다.

한국독립당은 각지의 주민회를 연합해 일반 주민을 결속하고, 공산주의자들의 활동을 저지하기 위해 표면 기관으로 1931년 2월 한족자치연합회를 조직했다. 한편 민족유일당운동의 결과 남만주에서는 조선혁명당이 조직되어 한국독립당과 더불어 남북 만주라는 지역적 상황과 대일 항전의 여건이라는 측면에서 역할 분담 체제를 만들어갔다.

이러한 상황 속에서 만주를 잃은 중국인은 곳곳에서 동북의용군을 결성했으며, 조선혁명군과 한국독립군은 중국의용군과 한중 연합 작전으로 반만 항일 전선을 형성했다. 랴오닝성 싱징현(興京縣, 현 신빈현)에 본부를 둔 조선혁명군의 총사령관 양세봉은 랴오닝민중자위단과 연합해 1933년 청원현전투와 영릉가전투를 승리로 이끌었다. 하지만 총사령관 양세봉이 1934년 순국하면서 조선혁명군의 활동은 크게 쇠퇴했다.

한국독립당은 만주사변이 발발하자 1931년 10월 18일 남대관, 권수정을 중심

〈표 11-1〉 1930년대 무장투쟁

참의부	정의부	신민부
국민부(남만주) 조선혁명당		혁신의회(북만주) 한국독립당
조선혁명군(양세봉)		한국독립군(지청천)
1932년 영릉가전투 1933년 흥경성전투		1932년 쌍성보전투 1933년 대전자령전투

으로 한족연합회·국민부·한족농무회·조선혁명당 등의 대표 30여 명을 스터우허쯔(石頭河子)에 소집해 시국 대책 회의를 개최했다. 이 자리에서 중국군과 공동전선을 펴 일제에 대항하기로 결정했다. 그해 11월 우창현(五常縣) 다스허쯔(大石河子)에서 회의를 개최하고 장래의 대일 항전과 중국군과의 합작을 의결했다.

한국독립군은 리두(李杜)와 딩차오(丁超)가 지휘하는 지린자위군과 왕더린(王德林) 휘하의 우이청(吳義成)·콩샨룽(孔憲榮) 등이 지휘하는 지린구국군과 연합해 항일투쟁을 전개했다. 지린자위군은 일본 측이나 중국 공산당에서는 반지린군이라도 불린 구 둥베이 지린성군의 부대였다. 한국독립군은 한중 연합이라는 대의 아래 지린구국군과의 연합해 전투를 수차례 치렀다. 전투 장비 면에서 턱없이 부족했던 한국독립군은 중국군과의 연합을 통해 이를 만회하려 했다. 이른바 하얼빈보위전은 한중 연합부대의 상징적인 전투였다.

하얼빈 근교 쌍청(雙城) 부근에서 전개된 전투에서 한중 연합부대는 일본군과 교전하며 완강하게 저항했다. 하지만 이 전투에서는 항일부대가 참패를 당했다. 비행기까지 동원한 일본군의 무력 앞에서 후퇴할 수밖에 없었다. 이어 헤이룽장성 빈현(賓縣)전투에서도 패하자 한중 연합군은 1932년 5월 무단강(牡丹江) 지류 다스허(大石河)에 김창환을 필두로 이규보·공창준·한해강·조경한·권오진 등이 모여 한국독립당 비상회의를 개최했다. 다스허에 있던 한국독립군은 영발둔으로 이동해 카오펑린(考鳳林) 부대와 함께 주둔했다.

한국독립군은 신병 모집과 훈련에 주력하면서 대민 봉사와 소규모 전투를 치르기도 했다. 1932년 6월 말경 총사령 지청천과 참모장 신숙 등은 소속 부대를 이끌고 주둔지인 쌍청현(雙城縣) 나린창(拉林場)으로 이동했다. 각지에 분산되었던 한국독립군은 지청천 총사령이 지휘하는 단일 부대로 통합되었다. 이로써 한국독립군은 완전

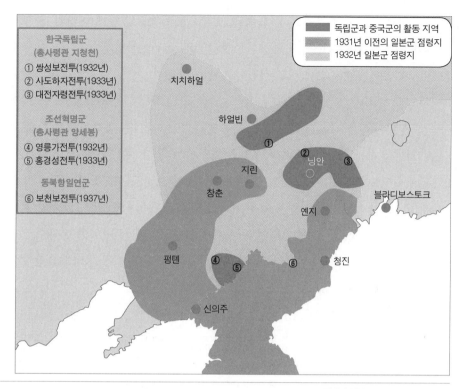

한국독립군
(총사령관 지청천)
① 쌍성보전투(1932년)
② 사도하자전투(1933년)
③ 대전자령전투(1933년)

조선혁명군
(총사령관 양세봉)
④ 영릉가전투(1932년)
⑤ 흥경성전투(1933년)

동북항일연군
⑥ 보천보전투(1937년)

■ 독립군과 중국군의 활동 지역
■ 1931년 이전의 일본군 점령지
■ 1932년 일본군 점령지

치치하얼
하얼빈
①
지린
②닝안
③
창춘
블라디보스토크
엔지
펑톈
④⑤
⑥
청진
신의주

1930년대 전반, 만주에서의 독립투쟁

한 편제를 갖추게 되었다. 한국독립군은 이후 지린자위군과 지린구국군과 함께 한국 독립운동 전사에 빛나는 전투를 수행했다. 경박호전투와 대전자령전투가 그것이다.

2) 사회(공산)주의 계열의 독립운동

1933년 만주국의 '치안유지'를 표방한 항일독립군에 대한 탄압이 더욱 가속화되면서 동북인민혁명군 제1군 1사가 성립되었다. 이 부대는 주로 판스현(磐石縣)을 중심으로 한 유격대가 골간이었으며, 제2군은 주로 연변 지역을 거점으로 조직되었다. 주로 유격대를 근거로 활동하던 동북인민혁명군은 1936년 이른바 「8·1선언」을 토대로 동북반일연군 군정연석확대회의 결의를 통과시켰다. 이 결의는 동북항일통일전선을 확대함과 동시에 항일 무장 세력을 조직해 계획적으로 둥베이 항일 유격 활동을 전개하기 위함이었다. 즉 동북인민항일연군은 중국의 통일적 임시정부가 들어서기 전까지 만주에서 조직된 과도 정권의 '항일군대'였다.

각 지역 유격대 연합에서 시작된 동북항일연군은 항일 민족통일전선을 구축한다는 만주성위의 정책 기조 아래 편제를 개편했다. 1936년 11월 동북항일연군 제1군부터 제7군까지 개편되었으며, 총 11군 3로군으로 편제되었다. 제1로군은 제1군과 2군, 제2로군은 4, 5, 6, 7, 8, 10군, 제3로군은 제3, 6, 9, 11군으로 구성되었다. 동북항일연군은 1940년에 들어서면서 만주국의 강력한 탄압으로 활동이 상당히 위축되어 1942년 동북항일연군교도대로 통합되었다. 동북항일연군의 인적 자원의 상당수가 한인이었지만 실질적인 권한은 중국인에게 집중되었다. 또한 한인들의 이중국적 문제가 심각하게 발생하기도 했다.

동북항일연군은 만주국의 가혹한 탄압 속에서 전투와 선전 활동에 주력했다. 특히 열차를 습격하거나 헌병대를 공격했다. 또한 동북항일연군은 군수 비용을 전투를 통해 해결하는 경우가 많았다. 1930년대 말 일제가 군사적·경제적 봉쇄를 강력하게 시행하고 있었기 때문에 재정 문제가 가장 곤란했는데, 동북항일연군에서는 이를 직접 해결하기 위해 전투를 치렀다. 그뿐만 아니라 동북항일연군은 국내진공작전을 펼쳐 평안북도 일대에서 크고 작은 전투를 전개했다. 예컨대 이홍광은 1935년 2월 일제의 만주 침략에서 군사적 요충지 중 하나였던 평안북도 후창군 동흥읍을 기습해 전과를 올리기도 했다. 또한 동북항일연군 제2군 제4사와 제6사가 함경북도 무산과 갑산으로 진출해 국내진공에 박차를 가했다.

이렇듯 동북항일연군이 직접 전투를 할 수밖에 없었던 것은 만주국의 지속적인 '치안숙정'을 통해 항일 세력을 탄압했기 때문이다. 지역적 특수성, 즉 언제든지 쉽게 접근할 수 있는 지리적 인접성이 동북항일연군의 국내진공작전을 가능하게 한 요인이었다. 유격대를 모태로 성장했던 동북항일연군에게는 지역민을 동조 세력으로 확보하는 것이 항일운동을 전개하는 데 필수 요소였다. 또한 동북항일연군의 활동은 일반인의 협조 없이는 불가능한 부분이 많았기 때문에, 노래책·삐라 등을 통해 대군중

선전 활동을 전개했다. "민중에 대한 조직 공작과 선전 공작을 잘해야 한다"라는 전제하에 대중과 괴리되는 현상을 미연에 방지하고자 노력했던 것이다.

06 만주 독립운동의 역사적 의의

만주 지역은 한국 독립운동의 인재 공급처이자 독립전쟁의 최전선이었다. 20세기 전후 의병 세력들이 역량을 펼치던 곳이며, 민족 교육기관을 설치해 이주 한인들에게 근대 교육과 민족 교육을 동시에 실시하던 지역이다. 1910년 경술국치 이후에는 북간도와 서간도를 중심으로 독립전쟁을 수행하기 위해 각종 무관학교 성격의 민족 교육기관을 설치해 인재 배양의 요람으로 각광받았다.

1919년 국내에서 일어난 3·1운동의 여파는 만주 지역에도 그대로 전달되었다. 북간도에서는 룽징을 중심으로 교사·학생 중심의 3·1운동이 전개되었고, 서간도 지역에서도 같은 양상이 나타났다. 봉오동전투와 청산리전투로 표상되는 1920년대 무장 투쟁은 이외에도 크고 작은 국내 진공이 감행되었다. 독립운동가들은 공화제를 이루기 위해, 그리고 이주민들의 현지 생활 안정을 위해 참의부·정의부·신민부를 조직했다.

1931년 일어난 만주사변과 다음 해 성립된 만주국은 한국 독립운동 세력의 지형을 바꾸어놓았다. 일제는 만주국의 경찰과 군대를 동원해 독립군 부대를 공격했으며, 지청천이 이끄는 한국독립군은 쌍성보·경박호·대전자령 전투에서 승리했다. 하지만 일본군의 지속적인 공격으로 1934년 이후에는 만주 지역에서의 활동을 접고 중국 관내로 이동했다. 이로 인해 만주 지역에서 민족주의 계열의 공백이 생기자 사회주의 세력은 표면적으로 유격전을 내세워 저항했다. 동북항일연군은 1940년까지 산악을 중심으로 이주 한인과의 연결을 도모하면서 끈질기게 항일투쟁을 전개했다. 만주 지역은 한인 이주의 공간으로 독립군 인재 배출의 공급지이자, 독립운동기지의 최적지였다.

김병기·반병률. 2009. 『국외3·1운동』. 독립기념관.

김주용. 2018. 『한국독립운동과 중국 동북지역』. 경인.

김춘선. 2016. 『북간도 한인사회의 형성과 민족운동』. 고려대학교 민족문화연구원.

박환. 2014. 『만주지역 한인민족운동의 재발견』. 국학자료원.

손춘일. 2001. 『해방전 동북조선족 토지관계사 연구(하)』. 길림인민출판사.

신주백. 2005. 『1920~30년대 중국지역 민족운동사』. 선인.

연변정협문사자료위원회 엮음. 1988. 『연변문사자료』 2. 연변정협문사자료위원회.

장세윤. 2009. 『1930년대 만주지역 항일 무장투쟁』. 독립기념관.

채영국. 2008. 『1920년대 후반 만주지역 항일 무장투쟁』. 독립기념관.

연해주 지역의 독립운동

윤상원

01 러시아 지역 한인 사회의 형성과 한인 민족운동

1) 한인 사회의 형성

일제강점기 국외 독립운동의 중심지 중 하나였던 러시아 연해주 지역이 두만강을 사이에 두고 우리나라와 국경을 접하게 된 계기는 1860년 제정러시아와 청나라 사이에 체결된 「베이징조약」이었다. 연해주 확보는 러시아에는 동진정책의 완결이라는 의미가 있었고, 한국인에게도 큰 의미가 있는 사건이었다. 단지 한국과 러시아가 국경을 맞대게 되었다는 사실을 넘어 그동안 청의 봉금정책 때문에 합법적으로 이주를 할 수 없었던 한인들이 생존을 위해 대거 이주할 수 있는 새로운 땅이 생겼다는 의미였다.

지금까지 연구로 밝혀진 바로는 러시아 지역으로 한인이 처음 이주한 것은 1863년이다. 그해 한인 13가구가 노브고로드만 연안의 포시에트 지역에 정착했다는 기록이 곳곳에서 발견된다. 그런데 당시 연해주에 거주하던 한인들은 자신들의 첫 이주 시

러시아 연해주 한인 정착지

점을 1864년으로 보아 이를 갑자도강(甲子渡江)이라고 불렀다. 즉 1864년 두만강을 건넌 최운보·양응범 두 사람이 훈춘(琿春)을 경유해 지신허(地新墟)로 와서 개간을 시작함으로써 최초의 이주가 시작되었다는 것이다. 지신허는 문자 그대로 '새로운 땅'이라는 뜻이다.

1863년의 지신허 개척에 이어 1865년에는 수이푼(秋風) 구역에 100여 가구에 이르는 한인 마을이 성립되었다. 이후 농경에 적합한 광활한 평원 지역인 수이푼 일대는 대표적인 한인 밀집 구역으로 손꼽히게 되었다. 이어 1860년대 후반에는 크고 작은 한인 마을들이 연해주 도처에 생겨났다. 특히 1869~1870년 한반도 북부지방에 밀어닥친 극심한 흉년은 농민들의 월경 이주를 더욱 촉진하는 요인으로 작용했다. 그리하여 1870년부터 니콜스크우수리스크(蘇王領) 개척이 시작되었으며, 1871년에는 아무르강가에 블라고슬로벤노예(四萬里) 마을이 개척되었다. 1874년에는 블라디보스토크 개척리에 한인촌이 만들어졌다. 그 밖에 흑정자·녹둔도·도비허·남석동·와봉·수청 등지에도 주요 한인촌이 세워졌다.

연해주 도처에 한인 마을들이 생겨나면서 한인들 사이에서도 이주한 시기와 입적 여부에 따라 계층이 분화되었다. 초기에 이주해 러시아에 입적한 한인들은 제정러시아 정부로부터 토지를 분배받아 지주로 성장할 수 있었다. 이들을 원호(元戶)라고 불렀다. 그에 비해 여호(餘戶)라고 불린 귀화하지 않은 한인들은 원호인과 러시아 지주들의 땅을 소작하거나 고용 노동자 생활을 해야 했다.

연해주에 정착한 한인들

2) 연해주의병과 13도의군

1904~1905년 러일전쟁은 한인의 연해주 이민에 큰 변화를 일으켰다. 굶주린 농민들의 이주뿐만 아니라 정치적 망명으로서 이주도 급증했다. 이러한 정치적 망명자들의 증가로 연해주는 러일전쟁 패배에 따른 러시아 전체의 반일 움직임과 더불어 반일운동의 중심지가 되었다. 연해주의 반일운동은 1908년 조직된 연해주의병의 국내진공작전으로 절정에 이르렀다.

연해주의병은 크게 보아 두 계통으로 구성되어 있었다. 한 계통은 연해주에 형성된 이주 한인 사회 내에서 조직된 것이고, 다른 계통은 국내에서 의병 활동을 전개하다가 북상해 연해주로 건너간 망명자들이다. 전자의 중심에는 연해주 한인 사회에서 가장 신망이 두터웠던 최재형이 있었고, 후자의 중심에는 1906년 초 휘하의 충의대를 이끌고 연해주로 망명한 간도관리사 이범윤이 있었다. 두 세력은 서로 협력해 1908년 5월경 남부 우수리주 연추(煙秋)에서 동의회를 결성하고 연해주의병을 편성했다.

최재형

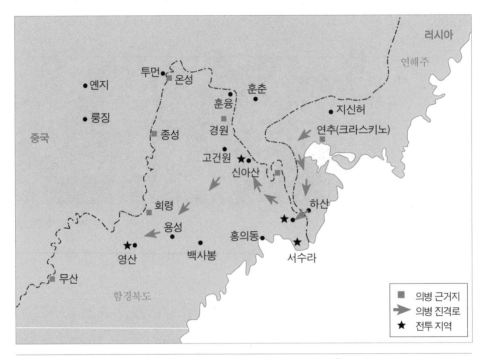

연해주의병의 국내진공작전 경로

자료: 박민영, 『대한제국기 의병전쟁』(한울, 1998), 320~321쪽.

    연해주의병의 대규모 국내진공작전은 1908년 7월에 시작되었다. 즉 전제익·안중근·엄인섭 등이 인솔하는 동의회 소속 의병 200~300명이 두만강 대안에 대기하고 있다가 그해 7월 7일 강을 건너 경흥군 홍의동으로 진격해 들어간 것이다. 이어 수백 명의 의병이 수차에 걸쳐 두만강 대안에서 육로와 해로를 이용해 함경북도로 들어갔다. 이들은 선제공격을 통해 홍의동전투와 신아산전투에서 승리를 거두며 회령까지 진격했다. 그러나 회령 부근 영산에서 일본군에 패하고 말았다.

    영산전투는 연해주의병이 국내로 진공한 이후 가장 남쪽까지 진격한 마지막 전투였다. 이후 연해주의병이 연추 등지로 귀환하면서, 국내진공작전은 일단 종료되었다. 연해주의병은 이 지역 한인 사회를 기반으로 국외 독립운동의 한 연원을 형성했으며, 러시아혁명 이후 시베리아내전기에 활동했던 한인 빨치산 운동의 모태가 되었다는 점에서 의의를 찾을 수 있다.

국내진공작전의 실패 이후 연해주의병 지도자들은 각기 독자적 의병 활동을 전개함으로써 전력을 분산시켜 효과적인 항전을 벌일 수 없었다는 데 공감하고 연해주와 북간도 일대의 의병을 단일 군단으로 통합하고자 노력했다. 항일 의병전쟁의 상징적 인물이라고 할 수 있는 유인석이 중심이 되어 추진한 이와 같은 구상과 노력은 1910년 6월 13도의군(十三道義軍)의 편성으로 구현되었다.

유인석

유인석을 도총재로 추대한 13도의군은 이범윤이 지휘한 창의군과 경성 의병 출신 이남기가 지휘한 장의군 두 부대로 편제되었으며, 헤이그 특사였던 이상설이 외교통신원으로 실질적인 책임을 담당했다. 13도의군에는 홍범도·이진룡 등과 같은 의병장 출신뿐만 아니라 계몽운동 계열인 이갑도 참여했다. 따라서 13도의군은 그때까지 민족운동 선상에서 상호 대립 혹은 갈등 관계에 있던 의병과 계몽운동 노선이 서로 합일해 공동전선을 모색한 조직체였다.

하지만 13도의군이 활동할 수 있는 기간은 매우 짧았다. 의군이 활동을 미처 개시하기도 전인 1910년 8월에 나라가 망하고 말았기 때문이다. 13도의군의 편성은 을미의병 이후 10여 년간 전개되어 온 항일 의병의 국외 확대라는 측면에서, 이후 연해주 등지에서 전개된 국외 민족운동의 한 연원이었다는 점에 그 의의를 부여할 수 있을 것이다.

3) 성명회의 '합병' 반대 투쟁

13도의군이 실질적인 활동을 개시하기도 전에 대한제국이 일제에 강제 병합되었다는 소식이 전해졌다. 1910년 8월 23일 블라디보스토크의 한 신문에 대한제국 멸망이라는 비보가 실렸던 것이다. 이 소식에 충격을 받은 연해주의 한인 700여 명은 개

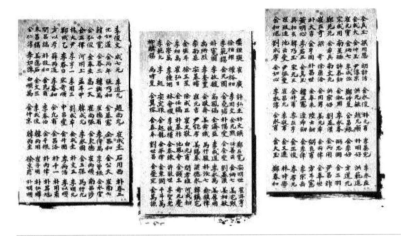

「성명회 선언서」의 서명자 명단 일부

8624명이 서명한 「성명회 선언서」

척리의 한인 학교에서 대회를 열고 성명회(聲明會)를 조직했다. '일본의 죄를 성토하고 우리의 원한을 밝힌다(聲彼之罪 明我之寃)'라는 뜻에서 이름을 취한 성명회는 '합병'의 무효를 선언하고 병탄 반대투쟁을 조직적으로 전개하기 위해 만든 한인 결사였다.

성명회는 1910년 9월 이상설이 기초한 병탄조약의 원천무효와 한민족의 자주권과 독립 결의를 담은 선언서를 대한제국과 조약을 체결했던 각국 정부에 발송하는 한편, 각국의 여러 신문사에도 보내 선언서의 전문을 게재해 줄 것을 요청하기도 했다. 선언서의 말미에는 연해주·간도 일대에 거주하던 한인 8624명의 방대한 서명록이 첨부되었다. 선언서의 내용은 각 열강에 한국 독립의 정당성을 이해시키고 일본의 침략상을 생생히 고발하며 독립을 위한 항일투쟁 의지를 천명한 것이었다.

한편 병탄에 분개한 한인 청년 50여 명은 1910년 8월 23일 밤 결사대를 조직해 일본인 거류지를 습격하기도 했다. 이튿날에는 결사대의 수가 1000여 명으로 늘어났다. 8월 26일에는 성명회의 주요 인물 50여 명이 모여 조국 독립의 결의를 거듭 다짐하며 독립전쟁 방략을 논의하기도 했다.

이러한 성명회의 활동에 대해 일본은 러시아 정부에 강력히 항의하는 한편, 주동 인물의 체포와 인도를 요구했다. 일본의 요구에 굴복한 러시아 정부는 한인 사회의 유력가들을 탄압하기 시작했다. 블라디보스토크 경찰서는 1910년 9월 12일 이범윤을 비롯한 19명의 한인들을 체포했다. 이범윤·김좌두 등은 시베리아의 이르쿠츠크로, 이상설은 니콜스크우수리스크로 끌려가 유폐되었다. 그 결과 성명회는 1910년 9월 해체되고 말았다. 성명회는 조국 멸망과 동시에 일제의 한국 병탄에 대해 무효를 선언하는 국제적인 투쟁을 전개했다는 점에서 큰 의의가 있다.

4) 권업회의 조직과 활동

연해주의병이 국내진공작전을 펼치고, 13도의군을 결성하는 등 연해주 한인들은 비록 국외에서나마 조국의 국권 회복을 위해 분투·노력했으나 일제의 식민지가 되고 말았다. 조국을 잃은 연해주 한인 사회의 민족운동자들은 좀 더 현실적이고 장기적인 조국 독립운동의 방략을 구상하지 않을 수 없었다. 이러한 시대 상황에서 최고의 이념을 '조국 독립'에 두고, 이를 구현하기 위한 현실적인 방안으로 한인의 자치결사인 권업회를 조직했다.

권업회는 1911년 5월 블라디보스토크 신한촌에서 창립되었다. 러시아 연해주 한인 사회를 바탕으로 그곳에 집결한 항일 민족운동자들이 이를 주도했다. 임원으로는 회장에 최재형, 부회장에 홍범도가 각각 선임되었고, 연해주는 물론이고 간도 지방에서까지 여러 민족운동자가 초청되었다. 이들은 각 지방에 회원 권유 위원으로 파견되어 세력 확장을 도모했다.

당시 연해주 한인 사회는 서북파·북도파·기호파 등으로 불리는 파벌로 나뉘어 있었다. 이상설·이범윤·김학만·유인석 등은 기호파였으며, 이강·정재관·차석보 등

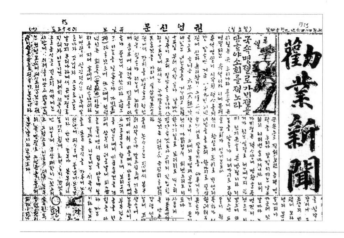

은 서북파, 이종호·이동휘·최재형·김병학·김익용 등은 북도파로 지목되었다. 그러나 이 여러 계파는 조국 독립이라는 역사적 임무를 수행하고자 단합해 단일 결사인 권업회를 결성했다.

권업회는 한인의 실업을 권장하고 한인의 직업과 일터를 알선하며 생활의 기반을 다지기 위해 저축을 장려하고 상애상신(相愛相信)의 친목과 문명의 행동 도모를 지향하는, 결국 한인 사회를 위한 경제주의 단체를 표방했다. 그러나 이는 권업회의 이념을 구현하기 위한 일부 혹은 이면에 지나지 않았다.

권업회는 처음부터 가장 효과적이고도 강력한 항일 독립운동 기관으로 결성되었다. 다만 회의 이름을 권업회라 한 것은 러시아 당국으로부터 공인받기 위해서였다. 이 점은 계봉우가 '뒤바보'라는 필명으로 쓴 「아령실기(俄領實記)」에 "회명을 '권업'이라 함은 왜구의 교섭상 방해를 피하기 위함이요, 실제 내용은 광복 사업의 대기관으로 된 것이다"라고 기술한 것이나 1912년 권업회 발회식에서 최재형이 "우리 동포는 한갓 국권 회복을 부르짖으나 자활의 길이 서지 않으면 하등의 공을 세울 수 없다. 그러므로 각자 일하여 재력을 만들고 상당한 준비를 하여 일조 기회가 도래하면 일거에 한국의 독립을 회복할 것이다"라고 갈파한 대목에서도 알 수 있다. 결국 권업회의 목적과 이념은 연해주 한인 사회의 이익을 증진시키는 '권업'(경제) 문제와 독립운동을 강력히 추진하는 '항일'(정치) 과제를 결부하는 전술을 취해 끝내는 조국 독립을 달성하는 데 있었다.

　권업회의 활동 중에 주목을 끄는 것은 기관지 ≪권
업신문≫의 발행이다. 1912년 4월 22일에 창간된 ≪권업
신문≫은 ≪해조신문≫(1908년) ≪대동공보≫(1909년), ≪대
양보≫(1911년)를 잇는 러시아 지역의 한인 언론이었
다. 권업회는 산하에 신문부를 두고 항일 민족 언론의
약진을 기하고, 권업회의 사업을 홍보하기 위해 ≪권업신
문≫을 발행했던 것이다. 신채호를 비롯해 이상설·김

계봉우

하구 등이 주필을 맡았던 ≪권업신문≫은 권업회 지회와 분사무소를 통해 연해주 구
석구석의 한인 마을에까지 보급되었다. 또한 국내는 물론이고 서·북간도와 미주 등
지의 한인 사회에까지도 신문이 보급되었다. 때로는 신문사 사원을 각처의 한인 마을
로 파견해 동포의 애국정신을 환기시키고 민족의식 고취하는 데도 힘을 기울였다.

　권업회는 또한 조국 독립이라는 목표 달성을 위해 교육 진흥에 역점을 두었다. 그
내용은 철저한 민족주의 근대 교육이었고, 이를 통해 조국 독립의 인재를 양성하고자
했다. ≪권업신문≫과 강연회 등을 통해 교육 진흥을 역설했던 권업회는 민족주의 교
육열을 더욱 고취하기 위해 먼저 블라디보스토크 신한촌에 있던 한인 학교인 계동학
교를 확대·개편하여 한민학교로 확장해 연해주 한인 사회 민족주의 교육의 중추 기
관으로 삼았다. 한민학교 외에도 연해주 각지에는 한인 마을이 들어선 곳마다 거의
예외 없이 한인 학교가 설립되었다. 구국과 실력 양성을 위한 민족주의 교육의 뜨거
운 열기가 러시아 한인 사회에 팽배해 있었던 것이다.

5) 권업회의 이면 단체 대한광복군정부

　연해주 한인 사회의 자치기관 권업회는 독립군 양성을 근본 목표로 설정했다. 당시
'독립전쟁론' 구현에는 독립군 양성이 전제되어야 했기 때문이다. 그러나 남의 나라
에서 공공연히 군대를 양성하기란 어려운 일이었다. 이에 권업회는 독립군 양성의

기반이 되는 민족주의 교육 진흥과 농상공업 등 실업 권장을 전면에 내세우고, 독립군 양성은 가능한 한 비밀리에 추진했다.

이와 같은 노력으로 1914년 국내외의 모든 독립운동을 주도할 중추 기관으로 대한광복군정부가 탄생했다. 대한광복군정부의 건립 과정이나 내용을 소상히 알려주는 자료는 극히 드물지만, 권업회가 독립군 양성을 목표로 상당히 조직적으로 추진했음을 알 수 있다. 그 이유는 다음과 같다.

첫째, 사관학교를 설치해 독립군의 중견 간부를 양성하려 했다. 1913년부터 중·러 국경에 위치한 중국령 뤄쯔거우(羅子溝)에 권업회 임원 이종호·이동휘·김립·장기영·김하석·김규면·전일 등이 대전학교라고 불린 사관학교를 세워 운영하고 있었다. 재학 생도의 정확한 수는 밝힐 수 없지만 상당수에 달했으며, 독립운동사상 최초의 사관학교였다.

둘째, 독립군의 군영지 확보를 위해 러시아 원동총독과 교섭을 벌여 적당한 토지 조차를 추진했다. 겉으로는 한인의 집단 이주를 개척하고자 한 것으로 보이지만, 실질적으로는 군영지 마련과 독립군 훈련 목적의 독립운동 기지 건설 사업이었다.

셋째, 양군호(養軍號)와 해도호(海島號)라고 불린 독립군 양성을 위한 비밀결사를 운영했다. 양군호와 해도호는 잡화점 같은 상점으로 보였으나, 실제는 독립군 양성을 위한 비밀결사였다.

한편, 1914년은 한인의 '연해주 이민 50주년이 되는 해'였다. 권업회는 이를 이용해 민족의식을 높이고 독립군의 군자금도 마련하고자 했다. 또한 1914년은 '러일전쟁 10주기'에 해당되어 연초부터 러일전쟁이 임박했다는 여러 풍설이 팽배했다. 이를 기회로 권업회가 이상설을 비롯해 이동휘·이동녕·이종호·정재관 등을 중심으로 대한광복군정부를 건립했던 것이다. 그리하여 이상설을 대한광복군정부 정통령으로 선출하고 국내외 독립운동을 주도하면서 독립군 항전을 준비했다.

대한광복군정부는 이후 각지에서 설립되는 망명정부들의 효시이기도 한데, '광복군정부'라 이름을 정한 것은 독립군(광복군)을 일제와의 독립전쟁을 총괄하는 '군사정부'로 규정했기 때문으로 생각된다.

하지만 1914년 9월 제1차 세계대전이 발발하자 러시아는 일본과 동맹을 맺어 공동방위 체제를 확립했으므로, 자국 내 한인들의 정치·사회 활동을 모두 금지했다. 이에 따라 권업회는 해체되었고 ≪권업신문≫도 정간되었다. 그뿐만 아니라 한인 독립운동가들을 가차 없이 투옥하거나 추방했다. 대한광복군정부도 치명타를 입어 더는 활동하지 못하고, 역사에 그 이름만 남기고 말았다.

6) 대한인국민회 시베리아지방총회

권업회와 더불어 러시아 한인 사회에서 독립운동 결사로 주목되는 단체가 대한인국민회 시베리아지방총회다. 대한인국민회는 1909년 5월 미주 한인 사회의 여러 민족 단체를 통합해 탄생했다. 하와이와 미주 본토는 물론이고 멕시코·만주·시베리아 등지까지 지방총회가 조직되어 해외 한인 사회의 국외 독립운동의 중추 기관으로 활발한 활동을 벌였다.

대한인국민회 시베리아지방총회는 권업회와 거의 비슷한 시기인 1911년 10월 치타에 본부를 두고 설립됐다. 중심인물은 정재관을 비롯해 이강·이갑·김성무 등이었다. 총회 산하에 수청(水淸, 黑頂子)을 비롯해 치타·이르쿠츠크·첼랴빈스크·해삼위(블라디보스토크) 등 16개의 지방회가 조직되었다. 그 뒤 지방회는 크게 늘어나 1914년 33개에 달했다.

시베리아지방총회는 신문 간행과 계몽 사업을 통한 민족의식 고취 활동에 주력했다. 구체적인 실상은 파악할 수 없지만 지방회가 설치된 지역의 산하에 많은 한인 학교가 설립되어, 일반 한인들의 민족의식을 계몽시키는 데도 노력했다. 그뿐만 아니라 총회는 러시아 국교였던 러시아정교의 이름을 빌려 기관지 ≪대한인정교보≫를 간행했다. 이 신문은 일제의 조국 침략상과 한민족의 저항 등을 상세히 보도해 항일 민족의식을 고취했다.

시베리아지방총회는 설립한 지 4년 뒤인 1914년 제1차 세계대전 발발과 함께 활동이 급격히 위축되었다. 치타의 대한인국민회 지도부가 러시아 당국에 의해 피체되었기 때문이다.

02 러시아혁명 이후 한인의 항일투쟁

1) 한인사회당과 대한국민의회

제1차 세계대전의 발발과 더불어 권업회가 해산되고 ≪권업신문≫이 폐간되는 등 러시아 지역 내에서의 독립운동은 침체되었다. 하지만 한인의 독립운동은 러시아혁명과 시베리아내전을 맞으면서 큰 변화를 맞았다. 1917년 '2월혁명'이 일어나자 러시아 지역 한인들은 자치적 대표 기관을 설립하기 위해 회의를 소집했다. 연해주·아무르주·자바이칼주 각 지역에서 한족회·군인회·교사회·농민동맹 등 대표자 96명이 1917년 6월 니콜스크우수리스크에 집결해 대표자대회를 개최했다. 그 결과 '고려족중앙총회'가 조직되었다.

대표자대회의 소집과 개최는 원호인(러시아 국적의 이주 한인)의 주도로 이루어졌다. 대표자의 3분의 2를 차지하던 원호인들은 여호인(미귀화 한인)들에게 배타적인 태도를 취했다. 고려족중앙총회는 여호인들에게는 의결권을 주지 않은 채 케렌스키 임시정부를 지지하기로 결정했다. 1917년 '2월혁명'이 일어난 후 제정러시아 차르 체제가 무너지자 두 개의 권력, 즉 하나는 자본가와 지주 중심으로 제1차 세계대전을 계속하자는 멘셰비키와 사회혁명당이 이끄는 케렌스키 임시정부, 다른 하나는 "모든 권력을 소비에트로"와 "제1차 세계대전 중지"를 외치는 노동자·농민·병사 대표자 소비에트가 출현했다. 이는 항일운동을 추구하는 이들에게는 실망스러운 일이었다. 독일과 전쟁을 계속하려는 케렌스키 임시정부가 일본을 동맹국으로 간주했기 때문이다.

이에 소비에트 지지를 표명한 대표자들은 대회장에서 퇴장했다. 이들은 곧 하바롭스크에 모여 고려족중앙총회가 여호인들을 배제한 점을 비판하고 귀화 여부를 불문한 한인 대표기관을 설립하기 위해 1918년 1월 대표자대회를 소집한다는 발기문을 선포했다. 이 발기문은 고려족중앙총회 측에도 전달되었다. 고려족중앙총회는 1917년 '10월혁명' 이후 하바롭스크에 원동소비에트정부가 수립된 상황이었기 때문에 원호인과 여호인을 망라한 단체 결성에 반대할 명분이 없었다. 결국 이들은 하바롭스크에서 개최된 '전로한족대표자대회'에 대표를 파견했다. 이 자리에서 두 세력의 타협이 성립되었다. 그리하여 1917년 12월 우수리스크에서 원호인을 대표하는 문창범을 회장으로 하고, 여호인 세력을 대표하는 김립을 부회장으로 하는 통합 '전로한족회 중앙총회'가 창립되었다.

이런 가운데 '고려족중앙총회'에 맞서 소비에트를 지지하던 이들은 하바롭스크에서 최초의 한인사회주의정당을 조직하고자 했다. 이들은 먼저 1918년 3월 하바롭스크에서 '한인정치망명자대회'를 개최했다. 대회에는 러시아와 중국 지역에서 활동하던 저명한 민족운동가들이 대거 참가했다. 원동소비에트정부를 대표해 위원장 알렉산드르 크라스노쇼코프(Alexandr Krasnoshchyokov)와 김알렉산드라도 참석했다.

하지만 이 대회는 "볼셰비키주의에 찬동하여 고려 혁명을 그 길로 촉진하자"라는 이동휘의 제안을 둘러싸고 두 그룹으로 나뉘었다. 이동녕 등 이동휘의 제안에 반대하는 이들은 순수한 독립운동만을 위해 '광의단(光義團)'이라는 무장단체를 조직하되, 원동소비에트정부로부터는 후원만 얻자는 의견을 개진했다. 결국 대회는 결렬되었다. 이동녕 등은 회의 석상에서 퇴장하고 전로한족회대회가 열릴 니콜스크우수리스크로 떠났다.

이동휘의 제안을 지지했던 이들은 1918년 5월 최초의 한인 사회주의 정당인 한인사회당을 창당했다. 한인사회당은 중앙위원회 내에 조직부·선전부·군사부 등 3개 집행 부서를 두기로 결정하고, 중앙위원으로는 위원장 이동휘, 부위원장 오바실리, 군사부장 유동열, 선전부장 김립 등이 선임되었다. 한인사회당은 기관지로 한글 잡지 ≪자유종≫을 발간하는 한편, 한인 자제들의 교육을 위해 문덕중학교를 설립했다.

한편 연해주가 반혁명세력인 백군에게 점령되고 1918년 8월 일본군이 연해주를 침공한 이후 유일하게 합법적 지위를 유지하고 있던 전로한족회 중앙총회는 1919년 2월 25일 니콜스크우수리스크에서 제2차 대회를 소집했다. 제1차 세계대전 종전 이후 파리강화회의에 대한 대책을 논의하기 위해서였다. 대회에는 러시아 지역은 물론이고 서간도와 북간도의 대표들까지 참가했다.

전로한족회 중앙총회 결성 장소 우수리스크

이 대회에서 '전로한족회 중앙총회'를 대한국민의회로 확대·개편하기로 결정했다. 러시아 지역뿐만 아니라 간도까지 포괄해 조직된 대한국민의회는 국외 모든 한인들의 대표기관이자 한국 임시정부를 자임했다. 대한국민의회 의장에 문창범, 부의장에 김철훈, 서기에 오창환이 각각 선출되었다. 한인사회당 위원장 이동휘는 선전(宣戰)부장으로 선출되었고 김립이 참모로 선정되었다. 이 외에도 장기영·전일·김진 등 한인사회당원 일부가 대한국민의회에 참가했다. 또한 대한국민의회는 파리강화회의에 파견할 대표자로 윤해와 고창일을 선정했다.

이와 달리 파리강화회의 대표 파견에 반대한 한인사회당은 1919년 4월 25일 블라디보스토크에서 비밀리에 제2차 당대회를 개최했다. 이 대회는 한인사회당과 신민단의 통합대회였다. 이 자리에서 앞으로 조직될 제3인터내셔널에 가입하기로 결의하고, 박진순·이한영·박애 세 명을 파견 대표자로 선정했다. 이들은 그해 7월 모스크바로 출발했다.

국내에서 3·1운동이 일어나자 대한국민의회는 「독립선언서」를 발표하고 대규모 시위운동을 주도했다. 1919년 3월 17일 우수리스크에서 독립을 선언한 뒤, 당일 오후 문창범·김철훈 등의 주도로 블라디보스토크 신한촌에서 독립선언축하회가 열렸다. 신한촌은 태극기의 물결로 뒤덮였으며, 수많은 인파가 운집한 가운데 독립선언 축하회가 성대히 거행되었다. 또한 이들은 블라디보스토크 주재 각국 영사관과 러시아 당국에 「독립선언문」을 보냈고, 일본 영사관에는 직접 전달했다.

1920년 블라디보스토크 삼일절 기념식 광경

축하회가 끝난 뒤 한인들은 학생과 청년들이 탄 자동차 시위대를 뒤따르며 시가행진을 펼쳤다. 이에 당황한 일본 영사는 러시아 당국에 즉각 시위운동을 중지시켜 줄 것을 요구했다. 당시 외교 분쟁을 꺼린 러시아 당국은 시위 중지를 명령하고 신한촌의 태극기를 모두 내리게 했다. 다음 날 이에 격분한 노동자들은 동맹휴업으로, 학생들은 동맹휴학으로 맞서기로 했다. 연해주의 만세운동은 이후 니콜스크우수리스크·포시에트·스파스크·라즈돌리노예·하바롭스크 등 한인들이 거주하는 각지에서 1919년 4월 중순까지 계속되었다.

한편, 대한국민의회는 1919년 4월에 성립된 상해임시정부와의 통합을 위해 원세훈을 전권교섭위원으로 선정한 후 상하이로 파견해 이 문제를 협의하도록 했다. 협의 결과 국내의 한성정부를 계승한 새로운 임시정부를 수립하기 위해 상하이와 연해주에 각각 설치된 두 정부를 해산하기로 했다. 이에 대한국민의회는 8월 말 해산을 결의했다. 1919년 9월 출범한 통합 임시정부의 각료로 이동휘가 국무총리에, 문창범은 교통총장에 선임되었다.

그 뒤 곧바로 이동휘와 문창범은 통합 임시정부에 참여하기 위해 상하이로 갔다. 그러나 상해임시정부가 해체되지 않은 것을 알게 된 이동휘와 문창범은 내각 취임을 거부했다. 이에 따라 대한국민의회와 상해임시정부 사이에 한동안 '승인-개조' 논쟁이 벌어졌다. 결국 한인사회당 측이 상해임시정부의 조치를 수용해 1919년 11월 이

동휘가 국무총리에 취임했다. 그러나 문창범은 교통총장 취임을 거부하고 상해임시정부와 이에 참가한 한인사회당 계열을 맹렬히 비난한 뒤 블라디보스토크로 돌아왔다. 그 뒤 1920년 2월에 대한국민의회가 다시 설립되었다. 이로써 러시아 한인 사회는 상해임시정부 참여 문제를 둘러싸고 상해임시정부파와 대한국민의회파로 양분되고 말았다. 양자는 줄곧 정치·군사·외교 면에서 대립했다.

문창범

2) 한인 빨치산부대의 활약과 '4월참변'

1918년 5월 창립된 한인사회당은 중앙위원회 안에 군사부를 두었다. 한인사회당이 일반적인 혁명 정당이 아닌 민족해방운동을 염두에 둔 조직임을 알 수 있는 부분이다. 한인사회당은 군사부의 사업으로 군사부장 유동열의 주관 아래 무장부대를 편성하고자 했다. 먼저 원동소비에트 당국의 지원을 받아 유동열을 교장으로 하는 사관학교가 하바롭스크에 설립되었다. 당시 서간도 류허현에 설치된 사관학교의 생도들을 이동시켜 여기에 편입시키기로 했으며, 홍범도가 이끌던 무장부대도 하바롭스크로 이동하기로 약속되었다. 이러한 노력 끝에 1918년 6월 말 서간도에서 온 50~60명과 다반 등 하바롭스크 인근에서 모집한 한인 청년 등 100여 명의 보병으로 이루어진 한인사회당 적위군이 조직되었다.

1918년 8월 말 한인사회당 적위군은 남쪽으로부터 진격해 온 칼미코프(Kalmikov)의 백군에 맞서 하바롭스크를 방어하는 전투에 참가했다. 전투는 하바롭스크 남쪽 이만에서부터 시작되었다. 뱌젬스키를 거쳐 크라스나야 레치카까지 퇴각한 한인사회당 적위군과 소비에트 적군은 크라스나야 레치카 지구와 하바롭스크 시가지 전투에서 칼미코프 백군에 맞서 치열한 전투를 벌였다. 그러나 소비에트 적군은 처참히 패했고, 한인사회당 적위군도 거의 절반 이상이 전사하는 큰 피해를 입었다. 그해 9월 4일 결국 하바롭스크는 백군에게 점령되고 말았다.

살아남은 한인사회당 적위군 부대원들은 아무르강을 따라 블라고베셴스크로 퇴각했다. 한인 부대원들은 아무르강에서 기선을 타고 몽골과 중국 신장을 거쳐 중앙아시아로 들어가고자 했다고 한다. 그들은 거기서 모스크바의 레닌 정부와 연락을 취해 전열을 재정비한 후 다시 원동으로 진격한다는 작전을 세웠다. 그러나 이 일은 계획대로 되지 않아 부대원들이 뿔뿔이 흩어지고 말았다. 이인섭 등 한인 12명은 김알렉산드라를 비롯한 하바롭스크 원동소비에트정부 지도자들과 함께 기선을 타고 블라고베셴스크로 퇴각하다가 백군에 체포되었다. 이인섭 등은 김알렉산드라가 마련해 준 중국 여권을 이용해 중국인 행세를 하며 탈출에 성공했지만, 김알렉산드라는 체포되어 9월 16일 하바롭스크에서 처형당했다.

한인사회당 적위군은 2개월여의 짧은 기간에 존재했지만 러시아 원동 지역 한인들이 백군과 일본군을 비롯한 제국주의 간섭군에 맞서 싸운 최초의 조직적 투쟁이었다는 점에서 의의가 크다. 이러한 투쟁 경험은 이후 한인사회당이 신민단과 통합해 다시 한번 군사행동을 준비하고 실행하는 데 기반이 되었다.

한편 러시아내전이 소강상태에 접어든 후 호시탐탐 재침략의 기회를 엿보고 있던 일본은 1920년 4월 4일 밤 기습적으로 연해주 공격을 감행했다. 연해주에 있는

4월참변
1920년 4월 5일 러시아 극동 지역 스파스크에서 일본군들이 한인 독립운동가들을 잔인하게 학살한 뒤
무덤덤한 표정으로 현장을 둘러보고 있다.

자국민을 보호한다는 것이 표면적인 이유였다. 이른바 연해주 '4월참변'이 발발한 것이다.

연해주 '4월참변'은 한인 민족운동과 빨치산운동에도 엄청난 타격을 주었다. 한인 민족운동의 중심지 블라디보스토크의 신한촌은 4월 4일 밤에 일본군의 급습을 받았다. 다음 날 새벽까지 계속된 수색을 통해 민족운동가 채성하와 러시아 사회당원 박모이세이를 비롯한 한인 54명이 체포되었다. 니콜스크우수리스크에서도 일본군은 반일 한인 76명을 체포했다. 이 중에는 상해임시정부의 재무총장으로 선임되었던 러시아 지역의 유력자 최재형도 있었다. 그는 김이직·엄주필·황경섭 등과 함께 처형되었다.

연해주에서 일어난 '4월참변'으로 블라디보스토크를 거점으로 한 한인 반일 조직은 모두 와해되어 지하로 숨어들었다. 김규면과 진학신은 블라디보스토크 어딘가에 잠복했으며, 김진·최의수·김하석 등은 수찬으로 숨어들었다. 대한국민의회는 일본군을 피해 아무르주로 이동했고, 한인사회당원들도 아무르주나 북간도로 갔다. 또한 반일 한인들은 수이푼을 비롯해 연해주 각지로 흩어져 무장 부대를 조직하고 적군과 연계해 무장투쟁을 준비하기 시작했다.

이후 러시아 원동 연해주의 한인들은 빨치산부대를 조직해 적군 및 러시아 빨치산부대와 함께 일본군과 제국주의 간섭군의 지원을 받는 백군에 맞서 싸웠다. 그 가운데서도 이만전투와 볼로차옙카전투·올가전투·수청전투 등에서 한인 빨치산부대들은 혁혁한 전과를 올렸다. 한 기록에 따르면 러시아내전기 연해주 지역에서 조직된 한인 빨치산부대는 무려 47개에 이른다. 그리고 한인 빨치산부대와 직간접적으로 관계를 맺은 한인의 수는 1만 명이 넘는다. 당시 연해주에 거주하던 한인의 수가 10만 명을 조금 넘었다고 하니 얼마나 많은 한인들이 러시아내전기에 소비에트의 승리를 위해 싸웠는지 짐작할 수 있다.

결국 1922년 10월 25일 적군이 블라디보스토크를 점령함으로써 5년간에 걸친 내전에 종지부를 찍었다. 그 과정에서 수많은 한인들이 공로를 세웠고, 또 그만큼 많은 한인들이 희생되었다. 내전에서 보여준 한인들의 공로와 희생은 이후 연해주에서 한인들의 위상을 높이는 데 크게 기여했다.

03 1920~1930년대 연해주 한인 사회와 강제이주

1) 한국 독립운동의 배후지

1922년 10월 25일 블라디보스토크가 해방되면서 연해주 해방전쟁의 승리가 선언되었고, 11월 2일 마지막 백군 잔여 병력이 중국 국경을 넘으면서 전쟁은 끝났다. 전쟁의 시기가 끝나고 평화의 시기가 도래한 것이다. 러시아는 전쟁 기간 동안 파괴된 원동의 연해주를 새롭게 건설하고자 했다.

내전에 참가했던 한인 빨치산부대들은 해산되어 새로운 사회주의 사회 소비에트 건설에 동참했다. 연해주에 사회주의 사회를 건설하는 데 한인들이 주역으로 등장한 것은 무엇보다 내전 기간 한인들이 세운 공로와 희생 덕분이었다. 전선에서 돌아온 빨치산들은 빨치산 경험을 살려 콜호스(kolkhoz: 집단농장)를 조직하고 생산 대열에 뛰어들었다. 이에 한인들로 이루어진 많은 콜호스가 조직되었고, 한인 지도자들은 당과 소비에트에서 주요 직책을 맡아 사회주의사회 건설을 지도했다.

1923년 3월 1일 3·1운동 4주년을 기념해 한글 신문 ≪선봉≫이 발행되었다. ≪선봉≫은 한인들이 중앙아시아로 강제이주 당한 이후 카자흐스탄에서 ≪레닌기치≫로 제목을 바꿔 발행되었으며, 1991년 12월 소련 해체 이후에는 ≪고려일보≫라는 이름으로 지금까지 이어지고 있다. 한글 신문 외에도 각종 한글 잡지가 발간되었다. 연해주의 한인 마을들에는 한인 자제들을 위한 학교가 설립되었으며, 한인 학교의 교사를 양성하기 위해 블라디보스토크·우수리스크·포시에트 세 곳에 사범전문학교가 세워졌다. 이 중 블라디보스토크의 사범학교는 1931년 원동고려사범대학이 되는데, 이는 한인이 세운 최초의 대학이었다. 또한 한인들로 이루어진 극단인 '조선극장'이 창립되어 한인들의 여가 생활을 책임졌다. 조선극장의 역사는 현재 카자흐스탄의 '고

≪레닌기치≫
카자흐스탄공화국에서 재소 한인을 위해
1938년 5월 창간되었다.

려극장'으로 이어지고 있다.

한편 일본군이 철수하고 난 후 연해주 지역은 일본군과 직접 맞서는 전선이 아니라 독립운동, 특히 사회주의운동의 배후지 역할을 맡았다. 내전에 참가했던 '간도 15만 원 사건'의 주인공 최봉설(최계립)을 비롯해 홍파·마진 등의 청년들은 1923년 적기단(赤旗團)을 조직해 중국령 간도와 러시아령 연해주를 넘나들며 일제에 맞섰다. 상하이와 이르쿠츠크에서 만들어진 두 개의 고려공산당이 해산되고 난 후, 1923년 조선 사회주의운동 전체를 관장하는 잠정적인 최고 기관으로 수립된 코민테른 고려총국(코르뷰로)이 위치한 곳은 블라디보스토크였다. 코르뷰로 해산 이후 블라디보스토크에 수립된 고려공산당창립대표회준비위원회(오르그뷰로) 역시 조선 내지에 공산당을 조직하는 임무를 띠고 있었다.

1927년에는 블라디보스토크에서 조선공산당 사건으로 수감된 조선의 독립운동가들을 후원하기 위한 국제혁명자후원회(모플)가 만들어졌다. 독립운동의 일선에서 물러나 있던 이동휘는 원동변강 모플 고려부 책임자가 되어 탄압받는 조선의 공산주의자들을 돕기 위해 노력했다.

이와 같이 한인들은 1937년 중앙아시아로 강제이주 당하기 전까지 러시아 원동의 연해주에서 소련 공민으로서 소비에트 건설에 큰 공헌을 했으며, 다른 한편으로는 한국 국내와 중국 지역에서 벌어지던 민족해방운동을 지원하는 역할을 했다.

2) 중앙아시아강제이주

1937년 연해주 한인들의 머리 위로 생각지도 않았던 날벼락이 떨어졌다. 1937년 하반기부터 연해주 전 지역의 모든 한인을 중앙아시아로 강제이주 시키라는 명령이 모스크바로부터 내려온 것이다. 원동 지역에 일본 정보원이 침투하는 것을 미연에 방지하는 것이 목적이라고 했다. 1937년 9월 초순부터 두 달여 사이에 약 17만 2000명의 한인들이 연해주로부터 수천 킬로미터 떨어진 중앙아시아로 강제이주를 떠났다. 연해주에서 중앙아시아의 우즈베키스탄이나 카자흐스탄까지 도착하는 데는 1개월에서 1개월 반이 걸렸으며, 수송 도중 수많은 한인들이 병과 사고로 사망했다. 그 정확한 숫자는 아직도 확인되지 않는다.

1937년에 실시된 한인의 강제이주에 대해서는 여전히 밝혀야 할 사실들이 많다. 강제이주의 진정한 이유는 무엇이며, 그것이 필연적인 것이었는가? 강제이주는 어떤 과정으로 이루어졌으며, 그 과정에서 얼마나 많은 사람들이 희생되었는가? 또한 강제이주를 전후해 숙청되거나 처형된 한인 사회의 지도자 혹은 지식인들이 2500여 명이라는 지금까지의 추산이 맞는 것인가? 최근의 연구로 강제이주의 실상이 조금씩 베일을 벗고 있기는 하지만, 아직은 역사적 사실이기보다는 신화로서 전해지는 부분이 많다. 하지만 이 하나만은 확실하다. 1937년 강제이주 이후, 1860년대 이래 대

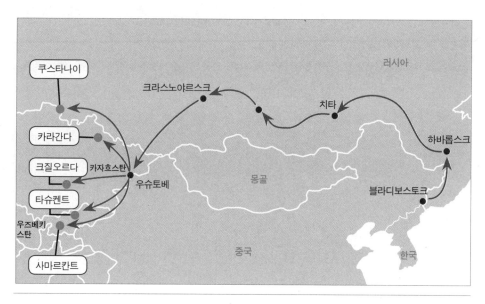

한인 강제이주 경로

규모 한인 사회가 자리 잡았던 연해주는 이후 오랫동안 우리의 역사 무대가 되지 못
했다는 사실이다.

참고문헌

박걸순. 2017. 「보재 이상설의 독립운동론과 독립운동」. ≪한국독립운동사연구≫, 60, 35~78쪽.

박민영. 2010. 「안중근의 연해주 의병투쟁 연구」. ≪한국독립운동사연구≫, 35, 189~234쪽.

박, 보리스(Boris Pak)·니콜라이 부가이(Nikolaj Bugaj). 2004. 『러시아에서의 140년간』. 김광환·이백용 옮김.
    시대정신.

박환. 2018. 『페치카 최재형』. 선인.

반병률. 1998. 『성재 이동휘 일대기』. 범우사.

심헌용. 2007. 「1930년대 소련 국가권력의 위기와 한인 강제이주」. ≪군사≫, 64, 61~102쪽.

오세호. 2017. 「백추 김규면의 독립운동 기반과 대한신민단」. ≪한국근현대사연구≫, 82, 223~251쪽.

윤병석 외. 1994. 『러시아지역의 한인사회와 민족운동사』. 교문사.

윤상원. 2010. 「러시아지역 한인의 항일 무장투쟁 연구」. 고려대학교 박사학위논문.

임경석. 2003. 『한국사회주의의 기원』. 역사비평사.

조철행. 2008. 「1920년대 전반기 고려중앙국의 조직과정과 운영」. ≪한국독립운동사연구≫, 30, 299~330쪽.

13강 중국 관내 지역의 독립운동

손염홍

손염홍

01 1910년대 독립운동의 방략 모색과 기반 조성

1) 중국 신해혁명 참가와 동제사 결성

중국의 관내 지역은 허베이성에 위치한 만리장성의 관문인 산하이관 남쪽의 중국 본토를 가리키며, 중국 대륙이라고도 한다. 일제하 중국 내 한국 독립운동의 공간은 산하이관을 경계로 관내 지역과 '만주'로 불리던 관외 지역(둥베이3성)으로 구분한다. 관내 지역의 독립운동은 베이징·톈진·상하이·난징·광저우·충칭·우한 등지가 주요 거점이었다.

관내 지역이 한국 독립운동의 공간이 된 것은 국권을 침탈당한 1910년을 전후한 시기였다. 베이징의 한국 독립운동은 신민회가 국외 근거지 구축을 위해 1909년경 육군무관학교 출신의 조성환을 파견하면서 비롯됐다. 베이징은 러시아 연해주, 중국 둥베이 지역과 상하이·난징 등지의 중간 지점에 위치해 독립운동의 기착지 혹은 연락처가 되었다. 1909년 10월 안중근 의거 이후 신민회가 일제의 탄압을 받자, 안창호를 비롯한 회원들이 대거 국외로 망명했다. 이들은 1910년 7월 중국 산둥성 칭따오에서 독립운동의 방략과 근거지 개척에 관해 회담했다. 하지만 참가자들은 무장투쟁론과 실력양성론으로 양분되어 합의점을 찾지 못해 다시 흩어지고 말았다.

이런 상황에서 1911년 10월 중국 신해혁명의 시작을 알리는 우창봉기가 일어나자 국내외의 독립운동가들은 고무되었다. 신규식은 중국으로 망명해 베이징에서 조성환을 만나 중국혁명의 중심지 난징으로 갔다. 이들은 중화민국 임시정부를 방문해 혁명가 황싱(黃興)을 만나 지지 의사를 전달하고 여비 중 수백 원을 기부했다. 난징과 상하이의 뜻있는 한인 청년과 학생들도 중국혁명에 참가했다.

동제사의 주역 신채호, 신석우, 신규식

당시 독립운동가들은 중국혁명의 성공이 곧 한국의 독립으로 이어질 것이라 믿었다. 혁명 지도자 쑨원(孫文) 또한 약소민족의 독립과 해방운동을 지지했기 때문이다. 상하이의 신규식 등은 한국 독립운동과 중국혁명의 연대를 위해 노력을 기울였다. 이에 신규식은 대표 단체의 필요성을 인식하고 박은식·신채호·홍명희·문일평 등과 함께 1912년 7월 상하이에 비밀결사 동제사(同濟社)를 결성했다. 이는 중국 관내 지역 최초의 한국인 독립운동 단체였다. 그 이름은 사자성어 오월동주(吳越同舟)에서 따온 것으로 '한마음, 한뜻으로 같은 배를 타고 피안에 도달하자'는 뜻이었다. 동제사는 본부를 상하이에 두고 베이징·톈진·만주 등 중국 지역, 연해주·유럽과 미국·일본 등지에 지사를 설치했다. 동제사는 상하이 한인들의 친목과 상호부조를 표방하고 회원 300여 명을 통해 각지의 독립운동 세력과 유기적인 관계망을 형성했다.

또한 1912년 말부터 1913년 초쯤 신규식은 중국동맹회 지도자 천치메이(陳其美)

와 함께 비밀결사 '신아동제사(新亞同濟社)'를 조직했다. 이는 한국 독립운동가들과 중국 혁명지사를 서로 연결하고 두 국민 사이의 우의와 친선을 도모하며 한국의 독립을 촉진하는 데 목적을 두었다.

이 무렵 한인 청년·학생들이 중국 학교로 진학하거나 구미로 유학할 목적으로 상하이에 몰려들었다. 동제사는 이들에게 좀 더 체계적인 예비교육과 편의를 제공하고자, 1913년 12월 상하이 프랑스조계 내에 박달학원(博達學院)을 개설했다. 박달학원은 한인 유학생들에게 중국어와 영어뿐만 아니라 역사·지리 등도 가르쳐 민족의식을 깨우쳐 주었다. 졸업생들은 구미로 유학을 떠나기도 했지만, 동제사의 주선으로 중국의 각 군관학교에 입학해 군사교육을 받기도 했다.

2) 신한혁명당과 국제 연대 활동

1914년 제1차 세계대전 발발 이후 국제 정세는 한국 독립운동에 불리하게 돌아갔다. 러시아는 일본과 협상을 맺어 연해주 한인들의 정치와 사회 활동을 금지했고, 만주에서는 일제의 사주를 받은 중국 관헌들이 한국 독립운동 단체의 조직이나 활동을 봉쇄했다. 이러한 상황 속에서도 독립운동가들은 독일의 승리를 기대해 새로운 방략을 모색하며 독립운동의 돌파구를 찾았다. 1915년 3월 연해주·만주·베이징 등지의 유동렬·성낙형·박은식·신규식 등 지도급 인물들은 상하이에 총집결해 영국조계에서 '신한혁명당'을 결성했다.

신한혁명당은 위안스카이(袁世凱) 정권의 지원을 얻고자 본부를 베이징에 두었으며, 연해주에서 활동하던 이상설을 본부장에 선임하고 고종을 당수로 추대했다. 신한혁명당은 독립전쟁을 염두에 두고 만주·연해주·미주의 군사력을 모두 통합하는 독립군단을 편성해 국내진공작전을 계획하기도 했다. 또한 이 단체는 중국의 원조를 받고자 고종의 위임을 받아 「중한의방조약」이라는 밀약을 맺

유동렬

으려 했다.

당시 일제는 독일에 선전포고하고 중국 산둥에 침입했다. 중국 정부의 철병 요구에도 일제가 1915년 2월 위안스카이에게 「21개조」를 강요해 중국 내에서 반일운동이 일어났다. 이에 독립운동가들은 머지않아 중일전쟁이 일어날 것이며 중국과 독일은 동맹국이 될 것이라 예측했다. 하지만 기대와 달리 위안스카이가 일본의 요구안을 수락하면서 중일전쟁의 가능성이 사라졌다. 그럼에도 신한혁명당은 독일이 승전할 것이라고 믿고 계획을 계속 추진해 나갔다.

신한혁명당 외교부장 성낙형은 고종에게 당시 계획을 전달하고 조약 체결의 위임을 받고자 국내로 잠입했다. 그러나 사전에 발각되어 성낙형과 국내의 동지들이 일제에 체포되면서 계획은 좌절되고 말았다.

신한혁명당이 국제 정세를 어긋나게 판단하고 보황주의적 노선을 채택한 점은 한계로 지적된다. 하지만 각지의 한국 독립운동이 어려움을 겪고 있을 때 신한혁명당이 운동 역량을 재정비해 독립전쟁을 결행했다는 점에서 의의를 찾을 수 있다.

3) 「대동단결선언」과 신한청년당의 독립운동 이념 확립

신한혁명당의 계획이 수포로 돌아간 직후 박은식과 신규식 등은 1915년 상하이 프랑스조계 내에 '대동보국단(大同輔國團)'을 조직해 국권을 회복할 새로운 방도를 모색했다. '대동'이란 한반도는 물론이고 만주 전체까지 포괄하는 개념이다. 당시 박은식은 우리 동포가 만주로 이주하여 학교를 개설해 자제를 교육시키고 문명 풍조를 파급한 것은 본래 이곳이 선조의 옛 땅이기 때문이라 여겼다.

그 뒤 1917년 2월 러시아혁명의 영향으로 피압박민족의 해방운동이 무르익자, 그해 12월 상하이의 신규식·박은식·신채호·조소앙 등 14명은 이를 국면 전환의 기회로 여겨 「대동단결선언」을 발표했다. 이는 대한제국 황제를 중심으로 한 보황주의 대신에 새로운 국민주권론을 표방했다. 이들은 독립을 성취하고 완전한 독립국가를 건설하기 위해 임시정부 수립을 촉구했다. 「대동단결선언」은 3·1운동 이후 임시정부가 수립될 수 있는 이론적 기틀이 되었다.

그 뒤 1918년 11월 상하이에서 여운형이 주도하는 신한청년당이 결성되었다. 신한청년당은 대한 독립, 사회개조, 세계 대동을 정당강령으로 정하고 사회주의 등 세계 사조와 혁명적인 이념을 적극 수용했다. 이에 신한청년당은 미국 등 구미 국가를 상대로 외교적 활동을 전개하고자 김규식을 파리강화회의에 파견하기로 결정하고 비용 마련을 위해 애쓰는 한편, 각지의 독립운동을 촉구했다.

한편 여운형은 늘어나는 상하이 한인 거류민의 자제들을 가르치고자 1917년 초에 인

「대동단결선언문」 1917년

성학교(仁成學校)를 설립했다. 그는 학생들에게 한국어와 한국사를 중점적으로 가르쳐 '한국혼'을 불어넣어 주고자 했다. 그 뒤 인성학교는 한인거류민단 소속의 공립학교로 변모했다. 또한 그는 1918년 가을에 상해고려교민친목회를 조직해 거류 한인의 친목과 단결을 도모하고자 했다. 이 단체는 1919년 4월 대한민국임시정부가 수립된 이후 그해 9월에 상해대한인민단으로 바뀌었고 여운형이 회장으로 취임했다.

02 1920년대 독립운동의 전개와 분화

1) 독립운동 단체의 결성

1919년 4월 상하이 프랑스조계에서 대한민국임시정부가 수립된 이후 중국 관내 지역에는 많은 독립운동 단체가 결성되었다. 관내 독립운동의 중심지는 여전히 상하이였지만, 베이징·톈진·광저우·우한 등지에서도 독립운동가와 청년 학생들이 증

가하면서 여러 단체가 만들어졌다.

베이징에서는 1919년 3월 하순에 신대한동맹회가 조직되어 대한민국임시정부를 지원하면서 중국과의 외교적인 접촉을 시도했다. 텐진에서는 그해 4월 조선홍·명제세·김철·박세충 등이 임시정부를 지원하고자 천진불변단을 조직하고 ≪한민주보≫를 간행했다. 천진불변단은 임시정부의 국내 활동에 거점 역할을 했다. 그리고 4월경 베이징과 텐진의 청년·학생 70여 명은 대한독립청년단(또는 '학생단')을 조직하고 신채호를 단장으로 추대했다.

이와 더불어 한인 교민 단체도 조직되었다. 1920년 2월 천진불변단의 박용태는 임시정부의 지원을 받아 천진교민단을 조직했다. 천진민단이 일제의 탄압에 해체되자 1921년 7월 한민회가 다시 조직되었고, 그해 12월 다시 천진교민단으로 바뀌었다. 베이징에서는 1921년 군사통일회의가 개최되면서 박용만·박건병·신팔균 등의 제의로 북경한교구락부가 조직되었다. 이 단체는 한인들의 교육·오락·구제 사업 등을 펼쳤는데, 후에 북경한교자치회로 개칭되었다가 1924년 7월 원세훈·신숙 등 국민대표대회의 창조파 인사들이 합세하면서 합법적인 북경한교동지회로 탈바꿈했다. 이 단체는 교민단체와 독립운동 지도기관의 복합적 성격을 지녔다.

이와 함께 1920년대 베이징의 한인 유학생들은 단체를 결성해 독립운동에 참여했다. 베이징 유학생은 1910년 중반부터 증가하기 시작해 1920년대 중반에는 300여 명으로 늘어나 전체 베이징 한인의 4분의 1을 차지할 정도였다. 이에 가장 먼저 개신교 출신자를 중심으로 1917년에 고려청년회가 조직되었고, 1918년에 북경조선유학생회가 결성되었다. 이 학생회는 1923년에 조직을 개편해 ≪넋≫·≪새조선≫·≪신인물≫ 등의 간행물을 발간해 독립의식을 고취했다.

1920년대 후반에는 한인들이 중국혁명의 본거지 광저우와 우한으로 모여들었다. 1928년 광저우의 한인 수가 800여 명에 달했는데, 이는 1924년 1월 성립된 국공합작과 북벌전쟁, 그리고 중국 북방을 장악한 군벌 세력이 한국 독립운동을 탄압했기 때문이다. 이에 베이징의 김성숙·김산(본명 장지락) 등의 학생들이 광저우로 떠나왔는데 이들 대부분은 중국공산당에 가입했다. 당시 김원봉도 의열단원을 이끌고 광저우로 이동했다. 이들은 중산대학이나 황푸군관학교(黃埔軍官學校)에 입학해 군사교육과 정치교육을 받았다. 또한 그들은 1926년 손두환·김성숙 등이 조직한 유월한국혁명동지회(留粵韓國革命同志會)에 참가해 민족유일당 광동촉성회의 결성과 통일된 민족정당 건설에도 노력했다.

우한에서도 적지 않는 한인들이 활동했다. 이들 가운데는 우한의 황푸군관학교 분교에 입교하거나 그곳의 국민혁명군, 학병단, 항공국에서 복무하는 이도 있었다. 이들을 중심으로 유악한국혁명청년회(留鄂韓國革命靑年會)가 조직되었다. 이들은 중국의 국민당 및 공산당 세력과의 연대를 시도하는 한편, 민족유일당 무한촉성회의를 결성하기 위해 노력했다. 그러나 1927년 4월 들어 중국 국민당의 공산당 탄압이 본격화되면서 제1차 국공합작이 결렬되어 한국 독립운동에도 커다란 영향을 미쳤다. 광저우와 우한의 많은 한인 독립운동가들은 그해 8월 1일에 일어난 '난창봉기(南昌起義)'와 12월 11일에 일어난 '광저우봉기(廣州起義)'에 참가했다가 희생되었다.

2) 의열투쟁과 무장투쟁

3·1운동 직후부터 암살과 파괴를 통한 의열투쟁이 전개되었는데 대표적인 단체는 1919년 11월 만주 지역 지린에서 창립된 의열단이었다. 의열단은 1920년 가을쯤 근거지를 베이징으로 옮긴 후 사회주의혁명 세력의 자금을 받아 의열투쟁을 계속해 나갔다.

대표적인 의거는 1920년 9월 박재혁의 부산경찰서 투탄 의거, 그해 11월 최수봉의 밀양경찰서 투탄 의거, 1921년 9월 김익상의 조선총독부 청사 폭탄 의거, 1922년 2월 상하이 황푸탄에서의 김익상·오성륜 등의 일본 육군대장 다나카 기이치(田中義一) 암살 시도, 1923년 1월 김상옥의 종로경찰서 폭탄 의거 등이다. 이렇듯 1921~1922년 2년 동안 의열단의 활약은 일제에 충격을 던져줬다.

이런 가운데 의열투쟁에 대한 비판이 일자, 1923년 1월 단장 김원봉은 신채호로부터 「조선혁명선언」을 받아 아나키즘적인 운동 이념과 노선을 천명했다. 그 뒤 김원봉은 활동 무대를 상하이로 옮겼지만 사회주의사상의 확산에 따라 단원 사이에 이념 분쟁이 일어나 활동은 침체 상태에 빠졌다. 이때 1924년 1월 김지섭이 일본 왕궁의 입구인 니주바시 사쿠라다몬(二重橋櫻田門)에 폭탄을 던지는 의거를 일으켰다. 그는 1928년 2월 지바(千葉)형무소에서 복역 중 순국했다.

중국에서 국공합작이 이루어지자 김원봉을 비롯한 단원들은 1925년 가을경 본부를 광저우로 옮겼다. 이들은 황푸군관학교와 중산대학에 입교한 뒤 사회주의적인 대중투쟁 노선을 채택해 의열단을 혁명 정당 겸 대중운동 조직 체제로 개조하려 했다. 이 시기에 나석주는 1926년 12월 서울의 동양척식회사와 조선식산은행에 폭탄을 투척했다. 의열단은 1929년 상하이 지부의 해단 성명 이후 사실상 활동을 중지했다.

김창숙

류자명

1920년대 중후반에 베이징에는 새롭게 '다물단(多勿團)'이 출현했다. '다물'은 용감·전진·쾌단(快斷) 등의 의미를 담고 있고, '입을 다물고 실행한다'는 뜻도 지니고 있다. 다물단은 "정탐(偵探), 반적(叛賊), 광견(狂犬) 등을 근본적으로 토벌하여 우리 사회의 공기를 청결하게 하고 독립운동의 장애물을 제거"하는 데 목적을 두었다.

신채호가 이 단체의 선언서를 작성해 주었고 단원 수는 약 40~50명으로 전해진다. 단원들은 류자명·이회영·김창숙 등의 지도를 받고 밀정들을 제거했다. 대표적으로 1925년 3월 베이징의 독립운동가 사이에 숨어 있던 밀정 김달하의 처단을 들 수 있다.

이 외에도 상하이에서 활동하던 한국노병회(韓國勞兵會)와 병인의용대(丙寅義勇隊)는 무장투쟁을 지향했다. 한국노병회는 1922년 김구·이유필·손정도·여운형 등이 조직한 것으로, 조국 광복을 위해 향후 10년 이내에 1만 명 이상의 노병을 양성한다는 계획과 함께, 100만 원 이상의 전비만 마련되면 일제와의 독립전쟁을 결행한다는 목표를 세웠다. 이를 위해 회원들을 중국의 군관학교에 입교시켜 군사훈련을 받도록 했

으나, 이러한 계획은 인적·재정적 어려움에 좌절
되고 말았다.

그 뒤를 이어 1926년 1월 병인의용대가 조직
되었다. 이는 이유필·나창헌·강창제·이수봉 등
이 주도한 것인데 주로 암살과 파괴를 목적으로
했다. 이들은 주로 상하이에서 활동하는 일제의
밀정과 친일 분자를 색출·처단했다. 먼저 무엇
보다 병인의용대의 목표는 상하이 일본 총영사
관을 폭파하는 일이었지만, 세 번의 시도에도 소
기의 성과를 거두지는 못했다.

한국노병회 「회헌(會憲)」

3) 군사통일운동과 임시정부 반대운동

1919년 4월 출범한 상해임시정부의 임시의정원이 이승만을 국무총리로 선임하자
신채호는 위임통치와 자치 문제를 이유로 이를 반대하고 나섰다. 그 뒤 신채호는 신대
한동맹회를 결성하고 1919년 10월 기관지 ≪신대한≫을 간행해 임시정부를 비판하며
반대운동을 전개했다. 1920년 4월 베이징으로 건너간 신채호는 자신이 국무총리로 추
천했던 박용만과 연합해 군사통일운동과 임시정부 반대운동을 계속했다.

이들은 이회영의 집을 근거지로 삼고 임시정부 교통총장 취임을 거절한 연해주
의 사회주의 세력 지도자 문창범과 함께 군사단체 통일 및 연해주와 만주에서의 무
장투쟁 방안을 합의했다. 이를 위해 박용만·신채호 등은 문창범과 함께 연해주로 갔
지만, 1920년 4월 일본군이 연해주의 신한촌과 우수리스크 한인들을 습격한 4월참
변으로 계획은 수포로 돌아갔다. 그 뒤 박용만은 모스크바로 건너가 소비에트러시
아 정부와 비밀조약을 맺었다. 조약 내용은 시베리아 지방에 독립군 근거지를 마련
하고 소비에트러시아 정부로부터 탄약과 무기를 지원받아 함께 대일 항전에 참여한
다는 것이었다.

베이징동물원 입구 군사통일주비회의를 개최한 건물이 있다. 독립기념관 제공.

베이징으로 돌아온 박용만은 신채호·신숙·이회영 등 무장투쟁론자들을 규합해 1920년 여름 제2회 보합단을 결성하고 1920년 8월 군사통일촉성회를 발족했다. 촉성회는 만주에 회원들을 파견해 각 군사 당국자들과 회합을 준비했다. 이에 1921년 4월 만주·시베리아·하와이·국내 등지의 10개 단체 대표자들이 베이징에 모여 군사통일주비회의를 개최했다. 참석자들은 반이승만을 내세운 박용만의 무장 세력, 신숙 등의 천도교 세력, 대한국민의회 측의 사회주의 세력들이었다. 군사통일주비회의는 명칭을 군사통일회의로 변경했다.

군사통일회의는 국내진공작전을 계획했지만 지휘권을 임시정부의 군무부에 줄 것인지 아니면 자신들이 가질지를 놓고 의견이 갈렸다. 그런데 회의 중에 이승만의 비리가 드러나자 군사통일회의는 임시정부를 부인하기로 결의했다. 이에 군사통일회의는 상하이에 대표를 파견해 임시정부의 해산을 요구하는가 하면, 국민대표회의를 소집해 군사통일 문제를 해결하기로 했다. 군사통일회의는 국민대표회의의 선전과 촉진을 위해 1920년 6월부터 주보 ≪대동≫(주간 신채호)을 발간했다. 이로써 1920년대 베이징의 한인 독립운동은 반임정·무장투쟁적인 성격을 띠게 되었고, 상해임시정부와 함께 중국 관내 지역 독립운동의 양대 축을 형성했다.

하지만 이러한 군사통일회의의 움직임은 국외 동포들을 격분시켰고, 임시정부가 내무부령으로 각 관서에 경계와 주의를 촉구하자 탈퇴하는 대표자도 속출했다. 이런 가운데 고려공산당이 상하이계와 이르쿠츠크계로 분열하자 군사통일회의는 소비에트러시아 정부로부터 지원을 받기 어려워졌다. 결국 군사통일회의는 자금 문제를 해결하지 못해 모든 문제를 국민대표회의에 넘기고 유회되고 말았다.

그 뒤 박용만 세력은 새로운 임시정부를 수립하고 군
사양성운동을 펼쳤다. 이들은 1921년 11월 이상룡을 수
반으로 하는 '대조선공화국'을 건설해 민족운동의 최고 기
관으로 받들자고 했으나 성사되지 못했다. 또한 군사양성
운동 자금을 마련하기 위해 베이징에 홍화실업은행을 세
우고 대출을 받아 스징산(石景山)농장을 경영했지만 이 또
한 자금난으로 실패하고 말았다. 박용만은 밀정의 혐의를
받고 1928년 10월 자택에서 의열단 이해명에게 피살되었

박용만

다. 한편으로 신숙 등 베이징의 무장투쟁 세력은 국민대표회의에 참여하며 러시아
연해주 세력과 더불어 창조파를 이루었다.

4) 신사상의 수용과 독립운동의 분화

(1) 아나키즘의 수용과 아나키스트들의 독립운동

중국의 한인 독립운동가들은 1920년대에 들어 중국인 아나키스트들과 교류하면
서 아나키즘을 독립운동의 수단과 방법으로 활용하기 시작했다. 그 선구자인 신채호
는 베이징에서 리스청(李石曾) 등 중국인 아나키스트들과 교류하면서 아나키즘 지식
을 갖추었다. 1921년 1월부터 신채호·김창숙 등은 ≪천고(天鼓)≫를 발간하면서 아나
키즘적인 폭력투쟁 방략을 독립운동의 수단으로 삼았다. 신채호의 강연을 듣고 감명
을 받은 류자명은 아나키즘 관련 저작을 읽고 아나키스트 이론가가 되었다.

중국 대학의 많은 한인 청년 학생들도 차이위안페이(蔡元培)·리스청·루쉰(魯迅) 등
중국인 아나키스트나 러시아 맹인 시인 바실리 예로센코(Vasili Eroshenko)의 영향을
받아 아나키즘을 수용했다. 아나키즘 이론가로 유명한 이을규와 이정규 형제는 차이
위안페이가 총장인 베이징대학에 재학하면서 아나키즘을 받아들였다. 본래 권위주
의를 반대하던 이회영도 아나키즘의 자유연합론에 공감하고 아나키스트로서 아나
키즘운동에 투신했다.

이을규

이정규

이회영

한인 아나키스트들은 1924년 4월 베이징에서 '재중국조선무정부주의자연맹'을 결성하고 ≪정의공보≫를 발행했다. 이들은 중앙집권적 공산주의와 파벌주의적 민족주의를 비판하면서 자유연합의 조직 원리에 따른 모든 독립운동 세력의 제휴를 주장했다. 아나키즘 사상의 영향을 받은 한인 유학생들은 중국 학생들과 함께 '흑기연맹'과 '고려청년사' 등 단체를 조직하고 ≪동방잡지≫와 ≪고려청년≫을 간행하며 아나키즘의 연구와 선전 활동을 전개했다. 1925년 11월 이회영이 생활고로 톈진으로 옮겨 가면서 베이징 등지의 아나키스트들도 그곳으로 거처를 옮겨 활동했다.

1920년대 후반에는 많은 아나키스트들이 상하이로 모여 선전 활동을 하는 한편, 국내 아나키스트들과 연락하면서 일제 밀정 암살 등의 활동을 벌였다. 이들은 1928년 3월 상하이에 '재중국조선무정부공산주의자연맹'을 결성하고 기관지 ≪탈환≫을 발행했다. 또한 1928년 4월 톈진에서 한국인 아나키스트대회를 개최하고 신채호가 작성한 선언서를 채택했다. 그런데 신채호가 1928년 5월 국제적 연대를 위해 자금을 모집하던 중 타이완에서 체포되어 아나키즘운동에 큰 충격을 주었다. 이런 가운데 한인 아나키스트들은 1928년 7월 7개국 대표가 상하이에서 '동방무정부주의자연맹'을 결성하자 이에 가맹해 국제 연대를 도모했다.

1920년대 말경 재중국 한인 아나키스트들은 재만 한인들을 기반으로 하는 이상촌 건설을 시도했다. 1929년 김종진은 톈진에서 이회영의 지도를 받고 만주로 들어가 김좌진이 이끄는 신민부를 개편해 아나키즘적인 한족총연합회를 조직했다. 또한 재만 한인 아나키스트들은 그해 7월에 '재만주조선무정부주의자연맹'을 조직했다. 하지만 이들의 활동은 공산주의자들에게 큰 경계심을 불러일으켰고, 결국 1930년 1월 김좌

동방무정부주의자연맹 결성

진이 공산주의자에게 암살되면서 이상촌 건설운동도 위기를 맞았다.

이런 가운데 1930년 2월 신현상이 국내의 호서은행을 탈취한 자금 5만 8000원을 가지고 베이징에 도착하면서 아나키즘운동은 다시 활기를 띠었다. 만주와 상하이 등지에서 베이징으로 모여든 한인 아나키스트들은 톈진에서 한족총연합회의 기관지 ≪조선지혈≫을 창간했다. 이어 류자명·유기석·정화암 등은 1930년 4월 상하이에서 남화한인청년연맹을 조직하고 기관지 ≪남화통신≫을 발간했다.

그런데 한인 아나키스트들이 베이징에 모여 탈취 자금 사용 문제를 논의하던 중 일제의 사주를 받은 중국 경찰의 기습으로 전원이 체포되는 사태가 발생했다. 사건의 직접 관련자가 아닌 인사들은 석방되었으나, 이 사건을 계기로 베이징과 톈진에서 활동하던 아나키스트들은 대부분 상하이 등지로 떠났다.

(2) 사회주의사상의 수용과 활동

관내 지역 한인 사회에 사회주의가 확산된 것은 연해주의 이동휘와 문창범 등이 상해임시정부 각원(閣員)으로 부임하면서부터다. 1920년 8월경 이동휘는 상하이의 청년들을 포섭해 '공산주의자그룹'을 조직했고, 1921년 5월에는 고려공산당(상해파)을 조직해 여운형·조동호 등 신한청년당을 비롯한 진보 청년들을 가입시켰다. 이들은 당시를 민족해방혁명 단계로 규정하고 부르주아민족주의 세력과의 통일전선을 구축하는 데 주력했다. 상해파 고려공산당은 베이징과 국내 각지에 지부를 두고 활동했지만, 코민테른 지원 자금 문제를 놓고 서로 대립하다가 세력이 약화되었다.

베이징의 한인 사회주의자들은 주로 이르쿠츠크파 고려공산당과 연결되었다. 1921년 5월 장건상이 러시아 이르쿠츠크에서 열린 고려공산당(이르쿠츠크파) 창립대회에 대표로 참석했다. 그는 코민테른 3차 회의의 대표로 뽑혀 모스크바로 파견되어 레닌을 만나 고려공산당에 대한 재정 지원을 약속받았다. 베이징으로 돌아온 장건상은 이르쿠츠크파 고려공산당을 대표해 그곳을 근거 삼아 톈진 등 화베이 일대의 선전 활동에 몰두했다.

김성숙

장건상

베이징의 한인 유학생 가운데 대표적인 사회주의자로 김성숙을 들 수 있다. 그는 승려 신분으로 망명해 국내에서 익힌 사회주의 지식을 바탕으로 한인 유학생들의 지도자가 되었다. 그는 1923년 10월 불교유학생회를 조직하고 기관지 《황야》를 발행해 신사회 건설을 주장했다. 이렇듯 유학생들을 중심으로 아나키즘과 공산주의 등 신사상이 확산되면서 유학생계는 민족주의 구파와 사회주의 신파 간의 갈등이 증폭되었다. 김성숙이 사회주의 성향의 유학생들을 규합해 1924년 2월 조직한 북경조선유학생구락부를 1925년 1월 북경고려유학생회로 개칭하면서 민족주의 성향의 북경조선유학생회와 대립했다.

장건상 등 사회주의 혁명가와 사회주의사상을 수용한 유학생들이 연합해 한인 사회주의운동 세력을 하나로 결속시키기 위해 창일당(創一黨)을 창립하고, 1925년 1월 기관지 《혁명》을 발간했다. 이들은 한국과 같은 피압박민족의 해방운동이 성공해야만 공산주의운동이 가능하고, 한국의 민족해방운동은 반드시 공산주의 이념과 방략에 의해 코민테른의 지원을 받아야만 실현될 수 있다고 주장했다. 그들이 내세운 혁명의 수단은 암살·파괴, 군사행동, 민중 대폭동 등 급진적인 것이었다. 아울러 민족해방 달성이라는 공동 목표를 위해 이념과 노선을 달리하는 각 세력 간의 연합전선의 필요성을 제기하기도 했다.

5) 국민대표회의와 민족유일당운동

상해임시정부는 수립 직후부터 독립운동 노선을 둘러싸고 갈등과 대립이 끊이지 않았다. 이에 1921년부터 북경군사통일회의를 비롯한 임시정부 안팎에서 국민대표회의를 소집하자는 요구가 본격화되었다. 그 결과 그해 8월 상하이에서 국민대표회의 주비위원회가 구성되어 9월 국민대표회의를 개최하기로 협의했다. 하지만 워싱턴과 모스크바에서 각기 열린 국제회의로 1923년 1월부터 6개월간에 걸쳐 뒤늦게 국민대표회의가 열렸지만, 임시정부를 놓고 개조파와 창조파 및 유지파로 갈려 결렬되고 말았다.

임시정부 해체를 주장하는 창조파는 신숙 등 베이징의 무장투쟁 세력과 원세훈 등 이르쿠츠크파 고려공산당에 가담한 대한국민의회 세력이 중심이었다. 이들은 개조파가 탈퇴하자 단독으로 국민위원회를 조직하고, 1923년 8월경 블라디보스토크로 이동했다. 이들은 1924년 2월 한국독립당을 조직하기로 하고 국민위원회를 한국국민위원회로 변경했지만, 소·일 조약을 체결한 소련 정부로부터

신숙

추방당해 본부를 베이징으로 옮겨야만 했다. 이들은 무장투쟁을 수단 삼아 한국의 절대 독립을 쟁취하고, 정부를 대신해 독립운동을 이끌 한국독립당을 조직해야 한다고 주장했다.

이에 1926년부터 1929년까지 중국 관내에서 민족유일당운동이 전개되었다. 1926년 7월 안창호가 민족대당 결성의 필요성을 역설하면서 비롯되었다. 안창호는

베이징에서 국민위원회 창조파의 원세훈을 만나 민족유일당 건설을 위한 각 지역의 촉성회 조직에 합의했다. 그에 따라 1926년 10월 북경촉성회 결성을 시작으로 한인들이 많이 활동하는 상하이·광둥·난징·우한 등지에도 촉성회가 조직되었다. 촉성회에는 일부 임시정부 유지 세력을 제외한 대다수의 독립운동 세력이 참가했다.

각지 촉성회의 대표자들은 1927년 11월 상하이에 모여 '한국독립당 관내촉성회 연합회'를 결성하고 "유일독립당 성립을 촉성함으로써 한국 독립에 필요한 전 민족적 일체 혁명 역량을 총집중하는 데 선구가 될 것"을 선언했다. 하지만 이를 혁명 정당으로 만들려는 사회주의진영과 이당치국 노선에 따라 임시정부의 정당을 결성하려는 민족주의진영 사이의 갈등으로 분열 조짐이 보였다.

이때 1927년 7월 중국의 국민당과 공산당의 합작이 결렬되고 대립이 격화되면서 촉성회의 분열이 본격화되었다. 결국 1929년 11월 이를 주도하던 상해촉성회가 해체를 선언함으로써 민족유일당운동은 실패로 끝나고 말았다. 좌파 세력은 유호한국독립운동자동맹(留滬韓國獨立運動者同盟)을 조직해 반제협동전선론을 지향하고 중국공산당과 연대 투쟁을 벌여나갔다.

03 1930년대 이후 정당 활동과 항일민족협동전선운동

1) 정당 조직과 무장 조직

민족유일당운동이 실패한 이후 중국 관내 지역의 우익 독립운동 세력은 정당 결성을 통해 새로운 돌파구를 모색했다. 임시정부의 비주류였던 윤기섭 등은 1929년 난징에서 한국혁명당을 결성한 후 1932년 만주에서 옮겨 온 한국독립당과 통합해 신한독립당을 출범시켰다. 이와 달리 안창호는 1930년 1월 상하이에서 이동녕 등 임시정부 유지 세력과 함께 한국독립당을 창당했다.

1932년 4월 윤봉길의 홍커우 공원 의거 이후 국민정부 주석 장제스(蔣介石)가 한국

독립운동에 대해 전폭적인 지원을 약속하면서 독립운동계는 크게 변화했다. 의열단원 김원봉은 중국 국민당 황푸군관학교 동창들의 도움을 받아 1932년 10월 난징 교외 탕산(湯山)에 중국국민정부 군사위원회 간부 제6대(일명 '조선혁명간부학교') 훈련

황푸군관학교

반을 개교해 1935년 10월까지 3기에 걸쳐 125명의 청년 간부를 배출했다.

　김구는 1933년 12월 중국 중앙육군군관학교 뤄양 분교에 한인 특별반을 설치하고 1935년 4월까지 군사훈련을 실시했다. 입교생들은 '만주국' 설립 이후 관내로 이동한 한국 독립군들이었고 총사령 지청천이 책임자로 초빙되었다.

　한편 1931년 9월 만주사변 이후 중국인들의 반일운동이 고조되자 독립운동가들은 항일 역량을 결집시키기 위한 민족협동전선체 구성에 힘썼다. 먼저 한국독립당·신한독립당·조선혁명당·한국광복동지회·의열단 등 정당과 단체 대표 9명이 1932년 11월 상하이에서 한국대일전선통일동맹을 발족시켰다. 그 뒤 통일동맹은 1935년 6월 난징에서 의열단(김원봉, 윤세주)·한국독립당(김두봉, 조소앙)·조선혁명당(최동오, 김학규)·신한독립당(지청천, 신익희)·대한독립당(김규식) 등 5개 정당·단체의 대표회의를 개최한 뒤, 그해 7월 민족혁명당을 창당했다. 민족혁명당은 자주 독립의 완성과 진정한 민주공화국의 건설, 평등한 경제조직의 건립을 천명했다.

　민족혁명당은 국민당 정부 군사위원회와 황푸군관학교 등의 지원을 받아 중국 관내에서 최대 독립운동 단체로 발돋움했지만, 이내 가맹 세력들 간의 성향과 노선 문제로 갈등했다. 결국 그해 9월 조소앙 등이 탈당해 한국독립당을 재건했고, 신한독립당의 지청천 계열도 김원봉 계열과 주도권, 이념 및 정책을 둘러싼 갈등을 빚고 1937년 4월 탈당해 조선혁명당을 결성했다.

　민족혁명당 결성에 불참한 임시정부 고수파 송병조·차리석 등은 한인애국단의

한국청년전지공작대 성립 1주년 기념사진

김구를 중심으로 임시정부를 재정비하고 1935년 11월 항저우에서 한국국민당을 결성했다. 한국국민당은 민족주의를 강조하고 무산계급혁명론을 배격하며 무장투쟁론을 주장하는가 하면, 주권 회복 후에 삼균주의(정치·경제·교육 균등) 원칙하에 완전한 민주공화국 건설을 천명했다. 이로써 1930년대 관내 지역의 독립운동은 양대 정당 체제로 전개되었다.

이런 가운데 민족혁명당은 무장투쟁 노선을 채택하고 항일운동 세력의 연대와 투쟁 역량의 강화를 위해 활동 범위를 만주로 확장하고자 했다. 이에 김원봉은 황푸군관학교 동기생과 중국군사위원회와의 관계를 활용해 1938년 10월 한커우에서 조선의용대를 창설했다. 조선의용대는 창립 당시 100여 명의 병력에 2개 구대의 편제를 갖췄다. 조선의용대는 곧바로 후난성 창사로 이동해 중국군의 제9전구, 제1전구, 제5전구 등으로 분산·배속되어 일본군과 항전을 벌였다. 하지만 김원봉의 지도 방침에 불만을 품은 최창익·김학무 등 좌파들이 민족혁명당을 탈퇴해 우한에서 조선청년전위동맹을 결성했다.

한편 만주사변 이후 상하이의 아나키즘 계열의 독립운동 세력은 1931년 11월 중국인과 일본인 아나키스트들과 연대해 항일구국연맹을 결성하고 산하에 의열단체인 흑색공포단을 조직했다. 흑색공포단은 친일자 처단과 일본 공사 아리요시 아키라(有吉明) 암살 시도(육삼정사건) 등의 의열투쟁을 벌였다. 하지만 흑색공포단은 맹원들의 탈퇴와 윤봉길 의거 이후 백정기 등의 피체 등으로 침체 상태에 빠졌다. 그 뒤 중일전쟁의 전운이 감돌던 1937년에 류자명·정화암·나월환 등이 조선혁명자연맹을 결성하면서 재기를 도모했다.

중국 군관학교 출신으로 한국국민당에서 청년전위대를 조직해 활동하거나 중국군으로 활동하던 한인 아나키스트 계열의 청년들은 1939년경 치장에 집결한 뒤 독자적인 무장 조직 한국청년전지공작대를 편성했다. 대장은 나월환이 맡았는데 전지공작대는 일본군 내의 한적 사병에 대한 선전 활동과 초모 공작을 전개했다.

민족혁명을 우선시하는 사회주의 계열의 김성숙·박건웅·김산 등은 1936년 상하이에서 조선민족해방동맹을 결성한 뒤 민족혁명당을 탈퇴한 좌파 인사들을 흡수해 세력을 키웠다.

2) 중일전쟁 발발과 민족협동전선운동

1937년 7월 중일전쟁이 발발하자 독립운동 세력은 독립을 쟁취할 절호의 기회로 여겨 강력한 연합체를 만들어갔다. 먼저 우익 진영에서는 1938년 8월 한국국민당·재건한국독립당·조선혁명당 등 3개 정당과 미주의 6개 단체를 연합해 한국광복운동단체연합회(이하 광복진선)를 결성했다. 광복진선은 일본을 타도하는 공작 실행과 임시정부 절대 옹호를 방략으로 채택했다.

1937년 12월 초순 민족혁명당·조선민족해방동맹·조선혁명자연맹·조선청년전위동맹 등의 좌익 진영은 한커우에서 조선민족전선연맹(이하 민족전선)을 창립했다. 민족전선은 사회혁명보다는 민족주의적 민족해방운동을 천명하고 협동전선의 강화, 한중 연합에 의한 항일 역량의 집중, 국제적 반일 세력과의 연대를 강조했다.

그 뒤 좌우익의 두 연합체는 통합 노력에 힘을 기울였다. 장제스가 우익 진영의 김구와 좌익 진영의 김원봉을 만나 합작을 종용한 것도 영향을 미쳤다. 이에 두 사람은 1939년 5월 중국 관내의 모든 조직을 해체하고 새로운 단일 조직을 수립할 것을 발표했다. 그 결과 3개월 뒤인 그해 8월 쓰촨성 치장에서 우익 3개 단체와 좌익 4개 단체가 참여한 가운데 '7당통일회의'가 열렸다. 독립운동 최고 기구를 임시정부로 할 것인지 아니면 당으로 할 것인지를 놓고 타협점을 찾지 못해 결렬되고 말았다. 이어 민족혁명당과 조선의용대가 탈퇴하면서 1930년대 말 중국 관내 지역의 협동전선운동은 결국 좌절되고 말았다.

04 1940년대 임시정부로의 재집결과 화베이 지역 공산주의자들의 활동

1) 충칭 임시정부와 한국광복군 창설

1940년대로 접어들면서 국제 정세가 급변했다. 1939년 9월 제2차 세계대전이 발발한 뒤 일제가 1941년 12월 미국령인 하와이 진주만을 기습 공격해 '태평양전쟁'을 일으킨 것이다. 이에 일제의 패망이 예견되는 상황에서 독립운동 세력들은 역량을 통일하고자 다시 임시정부로 결집했다. 먼저 1940년 5월 광복진선의 3당은 해체를 선언하고 한국독립당을 출범시켜 임시정부의 여당으로 삼았다. 이어 임시정부는 1940년 9월 충칭에서 한국광복군을 창설했다. 그 뒤 아나키스트 계열의 한국청년전지공작대가 1941년 1월 광복군에 편입되었고, 조선의용대도 1942년 7월 광복군의 제1지대로 편입했다. 재편된 한국광복군의 사령은 지청천, 새로 증설된 부사령직에는 김원봉이 선임되었다.

정치 세력도 임시정부로 집결했다. 1942년 10월에 열린 제34차 의정원회의에서 조선민족혁명당·조선민족해방동맹·조선혁명자연맹의 인사들이 의원으로 선출되었다. 이어 임시의정원은 좌우연합정부 구성을 위해 헌법을 개정하여 1944년 4월 '대한민국임시헌장'을 공포하고 부주석제를 신설했으며, 국무위원 수를 늘리고 부서도 증설했다. 이에 주석은 한국독립당의 김구, 부주석은 조선민족혁명당의 김규식이 선출되었다. 이렇듯 좌우익 독립운동 세력들이 임시정부를 중심으로 통일을 이루었고 단결된 힘으로 해방을 맞았다.

2) 화베이 지역 공산주의자들의 활동

1930년대 말부터 중국 국민당 지역에서 활동하고 있던 한인 공산주의자 세력은 중국공산당 지역으로 이동했다. 중국공산당은 1936년 옌안에 도착한 후 그곳을 공산당과 팔로군의 항일 근거지로 삼았다. 임시정부에 합류한 김원봉과 결별한 최창익 등 공산주의자 세력은 1938년경 옌안으로 이동했다. 1941년에 국민당 지역에서 항전하던 조선의용대원들은 만주 지역으로 이동하던 중 화베이 지역에 머물렀는데, 이

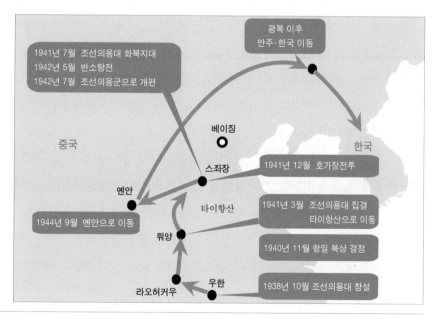

조선의용대 이동 경로

조선의용군 대원이 중국어 선전 벽보를 작성하는 모습   "중한 양 민족이 연합해 일본 강도를 타도하자"라고 쓰고 있다.

곳에서는 중국공산당 당원으로 대장정에 참가한 무정 등 한인 공산주의자들이 활동
하고 있었다. 이들은 중국혁명을 조국해방의 관건으로 인식했다. 1941년 1월 팔로군
전방 사령부의 소재지 산시성 진둥난(晉東南) 타이항산에서 항일 단체 화북조선청년
연합회를 조직해 활동했는데, 그 지도자가 무정이었다.

화북조선청년연합회는 1942년 7월 조선의용대원 및 공산주의자들과 연합해 조선
독립동맹으로 개편하고, 조선의용대 출신의 김두봉을 위원장으로 삼았다. 그 뒤 김
두봉은 조선의용대를 중심으로 조선의용군을 결성하고, 무정을 사령관으로 임명했
다. 조선의용군이 팔로군과 함께 항일전을 펼치면서 화베이 지역은 한인 공산주의자
세력의 활동 무대가 되었다.

그 결과 1940년대 초 관내 지역 한인 독립운동 세력은 충칭 중심의 임시정부·한
국광복군과 옌안 중심의 조선독립동맹·조선의용군으로 양분되었다. 그 뒤 일제의
패망을 앞두고 두 세력은 항일투쟁 역량을 결집하고 독립에 대비하고자 상호 연대를
추진했다. 임시정부 주석 김구가 독립동맹 위원장 김두봉에게 한국광복군과 조선의
용군을 연합해 압록강에 집결한 뒤 국내로 진입할 것을 제안하면서 양쪽의 통일전선
논의가 진행되었다. 국내의 건국동맹도 대표를 중국에 파견해 독립동맹·임시정부와
협동전선 추진을 논의했다. 하지만 이 세력들 간의 협동전선 시도는 일제가 항복하

면서 아쉽게도 실현되지 못했다. 다만 해방 후 좌우합작운동과 남북협상을 추진할
수 있는 기반을 마련했다는 데 큰 의의가 있다.

참고문헌

강영심. 1988. 「신한혁명당의 결성과 활동」. 『한국독립운동사연구』 2.

김영범. 1997. 『한국근대민족운동과 의열단』. 창작과비평사.

김희곤. 1995. 『중국관내 한국독립운동 단체연구』. 지식산업사.

배경한. 2015. 「한국독립운동과 신해혁명」. ≪한국근현대사연구≫, 75, 76~107쪽.

손염홍. 2010. 『근대북경의 한인사회와 민족운동』. 역사공간.

조규태. 2003. 「1920년대 중반 재북경 창조파의 민족유일당운동」. ≪한국민족운동사연구≫, 37, 243~277쪽.

조은경. 2014. 「1930년대 중국 광주지역 한인 독립운동세력의 형성과 변천」. ≪한국민족운동사연구≫, 81,
        287~322쪽.

최기영. 2015. 『중국관내 한국독립운동가의 삶과 투쟁』. 일조각.

한상도. 2004. 『중국혁명 속의 한국독립운동』. 집문당.

한시준. 2016. 「일제침략에 대한 한중 공동항전의 역사적 경험과 과제」. ≪사학지≫, 52, 61~81쪽.

김광재

　　한국 독립운동사 연구에서 대한민국임시정부(이하 임시정부)만큼 학자들의 연구
대상이 된 주제도 드물다. 동시에 세간에서 그만큼 논란의 대상이 되기도 한다. 종전
에는 임시정부에 대한 일방적인 긍정이나 부정 일변도의 평가 위주였으나, 요즘에는
임시정부를 둘러싸고 이른바 '건국절'과 관련해 논란이 끊이지 않고 있다. 하지만 이
러한 관점과 논란들은 임시정부의 참모습을 이해하는 데 도움이 되지 않거나 오히려
임시정부를 제대로 이해하는 데서 더 멀어지게 하는 결과를 초래하고 있다.

　　임시정부 27년간의 역사는 침체와 고난의 위기를 겪으면서도 이를 극복해 간 굴절
의 역사로 이해할 필요가 있다. 임시정부는 1945년 8월 일제가 패망할 때까지 긴 시간
동안 한민족을 대표하며 반일운동을 전개했다. 세계사적으로 보아 '임시정부'라는 정
부 형태는 1917년 '2월혁명' 뒤의 러시아나 폴란드의 임시정부처럼 단기간에 정식 정
부를 수립하고 임무를 마치는 것이 통례였다. 그런데 임시정부는 27년이라는 유례없
는 긴 시간 동안 존속했으니 그동안에 영고성쇠가 있었다고 해서 이상할 것이 없다.

　　임시정부에 대해서는 '발생 가치'와 '역할 가치'로 구분해 평가해야 한다는 선학
의 주장은 건국절 시비로 몸살을 앓고 있는 오늘날 경청할 만한 선견지명으로 여겨

진다. 임시정부가 한국 역사상 처음으로 민주공화정부로 수립된 그 자체는 '발생 가치' 측면에서 높이 평가되어야 한다는 것이다. 그리고 '임시정부가 명실상부하게 독립운동의 구심점 구실을 다했는가'라는 '역할 가치'는 시기에 따라 다르게 평가되어야 할 것이다.

임시정부 27년간의 역사를 이해하려면 임시정부가 머물렀던 장소에 따라 상하이 시기(1919~1932년), 이동 시기(1932~1940년), 충칭 시기(1940~1945년)로 나누어 살펴보는 것이 편리하다. 이를 통해 임시정부 27년의 영광과 고난의 역사가 제대로 복원되고 평가되길 기대한다.

01 상하이 시기(1919~1932년): 임시정부 수립 이후의 활동과 변천

1910년 일제의 한국 강점 이후 중국 상하이에는 많은 독립운동가들이 모여들었다. 20세기 전반기 상하이는 아시아 최대의 국제도시였다. 제국주의 열강이 만든 조계는 서구 제국주의의 중국에 대한 침략 거점이면서 동시에 피압박민족혁명가들의 선전 거점이자 활동 근거지, 피난처로 역할을 했다.

잃어버린 국권을 회복하기 위해 상하이에 모인 신규식 등 독립운동가들은 이미 1917년 「대동단결선언」을 통해 임시정부 수립을 제창한 바 있었다. 이는 "국내외 독립운동자들이 대동단결하여 유일무이한 민족의 대표 기구를 세우자"라는 것으로, 대동단결의 당위성과 그 구체적인 방안을 제시했다. 특히 주목되는 것은 1910년 순종(융희황제)가 주권을 포기한 것은 국민에게 양여한 것이며 국내 동포가 일제에 구속되어 있으니 주권 행사의 책임을 해외 동지가 감당해야 한다는 국민주권설을 제창했다는 점이다. 나아가 민족 대동의 회의를 열어 임시정부를 수립하자고 천명함으로써 임시정부의 수립을 민족 내부적으로 잉태하고 있었다. 그러므로 종전에 임시정부 수립을 3·1운동 또는 윌슨의 민족자결주의의 제창이나 러시아혁명에 연원을 두고 설명하는 것은 재고될 필요가 있다.

그 후 민족의 대동단결과 임시정부 수립은 3·1운동을 통해 실현되었다. 3·1운동은 전 민족이 참여한 독립운동으로 이를 통해 민족적 대동단결의 상징이자 구현체로 임시정부가 수립된 것이다. 1919년 4월 11일 상하이에서 수립된 임시정부는 "대한민국은 민주공화제로 함"이라 하여 복벽주의를 청산하고 한국 역사상 최초의 민주공화제 정부로 수립

대한민국임시정부 청사   상하이

되었다. 첫 번째 헌법인 '대한민국임시헌장'은 자유민주주의를 근간으로 하면서도 사회민주주의도 배척하지 않은 것으로 이해된다. 임시정부는 정식 정부를 준비하는 정부를 말한다. 준비 정부를 두고 망명 정부라고 한다거나, 주권과 영토, 국민이 없으니 정부라는 용어를 사용해서 안 된다고 하는 것은 처음부터 임시정부의 성격을 바로 이해하지 못한 데서 나온 논란이다.

상하이의 임시정부 외에도 국내외에 모두 8개의 임시정부가 수립되었다. 이렇듯 여러 곳에서 정부 수립을 선언한 것은 당시 교통·통신이 부자유스러운 상황에서 보여준 임시정부 수립에 대한 민족적 의욕의 단면으로 이해될 수 있다. 다만 실제적인 조직과 기반을 갖추고 수립된 것은 연해주·상하이·한성의 임시정부였다. 이 세 곳의 임시정부는 통합을 추진한 결과 1919년 9월 상하이에서 국내의 한성정부를 계승한 새로운 통합 임시정부를 수립하기에 이르렀다. 통합 임시정부는 민족주의 세력과 한인사회당을 중심으로 하는 사회주의 세력의 통일전선적 성격을 띠었다. 좌우 통합 임시정부는 이후 우리 민족운동 진영에서 좌우익 통일전선운동이 계속되는 계기가 되었다.

중국 상하이에서 수립된 대한민국임시정부의 신년축하식 기념 촬영   1921년 1월 1일

　　임시정부는 행정부와 의정원으로 구성되고, 그 직할 조직으로 민단을 두었다. 행
정부는 대통령제로 운영되고, 시기에 따라 국무총리 아래 7~8개의 부를 두었다. 임
시정부는 수립 직후부터 정부의 인력과 재정의 결정적인 공급선이라 할 수 있는 연
통부와 교통국을 설치해 지역적 한계를 극복하고 정보를 수집했다. 연통부는 내무부
산하기관으로 국내에서 정부의 기반을 확보하고, 상하 행정기관의 통신, 자금 모집
과 국내 행정 장악을 목적으로 삼았다. 실제로 임시정부는 평안도·함경도 등 북부 지
역에 비밀리에 군수와 면장까지 임명했고, 행정권을 확보하기도 했다. 이에 비해 교
통국은 교통부 산하 조직으로 각 지방의 연락 조직망이었다.
　　임시정부는 외교 활동이나 독립전쟁 등을 지도·통할하는 데 주력했다. 임시정부
는 만주와 연해주의 독립군 단체를 정부 산하로 편제하기 위해 많은 노력을 기울였

대한민국임시정부가 1919년 4월 11일 제정·공포한 '대한민국임시정부의 성립', '임시헌장선포문', '선서문', '정강'

다. 그 결과 서간도의 서로군정서와 북간도의 북로군정서가 임시정부 군무부 산하 조직으로 편제되었다. 또 서간도에서는 광복군총영이 조직되거나 주만 참의부가 설치되기도 했다. 그러나 임시정부는 만주의 독립군 세력이 1920년 봉오동전투와 청산리전투 이후 각지로 흩어지는 바람에 군사 활동을 주도할 수 없었다. 또한 임시정부는 군무부를 만주로 이전할 계획이 있었지만 일본군에 의한 간도참변으로 재만 동포 사회가 파괴되는 참상을 겪으면서 무산되고 말았다. 이렇듯 임시정부가 만주에서의 기반을 잃은 것은 국민적 기반의 취약이라는 측면에서 매우 아쉬운 일이었다.

임시정부는 1920년 말을 고비로 점차 쇠락하기 시작했다. 그 이유는 교통국과 연통부가 일제 경찰에 의해 철저히 파괴되면서 국내로부터의 지원이 거의 중단되다시피 했기 때문이다. 베이징에 임시정부를 반대하는 세력이 형성된 것도 영향을 미쳤다. 당시 베이징에 머물던 신채호는 이승만이 국무총리로 선출될 때 그의 위임통치 청원 사실을 들어 맹렬히 반대하면서 박용만·신숙 등과 함께 반임시정부 활동을 펼쳤다. 이 외에도 대통령 이승만이 상하이에 부임하지 않고 미국에 머물면서 재미 동포들의 인구세를 유용해 임시정부 각료들과 마찰을 빚었고, 임시정부 구성원의 힘을 하나로 결집시키지 못했다. 이에 임시정부는 더 이상 이승만에 의존하지 않고 독자적인 활로를 모색했다. 그 결과 임시의정원은 1925년 3월 이승만 대통령을 탄핵하고 후임으로 박은식을 선출했다.

임시정부가 주력한 외교 활동도 제1차 세계대전 후 베르사유 강화체제에 의한 국제적 안정 기조를 고집하는 열강의 냉대에 부딪혀 이렇다 할 성과를 내지 못했다. 그럼으로써 무장투쟁 노선을 견지하던 이들은 하나둘 임시정부를 떠나갔다. 상하이·만주·연해주·하와이 등 해외의 독립운동도 해당 국가인 중국·소련·미국 등의 방해 또는 방관적 비협조로 애초의 계획대로 진행하는 데는 어려움이 많았다.

게다가 헌정을 기초로 한 민주공화정부 체제였으나 운영 기술이 미숙해 국민적 지지 기반이 파괴되어 1920년대에 들어서면서 임시정부는 본연의 임무와 역할을 수행해 나가지 못했다. 임시정부를 매개로 한 민족적 대동단결은 와해되기 시작했다. 이러한 난국을 수습하려는 노력이 국민대표회의 소집으로 모아졌다. 이는 국내외 독립운동가들이 한자리에 모여 임시정부의 새로운 활로와 방략을 모색하자는 것이었다. 1921년 2월부터 논의된 국민대표회의는 1923년 1월 100여 개 단체를 대표하는 130여 명의 대표들이 상하이에 모인 가운데 장장 5개월 동안 열렸다. 국민대표회의는 일제강점기 민족운동 사상 가장 많은 지도자들이 한자리에 모여 민족의 앞날을 논의했던 자리였다.

그러나 회의 벽두부터 두 가지 주장으로 대립했다. 하나는 임시정부를 개조해 이를 독립운동의 구심점으로 삼자는 '개조파'의 주장이었다. 다른 하나는 임시정부를 해체하고 새로운 독립운동 기구를 조직하자는 '창조파'의 주장이었다. 결국 서로의 의견 차를 좁히지 못한 채 회의는 결렬되고 말았다. 그 뒤 임시정부 중심의 우파 세력은 자체적으로 임시정부를 수습해 가는 한편, 1925년 3월 대통령 이승만을 탄핵하는 등 흐트러진 전열을 재정비했다. 임시정부 중심의 우파 세력과 베이징 지역의 좌파 세력은 대독립당을 결성한다는 방안에 합의했다. 방법은 우선 각지에 유일당촉성회를 조직하고 이를 통일해 민족유일당을 결성한다는 것이었다. 합의에 의해 1926년 10월 좌우 세력은 대독립당조직북경촉성회를 결성했다.

이렇듯 민족운동 진영은 유일당을 결성한다는 당위성에는 동의했지만 구체적으로 이를 어떻게 결성할지에 대해서는 의견이 엇갈렸다. 이는 이후 민족통일전선운동이 난항을 겪는 이유 중 하나로 작용했다. 그 후 임시정부가 두 차례의 헌법 개정을 단행하고, 민족유일당촉성운동(1927년)을 추진했지만 침체해 가는 임시정부를 회생시키기는 역부족이었다.

02 이동 시기(1932~1940년): 정당설립운동과 군사 활동 준비

1932년 4월 김구가 주도한 한인애국단의 윤봉길 의거 이후 임시정부는 활로를 되찾았고, 명분을 회복했으며, 국민적 관심을 받았다. 아울러 국제적인 주목을 받아 중국 국민정부의 임시정부에 대한 지원이 본격화되는 계기가 되었다.

그러나 다른 한편으로는 윤봉길 의거 이후 임시정부는 시련을 겪었다. 상하이 일본 영사관 경찰의 임시정부 청사 급습으로 상하이를 떠나지 않을 수 없었다. 이때 임시정부 청사에 있던 대량의 정부 기록물도 빼앗겼다. 임시정부는 그날 이후 1940년

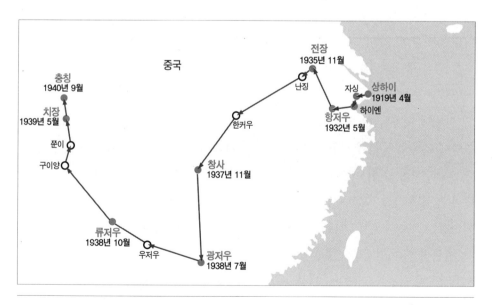

대한민국임시정부 이동 경로

까지 항저우(1932년)·전장(1935년)·창사(1937년)·광저우(1938년)·류저우(1938년)·치장(1939년)·충칭(1940년) 등 중국 대륙을 전전하는 이동 시기에 접어들었다. 이동 시기 동안 임시정부를 중심으로 좌우연합전선운동이 전개되었다. 또한 1930년대 중반부터 청년 군사 인재를 양성하고 장차 대일 독립전쟁에 대비한 군사 활동을 모색했다.

1920년대 후반의 민족유일당운동이 실패로 돌아간 후 민족운동 진영에서는 '정당'을 표방한 단체들이 조직되기 시작했다. 중국 관내에서도 임시정부를 중심으로 우익 진영 인사들이 주도하여 한국독립당을 비롯해 한국혁명당·신한독립당 등이 연이어 조직되었다. 여기에 1931년 9월 만주사변 이후 만주에 있던 국민부의 조선혁명당과 재만 한국독립당이 관내 지역으로 이동해 왔다.

중국 관내에서 활동하고 있던 의열단·한국독립당·조선혁명당·대한인국민회 등 독립운동 정당과 단체들은 1932년 10월 한국대일전선통일동맹을 결성했다. 그 후 통일동맹은 1935년 7월 난징에서 관내 지역의 단일당인 민족혁명당을 조직했다. 하지만 여기에 임시정부 우파 세력들이 참여하지 않아 완전한 통일전선체로서의 의미는 퇴색했다. 또한 시간이 갈수록 민족혁명당은 내부 좌우익 세력 간의 이념과 주도권 등을 둘러싼 갈등으로 좌파만의 연합체로 전락하고 말았다. 한편 1935년 11월 민족혁명당에 참여하지 않은 우파 세력은 한국국민당을 창당하고 이를 기반으로 임시정부를 옹호·유지해 갔다. 이로써 1930년대 후반 민족운동 진영은 한국국민당과 민족혁명당을 중심으로 재편되었다.

그런데 때마침 1937년 7월 중일전쟁이 발발했다. 이러한 정세 변화는 민족운동 진영에 조국 독립을 쟁취할 수 있는 절호의 기회로 인식되었다. 아울러 민족운동 세력이 단결해야 할 필요성이 높아져 갔다. 먼저 한국국민당은 민족혁명당에서 탈당한 우파 세력과 함께 1937년 8월 한국광복운동단체연합회를 결성했다. 이에 맞서 민족혁명당은 1937년 12월 좌파 세력을 연합해 조선민족전선연맹을 결성했다.

이로써 관내 지역의 민족운동은 광복진선과 민족진선으로 재편성되었다. 1939년 5월 김구와 김원봉은 공동 명의로 「동지동포제군에게 보내는 공개 통신」을 발표함으로써 두 진영의 통일운동이 구체화되었다. 하지만 단일당을 구체적으로 어떤 방

한인애국단원 이봉창과 윤봉길

윤봉길의 훙커우 공원 의거

식으로 조직할 것인지를 놓고 정치적 이해관계에 이견이 생기면서 단일당 추진은 진
전되지 못했다.

　이런 가운데 1931년 7월 일제는 중국 둥베이 지방에서 이른바 '완바오산사건'을
일으켜 한국과 중국 두 민족을 이간했다. 그 결과 한국에 대한 중국인의 악감정과 적
대적 행동으로 중국 내 한국 독립운동은 거의 불가능해졌다. 더욱이 일제가 1931년
9월 만주사변을 일으키고 1932년 1월 28일에는 이른바 '상하이사변'을 도발하면서 중
국 동북과 관내의 한국 독립운동은 한층 불리한 국면을 맞이했다.

　이렇듯 급변하는 정세 속에서 임시정부 국무회의는 김구의 제안에 따라 '새로운

장제스의 임시정부 송별연   1945년 11월 4일

국면을 타개'하기 위해 항일 특무 부대인 한인애국단을 조직했다. 김구는 일본인 고관의 처단, 관공서 파괴 등 특무 활동에 대한 전권을 부여받았다. 이미 만주사변으로 중국의 항일운동이 격화일로에 있던 상황에 또다시 중일 간의 전쟁이 벌어지자 임시정부 측은 이번 기회에 중국을 도와 항일 한중합작운동을 확고히 다지고자 했다.

임시정부의 의열투쟁은 1932년 1월과 4월에 이봉창·윤봉길 의거로 나타났다. 그 중에서도 상하이사변의 주범인 일본의 군정 요인을 한꺼번에 폭사시킨 윤봉길의 홍커우공원 투탄 의거는 장기간 침체국면에 있던 임시정부에 활로를 열어주었다. 이 의거는 완바오산사건으로 악화된 중국의 한인에 대한 민족감정을 한순간에 누그러뜨렸으며, 한국 독립운동에 대한 중국인의 열화와 같은 지지와 성원을 끌어냈다.

그러나 일제의 발악스러운 반격을 받아 안창호 등이 일본 경찰에 체포됨으로써 임시정부는 상하이를 떠나야 했다. 뒤이어 1937년 7월에 일어난 중일전쟁으로 중국 각처를 떠돌아다녀야 하는 수난을 겪었다. 임시정부는 소재지를 옮겨다니는 동안에도 군사 계획을 구체화하고 전시체제를 준비했다. 윤봉길의 상하이 의거로 관계가 친밀해진 중국 국민정부 장제스의 배려로 중앙군관학교 뤄양 분교에 한인특별반이 설치되었다. 여기에 한인 청년을 입교시켜 독립전쟁에 필요한 사관을 양성하게 되었다. 한인특별반에 입교한 사관생도는 92명이었는데, 1935년 4월에 62명이 졸업했다. 이들이 후일 광복군의 기간요원이 되었다는 점에서 의미 있는 일이었다.

정부 차원에서 군사 계획이 추진된 것은 김구를 중심으로 체제가 정비된 1936년 말경부터였다. 그리하여 중일전쟁 발발 1주일 만에 군무부에 군사위원회가 설치되었다. 군사위원회는 초급 장교 양성과 기본 1개 연대 편성을 목표로 잡았다. 한편 민족혁명당이 1938년 10월 조선의용대를 창설하자, 임시정부는 이듬해 1939년 2월 류저우에서 선전공작대 성격의 한국광복진선청년공작대를 조직했다.

03 충칭 시기(1940~1945년) : 대일 참전 추진과 한국광복군

임시정부는 1932년부터 중국 대륙 각지를 전전한 끝에 1940년 국민당 정부의 수도 충칭에 도착했다. 1945년까지 충칭에 머물던 임시정부는 전시체제를 정비하고 정상적인 운영을 도모했다.

우선 1940년 임시정부 산하의 우파 3당을 통합해 한국독립당을 결성하고, 임시정부를 독립운동의 최고 기구라는 명칭에 걸맞게 만들고자 했다. 이를 위해 임시정부와 의정원을 확대하고, 군사 조직을 창설하며, 개헌을 통해 단일 지도 체제를 갖추기로 했다. 이에 국무위원, 의정원 의원이 증원되고, 국군이자 당군인 광복군이 창설되었다. 또 국무위원제를 주석제로 바꾸고 김구가 주석을 맡는 강력한 단일 지도 체제를 이루었다. 이로써 임시정부는 정부(정)·한국독립당(당)·광복군(군)의 삼위일체 체제를 확립했다. 그 후 태평양전쟁의 발발과 더불어 좌파 세력도 참여하면서 임시정부는 다시 독립운동의 중심 세력으로 설 수 있었다.

임시정부는 외교에도 많은 힘을 기울였다. 한민족의 독자적인 힘만으로 전면적인 대일 독립전쟁을 수행하거나 일본을 패망시킨다는 것은 사실상 불가능한 일이었다. 그렇다고 할 때, 최선의 전략은 연합군의 일원으로 참전해 대일전쟁을 전개함으로써, 전후에 교전단체의 지위를 획득하는 것이었다. 마침 일어난 태평양전쟁에 임해 임시정부는 대일 선전포고를 발표하고 연합군과 함께 중국·인도·버마 전선에 참전했다. 그리고 주로 중국 정부를 통로로 국제외교도 강화해「카이로선언」(1943년)에서 한국의

1940년 한국광복군 성립 전례식 기념사진

독립에 대한 열강의 약속을 받은 것은 임시정부 외교 활동의 일대 개가였다.

　한편 임시정부는 1941년 11월 광복을 염두에 두고 정치 이념과 독립전쟁 준비 태세를 천명하는 '대한민국건국강령'을 발표했다. 광복 후 정식 정부를 수립하기 위한 준비 차원에서 '건국강령'을 발표한 것이다. 건국강령은 삼균주의를 이론적 틀로 삼았는데, 그것은 1931년 중국에 대해 임시정부의 이념을 밝힐 때 명시한 것이다. 건국강령은 민족 내부에 정치·경제·교육의 평등을 실현하자는 데 목적을 두었다. 내용은 국토를 탈환하는 과정을 담은 복국과 해방된 조국에 민주공화국을 건설하는 건국 단계로 구성되었다. 이는 임시정부가 건국할 국가이념으로 자유민주주의와 사회민주주의 요소를 포괄하는 것이었다. 그럼으로써 좌파 세력과의 민족통일전선을 위한 이념적 토대도 확립했다.

제1장 총강

1. 우리나라는 우리 민족의 반만년 래로 공동한 말과 글과 국토와 주권과 경제와 문화를 가지고 공동한 민족 정긔(正氣)를 길너온 우리끼리로서 형성하고 단결한 고정적 집단의 최고 조직임.

2. 우리나라의 건국정신은 삼균제도(三均制度)의 력사적 근거를 두었으니 선민(先民)의 명명(明命)한 바 '수미균평위(首尾均平位)하야 흥방보태평(興邦保太平)하리라' 했다. ……

대한민국건국강령

제2장 복국

1. 독립을 선포하고 국호를 일정히 하야 행사하고 림시정부와 림시의정원을 세우고 림시약법과 그타 법규를 반포하고 인민의 납세와 병역의 의무를 행하며 군력과 외교와 당무와 인심이 서로 배합하야 적에 대한 혈전을 정부로서 계속하는 과정을 복국의 제1기라 할 것임.

2. 일부 국토를 회복하고 당·정·군(黨·政·軍)의 긔구(機構)가 국내에 전전(轉奠)하야 국제적 지위를 본질적으로 취득함에 충족한 조건이 성숙할 때를 복국의 제2기라 할 것임.

3. 적의 세력에 포위된 국토와 부노된 인민과 침점된 정치·경제와 말살된 교육과 문화 등을 완전히 탈환(奪還)하고 평등 지위와 자유 의지로써 각국 정부와 죠약을 체결할 때를 복국의 완성기라 할 것임.

제3장 건국

1. 적의 일체 통치긔구를 국내에서 완전히 박멸하고 국도(國都)를 전정(奠定)하고 중앙정부와 중앙의회의 정식 활동으로 주권을 행사하며 선거와 립법과 임관(任官)과 군사와 외교와 경제 등에 관한 국가의 정령이 자유로 행사되어 삼균제도의 강령과 정책을 국내에 취행하기 시작하는 과정을 건국의 제1기라 함.

2. 삼균제도를 골자로 한 헌법을 실시하야 정치와 경제와 교육의 민주적 시설로 실제
   상 균형을 도모하며 전국의 토지와 대생산기관의 국유가 완성되고 전국 학령 아동
   의 전수가 고급 교육의 면비 수학이 완성되고 보통선거제도가 구속없이 완전히 실
   시되야 전국 각 리(里) 동(洞) 촌(村)과 면(面) 읍(邑)과 도(島) 군(郡) 부(府)와 도(道)
   의 자치조직과 행정조직과 민중단체와 민중조직이 완비되어 삼균제도와 배합 실
   시되고 경향 각층의 극빈 계급의 물질과 정신상 생활정도와 문화수준이 제고 보장
   되는 과정을 건국의 제2기라 함.
3. 건국에 관한 일체 기초적 시설 즉 군사·교육·행정·생산·교통·위생·경찰·농공상·
   외교 등 방면의 건설 기구와 성적이 예정 계획의 과반이 성취될 때를 건국의 완성
   기라 함. ……

그런데 '건국강령'을 발표한 직후 임시정부를 둘러싼 객관적 정세가 급변했다. 1941년 12월에 일제가 태평양전쟁을 일으킨 것이다. 이에 임시정부는 연합군의 승전을 전망하면서 광복을 준비해야 했다.

그 결과 좌파 세력도 1941년 12월 태평양전쟁의 발발과 더불어 임시정부에 참여했다. 임시정부는 정치적 이념과 노선을 달리하는 좌우 세력이 통일 단결을 이루면서 민족운동의 대표 기구이자 최고 기구로서의 위상과 역할을 되찾게 되었다. 그리고 임시정부가 양당 체제로 운영되면서 의회민주주의의 경험을 축적했다. 그 결과 임시정부는 좌우세력의 통일전선 정부의 단결된 모습으로 1945년 8월 해방을 맞이할 수 있었다.

한편, 임시정부의 군대 한국광복군이 이 시기에 창설되었다. 1919년 임시정부는 수립 당초부터 일본에 대한 대규모 정규전의 전개를 지상 목표로 설정했다. 다만 이러한 목표의 실천은 임시정부가 중국 영토에서 활동하고 있다는 점, 대중적 토대를 갖추지 못했다는 점 등 여러 요인 때문에 쉽게 이루어지지 않았다. 임시정부는 충칭에 도착하기 1년쯤 전인 1939년 11월 시안에 군사특파단을 파견해 병력을 모집하는 한편, 군대 조직에 대한 중국 정부의 양해와 재정 지원 약속을 확보하기 위해 중국 정부와 교섭했다. 그 결과 1940년 9월 17일 임시정부 산하 정부군으로 한국광복군(이하

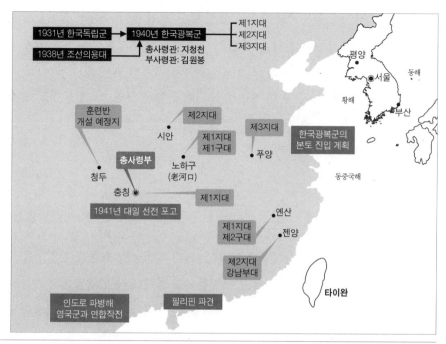

한국 광복군의 활동

광복군)이 창설될 수 있었다.

　그러나 광복군은 수많은 난관에 부딪쳐야 했다. 그것은 '한국광복군행동9개준승'
으로 대변되는 중국군사위원회의 간섭이었다. 임시정부는 이 사슬을 풀기 위해 노력
했다. 그 결과 3년여 만인 1945년 5월 1일 임시정부는 중국 정부로부터 광복군에 대
한 통수권을 넘겨받고 독자성을 확보할 수 있었다.

　광복군의 편제는 1942년 5월 조선의용대의 합류를 기점으로 초기와 후기로 나뉜
다. 초기 편제는 충칭에 위치한 총사령부 외에 시안의 1지대(군사특파단)와 5지대(한국
청년전지공작대), 쑤이위안성(綏遠省) 바우터우(包頭)의 2지대, 안후이성 푸양(阜陽)의 3지
대로 이루어졌다. 그 뒤 조선의용대가 광복군에 합류하면서 편제가 확대·개편되었
다. 즉 후기 편제는 조선의용대를 1지대로, 기존의 1·2·5지대를 합쳐 2지대로 각각
편성했다. 1945년 6월 말 안후이성 부양에 있던 기존 3지대 겸 징모 6분처를 승격시
켜 3지대로 삼았다.

광복군의 활동은 일본군에 소속된 한인 병사와 적 후방의 한인 청년을 포섭하는 초모 공작, 이들에 대한 교육과 군사훈련, 적군에 대한 정보수집과 교란 활동 등이었다. 특히 중국 내 한인 청년들에 대한 초모 활동은 성과가 매우 컸다. 1944년 10월 학병으로 중국 전선에 끌려온 한인 청년 수십 명이 광복군 진영으로 탈출했고, 1945년에는 한인 청년 수백 명이 임시정부와 광복군 대열에 합류했다. 1945년 3월 현재 514명에 불과하던 광복군은 그해 8월 전후 약 1000명의 병력을 보유하기에 이르렀다. 또 이들의 군사훈련을 위해 시안에서는 중국군 중앙전시간부훈련단에 한국청년훈련반(한청반)을, 안후이성 린촨(臨泉)에서는 한국광복군훈련반(한광반)을 설치하고, 모집된 청년들을 군사 초급 간부로 양성했다.

광복군은 1943년에 들어서면서 연합군, 특히 영국군과 협동해 항일전을 수행했다. 1942년 겨울 인도 주둔 영국군 총사령부의 요청에 따라 민족혁명당 총서기 김원봉이 최성오·주세민 등 2명을 인도에 파견했다. 영국군은 일본군과 전쟁을 수행하면서 일본어를 구사할 수 있는 인원이 필요해 이를 민족혁명당 측에 요구한 것이다.

1943년 5월에는 민족혁명당이 버마 전구(戰區) 영국군 총지휘부와 협정을 체결했다. 그 후 한영 합작은 다시 광복군 총사령부로 이관되어 추진되었다. 1943년 9월 인도 주둔 영국군의 대일전을 지원하기 위한 대장 한지성 등 9명의 광복군 인면전구공작대가 인도로 파견되었다.

이들은 1943년 8월 초부터 중국군사위원회에서 3주 동안 현지에 관련한 지식을 교육받았다. 그 후 최전선에 투입된 광복군 공작대는 일본군에 대한 선무공작, 후방 지역 교란, 일본군 포로 심문, 노획한 문서 번역 등 전쟁 수행을 돕는 임무를 펼쳤다.

영국군에 배속된 공작대는 1944년 초부터 영국군과 일본군이 대접전을 벌였던 임팔(Imphal)전투와 1945년에 전개된 버마 총반격전에 참전했다. 이러한 활동은 일본군에게 심리적으로 큰 영향을 주었음은 물론이고, 영국군이 대일 작전을 수행하는 데도 큰 도움을 주었다. 더 나아가 한국 독립운동의 공간을 넓혔다는 의미도 있었다.

광복군의 대일전 참여가 가시화되면서 임시정부의 위상은 더욱 강화되어 갔다. 임시정부는 태평양전쟁 발발 이후, 미국 정부와 주중 미군사령부에 한인의 대일전

1944년 임팔전투에 파견된
한국광복군

참여를 지속적으로 제의했다. 1945년에 접어들면서 미군의 필리핀 점령, 특히 그해 6월 말 오키나와 점령 이후 임시정부 요인들은 한반도 상륙작전이 임박했음을 인식했다. 그리하여 임시정부는 광복군을 태평양 지역에서 북상 중인 미군에 파견해 한반도 상륙작전 시 동참하고자 시도했다. 김구 주석은 미군이 제주도를 점령하면 그곳에서 모든 한인을 지도해 대일전에 협조할 것을 미국 정부에 제의했다. 이러한 제의는 임시정부와 광복군이 오랫동안 추구해 온 독립전쟁을 전개할 토대를 마련할 수 있다는 점에서도 중요했다.

한편, 1945년에 들어와 광복군은 미국 전략첩보국(Office of Strategic Service, 이하 OSS)과 합작을 추진했다. 그것은 광복군을 훈련시켜 한반도에 투입해 정보수집과 게릴라 활동을 전개한다는 '독수리작전(The Eagle Project)'으로 구체화되었다. 그 결과 시안의 광복군 제2지대 대원 가운데 50명이 선발되어 제1기생으로 5월 중순부터 특수 훈련을 받고 8월 4일 수료했다. 8월 7일 김구와 OSS의 총책임자 윌리엄 도노반(William J. Donovan) 장군에 의해 특수 훈련 수료생들을 중심으로 국내 진입 작전이 추진되었다. 그렇지만 출발 직전에 일본의 항복 소식이 전해지면서 "천신만고로 수년간 애를 써서 참전할 준비를 한 것도 다 허사다"라는 김구의 탄식처럼 광복군은 실전에 투입되지 못하고 말았다.

한국광복군 제2지대 대원과
미국 OSS대원들 1945년

　임시정부와 광복군이 미국 OSS와 합작해 한국 내 공동작전을 수행할 계기를 만들었다는 것은 앞서 광복군 인면전구공작대가 영국군과 합작한 것과 마찬가지로 해방 직전 광복군이 거둔 귀중한 성과였다. 아울러 한국 독립운동의 활동 범위와 합작 대상국을 확대하고 질적으로 심화했다는 데 의의가 있다.

04　대한민국임시정부의 의의와 평가

　1919년 4월 임시정부는 3·1운동의 과정에서 나타난 독립에 대한 전 민족의 열망과 의지가 결집해 수립되었다. 한국 역사상 최초의 민주공화제 정부라는 점에서 임시정부의 역사적 의의는 아무리 강조해도 지나치지 않을 것이다. 임시정부가 표방한 공화주의 이념은 이후 한국의 항일 독립운동에서 조직과 전략을 막론하고 민족운동의 기본 이념으로 정착되었다. 임시정부는 모두 여섯 차례의 헌법을 통해 1919년 대통령중심제, 1925년 내각책임제, 1927년 관리정부 형태, 1940년과 1944년의 절충식 정부 형태 등 권력구조의 형식이 변천했다. 이렇듯 여러 정부 형태를 경험한 것은 결과적으로 대한민국의 자산이 될 수 있었다. 또한 임시의정원을 통해 체계적인 의회

민주주의의 경험을 축적할 수 있었다.

임시정부는 대일 군사 활동을 적극적으로 전개했다. 물론 임시정부가 수립된 후 얼마 지나지 않아 내부가 분열된 데다 중국에서 활동하고 있었기 때문에 정부군을 조직하는 것이 간단치 않았다. 우여곡절 끝에 1940년 충칭에 정착한 임시정부는 조직과 체제를 정비하는 한편, 한국광복군을 창설했다. 광복군은 임시정부의 국군으로 중국군은 물론이고, 영국군 및 미군과도 합작해 공동작전을 전개했다. 광복군의 존재는 공간적 거리를 넘어 미주 동포 사회에서까지 호응을 받음으로써, 임시정부의 국민적 기반을 확대하는 데 기여했다.

임시정부는 내외적인 여건으로 인해 여러 한계를 보이기도 했다. 임시정부에는 새로운 인력 충원이 극히 적었다. 오히려 1920년을 지나면서 많은 인원이 점점 임시정부를 떠나가, 1945년 광복 당시의 주요 구성원 대부분이 1919년 수립 당시의 인물들이었다. 초기부터 있었던 지역감정이 끝내 남아 있어 정부 운영의 활기가 떨어진 면도 있었다. 독립운동 특성상 비밀 유지가 필요했겠지만, 재정 문제로 불미스러운 일이 있었던 것도 반성할 대목이다.

임시정부 초기의 침체국면을 타개하기 위해 1921년에는 마땅히 열었어야 할 국민대표회를 뒤늦게 1923년에 개최한 것은 전략상의 실수였다. 1920년 이후 많은 지도자들이 임시정부를 떠나가면서 국민대표회의를 열어 수습하려고 했지만, 여의치 않았다. 국민적 기반에 존재 가치가 있었던 임시정부는 이에 대한 지속적인 점검이 소홀했다. 그 때문에 독립운동의 구심점 역할을 감당하지 못해 국민적 기반을 상실하고 침체에 빠질 수밖에 없었다. 1932년 윤봉길 의거로 국민적 관심을 회복한 것은 그나마 다행이었다.

또한 해방이 광복으로 이어지지 못해 임시정부가 새 조국 건설과 직접 연결되지 못했다. 더구나 임시정부의 이름으로 환국할 수 없어 외지적 종결의 역사를 안아야 했다. 그럼에도 1948년에 수립한 대한민국 '헌법' 전문에 3·1운동으로 대한민국을 건립했다는 임시정부의 역사적 위치를 천명함으로써 역사적 명맥을 회복할 수 있었다. 대한민국의 '헌법'이 임시정부의 '건국강령'을 참조해 제정됨으로써 임시정부가 지향하던 이념을 수용했다.

 이와 같은 한계에도 임시정부는 한국 역사상 최초의 민주공화제 정부로서 역사적 의의가 있다. 또한 중국이나 열강들의 승인을 받지는 못했지만, 국제외교와 대일 독립전쟁으로 민족의 주권을 회복하기 위해 끊임없이 노력했다. 임시정부는 당시 국내 한인들에게 한국도 일제의 식민 통치로부터 독립할 수 있다는 희망을 불어넣어 주었다는 점에서 정신적 차원의 역할 또한 결코 부정할 수 없다. 좌우익 세력이 임시정부 산하에 하나로 뭉쳐 항일운동을 전개했던 역사적 경험은 오늘날 남북한의 통일 문제를 해결하는 데 시사점을 제공할 것이다.

참고문헌

고정휴. 2004. 『이승만과 한국독립운동』. 연세대학교 출판부.

국가보훈처. 1999. 『대한민국임시정부 수립80주년기념논문집』 상·하.

국사편찬위원회. 2005~2011. 『대한민국임시정부자료집』 1~45, 별책 1~6.

김광재. 2007. 『한국광복군』(한국독립운동의 역사 52). 독립기념관 한국독립운동사연구소.

_____. 2018. 『근현대 상해 한인사 연구』. 경인문화사.

김희곤. 2008. 『대한민국임시정부 1: 상해시기』(한국독립운동사의 역사 23). 독립기념관.

_____. 2016. 「대한민국임시정부에 대한 연구 성과와 과제」. 『광복70년, 독립운동사연구의 성과와 과제』. 국사편찬위원회.

김희곤 외. 2009. 『제대로 본 대한민국 임시정부』. 지식산업사.

박찬승. 2017. 「대한민국 임시정부를 어떻게 볼 것인가」. 이기훈 외 엮음. 『쟁점 한국사』. 창비.

윤대원. 2006. 『상해시기 대한민국임시정부 연구』. 서울대학교 출판사.

이현주. 2003. 『한국 사회주의세력의 형성』. 일조각.

조동걸. 2010. 『우사 조동걸 저술전집』 8. 역사공간.

한상도. 2008. 『대한민국임시정부 2: 장정시기』. 독립기념관.

한시준. 2008. 『대한민국임시정부 3: 중경시기』. 독립기념관.

15강 미주 지역의 독립운동

김도훈

01 미주의 한인 사회와 독립운동 단체 결성

1) 한인 사회 형성

독립운동사에서 미주 지역이란 미국 본토와 하와이, 멕시코와 쿠바까지 일컫는다. 간도와 러시아의 한인 사회가 유민(流民)에 의해 이루어진 반면, 미주 한인 사회는 한국 최초의 공식 이민을 통해 구성되었다.

하와이 이민은 파업과 노동력 부족에 시달리던 하와이 사탕농장주협회가 노동시장 안정과 값싼 노동력 도입을 위해 한인들의 이민을 추진한 것이 계기가 되었다. 사탕농장주협회의 부탁을 받은 주한 미국공사 호러스 알렌(Horace Allen)은 고종에게 이민을 건의해 승낙을 받아냈다. 그리하여 1902년 12월 한인 121명이 인천항을 출발한 것을 시작으로 1905년 7월까지 한인 7400여 명이 하와이 사탕농장 노동자로 이민했다. 총 11척의 배로 65차례에 걸쳐 이루어진 이민 행렬은 미주 한인 사회 형성의 근간이 되었다. 1910년 대한인국민회의 인구조사 통계에 의하면 하와이 한인 중 983명이 가

하와이 사탕수수 농장 이주 한인들

멕시코 이주 한인들

혹한 노동을 견디지 못하고 한국으로 되돌아갔고, 2011명은 노동조건이 좀 더 나은 미국 본토로 건너갔다. 이에 따라 1910년대 미국 본토에 2000여 명, 하와이에 4000여 명의 한인이 자리를 잡으며 민족운동의 거점을 마련했다.

1905년 4월에는 한인 1033명이 멕시코로 이주했다. 멕시코 이민은 하와이 이민과는 달리, 하와이 이민의 붐을 이용해 영국계 멕시코 국적자인 존 마이어스(JohnMeyers)와 일본인 오바 간이치(大庭貫一)가 꾸민 사기극이었다. 마이어스와 간이치는 1000여 명의 한국인을 모집하여 멕시코 유카탄주 메리다(Merida) 지역의 에네켄(henequen) 농장주들에게 팔아넘겼다. 조건은 4년간의 노예 계약이었다. 멕시코 한인들은 노예 계약이 끝난 1909년 5월 국민회 북미지방총회의 도움으로 메리다지방회를 설립했다. 그러나 멕시코혁명(1910~1917년) 등의 여파로 생계를 위협받은 한인들은 1920년 이후 설탕 산업으로 호황을 맞이한 쿠바로 이주하면서 한인 사회를 형성했다. 이후 멕시코와 쿠바의 한인들은 각지에 국민회 지방회를 설립하고 1945년 광복될 때까지 국민회의 독립운동과 재정을 후원했다.

2) 독립운동 단체 결성

하와이에서 가장 먼저 설립된 한인 단체는 1903년 8월 오아후섬 호놀룰루에서 조직된 신민회(新民會)였다. 이후 1907년 9월까지 24개에 이르는 단체가 조직되었다. 처음에는 각 농장별로 자치와 상부상조를 목적으로 동회(洞會)를 조직했다. 점차 생활이 안정되자, 하와이 한인들은 1905년 1월 대한제국에 영사 파견을 요청했다. 이 영사 파견을 빌미로 일제는 해외 한인을 일본의 통치 아래 두려 했다. 이때부터 하와이 한인 사회는 항일운동과 일본 상품 배척을 내세우며 항일투쟁을 전개하기 시작했다. 특히 1905년 11월 「을사조약」 강제 체결로 주미 한국공사관이 철폐되고, 1906년 2월에는 대한제국 정부마저 "해외 한인은 일본 영사의 보호를 받으라"라고 선언하면서 이주 한인들은 사실상 망국민으로 전락했다. 이때부터 미주 한인들은 독립운동 단체를 조직하기 시작했다. 1907년에는 「정미조약」과 군대해산은 물론이고 고종까지 강제로 퇴위되자, 하와이 24개 단체들은 합동발기대회를 개최하고 그해 9월 하와이 한인 단체의 통일 기관인 한인합성협회(韓人合成協會)를 창립했다. 한인합성협회는 1909년 2월 북미의 공립협회와 통합해 국민회를 창립할 때까지 하와이 한인들의

1907년 한인합성협회가 임대한 회관

공립협회 창립 회원 앞줄 왼쪽부터 송석준·이강·안창호, 뒷줄 왼쪽부터 임준기·정재관이다.

구심체 역할을 하며 구국운동을 전개해 나갔다.

　미국 본토의 한인 사회는 하와이 이민과는 별개로, 1903년 당시 약 20여 명의 인삼 장수와 유학생들로 구성되어 있었다. 1903년 9월 캘리포니아주 샌프란시스코에서 안창호 등이 주도해 친목회를 조직한 것이 한인 단체의 시작이었다. 친목회는 주로 한인들의 취업 알선 등 노동 주선소 역할을 수행했다. 그러나 하와이로부터 미국 본토로 건너오는 한인들이 증가하자, 안창호 등은 친목회를 확대·발전시켜 1905년 4월 공립협회(共立協會)를 창립했다. 공립협회 조직 이후 1907년 11월까지 대동보국회(大同保國會, 샌프란시스코)·공제회(共濟會, 뉴욕)·동맹신흥회(同盟新興會, 시애틀)가 결성되어 총 4개 단체가 설립되었다. 이 중 캘리포니아를 기반으로 하는 공립협회와 대동보국회가 양대 세력을 이루었으나, 한인 사회를 선도한 것은 공립협회였다.

　3) 통일 연합 기관의 설립과 독립군 기지 개척

　1905년 11월 「을사늑약」이 체결되자, 공립협회는 곧바로 기관지 ≪공립신보(共立新報)≫를 창간해 국권 회복을 위한 언론 활동을 전개했다. 이어 공립협회는 조직 확대를 위해 샌프란시스코를 비롯해 미국 서해안의 캘리포니아주를 중심으로 10여 개의 지방회를 설립했다. 1907년 이미 국권을 상실한 '국가'를 대신해 '국민'을 국권 회복의 주체로 설정한 공립협회는 국내를 비롯해 미주와 러시아 등 해외 한인 단체를 하나로 통합해 독립운동을 전개하려는 '통일연합론'을 수립했다. 공립협회의 통일연합론은 미주가 국내와 멀리 떨어져 있어 국권 회복 거점으로는 적절하지 않으므로, 국내를 비롯해 국내와 인접한 만주와 러시아 등지에 독립운동 기지를 설치해 독립운동을 전개하려는 계획에서 비롯된 것이다.

《공립신보》

이러한 계획을 수행하기 위해 가장 먼저 국내에 통일 연합 기관을 설치하기로 결정하고 1907년 1월 안창호를 전권위원으로 임명해 파견했다. 이 일환으로 설립된 국내 비밀결사 단체가 신민회였다. 이어 1907년 8월부터는 중견 인물인 이강과 임치정 등을 국내로 파견해 신민회의 창립과 활동을 후원했다.

1908년 1월에는 해외에 통일 연합 기관을 설치하기 위해 이교담, 김성무를 원동(遠東) 지회 특파원으로 파견했다. 원동이란 지금의 극동과 같은 뜻이다. 이들의 노력으로 러시아 수청(水淸, 스찬) 신영동(니콜라옙카)과 블라디보스토크에 지방회가 설립되었다. 1908년 10월에는 독립전쟁을 수행할 거점과 기지를 마련하기 위해 아세아실업주식회사를 발기하고 재정 마련에 착수했다.

이어 공립협회는 독립전쟁의 한 방략으로 의열투쟁을 채택했다. 1908년 3월 공립협회는 대동보국회와 함께 대한제국 외교 고문인데도 일본을 위해 활동하던 미국인 스티븐스를 처단하기로 결정했다. 공립협회의 전명운과 대동보국회의 장인환은 샌프란시스코 페리 선창가에서 각각 스티븐스 처단을 단행했다. 이후 재미 한인 사회는 이 의거를 '자유전쟁'으로 규정하고, 장인환·전명운 의사의 재판을 '독립재판'으로 명명하며 적극 후원했다.

이보다 앞선 1907년 10월 공립협회는 헤이그밀사사건 이후 매국적 숙청을 결의하고 이재명을 파견했다. 이재명 등은 1909년 12월 이완용 등 매국적 처단을 실행했다. 또한 공립협회 해삼위(블라디보스토크)지방회 회원 안중근과 공립협회 특파원 이강 등이 계획한 이토 히로부미 처단도 실행되었다. 이처럼 공립협회는 1907년 고종의 강제 퇴위 이후 '의열투쟁'을 '독립전쟁'의 일환으로 채택해 실행함으로써 후일 의열투쟁이 독립전쟁의 일환이라는 인식을 심어주었다.

02 대한인국민회의 임시정부 표방과 군인양성운동

1) 중앙총회 설립과 '정부' 역할

1908년 10월 하와이 한인합성협회와 공립협회는 합동 발기문을 발표하고 통합을 선언한 뒤, 1909년 2월 국민회를 창립했다. 이어 국민회는 1910년 5월 대동보국회마저 통합하고 대한인국민회(이하 국민회)로 개칭했다. 국민회가 창립되자, 공립협회와 한인합성협회는 각각 북미지방총회와 하와이지방총회로 재편되었다.

국민회는 공립협회가 추진했던 사업을 계승해 통일 연합 기관을 완성하기 위해 멕시코를 비롯한 러시아와 만주 등지에 특파원을 보내 지방회 설립을 추진했다. 1909년 5월 북미지방총회 산하에 멕시코 메리다지방회를 설립한 것을 시작으로 1911년까지 원동 지역에 수청지방총회·시베리아지방총회·만주리아지방총회를 설립하는 등 총 5개 지방총회와 그 산하에 100여 개의 지방회를 조직했다.

1910년 8월 29일 경술국치로 나라를 잃자, 국민회는 북미·하와이·멕시코 그리고 만주와 연해주에 널리 퍼져 있는 지방회를 총괄할 중앙총회 설립을 추진했다. 중앙총회는 '대한 국민'을 대표해 임시정부 자격으로 입법·행정·사법 등 3대 기관을 설치하고 자치제도를 행할 것을 선언했다. 이 선언은 대한제국이 멸망하자 대한제국을 대신해 국내외 한인들을 다스릴 '임시정부' 수립을 표방한 것이었다. 1911년 국민회

1915년 국민회 하와이 지방총회 장면 오른쪽에서 11번째가 이승만, 단상 뒤 가운데가 안창호다.

는 '임시정부' 수립을 위한 여론 조성을 위해 박용만을 초빙했다. 박용만은 '무형국가론(無形國家論)'을 설파하며 임시정부 수립의 당위성과 함께 중앙총회를 임시정부로서 자리 잡게 할 것을 역설했다. 그 결과 1912년 11월 중앙총회 결성 선포식이 결행되었다. 중앙총회는 해외 한인의 최고 기관으로 자치제도를 실시할 것을 천명하며 국내외 한인들에게 '의무금' 징수와 '병역'의 의무 실시 등을 표명했다.

중앙총회 설립 후 북미지방총회는 1913년 미국으로부터 재미 한인의 대표기관으로 인정받은 데 이어, 국민회에서 발급한 보증서로 한인들이 미국에 입국할 수 있는 권한을 인정받았다. 하와이지방총회도 박용만의 활약으로 1913년 하와이 정부로부터 자치기관으로 인정받고 특별 경찰권까지 허락받았다. 또한 중앙총회는 '국민의무금' 제도를 실시해 재정의 안정을 꾀했다. 이러한 노력으로 국민회는 미주 한인들의 자치기관으로 활동하면서 한인 사회에서 '정부'의 기능을 대행했다.

1914년 7월 제1차 세계대전이 일어나자, 일본은 중국과 러시아에 한인들의 민족운동을 금지시켜 달라고 요청했다. 이 요청으로 러시아와 중국 정부는 한인 독립운동 단체들을 해산시키고 활동을 금지했다. 수청지방총회는 1912년, 만주지방총회는

1914년 이후 활동이 봉쇄되었다. 시베리아지방총회는 1917년까지 활동했다. 이처럼 원동 지역 지방총회의 활동이 중단되면서 국민회는 사실상 북미지방총회와 하와이 지방총회만이 활동하게 되었다.

그러나 하와이지방총회마저 1915년과 1918년 두 차례에 걸친 파쟁을 겪으며 하와이 한인 사회는 분열되었다. 당시 하와이지방총회는 박용만을 중심으로 활발한 활동을 전개하고 있었으나, 1915년 이후 이승만에 의해 장악되었다. 이에 박용만 계열은 갈리히연합회를 조직하면서 하와이 한인 사회는 국민회 하와이지방총회와 갈리히연합회(후일 대조선독립단으로 개편)로 양분되었다. 그 결과 미주 한인 사회는 안창호·이승만·박용만 계열로 삼분되었고, 10여 년간 해외 한인의 최고 기관으로 기능했던 국민회는 이후 북미·멕시코·쿠바 한인 사회로 범위가 축소되었다.

2) 독립군 기지 개척과 군인양성운동

공립협회의 독립군 기지 개척 활동은 국민회가 승계했다. 국민회는 아세아실업주식회사를 태동실업주식회사로 개칭하고 자본금을 모집했다. 이 회사는 러시아 블라디보스토크에 본부를 설치할 것을 명시하는 등 러시아 지역을 독립군 기지로 개척하고자 했다. 이를 위해 1909년 4월 국민회는 북미지방총회장 정재관과 이상설을 대표원으로 임명해 블라디보스토크로 파견했다. 블라디보스토크에 도착한 정재관은 앞서 파견된 김성무·이강 등과 함께 러시아와 만주 국경에 위치한 싱카이호(興凱湖) 남쪽 펑미산(蜂蜜山) 일대의 농지를 구입해 기지로 개척했다. 이를 위해 태동실업주식회사는 활발한 모금 활동을 벌여 재정을 지원했다. 1911년 7월 토지등기를 마치고 약 500호, 2000여 명의 한인들이 거주하는 마을을 형성했다. 그러나 중국 관리의 횡포로 쫓겨나는 바람에 독립군 기지 개척 사업은 실패로 끝났다.

1910년 7월 경술국치 직전, 국민회의 북미지방총회와 하와이지방총회는 애국동맹단(愛國同盟團)과 대동공진단(大同共進團)을 조직하고 항일운동 방침을 결의했다. 이들은 한국 황제와 일왕, 통감 데라우치 마사타케(寺內正毅)에게 전보를 보내 '합방' 거

네브래스카 헤이스팅스대학 구내에서 운영되던 소년병학교 학생들

절과 취소를 촉구했다. 또한 세계 각국에 일제의 활동을 비판하면서 원동 지역에서 독립운동을 전개할 군인을 양성할 것을 결의했다. 또한 애국동맹단은 해외 각지에 거주하는 한인 중 20세 이상의 남성을 대상으로 군사훈련을 실시할 것을, 대동공진단은 군인 양성 사업을 전담할 것을 결의했다. 이를 계기로 애국동맹단과 대동공진단은 「무예장려문(武藝獎勵文)」을 발표하고 『체조요지(體操要旨)』를 출판·배포하는 등 미주 한인들의 군사훈련을 장려했다. 이후 미주 한인 사회는 각지에서 군인양성운동이 급속히 확산되었다.

그러나 미주에서 군인양성운동이 확산되기 이전부터 독립군 양성을 추진한 인물이 있었다. 박용만은 1908년부터 군사학교 설립을 계획하고 1909년 6월 국외 한인 최초로 독립군 양성 학교인 한인소년병학교를 설립했다. 한인소년병학교는 1914년까지 100여 명의 생도를 배출했다.

군인양성운동은 멕시코로 확산되었다. 대한제국 군인 출신들이 많았던 멕시코 한인 사회는 1909년 5월 멕시코 메리다지방회를 설립한 직후 회장 이근영이 주도해 회원들을 대상으로 매일 병법 체조와 군사훈련을 실시했다. 1910년 2월에는 숭무학교를 설립해 사관생도를 양성했으나, 1910년 11월에 시작된 멕시코혁명 등의 영향과 한인들이 다른 지역으로 이주하면서 1913년 폐교되었다.

북미의 군인양성운동은 1909년 6월 솔트레이크시티지방회에서 군인 양성을 위한 학생 양성소를 설립한 것이 시작이었다. 그러나 국민회가 독립군 기지 개척에 주력하고 있었기 때문에 군인양성운동은 1910년 5월부터 본격화되었다. 특히 1910년 7월경 조직된 하와이의 대동공진단은 군인양성소를 설립해 3개월간 훈련시킨 다음, 1910년 11월 하와이지방총회로 이관했다. 하와이지방총회는 연무부(鍊武部)를 설치하고 체계적으로 매일 저녁 한인 학생들을 대상으로 군사훈련을 실시했다. 박용만은 연무부의 군사훈련을 체계적으로 수행하기 위해 1914년 6월 대조선국민군단과 대조선국민군단사관학교를 설립했다. 하와이군사령부로부터 설립 인가를 받은 대조선국민군단은 100~300명이 군사훈련을 받았다. 그러나 제1차 세계대전 당시 연합국의 일원인 일본의 항의로 1917년경 문을 닫고 말았다.

03 대한민국임시정부 후원과 외교 활동

1) 구미위원부의 외교 활동

1918년 11월 제1차 세계대전 종결 직후 국민회 중앙총회(회장 안창호)는 그해 12월 뉴욕에서 개최된 소약국동맹회의에 대표자를 파견하면서 활동을 재개했다. 소약국동맹회의는 세계의 약소국과 속국, 억압받고 있는 민족들의 '영원한 의회(a permanent congress)'를 표방해 성립된 것이다. 이어 중앙총회는 종전 문제를 다루는 파리강화회의에도 대표를 파견하려 했으나, 미국이 비자 발급을 거부해 무산되었다.

그러던 중 1919년 3월 3·1운동과 4월 대한민국임시정부 수립 소식이 미주에 전해지자, 4월 14일부터 3일간 필라델피아에서 제1차 한인회의(일명 한인자유대회)가 개최되었다. 회의에서는 한국의 독립과 독립된 정부 수립에 관한 결의문과 호소문이 발표되었다.

이어 국민회는 서재필이 제안한 '대한공화국 외교통신부'를 필라델피아에 설립하고 미국인과 중국 화교들을 대상으로 한국 독립을 선전하는 등 외교 활동을 시작했다. 이에 필요한 자금은 '애국특연금'이라는 명목으로 김호를 비롯한 특파원들을 미

본토와 하와이 각지로 파견해 모금했다. 외교통신부
는 영어로 된 잡지 *Korea Review* 를 비롯한 다양한
선전 책자를 만들어 배포하며 유럽 각국에 한국의
독립을 선전하는 데 주력했다. 1919년 5월에는 미국
인 중심으로 한국친우회(The League of the Friends of
Korea)가 조직되어 한국 독립을 위한 활동을 도왔다.

외교통신부가 활동하던 1919년 8월, 이승만은 한
성정부 집정관 총재 명의로 워싱턴 D.C.에 대한민국
특파구미주찰위원부를 설립했다. 이를 통상 '구미위
원부(Korean Commission)'라고 칭했다. 구미위원부는

Korea Review

워싱턴 사무소를 본부로 하고, 필라델피아와 시카고에 통신부를, 프랑스 파리와 영
국 런던에 사무소를 두고 유럽과 미국 등을 상대로 외교와 선전 활동을 전담했다. 이
때 필라델피아 외교통신부는 구미위원부 산하 조직으로 편입되었다. 구미위원부는
북미·하와이·멕시코 등지에 지방위원부를 두었으며, 기존 한국친우회 조직을 미국 21개
도시와 유럽의 런던 및 파리까지 만들어 회원 2만 5000명을 확보했다.

구미위원부는 1919년부터 1920년까지 미국 의회를 상대로 한국의 독립을 청원하
는 한편, 워싱턴회의(1921년 11월~1922년 2월) 참가를 시도했다. 그러나 워싱턴회의 참
가가 무산된 이후, 구미위원부에 대한 교민들의 재정 지원은 급격히 감소했다. 이에
이승만은 지속적인 자금 지원을 호소했으나 교민들의 반응은 냉담했다. 이후 구미위
원부는 겨우 워싱턴 사무실만 유지하며 버텨야 했다.

2) 국민회 중앙총회의 해체와 조직 변화

재미 한인 사회는 1919년부터 1945년까지 약 100만 달러의 독립운동 자금을 모금
했고, 그중 임시정부와 구미위원부에 각각 25만 달러씩 후원한 것으로 추정된다. 이
로 인해 미주 한인 사회는 임시정부와 한국 독립운동 자금의 젖줄이자 보고(寶庫)로

공채금 영수증

평가받고 있다. 임시정부 수립 직후 국민회는 특파원 파견과 지방회 조직을 이용해 '애국금'이라 불린 독립운동 자금을 모금했다.

이승만은 구미위원부 설치 직후부터 재미 한인 사회의 재정 장악을 시도했다. '애국금' 수합 업무는 국민회에서 주관했는데, 구미위원부가 독자적으로 '공채표'를 발행해 자금을 모집하기 시작한 것이다. 이 일로 국민회와 구미위원부 간에 마찰이 일자, 임시정부는 1920년 3월 국민회의 애국금 수합 업무를 폐지하고 구미위원부에 자금 모집을 위임했다. 이 결정으로 국민회는 외교에 이어 재정권마저 구미위원부에 빼앗겨 세력이 약화될 수밖에 없었다. 임시정부가 재정 증대를 기대해 구미위원부에 힘을 실어준 것이다. 그러나 구미위원부는 모집 재정의 18% 정도만 임시정부로 송금하고 나머지는 구미위원부 유지에 사용했다.

게다가 이승만의 지지 세력이 된 하와이지방총회도 국민회 중앙총회의 명령을 무시하며 독자적으로 행동했다. 이에 중앙총회는 1920년 초 하와이지방총회를 개조하고자 했으나 성공하지 못했다. 그 후 하와이지방총회는 중앙총회의 관할에서 벗어났고, 1921년 3월 임시정부의 '임시교민단제' 실시에 따라 '하와이 대한인교민단'(이하 하와이 교민단)으로 개편되었다.

하와이 교민단은 1923년 1월 임시 의사회를 열고 임시정부가 아닌 구미위원부의 지휘를 받는다는 자치 규정을 추가했다. 하와이지방총회가 임시정부에서 이탈해 이승만의 지지 세력이 되자, 국민회는 1923년 1월 대의원회를 개최해 사실상 북미지방총회를 제외한 모든 지방총회가 폐지되었으므로 중앙총회를 폐지한다고 선언하고, 북미지방총회를 '대한인국민회총회'로 개칭했다. 또한 1924년부터 로스앤젤레스와 뉴욕에도 한인교민단이 설립되어 구미위원부 사업을 후원하고 이승만을 지지했다. 이에 따라 북미국민회의 활동은 침체되었다.

3) 대조선독립단의 설립과 활동

이승만에 반감을 가진 하와이 한인들은 1919년 3월 줄곧 항일 무장투쟁을 외치던 박용만을 후원하기 위해 대조선독립단(이하 독립단) 하와이 지부를 결성했다. 독립단은 하와이에 26개 지부를 설립했고, 단원은 1600여 명에 이르렀다. 1919년 5월 박용만이 무장투쟁을 실천하기 위해 블라디보스토크로 가자, 독립단은 박용만에게 정기적으로 군자금을 보내며 후원했다. 1921년 박용만이 베이징에서 군사통일회의를 결성하자, 독립단의 김현구와 박건병 등이 참여했다.

독립단은 1921년 10월 호놀룰루에서 대조선국민대표회기성회를 조직하고 국민대회 개최를 요구하는 한편, 이상호를 국민대표회의 대표로 상하이로 파견했다.

대조선독립단 단원들 앞줄 정중앙이 박용만이다.

윌로스 한인비행사양성소 한인 학생들

1925년 4월 현순 등이 임시정부를 지원하기 위해 임시정부후원회를 조직하자, 독립단 관련 인물들이 주축이 되어 활동했다.

1925년 6월 박용만이 태평양회의에 참석하기 위해 하와이를 방문했다. 이때 박용만은 중국에 대본공사를 설립하기 위해 자본금을 확보하도록 독립단에 합자회사 설립을 지시했다. 대본공사는 중국에 황무지를 구입해 독립군 기지를 개척하고 독립군을 양성하기 위함이었다. 그러나 1928년 10월 박용만이 피살되면서 독립단 세력은 위축되었다.

1933년 하와이 교민단은 교민단을 해체하고, 하와이 국민회를 복구하기로 결정했다. 이때 독립단 인사들도 하와이 국민회에 참여해 간부로 선정되었다. 이를 계기로 그해 10월 독립단은 하와이 국민회와 통합했다. 이처럼 독립단은 이승만의 지지 세력인 하와이 교민단과 경쟁하면서, 15년 동안 하와이 한인 사회를 이끌며 활동했다.

이러한 외교 활동 외에도 임시정부 군무총장 노백린이 북미를 방문해 군인 양성 계획을 밝히자, 캘리포니아주 윌로스에 거주하던 김종림 등이 땅과 비행기를 제공해

1920년 비행사양성소를 설립했다. 이 학교를 졸업한 한인 조종사들은 임시정부와 중국·미국 등지에서 독립군으로 활동했다.

04 국민회 부흥과 진보 단체의 출현

1) 하와이 국민회의 복설과 북미국민회의 부흥

1929년 11월 국내에서 광주학생운동이 일어난 것을 계기로 하와이 한인 사회에서는 한인 단체를 통합하고자 했다. 1930년 7월 이승만은 하와이에서 '미포대표회(美布代表會)'를 개최했는데 그의 지지 세력인 하와이 교민단과 동지회(同志會) 대표들이 참석했다. 대표회는 김원용을 대표로 선임하고 그에게 개혁 작업을 맡겼다. 그러나 이승만이 자신의 친위 조직인 동지회를 중심으로 하와이 교민단을 흡수·통합하려는 바람에 김원용·김현구 등의 교민단 세력과 동지회 사이에 분쟁이 일어나 개혁은 실패했다. 이에 하와이 교민단은 1931년 1월 국민회 재건운동을 전개한 끝에 1933년 1월 스스로 교민단을 해소하고, 2월 하와이대한인국민회를 다시 설립했다. 하와이 한인들은 이를 '국민회 복설(復設)'이라 했다. 하와이 국민회는 1934년 박용만 계열의 독립단도 통합해 15년 만에 다시 하와이 한인 사회에서 주도적인 역할을 할 수 있었다.

한편, 1920년대에 침체에 빠졌던 북미의 국민회는 1930년부터 각지에서 공동회(共同會)가 설립되면서 활력을 찾았으나, 지역 분산적이었다. 이에 '중가주(中加州: 중부 캘리포니아)한인공동회'를 조직해 광주학생운동 후원과 한인 연합 등을 모색하던 김호·김형순 등 이른바 '리들리(Reedley)그룹'은 1936년부터 국민회 부흥에 앞장섰다. 그 결과 북미의 국민회는 1936년 지도 체제를 집단 지도 체제인 위원합의제로 변경하고, 1937년 본부를 샌프란시스코에서 로스앤젤레스로 이전했다. 집단 지도 체제 도입 이후 북미국민회는 침체에서 벗어나 활발한 활동을 전개했다.

2) 진보 단체의 출현

미주의 독립운동은 기본적으로 우파 민족주의적 성격을 띠고 진행되었다. 그러나 1930년대 한인 사회에서 세대교체가 진행되면서 진보적 성격의 단체들이 출현하기 시작했다. 북미에서는 재미한인사회과학연구회, 조선의용대 미주후원회 등 사회주의를 표방하는 단체가 출현했고, 하와이에서는 중한민중동맹단이 결성되었다. 이를 이끈 세력은 부모를 따라 미국으로 이주한 이민 1.5세대와 1919년 이후 미국으로 건너온 이른바 '신도(新渡) 유학생'이었다.

재미한인사회과학연구회는 1930년 10월 시카고에서 유학생 김호철·고병남 등이 사회주의 이론과 실천을 목적으로 조직한 단체다. 이 단체는 2년여 간 시국 강연과 사회주의 연구 활동을 했으나, 북미국민회 등 민족주의 세력의 반대 등으로 이렇다 할 활동을 보여주지는 못했다.

(1) 조선의용대 미주후원회

1937년 7월 중일전쟁이 일어나자, 전쟁으로 발생한 중국 내 난민과 한인들을 구제하기 위해 중국(피난민)후원회가 조직되었다. 이 후원회는 뉴욕(변준호 등)·시카고(강영승 등)·로스앤젤레스(김강 등)에서 각기 자발적으로 조직되어 활동했다. 1938년 10월 중국 한커우(漢口)에서 김원봉 등이 조선의용대를 창설하자, 뉴욕의 중국후원회는 1939년 4월 조선의용대 미주후원회로 개편되었다. 이어 로스앤젤레스와 시카고의 중국후원회도 조선의용대 미주후원회로 전환했다. 후원회는 1940년 1월부터 기관지 ≪의용보(義勇報)≫를 발간하고, 미국을 비롯한 하와이·멕시코·쿠바까지 지부를 설치하여 반일 선전 활동과 군사 후원금 모금 활동을 펼쳤다. 주로 중립적 인사가 참여한 후원회는 1940년 5월 각지의 후원회를 합쳐 연합회를 발족하며 통일성을 기했다. 이 단체는 1942년 6월 조선민족혁명당 미주 지부로 개편되었다. 주요 인물은 변준호·이경선·김강·신두식·선우학원 등이었다.

(2) 중한민중동맹단

중한민중동맹단(中韓民衆同盟團, The Sino-Korean People's League, 이하 동맹단)은 1938년
12월 하와이 호놀룰루에서 한길수의 순회강연과 외교 활동을 후원할 목적으로 조직
되었다. 발기자는 차신호·최선주·최창덕·민찬호 등으로, 본래 이승만의 측근이었
으나 그에게서 등을 돌려 비판 세력이 된 인사들로 구성되었다. 단원은 40명에서
250명 사이로 추정된다. 한길수는 이승만과 외교 주도권을 놓고 대립·경쟁하며 주로
미 본토를 중심으로 순회강연 활동을 펼쳤다. 강연 내용은 미국에서 활동 중인 일본
인들의 반미 활동을 폭로하는 반일 선전 활동이었다.

동맹단은 설립 초기 선전문 발행을 통해 존재를 널리
알리는 한편, 각종 집회와 강연회 등을 통해 한길수의 선
전 활동을 지원했다. 이와 같은 공개 활동 외에도 하와이
현지 일본인 발행 신문이나 일본인들로부터 각종 정보
를 수집해 워싱턴에 있는 한길수에게 전달했다. 한길수
는 이 비밀 정보를 언론에 발표해 미국 정부와 언론으로
부터 주목을 받았다. 이처럼 한길수는 동맹단의 후원을
받으며 1945년까지 동맹단의 워싱턴 대표를 비롯해 조선

한길수

의용대 미주후원회 주미 대표 등으로 활동했다. 그러나 광복 이후 동맹단은 대중의
관심에서 멀어졌다.

(3) 조선민족혁명당 미주총지부

1942년 5월 김원봉이 이끄는 조선의용대는 임시정부와 통합해 한국광복군(이하
광복군)에 편입되었다. 이에 조선의용대 미주후원회는 같은 해 6월 조선민족혁명당
(이하 민혁당) 미주 지부로 개편되었다. 그 뒤 미주 지부는 1943년 8월 민혁당 중앙집행
위원회 결의에 따라 1944년 미주총지부와 하와이 총지부로 각각 개칭되었다.

미주총지부는 충칭의 민혁당과 김원봉을 후원하는 조직으로, 본부는 로스앤젤레
스에 두었다. 김원봉의 임시정부 참여를 계기로 미주총지부도 재미한족연합위원회

에 참여했다. 주로 사회주의적 성격의 인사들이 참여한 탓에 국민회·동지회와는 갈등을 빚었다. 미주총지부는 중국 관내의 무장 세력을 후원하기 위한 군자금을 모집해 임시정부 군무부와 김원봉에게 송금했다. 또한 기관지 ≪독립(The Independent)≫을 매주 발행해 사회주의사상과 함께 진보적 경향을 보도하며 재미 한인 사회가 혁신과 군사주의 노선으로 전환하는 데 기여했다.

한편, 하와이동맹단에서 분화되어 나온 인사들을 중심으로 조선민족혁명당 하와이 총지부가 결성되었다. 하와이 총지부는 미주총지부와는 달리 온건·보수적인 인사들로 구성되었다. 그 때문에 두 지부는 이념적으로 연대감이 없어 각기 독립된 단체로 활동했다.

05 재미한족연합위원회와 주미외교위원부의 활동

1) 재미한족연합위원회

1940년 9월 광복군 창설 이후 미주에서는 임시정부와 광복군 후원에 대한 열기가 고조되면서 단체 통일을 모색했다. 1941년 4월 북미와 하와이의 9개 한인 단체 대표들은 해외한족대회를 열고 재미한족연합위원회(이하 연합회)를 창립했다. 연합회는 하와이에 의사부를, 북미에 집행부를 두어 활동했다. 연합회는 크게 임시정부 후원, 독립운동 확대를 위한 외교와 선전, 미국의 국방 사업 후원이 주된 활동이었다.

연합회는 임시정부 후원을 위해 '독립금' 명목으로 재정을 모집해 이 중 3분의 2를 임시정부로 송금했다. 나머지 3분의 1은 미주에서 행할 외교와 국방 공작의 후원 경비로 쓰였다. 연합회가 1941년 5월부터 1948년 12월까지 집행한 후원금은 임시정부에 5만 8200여 달러, 주미외교부에 2만 6520달러였으며, 이 외에 미국승전후원금과 경상비로 6만 7000여 달러를 사용했다. 연합회의 외교 활동은 이승만을 위원장으로 하는 주미외교위원부에 위임되었다.

대한인국민회총회를 방문한 재미한족연합위원회 대표

미국의 국방 사업 후원은 연합회 집행부에서 국방과를 조직해 지원했다. 1941년 12월 집행부는 한인국방군 편성을 위해 미 육군 사령부에 계획서를 제출해 허가를 받았다. 그 결과, 로스앤젤레스에 한인국방경위대(이하 경위대)가 조직되었다. 경위대는 캘리포니아 주정부의 승인을 받아 캘리포니아 민병대에 소속되었다. 일명 '맹호군'으로 불렸다. 1942년 2월에는 임시정부의 인준을 받았다. 1943년 1월에는 샌프란시스코에도 한인국방경위대가 조직되었다. 그러나 미국 내에서 독자적인 한인 부대 창설이 불가능해지자, 한인 청년 800여 명은 미군에 자원입대해 전쟁에 참전하기도 했다. 그리고 미국의 전시 국방공채 24만여 달러를 구입하는 등의 방식으로 대일전 승리를 후원했다.

2) 주미외교위원부

연합회는 창립 직후 외교 업무를 이승만에게 맡겼고, 임시정부는 이를 주미외교

주미외교위원부 사무실

위원부(이하 외교부)로 승인했다. 외
교부는 3년 동안 30여 차례에 걸쳐
미국 국무부·전쟁부·백악관 등에
임시정부 승인과 무기 대여를 끊임
없이 요청했다. 그러나 이승만이 대
한정책의 주무 부서인 미국 국무부
와 적대적인 관계를 형성하는 바람
에 성과를 거둘 수 없었다. 이에 외
교부는 1943년 중반 이후 이승만과
한미협회의 공동 행사와 이승만 개인 선전에 주력했다. 이로 인해 한인 사회에서 이
승만의 외교에 대한 비판이 적지 않았다. 외교부의 마지막 활동은 1945년 4월 샌프
란시스코에서 열린 연합국회의에 대표단을 파견한 것이었다. 이 회의에서 외교부는
미국이 소련에 한국의 지배권을 양도했다는 이른바 '얄타밀약설'을 제기했다. 그러나
이는 임시정부 승인과 한국 독립을 호소하는 것과는 거리가 있었다.

3) 냅코작전

1942년부터 임시정부와 이승만 등은 미국에 한인 게릴라 부대 창설을 요구했다. 미
군은 부대 창설을 검토했으나 사실상 불가능한 일이라며 이를 거부했다. 1944년 중반
미국은 일본과의 전쟁에서 승리하기 위해 전략첩보국(OSS: Office of Strategic Services)의
활동을 강화했다. OSS는 1944년 말부터 일본을 비롯해 만주와 한반도에 한국인 침투
계획을 본격 추진했는데, 이 중 한반도 침투 계획은 워싱턴 본부가 담당했다. 작전명
은 냅코작전(Napko Project)이었다. 이 작전은 낙하산 또는 잠수정 등을 통해 한반도에
침투한 뒤 첩보 수집, 무선망 설치, 파괴 공작 등이 주된 임무였다. 이를 수행하기 위
해 가장 중요한 것은 거점 확보였다. 그러나 실패할 경우를 감안해 10개 팀으로 조직
을 구성했다. 현재까지 밝혀진 것은 4개 팀이며, 유일한·이태모·이초·차진주·변일

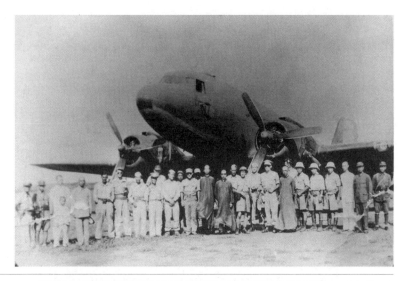

냅코작전 취소 후 중국 산둥성 유현에 불시착한 국내 정진군과 중국 인사들　1945년 8월 19일

서·이근성·김강·변준호·최진하 등 19명이 참여한 것으로 밝혀졌다. 이들은 30대 중반에서 50대 나이의 기혼자였다.

　냅코작전에 투입된 한인들은 로스앤젤레스 연안에 있는 샌타캐털리나(Santa Catalina)라는 외딴 섬에 격리되어 강도 높은 훈련을 받았다. 훈련은 주로 유격·무선·폭파 등이었으며, 기간은 3~4개월이었다. 또한 침투용 잠수정을 만들어 훈련을 실시했고, 로스앤젤레스와 샌프란시스코 등지에 직접 침투하는 가상훈련을 실시하기도 했다. 훈련을 마친 뒤 전라남도 목포와 황해도 구월산 등이 침투 지역으로 선정되자, 대원들은 1945년 4월 미 해군 잠수함을 이용해 뤼순반도 남동쪽 인근에서 조업 중이던 한인 어부를 통해 지형과 정세 등을 파악하며 침투 명령을 기다렸다. 그러나 일본의 패망으로 냅코작전은 성사되지 못했고, 작전에 참여한 한인들은 미군으로 제대했다. 이들의 존재는 1993년에 밝혀졌다.

강영심 외. 2008. 『1910년대 국외항일운동 II: 중국·미주·일본』. 독립기념관 한국독립운동사연구소.

고정휴. 2009. 『1920년대 이후 미주·유럽지역의 독립운동』. 독립기념관 한국독립운동사연구소.

김도형. 2010. 「하와이 대조선독립단의 조직과 활동」. ≪한국독립운동사연구≫, 37, 209~263쪽.

김도훈. 2002. 「1910년 전후 미주지역 공립협회·대한인국민회의 민족운동 연구」. 국민대학교 박사학위논문.

_____. 2010. 『미대륙의 항일 무장투쟁론자, 박용만』. 역사공간.

김원용. 1959. 『재미한인50년사』. 캘리포니아 리들리.

방선주. 1989. 『재미한인의 독립운동』. 한림대 아시아문화연구소.

_____. 1993. 「미주지역에서 한국독립운동의 특성」. ≪한국독립운동사연구≫, 7, 506~511쪽.

정병준. 2009. 『광복 직전 독립운동세력의 동향』. 독립기념관 한국독립운동사연구소.

홍선표. 2002. 「재미한족연합위원회(1941~1945) 연구」. 한양대학교 박사학위논문.

16강 일본·동남아 지역의 독립운동

김도형

01 일본 지역 독립운동

1) 1910년대 유학생 단체와 노동단체

일본 지역 독립운동은 유학생들과 노동자들이 중심적 역할을 수행했다. 그 이유는 학업이나 생업을 위해 일본으로 건너간 주된 계층이 학생들과 노동자들이기 때문이다. 유학생들은 교내 또는 외부 세력과 연대해 다양한 방법으로 반일운동을 벌였고, 노동자들은 단체를 조직해 현장에서 파업 등을 통해 자신들의 권리를 주장하는 투쟁을 전개했다.

「을사늑약」이후 한국 유학생들이 증가하면서 1905년 9월 태극학회와 1906년 9월 대한유학생회가 조직되었다. 1907년 '와세다대학 모의국회사건'을 계기로 재일 유학생들의 독립의식이 고취되면서, 1909년 1월 기존의 유학생 단체를 통합해 '대한흥학회'를 결성하게 되었다. 대한흥학회는 ≪대한흥학보≫·≪대한학회월보≫를 간행해 유학생들의 민족의식을 앙양했다. 일제에 의해 강제 병탄을 당한 후인 1912년 재일 유학생들은 지역과 분파를 막론해 '조선유학생학우회'를 조직했다.

재동경조선유학생학우회 육상운동회 기념　1917년

　　조선유학생학우회는 재일 유학생의 중추 기관으로 유학생들의 단결을 목적으로
조직되어 모든 유학생은 이에 가입할 의무가 있었고, 만약 학우회 회원과 교제가 없
는 자는 '국적(國賊)' 또는 '일제의 개'로 지탄을 받을 정도였다. 조선유학생학우회는
단순한 친목 조직이 아니라 조국의 광복을 위한 활동을 하고 있었던 것이다. 김병로
간사장을 비롯해 안재홍·최한기·서경묵·신익희 등이 주도적으로 활동했으며, 회
원 상호 간의 지덕체 발달, 학술 연구, 의사소통 등 유학생친목회의 연합체 성격을
띠었다. 회원들은 각종 한인 단체와 일본 사회운동단체에 가입해 합법 혹은 비합법
반일투쟁, 노동자 파업 등에 참여했다. 그리고 회원들은 졸업생축하회·신입생환영
회·망년회·신년회·운동회·웅변회 등을 통해 유학생의 자각과 독립 정신을 일깨우
고자 했다. 기관지 ≪학지광≫은 1914년 5월 창간되어, 여기에 실린 글은 은유적인
표현 방법으로 민족의식을 고취하거나 민족 독립을 지향해 일본 당국의 엄격한 검
열을 받아야만 했다.

　　학업을 위해 일본으로 간 유학생들과 더불어 재일 한인 사회의 또 다른 한 축을
이룬 계층은 노동자들이다. 일본은 경제가 발달하면서 하층 노동력 수요가 급증하

자 한인 노동자들을 받아들였다. 1910년 이후 일본 기업이 한국인 노동자를 적극적으로 모집하고 조선총독부가 일본 도항을 허용하자 많은 노동자들이 일본으로 건너갔다. 한인 노동자들이 많아지면서 자연스럽게 노동자들의 권익을 옹호하는 단체들이 조직되었다. 노동단체는 노동자들의 결속으로 만들어지는 경우도 있지만, 대부분은 유학생을 비롯한 지식층, 알선 업자나 하숙업에 종사하는 한인들의 도움으로 결성되었다.

1917년 1월 동경노동동지회와 노동동사회가 도쿄에서 결성되었는데, 두 단체는 서로 상부상조하는 성격이 강했다. 오사카에서는 1914년 1월 재대판조선인친목회가 최초로 결성되었으나 곧바로 해산되었다가, 그해 9월 도쿄에서 온 정태신이 다시 발기해 재창립되었다. 친목회는 노동자를 규합하고 월례회를 통해 사회주의사상을 보급하는 등 활발한 활동을 펼쳤지만 총간사 정태신이 중국으로 떠나고, 후임 총간사 나경석이 귀국하면서 활동이 점차 부진해졌다.

그 뒤 오사카에서 1916년 5월 김달용 등이 주도한 동맹합자회와 1918년 8월 박경도 등이 중심이 된 조선인저금회가 조직되었다. 동맹합자회는 매월 2회 모임을 갖기로 하고 창립한 노동자 구호단체로, 회원들은 모임 때마다 30전씩 내서 이를 적립해 구제비로 사용했다. 조선인저금회는 매월 두 차례 모임을 개최하고 50전씩을 저금해 이를 회원들의 구제 사업에 사용했다.

1910년대 한인 노동자들은 열악한 노동조건하에 일본 기업가들의 횡포와 민족 차별 등을 받으며 생활했다. 이에 한인 노동자들은 자신들의 권익을 지키기 위해 파업을 단행했다. 1917년 6월 홋카이도 탄광기선주식회사에서 한인 노동자 165명이 파업을 했고, 그해 8월 시즈오카(靜岡)에서 한인 노동자 80명이 파업을 했다. 파업의 원인은 임금인상과 부상자 치료비 등 경제적인 요구가 많았으나 민족적인 요인에 의한 것도 있었다.

2) 재일 유학생들의 2·8독립선언

제1차 세계대전이 끝난 후 미국 대통령 윌슨의 민족자결주의는 국외에서 활동하던 유학생들에게 독립운동의 기운을 불어넣어 주었다. 특히 재일 유학생들은 윌슨의 민족자결주의를 접하자 암흑에서 광명을 본 것처럼 기쁨과 희망에 벅차했고, 이때야말로 조국 광복의 기회라고 생각했다.

그러던 중 일본 고베(神戶)에서 발간되던 영자 신문 ≪재팬 애드버타이저(The Japan Advertiser)≫ 1918년 12월 15일 자에 실린 "한국인들 독립을 주장(Koreans Agitate for Independence)"과 12월 18일 자의 "약소민족들 발언권 인정을 주장(Small Nations Ask To Be Recognized)"이라는 기사를 본 한인 유학생들은 지금이야말로 독립할 절호의 기회라고 보았다.

유학생들은 1918년 12월 29일 메이지회관에서 조선유학생학우회 주최로 유학생

2·8독립선언을 주도한 인물들

망년회를 개최했고, 그 이튿날 기독교청년회관에서 동서 연합 웅변대회를 개최했다. 웅변대회에는 400~500명의 학생들이 모여 조국 광복운동에 목숨을 바치기로 결의하고, 서춘·이종근·윤창석·김상덕 등이 연사로 나서 세계 사조의 변화와 민족자결의 대원칙에 입각해 자주독립을 위해 싸워야 한다며 열변을 토했다. 학생들의 연설이 있은 후 독립운동의 방안에 대해 논란이 있었으나, 결론 없는 토의가 계속되었다. 학생들은 실행위원을 선출해 그들에게 방안을 강구하게 하자는 제의에 만장일치로 합의하고 실행위원으로 최팔용 등을 선출했다.

실행위원들은 일제 경찰의 감시와 미행을 피해 비밀리에 조선청년독립단을 조직하고, 단의 이름으로 「독립선언서」·「결의문」·「민족대회소집청원서」를 작성하기로 결의했다. 조선청년독립단은 외부인의 참여 없이 학생들이 주체가 되어 만든 조직으로서, 일제에 대한 구체적인 투쟁 계획을 추진·지도했으며, 「선언문」의 작성과 등사, 「선언문」의 발송과 거사 계획을 결정했다. 「선언서」와 「결의문」은 이광수에게 작성하게 하고, 그것을 영문과 일문으로 각각 번역해 일본의 조야와 외국 공관에 발송하기로 했다. 또한 태극기를 준비해 도쿄 시내에서 만세시위를 하기로 했다. 마지막으로 각 대학에 있는 유학생들에게 연락해 빠짐없이 거사에 참가하도록 했다.

종횡무진 거사를 준비하던 실행위원들은 백관수의 자취 집에서 일주일 동안 밤을 새워가며 「독립선언서」와 「결의문」, 일본 의회와 외국 공관에 발송할 문서 등을 등사했다. 그리고 거사에 필요한 제반 사항과 절차 등을 점검했다. 약 2개월에 걸쳐 준비한 끝에 1919년 2월 8일 유학생들은 일제의 감시를 피하기 위해 '동경유학생 임시총회'를 개최한다고 하고서, 드디어 독립선언식을 거행했다. 긴장된 분위기 속에서 백관수가 「독립선언서」를, 김도연이 「결의문」을 낭독하고 이를 만장일치로 채택했다. 이어서 비분강개한 유학생들의 독립을 향한 열변과 끝까지 싸워 독립을 쟁취해야만 한다는 학생들의 외침이 들려왔다. 계획대로 태극기를 흔들며 시내를 행진하기로 했으나, 이미 일본 경찰들이 회관을 완전히 포위한 뒤였다. 독립선언을 한 학생들은 무장한 일경들에게 적수공권으로 대항했다. 기독교청년회관은 삽시간에 아수라장이 되었고, 30여 명의 학생들이 체포되었다.

3) 1920년대 일본 지역 독립운동

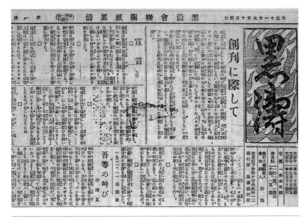

흑도회 기관지 ≪흑도(黑濤)≫ 창간호 1922년 7월 10일

3·1운동 이후 재일 한인 사회에서도 다양한 이념이 도입되면서 여러 계열의 사상단체가 출현하기 시작했다. 마르크스주의 사상단체인 북성회는, 흑도회가 1922년 11월 아나키스트와 볼셰비키로 분화되는 과정에서 조직되었다. 북성회는 계급적 연대를 표방하면서 도쿄는 물론 오사카·고베·교토 등지에 노동단체를 조직하고, 일본 사회주의 단체와 연대를 도모했다. 또한 1923년 3월부터는 민족해방과 사회주의사상의 보급을 위해 기관지 ≪척후대≫와 ≪전진≫을 발행했다. 북성회는 일본에서뿐만 아니라 국내에서도 순회강연회·토요회·건설사·북풍회 등의 조직을 주도했다.

북성회와 함께 1925년 1월 3일 사상단체로 일월회가 조직되었는데, 대중 본위의 신사회 실현을 강령으로 내걸고 사회운동단체의 전선 통일을 촉구했다. 또한 기관지 ≪사상운동≫과 ≪대중신문≫ 등을 통해 선전 활동을 벌였다. 일월회의 자매단체로 삼월회가 1925년 3월 조선무산계급과 여성해방을 목표로 조직되었다. 일월회는 국내에 속된 마르크스주의가 횡행하고 있다고 보아 이론투쟁을 주요 임무로 정했다. 창립 1주년 기념식에서는 "전 조선적 단일 사상 전선을 결성하자"라는 슬로건을 내걸고 재일본 사회주의운동의 통일을 주장했으며, 파벌주의의 박멸을 선언하는 성명을 발표하고 1926년 11월 28일 스스로 해산을 선언했다.

일본에서는 사회주의사상과 함께 무정부주의 계열 단체의 활동도 활발했다. 1921년에 결성된 흑도회는 김약수·박열·김사국 등이 주도했는데, 앞에서 언급한 바와 같이 아나키스트 계열과 볼셰비키 계열로 양분되었다. 박열 등의 아나키스트들은 풍뢰회를 조직한 후 1923년 2월 흑우회로 개칭했다.

일본 지역에서 전개된 독립운동 양상으로 가장 특징적인 면은 의열투쟁이 많이 전개되었다는 점이다. 양근환은 1921년 참정권운동을 위해 일본에 온 친일파 민원식을 처단하는 거사를 벌였다. 국민협회 회장이며 조선 총독부 중추원 부참의인 민원식이 참정권운동을 벌이기 위해 도쿄 철도호텔에 투숙하자, 양근환은 참정권운동의 부당함과 친일·매국 행위를 준엄하게 질책한 후 단도로 그를 처단했다.

양근환

일본에서 아나키즘운동의 지도자로 잘 알려진 박열은 1923년 5월 불령사에 가입한 김중한에게 일본 황태자 결혼식 때 투탄 의거를 일으키기 위해 폭탄을 의뢰했다. 그런데 폭탄을 준비하는 과정에서 정보가 새어나가 그해 8월 28일 박열 등 불령사 사원 16명이 일제에 검거되었다. 일제는 관동대지진의 와중에서 그 책임을 재일 한국인에게 돌리기 위해 이를 대역(大逆) 사건으로 꾸미려고 했다. 재판에 넘겨진 박열은 일제 법정에서 조선 민족 대표로서 재판을 받을 것을 요구했다. 그는 대역죄로 무기징역을 선고받고 해방 이후 석방되었다.

관동대지진 당시 한인에 대한 학살을 자행한 일제를 응징하기 위해 의열단에서는 일제의 제국의회 회의장을 급습해 정·관계 요인들을 일시에 몰살하고자 했다. 이에 김지섭이 나서 제국의회에 폭탄을 투척하고자 했으나 제국의회가 휴회 중이었기 때문에, 그 대신 일왕의 궁에 폭탄을 던지기로 계획을 바꾸었다. 1924년 1월 5일 석양이 질 무렵 김지섭은 일본 궁성 입구인 니주바시에 세 개의 폭탄을 던졌으나 불발되고 말았다. 일제 검찰은 그에게 사형을 구형했으나 재판부는 무기징역을 선고했다. 그는 복역 중인 1928년 2월 옥중에서 사망했다.

1920년대에 들어 사회주의사상이 보급되면서 재일 한인 사회에도 급속히 퍼져나가기 시작했다. 1920년 재일 한국인은 4만 명에 달했는데 주로 탄광이나 도시 건설

1923년 9월 일본 도쿄 관동대지진 당시 학살된 한국인들

시장의 노동자로 일했다. 일본 최대의 탄광지인 규슈(九州)나 홋카이도, 도시로는 오사카와 후쿠오카(福岡) 등에 많은 한인 노동자들이 거주했다. 1923년 9월 관동대지진으로 파괴된 한인 노동운동계에서는 통일기관을 결성하려는 움직임이 나타났다. 도쿄와 오사카 등에서 조직한 12개의 재일본 한인 노동단체, 63명의 대표 등 150명이 모여 1925년 2월 22일 도쿄에서 재일본조선노동총동맹을 결성했다.

조선노동총동맹 산하 단체로 출범한 재일본조선노동총동맹은 창립 당시 800명으로 시작해, 그해 10월 1220명으로 확대·발전했다. 그리고 1926년 초에는 관동연합회·관서연합회의 결성으로 조직이 강화되어 21개 조합 3000명에 이르렀고, 그해 10월에는 25개 조합 9900명으로 성장했다. 제3회 대회 이후 각지에 분산되어 있던 조합을 정리·통합하려는 1부현(府縣) 1조합 원칙이 수립되었다.

노동운동의 발전과 더불어 1925년 4월 국내에서 조선공산당이 조직된 후 일본부가 설치되어 최원택이 책임을 맡았으나, 그가 제1차 조선공산당(1925년 4월~1926년 11월) 검거 이후 김정규가 일본부 책임자로 선정되었다. 3차 조선공산당(1926년 12월~1928년 2월)은 1927년 4월 박락종을 일본부 책임자로 발의하고, 그해 12월경에 당원 확보를 위해 도쿄 두 지역에 야체이카(세포 조직)를 두었다. 4차 조선공산당(1928년 2월~1928년 7월) 중앙집행위원회는 만주총국과 더불어 일본총국을 재건했다. 1928년 4월 일본 지역 조선공산당이 재조직되고, 인정식을 고려공산청년회 일본총국 책임비서로 선정했다.

조선공산당 일본부와 일본총국은 야체이카와 플랙션을 통해 노동단체와 공장 내에 들어가 조직 사업을 전개했다. 1927년 3차 조선공산당 시기에는 민족주의 세력과 함께 신간회와 근우회를 조직했다. 신간회와 근우회 일본 지회에는 조선공산당 구성원이 들어가 활동했고, 일본공산당 및 일본 사회해방운동 세력과 긴밀한 유대 관계를 맺었으며, 출판 활동을 통해 한인 노동자에 대한 교육 및 선전·선동을 지속적으로 수행했다.

민족운동의 통일전선을 목표로 민족주의 좌파와 사회주의자들이 연합한 민족 협동전선으로 1927년 2월 신간회가 탄생했다. 일본에서도 그해 5월 7일 와세다대학 스콧홀에서 신간회 도쿄 지회 창립대회가 개최되었다. 도쿄지회 창립대회에는 회원 61명, 방청객 150명이 출석해 조헌영이 지회장으로 선출되었다. 그해 6월이나 8월에 도쿄지회의 기관지 ≪신간신문≫을 발간하기로 준비했으나, 본부의 발간 중지 명령으로 햇빛을 보지 못했다. 도쿄 지회의 활동은 대부분 재일본조선노동총동맹, 조선인단체협의회 등과 함께 전개되었다.

4) 1930년대 이후의 일본 지역 독립운동

일본에서는 1929년 국제공산주의운동의 지도 방침 변화에 따라 재일본 한인 단체들의 해체가 진행되었다. 먼저 재일본조선노동총동맹은 해체 후 일본노동조합전국협의회 산하로 들어가기로 결정해, 1930년 1월 지도부인 중앙상임위원회를 해체하고 전일본노동조합협의회(이하 전협) 조선인위원회로 개칭했다. 1930년대 이후 전협은 일본 노동운동에서 가장 전투적 투쟁을 수행했는데, 한인 노동자들은 전협에 가입해 일본 혁명운동에 적극 참여했다. 한인 노동운동과 민족해방운동 조직의 해체 논의 대부분은 조선인위원회가 주도했다. 재일본 한인 노동조합의 해체를 주도한 조선인위원회는 가맹조합을 전협의 산업별 조합으로 재편성하며 해체 활동을 전개했다.

재일본조선노동총동맹의 해체와 함께 재일본조선청년동맹도 1929년 12월 확대 집행위원회를 열어 해체를 결의했고, 조선유학생학우회도 1931년 2월 해체되었다. 재일본조선노동총동맹이 해소를 주장하자 일본에서 결성된 신간회 지회도 해체를 결의했다. 도쿄 지회는 조선공산당 일본총국의 조직이 와해되면서 활동이 부진해지자 해체론이 대두해 1931년 해체되고 말았다.

1928년 12월 코민테른에서 조선공산당의 승인을 취소하는 결정이 나온 이후, 1931년 10월 조선공산당 일본총국과 고려공산청년회 일본부를 해체하고 당원들은 일본공산당에 가입했다. 일본공산당은 1931년 5월 중앙에 민족부를 설치하고 김치정을 중앙위원회 조선부 책임자로 선정했다. 일본공산당 내 한인 당원들은 중앙당에 소수가 배치되기는 했으나, 대부분 지방당 조직에서 간부와 말단 행동대원으로 활동했다.

일본반제동맹은 제국주의 반대투쟁에 당면한 정치적 임무가 있다고 하며 일본 제국주의 타도를 목표로 하는 한국인과 일본인의 공동 투쟁을 강조했다. 재일 한인과 인텔리층은 민족주의운동의 무력함에 한계를 느끼고 적극적으로 일본반제동맹에 가입해 동맹 구성원의 60~70%를 차지했다. 일본반제동맹 서기국은 1932년 7월 12일 자로 「범태평양민족대표자회의 개최에 관한 선언」을 발표해 식민지 해방과 반제 전선 통일을 주장했다. 또한 1933년 4월 제2회 전국대회에서 종래의 규약을 개정해, 제2조에 "본 동맹은 제국주의에 반대하는 투쟁을 수행하고 식민지, 반식민지 및 약소민족의 완전한 독립운동을 지지함을 목적으로 한다"라고 명시했다.

1930년대 조직적인 사회운동과 더불어 일본에서 일어난 대표적인 의열투쟁으로는 이봉창의 의거를 들 수 있다. 일본에서 노동자로 생활하던 이봉창은 독립운동을 하기 위해 중국 상하이의 임시정부를 찾아갔다. 그곳에서 김구를 만나 한인애국단에 가입하고 일본제국주의의 최정점에 있는 일왕을 처단하기로 했다. 일왕을 처단하기 위해 일본으로 돌아온 이봉창은 도쿄 요요기 연병장에서 개최되는 관병식에 일왕이 참여한다는 것을 알게 된다. 그는 1932년 1월 8일 관병식이 끝나고 일왕이 돌

1932년 1월 8일 체포된 이봉창

아갈 때 도쿄 경시청 앞에서 일왕이 타고 있다고 생각한 마차에 폭탄을 던졌다. 그런데 폭탄을 던진 마차에는 궁내부 대신이 타고 있었다. 그뿐만 아니라 그가 던진 폭탄은 마차에 조금 손상을 입혔을 뿐 별 위력이 없어 거사는 실패하고 말았다. 이봉창은 현장에서 체포된 뒤 '대역죄'라는 죄목으로 사형을 선고받고, 1932년 10월 10일 도쿄의 이치가야형무소에서 사형되었다.

02 동남아 지역 독립운동

1) 군자금 모집과 독립운동 기지 개척

'동남아'라고 하면 지역적으로 인도차이나반도와 그 남동쪽에 분포하는 말레이 제도로 구성되며, 베트남·라오스·캄보디아·타이·미얀마(버마)·말레이시아·싱가포르·인도네시아·필리핀·브루나이 10개국을 지칭한다. 동남아는 17세기 이후 유럽인들이 식민지 개척을 시작하면서 서구 제국들의 식민지가 되었던 지역이다. 한국의 독립운동가들은 동남아 각국도 제국주의의 침탈을 받으며 국권을 위협당하고 있다는 점에서 공통의 위기감을 느끼고 있었고, 약소국인 동남아 각국이 제국주의 국가들의 거래와 흥정의 대상이 되는 데 대해 동정심도 느끼고 있었다. 또한 한국 독립운동가

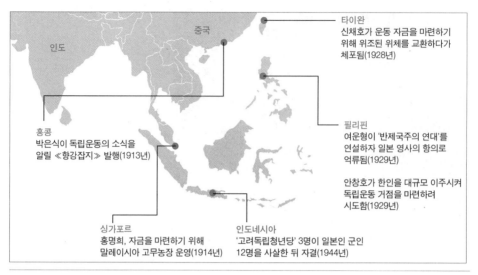

타이완
신채호가 운동 자금을 마련하기
위해 위조된 위체를 교환하다가
체포됨(1928년)

중국

인도

필리핀
여운형이 '반제국주의 연대'를
연설하자 일본 영사의 항의로
억류됨(1929년)

안창호가 한인을 대규모 이주시켜
독립운동 거점을 마련하려
시도함(1929년)

홍콩
박은식이 독립운동의 소식을
알릴 ≪향강잡지≫ 발행(1913년)

싱가포르
홍명희, 자금을 마련하기 위해
말레이시아 고무농장 운영(1914년)

인도네시아
'고려독립청년당' 3명이 일본인 군인
12명을 사살한 뒤 자결(1944년)

동남아시아에서 한인들이 전개한 주요 독립운동

들은 같은 피압박민족으로서 동남아 지역과의 연대의식이 있었다.

동남아 지역은 중국혁명 과정에서 혁명당의 중요한 국외 거점 중 하나였다. 중국 대륙에 인접한 홍콩이 무장혁명 거사의 책동지였다면, 싱가포르는 혁명 경비의 모금 처이자 혁명 선전물의 간행처였다. 1910년대 중국혁명의 열기가 달아오르던 싱가포르에서 독립운동을 모색하기 위해 상하이에서 활동하던 한국 독립운동가들이 싱가포르로 거점을 옮겼다.

우리의 독립운동사에서 싱가포르와 처음 관련을 맺은 사람은 미주와 중국 등지에서 활동하던 장경이다. 장경은 동남아 지역 중국계의 지원을 받던 중국혁명파를 보고 싱가포르로 향했다. 싱가포르 중국계의 협조를 통해 독립운동을 모색하던 장경은 불행하게도 그곳에서 사망하고 말았다.

장경의 경우처럼 중국과 만주 등지에서 활동하던 홍명희·정원택·김진용·김덕진 등 4명도 중국혁명의 풍부한 활동 자금이 싱가포르에서 제공되었다는 것을 알고 그곳으로 가 독립운동 자금을 마련하고자 했다. 홍명희 등은 1914년 상하이를 출발해 싱가포르에 정착하여 동남아 각 지역의 중국계에게 독립운동 자금을 모으고자 했다.

김진용은 중국계 자금을 모아 독립운동 자금으로 활용하기 위해 광범위한 사업을 벌였다. 그는 당시 호황을 맞고 있던 주석광산과 고무농장에 투자해 그 이익금을 중국혁명에도 지원하고, 한국 독립운동 자금으로 활용했다. 홍명희 등은 동남아 각 지역을 돌며 독립운동 자금 모금 활동을 전개하다가, 1917년 11월 상하이로 돌아왔다.

홍명희

1920년대 중반 중국에서 활동하던 아시아 각국의 아나키스트들은 국제 연대를 위한 기구를 조직하고자 했다. 이들은 1928년 4월 한국인아나키스트대회를 개최해 잡지를 발행하고 적의 기관을 파괴할 것을 결의했다. 그러나 문제는 운동 자금을 마련하는 일이었다. 이에 신채호는 베이징 우무관리국(郵務管理局) 외국위체계(外國爲替係)에 근무하는 타이완 출신 아나키스트 린빙원(林秉文)과 협의하여 위조위체를 발행해 이를 현금화하기로 했다. 린빙원은 화베이물산공사(華北物産公司)의 이름으로 200매 액면 총계 6만 4000원의 위조위체를 발행해 국내뿐만 아니라 일본·타이완·관동주 등 32개소 우편국에 발송했다. 그리고 이를 현금화하기 위해 린빙원은 관동주와 조선, 이필현은 일본, 신채호는 타이완 지역을 담당하기로 했다.

신채호는 베이징을 떠나 1928년 5월 8일경 책임액 1만 2000원을 찾기 위해 타이완 지룽(基隆)으로 향했다. 타이완 경찰에서는 이미 위조위체가 나도는 것을 눈치채고 범인을 체포하려 혈안이 되어 있던 상황에, 신채호가 타이완에 위조위체를 현금화하려고 간 것이다. 신채호는 타이완의 지룽항에 도착해 곧바로 지룽우편국에 가서 위체를 현금으로 교환하던 중 그곳에서 기다리고 있던 경찰에 피체되었다. 신채호는 체포 과정에서 강경히 저항했지만 체포된 후 중국 다롄으로 압송되어 1930년 4월 다롄지방법원에서 징역 10년을 선고받고, 수형 생활 중 1936년 2월 옥중에서 사망했다.

2) 독립운동 기지 개척운동

1910년을 전후한 시기에 한인들이 연해주와 서·북간도로 이주해 건설한 한인촌은 후일 독립운동 기지가 되었다. 1920년 '경신참변' 이후 서·북간도 지역에서 독립운동이 어려워지면서 새로운 독립운동 기지가 모색되었다. 안창호는 새로운 독립운동 기지의 후보지로 동남아 지역을 상정하고, 만주의 한인들을 이주시키기 위해 필리핀을 방문했다.

안창호는 1929년 2월 9일부터 3월 30일까지 50여 일간 필리핀 각지를 시찰하고 중국으로 돌아갔다. 그가 필리핀을 방문한 가장 중요한 목적은 만주 지역에서의 이상촌 건설과 독립운동 기지 개척이 여의치 않은 관계로 '남방' 지역에서 이를 추진하고자 했다. 안창호는 만주 지역의 한인들을 필리핀으로 데려와 이상촌을 건설하고자 했다. 그래서 제일 먼저 필리핀 이민국과 한인들의 이주 문제를 협의했다. 필리핀 이민국장은 한인들은 일본 여권과 보증금 50원 이상만 가지고 오면 이주를 허가한다고 했다. 그렇지만 현실적으로 일본 여권을 받는 것은 불가능했거니와 50원의 자금을 마련하는 것은 더더욱 어려운 일이었다.

안창호가 필리핀을 방문했을 당시에는 한인 52명이 그곳에 체류하고 있었다. 이들은 조국을 잃은 국제적 미아 신세임에도 조국을 독립하겠다는 열성이 있어 중국 상하이에 있는 안창호를 필리핀으로 초청해 대한인국민회의 사업을 필리핀에서도 계승하고자 한 것이다. 안창호는 필리핀 동포들의 뜻을 받아들여 필리핀 최초의 한인 단체인 '대한인국민회 필리핀 지부'를 설립했다.

그 뒤 양우조가 안창호의 뜻을 이어 필리핀의 광활한 땅에 한인들을 이주시키고, 미주에 있는 한인 총각과 본국의 처녀들을 불러 결혼을 시키고자 했다. 그 또한 필리핀을 한인들의 삶의 터전으로 만들고 그것을 발전시켜 독립운동 기지로 세우겠다는 의도가 담겨 있었다. 그렇지만 그의 계획은 여비 문제가 해결되지 않아 좌절되고 말았다.

안창호가 필리핀을 독립운동 기지로 개척하려고 했듯이 동남아의 다른 지역에

독립운동의 책원지를 개척하려는 계획이 있었는데 그곳이
보르네오섬이다. 임득산은 만주에서 양기탁과 만나 '이상
적 농촌건설계획'을 추진했는데, 자본금을 마련하지 못해
진척이 없었다. 또한 1930년대 들어 흥사단 원동위원부는
1931년 1월 양우조를 특파원으로 임명해 인도네시아 지역
에 독립운동 기지를 개척하는 데 열의를 보였다. 같은 시
기 양기탁과 김규식도 보르네오섬에 독립운동 기지를 개
척하려는 뜻을 품었다. 김규식은 양기탁의 제의로 보르네

양기탁

오 총독과 한인들의 이주 문제를 협의했다. 총독은 한인들을 환영한다는 뜻을 표하
며, 보르네오의 모든 사정을 기록한 간행물을 보내주면서 우선 시찰단을 보내라고
까지 했다.

그러나 만주 한인들의 이주 계획은 처음부터 순조롭지 못했다. 만주의 한인들을
대규모로 이주시킬 도항비와 개간 자금을 이주자 스스로 마련하기는 쉽지 않았기 때
문이다.

3) 독립운동 선전 활동

홍콩에서도 한국 독립운동이 전개되었다. 1911년 6월 서
간도로 망명해 1912년 말 상하이에서 동제사와 신아동제사
를 중심으로 활동하던 박은식은 신문과 잡지 등의 발간을
통한 독립운동을 모색하고 있었다. 그는 잡지 발행을 간
절히 원하던 김규흥(김범재)의 초청으로 홍콩으로 건너갔
다. 홍콩에 도착한 박은식은 1913년 12월 ≪향강잡지(香江
雜誌)≫를 발간했다.

≪향강잡지≫ 창간호 표지

박은식이 홍콩에서 잡지를 발간하는 데는 중국혁명파
인사들과 김범재의 도움이 컸다. ≪향강잡지≫는 주로 중국 혁명파의 활동을 소개

하고 혁명정신을 내외에 알리는 한편, 세계 각국의 소식을 전했다. 아쉽게도 ≪향강잡지≫는 2호까지만 발간되었다. 위안스카이(袁世凱)를 비판하는 글을 게재해 정간되었기 때문이다.

안창호의 필리핀 순방 약 1개월 후 중국 상하이에 있던 여운형이 1929년 5월 3일부터 6월 3일까지 30여 일간 필리핀을 방문했다. 여운형은 그곳에서 아시아 약소민족과 제휴해 제국주의에 대항하는 '아시아약소민족대회'와 같은 독립운동을 모색하고자 했다. 마닐라에 도착한 여운형은 먼저 필리핀 좌익계 신문 ≪라오피니온(La Openieon)≫의 주간 도밍고 폰세(Domingo Ponce)와 회담했으며, 필리핀공산당의 중심인물 크리산토 에반겔스타(Crisanto Evangelista) 등과도 접촉했다.

여운형

폰세와 에반겔스타는 각각 동남아 지역의 민족지도자들을 모아 혁명자대회를 개최하자고 제의했고, 여운형은 중국과 한국에서 민족지도자들을 규합해 대회를 성사시키겠다고 약속했다. 1929년 5월 25일 개최된 여운형의 환영회에는 신문기자·종교단·노동단·사법단 등 각계 인사 30여 인이 참석했다. 이때 그의 연설 내용이 신문에 발표되자, 필리핀 주재 일본 영사는 공산주의를 선전했다며 마닐라 경찰에 그를 체포하라고 요구했다. 이로 인해 여운형은 필리핀 당국으로부터 여권을 압수당하고 중국기독교청년회관에 억류되었으나, 중국영사관과 화상총회·법조계·신문기자 등 각계 사람들이 연합 항의해 겨우 석방되었다.

4) 타이완에서의 조명하 의거

중국 본토와 가까운 타이완에서도 한국 독립운동이 전개되었는데, 타이완은 중국의 한 부분이라고 할 수 있지만, 엄연히 일본의 식민지였다.

타이완에서 일어난 대표적인 독립운동은 이른바 '대중의거(臺中義擧)'라고 일컫는 조명하의 구니노미야 구니요시(久邇宮邦彦) 처단 의거다. 1928년 5월 조명하는 일본 왕의 장인이자 일본 정계의 거물 '구니노미야 구니요시'라는 상징적인 인물을 처단 해 한국인들은 물론이고 타이완인들에게도 독립의식을 고취할 수 있다고 생각해 의 거를 단행했다.

1928년 5월 11일 일제가 중국 산둥반도 지난(濟南)을 점령한 뒤 중국 본토에서는 일제의 침략 행위를 규탄하며 일화배척운동이 각지에서 벌어졌다. 중국 본토 침략을 본격적으로 추진하던 일제는 타이완 육군의 검열을 강화해 타이완에 대한 강력하고 안정적인 정책 수행 의지를 다시 한번 확고하게 다지고자 했다. 이를 위해 육군대장 구니노미야에게 명해 타이완군을 검열하도록 했다.

조명하

조명하는 타이완 총독부의 총독 등 요인들을 암살하려 했으나 여의치 않아 때를 기다리고 있었다. 그러던 중 신 문을 통해 구니노미야가 타이완에 온다는 소식을 접하고 그를 처단하기로 했다. 1928년 5월 14일 오전 구니노미야 가 숙소인 타이중주 지사 관저를 출발해 타이중역으로 향 했다. 조명하는 타이중 주립도서관 앞에서 그를 처단하고 자 했으나 환영 인파에 밀려 기회를 놓쳤다. 가까스로 인 파를 뚫고 나와 무개차에 타고 있던 구니노미야를 향해 독 을 바른 단검을 던졌다. 위험을 느낀 운전사는 속력을 냈고, 칼은 구니노미야의 목을 스치고 지나가 운전사의 등에 꽂혔다. 조명하는 현장에서 바로 체포되어 사형선고를 받고, 1928년 10월 10일 타이베이형무소에서 순국했다. 그가 순국하고 3개월 후 구 니노미야도 단검의 독이 온몸에 퍼져 목숨을 잃었다.

5) 한국광복군 인면전구공작대의 활동

대한민국임시정부는 1940년 9월 중국 충칭에서 한국광복군을 편성했다. 임시정 부가 한국광복군을 편성한 목적은 미국·영국·중국 등과 함께 제2차 세계대전에 연

인면전구공작대 뒷줄 가운데가 한지성 대장

합국의 일원으로 참전해 일제를 상대로 전쟁을 벌여 승리함으로써 전승국의 자격으로 당당히 한국 독립을 쟁취하는 것이었다. 이에 한국광복군은 인도·미얀마(버마) 전선(印緬戰線)에 광복군 공작대를 파견해 영국군과 공동 군사작전을 전개했다.

한국광복군 인면전구공작대는 1943년 8월부터 1945년 8월까지 2년간 인도·미얀마 지역에 파견되어 활동했다. 광복군 공작대가 인도·미얀마 전선에 파견된 것은 인도에 주둔하고 있던 영국군과 김원봉이 이끄는 조선민족혁명당과의 교섭에서 비롯되었다. 1942년 겨울 인도의 영국군 총사령부는 조선민족혁명당 측에 공작원 파견을 요청했고, 총서기 김원봉은 이를 받아들여 최성오와 주세민을 인도에 파견했다.

영국군은 인도와 미얀마 전선에서 일본군과 전쟁을 수행하면서 일본어를 능숙하게 구사할 수 있는 대적 선전전의 특수 인력이 필요했기 때문에 이를 조선민족혁명당 측에 요구했다. 조선민족혁명당 공작원의 활동에 크게 고무된 영국군 총사령부는 더 많은 인원을 증파해 줄 것을 재차 요청했다. 이에 한국광복군 총사령부는 제1지대에서 2명, 제2지대에서 7명 등 모두 9명을 선발해 인면전구공작대를 편성했다.

광복군 인면전구공작대는 1943년 8월 29일 항공기 편으로 인도 콜카타(Kolkata)에 도착했다. 인도에 도착한 공작대는 콜카타와 델리(Delhi) 두 도시의 영국군 기지에서 대적 선전에 필요한 훈련을 받았다. 공작대는 1944년 2월경 영국군에 분산 배치되어 활동에 들어갔다. 이들은 최전선인 인도와 미얀마 국경 지역의 임팔(Imphal) 전선에 투입되어 활약했다. 이들은 격전이 벌어지던 곳곳에서 대적 선무 방송, 투항 권유 전단 작성, 노획 문서 해독, 포로 심문 등 다양한 공작전을 수행해 전과를 크게 올렸다.

광복군 공작대의 활동이 큰 성과를 거두자, 영국군 동남아전구사령관 루이스 마운트배튼(Louis Mountbatten) 경은 충칭의 광복군사령부에 수차에 걸쳐 인원 증파를 요구했다. 이에 1944년 12월 인면전구공작대 대장 한지성이 충칭으로 돌아가 임시정부와 교섭을 벌인 뒤 1945년 3월 대원 9명을 추가로 파병하기 위해 여권 발급을 중국 군사위원회에 요구했다.

영국군에 배속된 공작대는 1945년 4월 초 미얀마 중부의 요충지 만달레이(Mandalay)에서 벌어진 전투에 참여했다. 광복군 공작대는 양곤(Yangon)을 점령해 미얀마 탈환 작전이 종료된 후 인도 콜카타로 철수해 그곳에서 광복을 맞이했다. 공작대의 작전 수행과 업무 처리 능력을 깊이 신뢰한 영국군 동남아전구사령부는 전후 포로 처리 문제 등에 협조해 줄 것을 계속 요청했다. 하지만 일제가 패망하고 전쟁이 종료된 상황에서 공작대는 광복군 총사령부로 복귀해 새로운 임무를 기다려야 했기 때문에 충칭으로 귀환할 수밖에 없었다. 광복군 공작대 9명 전원은 1945년 10월 9일 콜카타를 떠나 무사히 귀환했다.

6) 일제의 강제 동원과 저항

동남아 지역에 한인들이 대규모로 진출하게 된 것은 일제의 강제 동원 때문이었다. 일제 말기 한국인은 군사 요원, 비군사 요원 할 것 없이 대부분 강제 동원 되었다는 점이 특징이다. 강제 동원된 한인들은 일본군 휘하에 있었기 때문에 그곳을 탈출하고자 했다. 그러나 동남아 지역은 특수한 곳이어서 일본군 지역을 벗어난다 할지

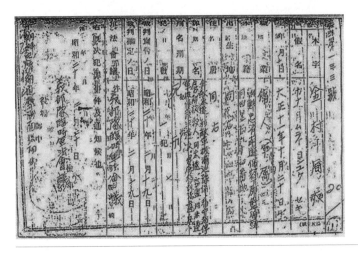

일본군을 탈출한 김주석의 임시군법회의 통지서

라도 무사히 탈출하기는 쉽지 않았다. 그런데도 강제 동원된 한인 중에는 일본군을 탈출해 저항하는 경우가 적지 않았다.

태국 포로수용소 분소에 배치된 포로감시원 김주석은 영국군 장교 1명, 사병 2명을 데리고 트럭 1대와 소총 3자루, 실탄을 훔쳐 부대를 탈출했다. 그는 중국 윈난성을 목적지 삼아 도망쳤으나 울창한 밀림과 험난한 산길을 헤매다가 일본군에게 포위되어 체포된 뒤 1945년 2월 사형되었다.

이처럼 동남아 지역에 배치된 한인 병사들은 일본군 부대를 탈출해도 밀림 지대를 거쳐야 했으므로 생존 가망이 없었다. 그럼에도 죽음의 전투 지역인 버마에서 학병 출신자들이 탈출했다. 학병 박순동과 이종실은 1945년 3월 26일 버마 주둔 일본 군영을 탈출해 영국군에 투항했으며, 일주일 후 박형무가 기마대를 탈출했다. 일본군을 탈출한 한인 병사들은 미국 로스앤젤레스 인근의 샌타캐털리나(Santa Catalina)에서 국내 침투 작전에 동원되기 위해 강도 높은 군사훈련을 받았다.

1941년 일제는 태평양전쟁을 일으킨 후 말레이반도와 필리핀을 침략하고, 수마트라섬 남부의 팔렘방(Palembang) 유전을 확보하기 위해 1942년 2월 인도네시아 지역(당시 네덜란드령 인도)을 침략했다. 이때 영국·네덜란드·오스트리아·미국 등의 연

인도네시아 자바 세마랑 암바라와 연합군 포로수용소 정문

합국 병사 26만 1000명이 일본군의 포로가 되었다. 일제는 한국인과 타이완인을 '군속'이라는 명칭의 포로수용소 감시 요원으로 강제 동원했다. 일제는 1942년 5월부터 육군성의 계획에 따라 조선군에서 포로감시원을 모집해 약 3000명의 한국인 청년들을 훈련시켰다. 교육을 마친 한인 청년들은 그해 8월부터 동남아 지역에 배치되었다.

태국에서 김주석 탈출 사건이 일어난 뒤 일본군은 동남아 지역에 배치된 한인 군속을 3기로 나누어 재교육을 실시하고자 했다. 재교육은 중부 자바 세마랑(Semarang)주 스모워노(Sumowono)라는 고원지대에서 실시되었다. 스모워노교육대에서 재훈련을 받던 이활(이억관)은 한인 군속을 모아 1944년 12월 30일 교육대 취사장 뒤편에서 일본군의 패전에 대비하고자 고려독립청년당을 결성했다. 고려독립청년당은 책임자로 총령을 두고, 그 밑에 군사부장·조직부장을, 여타 책임 부서에는 지구 책임자를 두기로 했다.

1945년 1월 3일 암바라와(Ambarawa) 분견소에서 지하공작을 하던 손양섭 등 한인 군속 6명이 말레이포로수용소로 갑자기 전속 명령을 받았다. 명령에 따라 1월 4일 전출자들은 세마랑 분소로 출발하는 차에 올라탔다. 손양섭, 민영학, 노병한은 세마랑으로 가는 도중 차를 탈취해 암바라와 분견소로 가서 무기고로 들어갔다. 손양섭은 기관총을 들고, 민영학과 노병한은 탄환 3000발을 가지고 사무실 앞에 세워 놓은 차를 타고 소장 관사로 가서 억류소장을 향해 기관총을 발사했다. 그리고 이들은 계속해 어용상인을 사살하고 형무소에 이르러 형무소장을 처단했다. 민영학은 이 과정에서 하복부와 좌대퇴부에 총탄을 맞아 치명상을 입자, 수수밭으로 들어가 소총으로 자결했다. 일본군에 쫓기던 손양섭과 노병한은 1월 6일 위생 재료 창고 안으로 들어가 서로 방아쇠를 당겨 자결했다. 암바라와에서 벌어진 3일간(1월 4일부터 6일까지)의 싸움에서 군인·군속·어용상인 등 일본인 12명이 사살됐다.

참고문헌

김인덕. 1996. 『식민지시대 재일조선인운동 연구』. 국학자료원.

김인덕·김도형. 2009. 『1920년대 이후 일본·동남아지역 민족운동』(한국독립운동사의 역사 55). 독립기념관.

김주용. 2006. 「식민지 대만과 조명하의 의열투쟁」. ≪한국독립운동사연구≫, 26, 205~230쪽.

박민영. 2009. 「한국광복군 인면전구공작대 연구」. ≪한국독립운동사연구≫, 33, 143~184쪽.

우쓰미 아이코(內海愛子)·무라이 유시노리(村井吉敬). 1981. 『적도에 지다: 적도하의 조선인 반란』. 백남철 옮김. 국문.

정혜경. 2000. 『일제시기 재일조선인 민족운동 연구』. 국학자료원.

_____. 2008. 『1910년대 국외항일운동 II: 중국·미주·일본』(한국독립운동의 역사 17). 독립기념관.

[보론] 식민지근대화론 비판
광복과 독립운동의 경제적 의의

허수열

　1945년 8월 15일, 한국이 일제의 압제에서 해방되었을 무렵, 한국은 몹시도 가난한 나라였다. 1952년 남한의 1인당 GDP는 753달러였는데, 당시 141개국 중에서 102번째에 해당하는 수준이었다. 말레이시아(1471달러), 스리랑카(1314달러), 필리핀(1186달러), 타이완(1063달러), 인도네시아(910달러) 등 아시아 여러 나라와 비교해도 훨씬 낮았다. 광복 이후 상당 기간 동안, 한국이 이토록 가난한 까닭이 일본제국주의의 수탈 때문이라는 이른바 '수탈론'이 부정할 수 없는 진실처럼 받아들여졌다. 1950년대에는 한국이 일본제국주의에 의해 개발되었다는 주장 같은 것은 있을 수 없었고, 그런 주장을 한 사람이 있었다면 온전한 정신이 아니라고 비난받았을 것이다.

　역사적 진실은 상대적이라고 했던가? 한국 경제는 1960년대 중엽부터 뚜렷히 성장곡선을 그리기 시작하고 1980년대가 되면 그 결과가 도처에서 나타나기 시작한다. 이렇다 할 자원도 없고 국토의 7할가량이 산지(山地)이며, 인구밀도가 세계 최대인 한국이 이렇게 괄목할 만한 경제성장을 이룬 것은 그야말로 기적이었다. 한국 경제의 성장 과정이 세계적인 관심사가 되었고, 외국에서 한국 경제에 대한 연구도 활발해졌다. 한국 경제가 성장한 원인은 무엇인가?

외국의 학자들이 주목한 것 중 하나가 역사적 배경, 즉 식민지 시대의 경험이었다. 그러한 생각은 처음에는 '수탈과 개발론'으로 나타났다. 일본제국주의가 조선을 수탈하기 위해서는 개발이 필요했고, 그러한 개발 경험이 20세기 후반 한국의 놀라운 경제성장의 배경이 되었다는 것이다.

1990년대가 되면 한국의 일부 학자들이 거기에서 한 걸음 더 나아가 일제강점기의 조선이 일본으로부터 수탈당한 것이 아니었다는 주장을 펼치기 시작했다. 수탈과 개발론에서 부분적으로 인정되던 수탈의 측면마저 부정하고 개발의 측면만 강조하는 이른바 식민지근대화론적 견해였다.

이들의 주장은 그간의 통설을 정면으로 반박하는 것이었고 민족 정서와도 부합하지 않았지만, 쉽사리 논박하기 어려웠다. 각종 통계를 정교하게 다루어 얻은 것들이기 때문이었다. 식민지근대화론자들은 조선 사회가 17세기 이후 스스로의 체력이 소진해 몰락하고 있었다고 주장하면서 그 증거로서 농업생산성이 급격히 떨어진 점을 지적했다. 조선의 농업생산성은 19세기 말과 20세기 초를 경계로 반등하기 시작해 일제강점기에 본격적으로 증가하는 이른바 'V' 자 모양을 보인다고 생각했다.

이러한 농업생산성에 관한 장기적인 인식과 더불어, 식민지근대화론에서는 1911~1940년간 조선의 GDP도 추계했다. 당시 GDP 증가의 몫을 일본인이 더 많이 차지한 것은 맞지만 조선인의 1인당 GDP도 증가할 수밖에 없었다고 주장하고 있다. 조선인들의 1인당 소득이 증가했다면, 1인당 소비도 증가했을 것이고, 따라서 조선인들의 체격도 좋아질 것이기 때문에 평균 신장이 커진다는 논리로 이어진다. 이 모든 것은 수많은 통계를 처리해 얻은 결론이기 때문에 국민들의 정서에는 맞지 않지만, 매우 합리적인 주장으로 받아들여질 수도 있었다.

과연 식민지근대화론의 주장이 통계적 사실에 근거하는 객관적인 주장일까? 이 글은 그러한 주장이 객관적이지 못하다는 것을 증명하는 것이 목적이다. 당연히 그 주장의 옳고 그름을 따지려면 통계를 제대로 분석해야 할 것이다. 이어지는 설명이 다소 지루하고 복잡하게 느껴질지도 모르겠지만, 식민지근대화론의 핵심적인 명제들을 검증하기 위해서는 어쩔 수 없는 노릇이다. 동시에 이 글에서는 지난 한 세기 한국 경제의 변화 과정을 장기적인 관점에서 살펴봄으로써 조선이 광복되어 하나의 독립국가가 된 것이 왜 중요한 것인지도 밝혀보려고 한다.

01 1918년 이전의 조선총독부 농업통계의 문제점

이제부터 식민지근대화론이 제시하는 핵심적 통계인 일제강점기 조선의 GDP 추계부터 검토해 보기로 하자. 이 추계는 조선총독부의 각종 통계를 기본으로 한다. 당시의 통계로서는 이것보다 나은 것이 없으니 그것에 의존하는 것은 어쩔 수 없는 일이다. 아무튼 그 통계에 의해 추계된 조선의 GDP 추계 결과를 살펴보면 1918년까지의 통계에서 무언가 이상한 점이 발견된다.

식민지근대화론에서 추계한 조선의 실질농업생산액은 〈표 17-1〉에서 볼 수 있듯이 1911~1918년간에는 34.6%나 증가한 반면, 1918~1926년간에는 2.0%로 거의 변화가 없다. 1911~1918년간은 토지조사사업 기간으로 일제가 조선의 토지 자원에 대한 조사에 주력하던 기간인 반면, 1918~1926년간은 1920년부터 시작되는 산미증식계획 기간이 포함된다. 토지조사사업 기간의 실질농업생산액 증가율이 본격적인 농업개발 기간을 포함하는 1918~1926년간의 증가율보다 훨씬 높다는 것이 이상하지 않은가?

일제강점기의 통계는 거의 대부분 조선총독부의 통계밖에 없기 때문에, 이 통계가 올바른지 아닌지를 그 자체로는 검증할 방법이 없다. 만약 1911~1918년간에 농업생산을 급증시킬 무언가 특별한 요인이 존재했다면 농업생산의 급증은 합리적으로 이해될 수 있다. 그러나 별다른 이유 없이 급증했다면 통계 자체에 무언가 오류가 있다는 합리적 추론이 가능할 것이다.

〈표 17-1〉에서는 농업생산에 영향을 줄 만한 주요한 요소들을 수록해 두었다. 농업생산에 투입되는 경지면적은 간척과 개간에 의해 증가할 수 있는데, 두 통계 모두에서 1911~1918년간보다는 1918~1926년간에 훨씬 더 많이 증가했다. 또 관개면적

〈표 17-1〉 실질농업생산과 농업 투입의 구간별 비교(1911~1918, 1918~1926)

	단위	1911	1918	1926	변화량/변화율	
					1911~1918	1918~1926
실질농업생산	1000엔	574,132	772,680	788,220	34.6%	2.0%
간척 면적	정보	0	836	7,850	836	7,014
개간 면적	정보	135	3,756	10,129	3,621	6,373
관개 면적	정보	565,820	630,961	802,999	65,141	172,038
비료 소비량		?	9,428,729	52,305,928	?	42,877,199
동물질 비료		?	499,209	2,676,465	?	2,177,256
식물질 비료	관	?	8,463,903	39,278,124	?	30,814,221
광물질 비료		?	404,772	9,730,592	?	9,325,820
배합 비료		?	60,845	620,747	?	559,902
우량품종 보급률	%	2.8	47.5	71.9	44.7%p	24.0%p
토지개량 보조금 (저리 융자 포함액)	1000엔	13.7(13.7)	90.0 (90.0)	3,762.8 (10,512.4)	556%	5,188%

주: 실질농업생산은 1935년 불변가격이고, 김낙년 엮음, 『한국의 경제성장 1910~1945』에서 가져왔다. 나머지 통계 대부분은 조
선총독부가 공표한 것이지만, 구체적 출처는 생략하기로 한다. 변화량/변화율에서 실질농업생산, 재배면적, 토지개량 보조금
만 증가율(%)이고, 나머지는 모두 변화량이다. 1911년의 우량품종 보급률은 1912년 값이다. 비료 소비량의 경우에는 1911년
통계가 없다. 그러나 이 통계로만 보더라도 비료 소비량이 1918~1926년에 월등히 많았음이 충분히 입증된다.

의 경우에도 그렇다. 동물질·식물질·광물질 등의 각종 비료 소비량에서도 1918~1926
년 사이에 월등히 많이 투입되었다. 조선총독부의 농업 지원 자금 역시 다르지 않
다. 그러니까 경지 면적, 관계 면적, 비료 소비량, 토지개량 보조금 등의 경우에는
1911~1918년의 실질농업생산액 증가율이 1918~1926년보다 더 높을 아무런 이유
도 없다.

1918~1926년에 비해 1911~1918년의 증가율이 더 높았던 유일한 요인은 우량품
종 보급률이다. 미곡의 우량품종 보급률이 처음 작성된 1912년에는 보급률이 2.8%
에 불과했지만, 1918년이 되면 47.5%로 폭발적으로 증가한다. 미곡 통계에서 말하는

우량품종은 모두 일본에서 다수확성이 입증된 품종이었다. 그렇기 때문에 미곡 생산량도 크게 증가했을 것으로 예상된다.

그런데도 필자가 이 우량품종의 보급률이 미곡 생산량에 별로 영향을 주지 않았다고 주장했으니, 당연히 식민지근대화론자들로부터 맹렬한 비판받을 수밖에 없었다. 그 비판이 타당한 것이었는지 살펴보기로 하자.

조선총독부의 미곡 생산 통계에는 미곡의 재배면적과 그 생산량에 대한 통계뿐만 아니라 우량품종의 재배면적과 그 생산량을 보여주는 통계도 존재한다. 두 통계를 근거로 재래 품종에 대한 계산을 해낼 수 있다.

재래 품종 생산량 = 전체 미곡 생산량 - 우량품종 생산량

재래 품종 재배면적 = 전체 미곡 재배면적 - 우량품종 재배면적

그리고 전체, 우량품종, 재래품종 등 세 가지 통계별로 각각 평균값(단위면적당 생산량)을 계산해 낼 수 있다.

전체 평균생산 = 전체 미곡 생산량 / 전체 미곡 재배면적

우량품종 재배지의 평균생산 = 우량품종 생산량 / 우량품종 재배면적

재래 품종 재배지의 평균생산 = 재래 품종 생산량 / 재래 품종 재배면적

이렇게 하여 계산된 값으로 〈그림 17-1〉을 작성했다. 일단 김낙년 교수가 필자를 비판하면서 사용했던 〈그림 17-1〉의 (a) 그림에서부터 시작해 보자. 그의 생각에 따르면 ① 우량품종의 단보(段步)당 생산량은 재래품종보다 월등히 많고(우량품종과 재래품종 간의 수직 거리), ② 그 우량품종의 보급률이 급증했기 때문에, ③ '전체 평균'도 증가해야 마땅하다는 것이다. 실제 (a)에서는 '전체 평균'도 증가하는 양상을 보이고 있다. 그런데도 필자가 사실상 '정체'('전체 평균'이 별로 달라지지 않았다)라고 했기 때문에 논리적 모순을 범했다는 것이다.

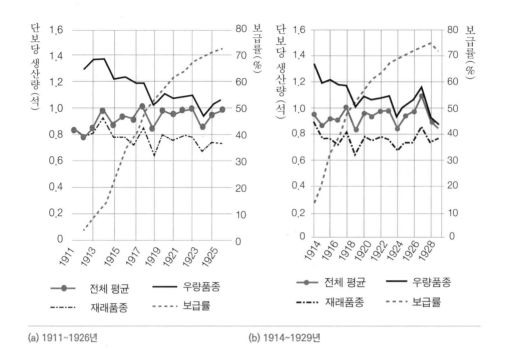

(a) 1911~1926년   (b) 1914~1929년

〈그림 17-1〉 우량품종의 보급이 미곡 생산량에 끼친 영향

그림 (a)에 따른다면 필자가 논리적 모순에 빠진 것으로 판단하기 쉽다. 그러나 사실은 정반대다. 필자가 아니라 김 교수가 논리적 오류를 범하고 있는데, 그 증명은 의외로 간단하다.

(a)에서는 1911~1926년을 다루고 있지만, 기간을 3년 정도 늦추어 1914~1929년에 대해 그래프를 다시 그려보면 (b)와 같이 된다. 모두 조선총독부 통계에서 가져온 것이니 자료가 문제될 것은 없다. (b)의 경우에도 김 교수가 앞에서 지적한 ①과 ②의 조건, 즉 우량품종의 단보당 생산량이 재래품종보다 월등히 높고, 보급률이 급증하고 있다는 조건이 충족된다. 만약 김 교수의 주장이 논리적이었다면, 당연히 '전체 평균'이 증가해야 한다. 그런데 (b)에서는 '전체 평균'이 사실상 정체했지, 증가했다고 보기 어렵다. 어떤 방법으로 측정하더라도 미곡 생산이 증가했다고 할 수 없다. 김낙년 교수가 필자를 비판하며 세웠던 논리가 논리적이지 않다는 결론을 내릴 수 있다.

겉보기로는 김 교수의 설명이 논리적인 것 같은데 왜 이런 모순이 발생했을까? 필자는 그에 대한 설명으로 우량품종이 비옥한 토지로부터 열등한 토지로 점차 보급되어 갔다는 가설을 제시했다. 이 가설로서 어느 정도 설명이 가능하다는 것이 필자의 생각이지만, 이 생각이 틀렸을 수도 있다. 또 다른 이유가 있을지도 모른다. 중요한 점은 〈그림 17-1〉에서 보았던 우량품종과 재래품종의 단보당 생산량 격차가 두 품종 간의 실질적인 생산량의 차이가 아니라 그 밖의 다른 요인에 의해 발생했을 수도 있는데, 김 교수는 그 점을 간과했기 때문에 이런 논리적 오류가 발생했다는 것이다. 어쨌든 조선총독부의 통계에 의하면, 적어도 1929년까지는 우량품종의 보급으로 생산이 증가했다고 보기 어려운 것은 분명하다.

1918년까지 조선총독부의 농업통계에 대해 의문을 갖는 데는 또 다른 이유도 있다. 하나는 1918년에 토지조사사업이 완료되었는데, 그 기간에 경지면적에 대한 정확한 측량이 이루어졌다. 토지조사사업 이전의 경지면적은 실제보다 상당히 과소평가된 것이었는데, 이것이 정확한 실측에 의해 바로잡히면서 조선총독부의 경지면적 통계는 1918년까지 비약적으로 증가하는 모습을 보인다. 〈표 17-1〉에서 보았듯이 이 기간 동안에는 간척이나 개간에 의한 경지면적 증가는 미미했기 때문에 조선총독부 『통계연보』의 경지면적 증가는 모두 부정확한 측량을 바로잡는 과정에서 생긴 현상이고, 실제 경지면적이 그렇게 많이 증가한 것이 아니라는 점은 누구나 다 인정하는 바다. 이렇게 경지면적에 대한 통계가 불완전했는데, 재배된 작물의 생산량 통계가 정확할 수 있었겠는가? 토지조사사업이 완료되면서 조선총독부도 과거의 농업생산 통계에 많은 문제가 있다는 것을 인정하고, 1918년판과 1919년판 『통계연보』에서 두 번에 걸쳐 과거의 통계(즉 1917년까지의 각 농산물 재배면적과 생산량 통계)를 수정했다. 〈표 17-1〉을 보면 식민지근대화론에서 실질농업생산이 급증했다는 기간은 조선총독부가 그 부정확성을 인정하고 스스로 수정했던 기간과 정확히 일치한다. 식민지근대화론은 조선총독부가 자신들이 가진 모든 정보를 활용해 수정했기 때문에 수정한 통계는 믿을 수 있다는 입장인 반면, 필자는 이 수정이 여전히 불충분하고 추가로 수정이 필요하다는 입장인 것이다.

두 번째로는 통계를 작성하는 제도상의 문제다. 조선총독부에서 처음으로 농업생산통계를 작성해 발표한 때는 1909년이다. 그 이전에는 조선총독부『통계연보』에서 볼 수 있는 그러한 통계가 존재하지 않았다. 처음으로 통계를 내기 시작했기 때문에 담당자들이 각 통계에 대해 충분히 숙지하지 못하고 있었을 뿐만 아니라 조사 품목도 후기로 갈수록 점점 늘어나는 등 통계 작성이 아직 안정화되지 못했다. 대체로 1910년대 중엽이 되어야 제대로 모습을 갖춘 통계 제도가 등장한다. 요컨대 그 이전까지는 농업통계가 제도적으로 안착되어 가는 과정에 있었고, 따라서 이 기간의 통계는 1918년 이후의 통계와 비교했을 때 의문의 여지가 있다는 것이다.

02 김제 만경평야 농업 논쟁

1918년까지 농업생산이 급증했다고 믿는 식민지근대화론과 1918년까지는 농업생산이 사실상 정체 상태에 놓여 있었다는 서로 대립되는 주장은 1918년 이전 김제 만경평야의 농업생산성에 대한 논쟁으로 이어졌다. 지금까지의 논의가 조선의 전체 통계에 관한 것이었다면, 이 논쟁은 김제 만경평야라는 구체적인 지역을 중심으로 과연 1918년까지 농업생산이 증가했다고 볼만한 어떤 원인이 존재하느냐에 초점을 맞춘 것이었다.

김제 만경평야가 논쟁의 대상이 된 계기는 대표적인 식민지근대화론자 이영훈이 수탈론적 시각이 담긴『아리랑』을 쓴 조정래를 신랄하게 비판한 데서 비롯된다.『아리랑』에서 묘사된 김제 만경평야는 다음과 같다.

그 끝이 하늘과 맞닿아 있는 넓디나 넓은 들녘은 어느 누구나 기를 쓰고 걸어도 언제나 제자리에서 헛걸음질을 하고 있는 것 같은 착각에 빠지게 만들었다. 그 벌판은 '징게 맹갱 외에밋들'이라고 불리는 김제 만경평야로 곧 호남평야의 일부였다. …… 그 초록색 들판은 누구에게나 한없이 넉넉하고 푸짐하면서도 경건하고 겸손한 마음까지 품게 했다.

한편 김제 만경평야에 대한 이영훈의 서술은 다음과 같았다.

『아리랑』이 시작되는 1904년으로 돌아가면 그 지평선까지는 광활한 갯벌과 소금기로 풀이 죽어 있는 갯논으로 가득 차 있었다. 그 역사를 아는지 모르는지 조정래는 '징게 맹갱 외에밋들'의 광활함과 풍요로움을 그토록 구성지게 노래했다.

『아리랑』에서는 이 드넓은 옥토가 일본인들에게 야금야금 잠식당해 조선인들이 그 땅에서 쫓겨나는 과정을 서술함으로써 한국 역사학계의 주류적인 역사 인식을 담고 있다면, 이영훈의 서술은 사실상 불모의 땅이었던 이곳이 일본인에 의해 개발되어 비로소 오늘날과 같은 옥토로 바뀌었다는 식민지근대화론의 역사 인식을 고스란히 담고 있다. 과연 어느 인식이 객관적 사실에 부합하는 것일까?

김제 만경평야는 〈그림 17-2〉에서 볼 수 있듯이 만경강 수계와 동진강 수계 지역에 속해 있는 평야지대를 말한다. 한국에서 유일하게 지평선이 보이는 지역이라고 할 정도로 평야지대가 잘 발달된 곳인데, 넓은 평야에 비해 하천의 길이가 짧고, 따라서 수량이 풍부하지 못해 항상 관개용수가 부족한 곳이기도 했다. 이런 까닭에 삼국시대에 이미 벽골제, 황등제, 눌제와 같은 대형 저수지가 축조되었다고 알려진 곳이기도 하다. 이곳에 1903년부터 일본인들이 진출해 급속히 농토를 잠식하기 시작했고, 1910년 전후로 수리조합을 설립하기 시작했다. 1920년대에는 대대적인 간척사업이 이루어짐과 동시에 경천제, 대아제, 운암제와 같은 근대적 대형 저수지가 축조되기도 했다.

일제강점기 조선에서 일본인들이 가장 활발히 진출한 지역이 김제 만경평야였고, 농업개발이 가장 왕성하게 이루어진 곳도 이곳이었다.

그런데 문제는 개발의 시기다. 이곳이 일본인들에 의해 활발히 개발되기 시작한 것은 1920년대 이후였고, 따라서 1918년까지는 개발이 아직 본격화되지 않았다.

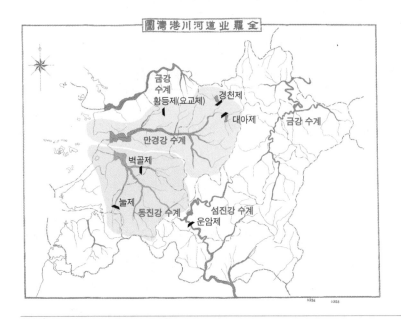

〈그림 17-2〉 전라북도 하천·항만도(수계도)

1918년까지는 방조제와 하천의 제방 및 저수지 등 농업수리 시설은 조선 재래의 것을 그대로 사용하고 있었으며, 따라서 농업생산성이 크게 증가할 요인은 존재하지 않았다는 것이 필자의 주장이다.

그런데 이영훈의 생각은 달랐다. 그는 러일전쟁 이후 이곳에 진출해 온 일본인들이 〈그림 17-2〉의 해안선 위치에 새로 방조제를 축조함으로써 그 이전에 갯논 지대였던 광범한 지역들이 새로 간척되었다고 주장했다. 그의 생각을 압축적으로 보여주는 지도가 〈그림 17-3〉이다.

이영훈은 원래의 해안선은 ❶ 벽골제, ❷ 종신리로 이어지는 곳에 있었지만, 이곳에 진출해 온 일본인들에 의해 1917년까지 짙은 갈색 지역 바깥쪽으로 방조제가 축조되어 간척되었고, 그 후 옅은 갈색 지역이 다시 간척되었다고 했다. 또 이 지도에 따르면 벽골제 앞쪽은 바닷물이 수시로 들락거리는 곳이었고, 그 때문에 벽골제는 방조제라고 생각했다. 앞에서 인용한 "1904년으로 돌아가면 그 지평선까지는 광활한 갯벌과 소금기로 풀이 죽어 있는 갯논으로 가득 차 있었다"라는 서술도 그렇게

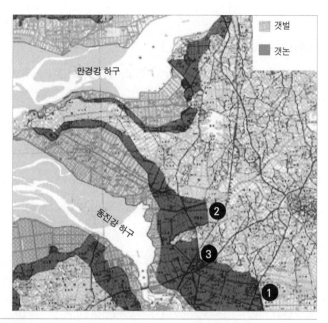

〈그림 17-3〉 김제 만경평야의 원상태와 개간 과정

주: 지도와 제목은 이영훈, 「[기획] 우리 시대의 진보적 지식인 ④ 조정래론(論): 광기 서린 증오의 역사소설가 조정래-대하소설 『아리랑』을 중심으로」, ≪시대정신≫, 35(2007), 132쪽의 것을 복사해 가져왔다. 단 부호는 필자가 덧붙인 것이다. ❶은 T(벽골제), ❷는 F(종신리 앞 제방), ❸은 H(죽산리)에 해당한다. 이영훈에 따르면 짙은 갈색은 원래 갯벌이었지만, 1917년까지 일본인들이 그 바깥에 방조제를 축조함으로써 간척되어 농경지가 된 지역이고, 그 바깥의 옅은 갈색 지역은 1917년 이후에 새로 간척된 지역을 의미한다.

하여 나온 것이었다.

하지만 짙은 갈색과 옅은 갈색 경계선은 1917년 혹은 1921년 지도에서 해안선에 해당하는 곳이다. 이곳에 이미 조선 재래의 방조제가 존재하고 있었다는 것은 1916년판 『전라북도 통계연보』의 방조제 자료에서도 확인되고, 또 이곳에 수리조합을 설치하려고 시도했던 동진강수리조합(1925년에 설립된 동진수리조합과 다른 것이다)이 조선총독부에 제출한 설치 인가 서류에서도 확인된다. 그렇다면 이영훈은 무슨 근거로 이곳(짙은 갈색과 옅은 갈색의 경계선)에 일본인들이 방조제를 새로 축조했다고 주장했을까?

그는 만경강 입구를 대상으로 일본의 육지측량부가 1895~1899년에 측도한 지도와 1917년에 측도한 2개의 지도를 서로 비교해, 1895년 지도에서 보이지 않던 장대형(長大型) 방조제가 1917년 지도에서 보이기 때문에, 이 장대형 방조제는 1895~1917년 사이에 축조되었을 것임에 틀림없다고 추정했다. 동일한 논리를 김제 만경평야에 적용하여, 김제 만경평야 외곽의 방조제도 모두 1917년 이전에 일본인들이 축조했다고 주장했다.

그런데 이영훈은 두 지도를 비교하면서 결정적인 오류를 범했다. 즉 그가 비교 대상으로 삼았던 두 지도(만경강 입구에 관한 지도를 말한다) 중에서 1917년 지도는 애초에 존재하지 않는 것이었다. 이 지역에 대한 지도는 1916년에 측도한 것과 1921년에 수정 측도한 것이 있을 뿐이다. 그의 글에 인용된 지도를 자세히 들여다보면 1921년 지도인데, 그것을 1917년 지도로 오인했던 것이다. 중요한 점은 1916년 지도에서는 장대형 방조제라는 것이 보이지 않고, 1921년 지도에서만 나타난다는 것이다. 즉 이 장대형 방조제는 러일전쟁 이후 이곳에 진출한 일본인들에 의해 1917년까지 완성된 것이 아니라 1917~1921년 사이에 축조된 것임을 알 수 있다.

앞에서도 언급했듯이 그의 이런 주장은 벽골제가 방조제로 축조되었다는 전혀 뜻밖의 주장으로 이어졌다. 과연 벽골제가 방조제로 축조되었을까? 벽골제(碧骨堤)의 '堤'라는 글자는 '둑'을 의미한다. 따라서 글자 '제'는 서포제처럼 방조제에도 사용되고, 오산제처럼 하천의 둑에도 사용되며, 운암제처럼 저수지의 둑에 사용되기도 한다. '제'라는 글자 하나만으로는 벽골제가 저수지의 둑인지 방조제의 둑인지 판단할 수 없다.

그러나 『삼국사기』에서는 벽골제를 벽골지(碧骨池)라고 했는데, 이때의 '池'라는 글자는 못(혹은 저수지)을 의미한다. 또 1143년의 벽골제 중수(增修) 기록에서도 "벽골지"로 표기되어 있고, 1146년에 벽골제를 인위적으로 파괴했을 때의 기록에서도 "벽골지"라는 표현이 사용되었다. 1415년의 중수 기록에서는 "벽골제"라는 표현이 사용되고 있지만, 『조선왕조실록』에서 이때 기록을 찾아 읽어본다면 그것이 저수지의 둑으로 중수되었다는 사실을 부정할 수 없을 것이다. '벽골제=방조제'설은 다른 많은 점에서도 부정될 수 있지만, 지면 관계상 더는 다루지 않기로 한다. 또한 김제 만경평야의 하천 제방에 대한 논쟁도 있지만 이 역시 면 관계상 다루지 않기로 한다.

앞의 1절과 2절에서 다룬 내용은 1918년까지 조선총독부의 농업통계에는 문제가 있어, 이 기간 농업생산의 급증은 액면 그대로 받아들이기 어렵고, 사실상 정체상태였다고 보아야 한다는 것이다.

그런데 1910년대의 조선은 아직 농업이 압도적인 비중을 차지하는 농업사회였다. 식민지근대화론에서는 이 기간에 농업생산이 급증한 것으로 보았기 때문에, 당연히 이 기간의 GDP도 매우 빠르게 증가한 것으로 본다. 또 GDP를 인구로 나눈 1인당 GDP도 이 기간에 급증한다. 일제강점기 조선의 1인당 GDP에 대한 가장 대표적인 두 추계 결과를 서로 비교해 보면 〈그림 17-4〉와 같다.

식민지근대화론에 의해 추계된 일제강점기 조선의 GDP 추계 결과에 따르면, 1911~1940년의 총생산 증가율은 연 3.70%이고 인구증가율은 연 1.33%여서, 1인당

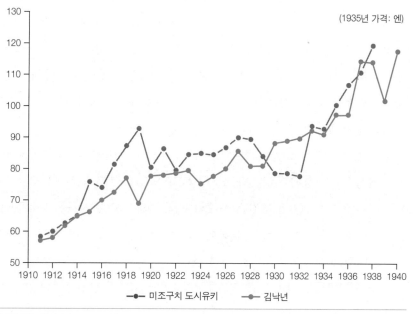

〈그림 17-4〉 조선의 1인당 GDP

자료: 김낙년, 『한국의 경제성장』, 372, 360쪽; 溝口敏行·梅村又次 編, 『舊日本植民地經濟統計: 推計と分析』(東洋經濟新報社, 1988)에 근거해 작성했다.

생산이 매년 2.37%의 속도로 증가한 것이 된다. 차명수는 이 성장률이 갖는 의미에 대해 다음과 같이 말했다.

> 앵거스 매디슨(Angus Maddison)에 의하면, 1913~1950년 사이의 세계 전체의 1인당 생산 증가율은 한국의 반에도 미치지 못하는 연 0.91%에 불과했다. 그리고 같은 시기 일본을 제외한 아시아에서의 1인당 생산은 연 0.02%의 속도로 하락했다. 매디슨을 믿는다면 지난 20세기 후반에 남한이 세계에서 가장 빠른 성장을 이룩한 나라 중 하나였던 것처럼, 세계대공황이 휩쓸고 지나간 20세기 전반에 식민지 조선은 평균을 훨씬 뛰어넘는 고도성장을 이룩한 지역이었다고 보아야 한다. 또 앞서 지적한 것처럼, 20세기 초에 진행된 근대적 경제성장은 이전에는 한국 역사에서 한 번도 관찰된 적이 없는 대사건이었다.

여기서 주목할 점은 '한국 역사에서 한 번도 관찰된 적이 없는 대사건'인 '근대적 경제성장'이라는 말이다. 즉 차명수가 사용한 근대적 경제성장이라는 말은 사이먼 쿠즈네츠(Simon Kuznets)가 그의 저서 『근대적 경제성장(Modern Economic Growth)』에서 창안한 개념으로 ① 인구가 증가하면서, ② 1인당 생산의 지속적 성장(sustained growth)이 이루어지는 상태를 말한다. ③ 단, 여기서 지속적 성장이란 전쟁이나 정치적 격변 등을 포함해 적어도 30~40년 이상 지속되는 것을 말한다.

다시 〈그림 17-4〉로 돌아가 보면, 미조구치 도시유키(溝口敏行)의 추계에서는 근대적 경제성장이 관찰되지 않는다. 1인당 GDP가 1919~1932년간에는 감소 추세에 놓여 있기 때문에 ①, ②의 조건은 충족되지만, ③의 조건이 충족되지 않는다. 그러나 김낙년의 추계에서는 ①, ②는 물론이고 ③의 조건도 충족되며, 따라서 '대사건'으로서의 근대적 경제성장이 존재한 셈이 된다.

그러나 필자의 주장처럼 1918년까지의 1인당 GDP가 정체상태에 있었고, 또 광복 직전 몇 년 동안 그것이 크게 줄어들었을 것이라는 점을 염두에 둔다면, ①의 조건은 충족되지만, ②의 조건이 충족되는지는 의문이며, ③의 조건은 충족되지 않기 때문에, 일제강점기에는 근대적 경제성장이 존재하지 않았던 것이 된다.

한편 식민지근대화론에서는 일제강점기 동안 조선의 1인당 GDP가 크게 증가했기 때문에 1인당 소비도 크게 증가했고, 생활수준도 매우 빠르게 향상되었다고 주장했다. 즉 1912~1932년 중에 실질 소비지출의 연간 증가율은 3.28%였고, 1인당 실질 소비지출은 같은 기간 중 1.68배로 증가했으며, 그 연간 증가율은 1.94%였다고 한다. 나아가 주익종은 자신들의 추계치로부터 1912~1939년 중에 조선인들의 1인당 GDP도 약 70% 증가했다고 추계했다.

조선인의 1인당 소득에 관한 논의는 종종 조선인들의 생활수준 변화에 관한 논의와 연결된다. 일반적으로 1인당 소득이 증가하면 1인당 소비가 증가할 것이고, 식민지 시기와 같이 낮은 소득수준에서는 1인당 음식물 섭취 증가와 1인당 총칼로리 섭취량 증가로 나타났을 것이다. 따라서 조선인 1인당 칼로리 섭취량 증가 여부는 조선인 1인당 소득 증가 여부를 판명하는 근거가 될 수 있다.

주익종은 1912~1939년에 1인당 총곡물 소비량은 14%가량 감소했지만, 여타 식품(예컨대 감자와 고구마)의 소비가 증가해, 1인당 칼로리 섭취량은 10% 감소한 것으로 나타난다고 했다. 그 밖에 1인당 육류 소비는 1.6배로, 야채와 과일은 2.3배로, 어패류는 3.3배로, 가공식품은 2.5배로 증가했고, 이에 따라 보강된 칼로리를 더하면 1인당 총칼로리 섭취량은 거의 감소하지 않았다고 주장했다.

주익종의 주장에 대해 필자도 비판한 적이 있지만, 육소영에 의해 한층 더 엄밀하게 비판되었다. 육소영은 1910~2013년간의 식품수급표를 사용해 1일 1인당 칼로리·단백질·지방·무기질·비타민 등의 섭취량을 계산했다. 이 연구에 따르면 〈그림 17-5〉에서 볼 수 있듯이 조선의 1인당 칼로리 섭취량은 1918~1952년간에는 감소 추세였고, 1953년 이후 지속적으로 증가해 1990년대 이후가 되면 거의 포화상태에 이른다. 1910~1918년에는 1인당 칼로리 섭취량이 증가하고 있는데, 그 증가는 부정확한 생산통계에서 생긴 것이고, 실제로 그렇게 증가했다고 보기 어렵다는 것이 필자의 생각이다. 단백질과 지방질에 대한 분석 결과도 대체로 칼로리 섭취량과 비슷한 궤적을 그리며 변했다.

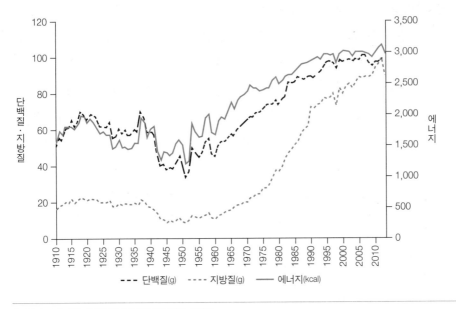

<그림 17-5> 1일 1인당 칼로리·단백질·지방 섭취량

주: 1910~1943년은 한국 전체, 1945~2013년은 남한만을 대상으로 계산한 것이다.
자료: 육소영, 「식품수급표 분석에 의한 20세기 한국 생활수준 변화에 대한 연구」, 충남대학교 대학원 경제학과 박사학위논문
(2017: 〈부표 3〉과 〈부표 4〉)에 근거해 작성했다.

　　일제강점기에 1인당 칼로리·단백질·지방질 등의 섭취량이 감소했다는 것은 식
생활 수준이 악화되었음을 의미한다. 식료품의 소비를 통해 충분한 영양분을 섭취할
수 없었던 시기에는 소득이 증가하면 우선 식료품 소비가 증가했을 것이다. 따라서
일제강점기에 1인당 칼로리 공급량이 감소했다는 사실은 한국인들의 1인당 GDP가
감소했을 것임을 강하게 암시한다.

　　또 1인당 영양분 공급량의 감소는 한국인들의 신체 발육에 대해서도 의미 있는
해석을 내릴 수 있게 해준다. 즉 식민지근대화론에서는 일제강점기에 한국인들의 소
득이 증가하면서 평균 신장(키)도 증가했다는 가설을 입증하기 위해 여러 연구를 내
놓고 있지만, 영양 섭취량이 감소했다면 신장이 증가했다는 주장은 더는 성립하기
어렵다.

1940년의 국세조사에 의하면, 임업·수산업 및 목축업 종사자까지 포함하는 제1차 산업 일본인 종사자 수는 조선 전체 유업자 수 919만 6540명의 0.23%에 해당하는 2만 883명으로 지극히 소수였다. 그러나 이 극소수의 일본인들이 소유하는 경지면적은 조선 전체 경지면적의 9.4%에 해당하는 41만 6973정보였다. 더구나 일본인들은 밭보다는 주로 논을 많이 소유하는 경향이 있었고, 따라서 조선의 논 중에서 일본인이 차지하는 면적은 16.8%에 달했다. 일본인들이 소유하는 경지면적은 〈그림 17-6〉에서 볼 수 있듯이 후기로 갈수록 증가하는 경향이 있었다.

그리고 일본인들이 소유하는 경지는 거의 대부분 전근대적인 지주·소작 관계를 통해 경영되었다. 즉 조선의 전체 경지 중에서 소작지 면적이 차지하는 비율(소작지율)은 1918년 50%를 조금 상회하는 수준이던 것이 1945년에는 62%로 증가했고, 특히 밭보다는 논에서 훨씬 더 높아 1942년 전체 논의 73.7%가 소작제에 의해 경영되

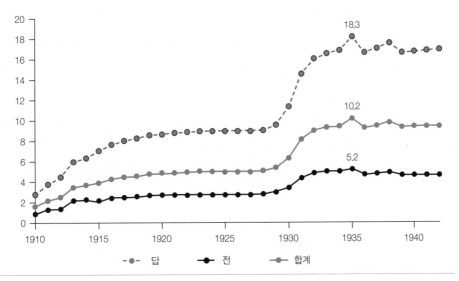

〈그림 17-6〉 일본인 소유 경지의 비중
주: 답, 전, 합계는 조선의 답·전 경지면적에 대한 일본 소유 답·전 경지면적의 비율을 의미한다.
자료: 허수열, 『개발 없는 개발』(은행나무, 2005), 343쪽.

었다. 일본에서는 1920년대 말 이후 소작지율이 떨어지고 있었지만, 식민지 조선에서는 그 비율이 계속 상승했을 뿐만 아니라 1943년 이후가 되면 한 단계 더 높아진다. 소작제도의 확대 경향은 계급별 농가 호수 통계에서도 확인된다. 즉 일제가 조선의 농업개발에 최대 역점을 두던 산미증식(갱신)계획 기간(1920~1934년) 중 가장 격렬한 농민 분해가 일어났다. 자소작농 호수는 1915년 107만 4000호에서 1942년 72만 9000호로 격감한 반면, 소작농 호수는 같은 기간 동안 97만 1000호에서 164만 2000호로 급증했다. 그 결과 소작농가의 비율은 1915년 36%이던 것이 1942년에는 53.8%로 증가했다. 농업개발에 따라 경지가 일본인에게 집중되고 전근대적 농업 관계인 소작제가 강화되는 두 가지 결과가 초래되었다.

민족별 기업자본금의 크기를 비교할 때, 가장 널리 쓰이는 자료가 자본금(공칭자본금 혹은 납입자본금)에 관한 것이다. 이 자료들을 납입자본금에 관해 정리해 보면 〈그림 17-7〉과 같다. 1917년 이후에는 일본인 회사의 비중이 83.1%에서 점증하는 추세를 보이고 있고, 1942년에는 90.4%로 최고에 달하고 있다. 조선인 자본은 1911년의 17%를 정점으로 점감해 1942년에는 7.2%로 가장 낮았다. 그러나 1911~1917년 사이의 변화는 매우 격심하다. 일본인 자본은 20~30% 수준에서 1917년에 80%를 상회하는 수준으로 뛰어오른 반면, 50~60% 수준을 차지하던 조선인과 일본인이 공동으로 설립한 회사(흔히 조일합동회사라 한다)의 비중은 1917년에 4.1%로 급감했다. 1916~1917년에 이런 급격한 변화가 나타난 까닭은 이 기간이 제1차 세계대전의 호경기에 속해, '회사령'이 시행 중이었음에도 불구하고 일본인들에 의해 새로운 회사의 설립이 활발히 이루어졌기 때문이다.

그런데 이 자본금에 근거한 분석은 조선에 지점을 두는 회사(본점은 조선 외부에 있다)는 다룰 수 없다는 한계가 있다. 일제강점기에는 이런 회사가 상당히 많았는데, 조선에 본점을 둔 회사에 대한 자본금 분석에서는 이런 회사가 고려될 수 없다. 이 점을 보완할 수 있는 것이 자산(assets)에 의한 분석이다. 〈표 17-2〉에서 볼 수 있듯이, 공업 부문의 자산을 민족별로 보았을 때 조선인의 비중은 1941년 말에 8.5%이던 것이 1945년 8월에는 7.4%로 줄어든다. 가정에 의해 추계된 것이기 때문에 엄밀하다

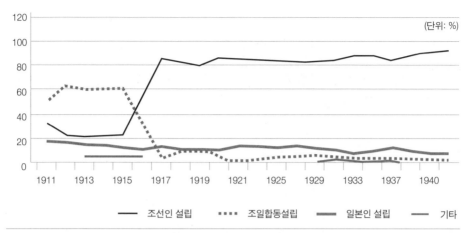

<그림 17-7> 조선 본점회사 납입자본금의 민족별 구성

주: 조선에 본점을 둔 회사만을 대상으로 작성했다.
자료: 1911~1920년은 『조선총독부 통계연보』(KOSIS 데이터를 사용); 동아경제시보사, 『조선은행회사조합요록』(각 연도판)에 근거해 작성했다.

<표 17-2> 공업 부문의 민족별 자산 추계

(단위: 천 엔)

	1941년 말			1945년 8월		
	일본인	조선인	합계	일본인	조선인	합계
공업회사	2,049,241	102,462	2,151,703	32,928,930	1,646,447	34,575,377
개인공장	97,311	97,311	194,622	1,056,300	1,056,300	2,112,600
합계	2,146,552	199,773	2,346,325	3,985,230	2,702,747	36,687,977
비중	91.5%	8.5%	100.0%	92.6%	7.4%	100.0%

주: 정부 부문의 공업투자 혹은 공업자산은 제외했다.
자료: 경성상공회의소조사과, 『조선에 있어서 내지자본의 투하 현황』, 1944; SCAP, Japanese External Assets as of August 1945 (1948.9.30)를 참고해 작성했다.

고 하기는 어렵지만, 대부분의 공업자산이 일본인 소유였고, 일본인의 비중이 증가되었다는 정도는 알 수 있다.

자본에는 회사자본과 같은 물적자본(physical capital)과 더불어 인적자본(human capital)도 있다. <표 17-3>을 보면, 1944년 조선에 거주한 일본인들의 인구 비중은 전체의 2.6%에 불과했다. 전체 조선인 중에서 불취학이 86.2%에 달했던 반면, 일본인

〈표 17-3〉 민족별 학력별 인구(1944년)

	인구 (명)		구성비1 (%)		구성비2 (%)		
	조선인	일본인	조선인	일본인	조선인	일본인	계
대졸	7,374	7,230	0.045	1.573	50.493	49.507	100
전문학교졸	22,064	19,248	0.135	4.187	53.408	46.592	100
중졸	199,642	155,231	1.222	33.763	56.257	43.743	100
국고졸	49,942	142,430	0.306	30.979	25.961	74.039	100
국초졸	1,637,042	127,910	10.021	27.821	92.753	7.247	100
국초퇴	254,805	7,714	1.560	1.678	97.062	2.938	100
서당 등	980,122	0	6.000	0.000	100.000	0.000	100
무학	13,185,161	0	80.712	0.000	100.000	0.000	100
소계	16,336,152	459,763	100.000	100.000	97.263	2.737	100
미취학	6,457,614	158,340					
합계	22,793,766	618,103			97.360	2.640	100

주: 1944년 인구조사의 '불취학'을 '무학'과 '미취학'으로 구분했다. 초등학교 입학 연령을 8세로 보고, 0~7세 인구를 '미취학'
　으로 간주해 '불취학' 인구에서 차감해 '무학' 인구를 추계했다. '구성비 1'은 '미취학'을 제외한 나머지에 대해 학력별 인구
　구성비를 구한 것이다. '구성비 2'는 각 학력별로 민족별 인구 구성비를 계산한 것이다.
　자료: 1944년 인구조사(통계청 KOSIS를 이용했다).

의 경우에는 겨우 25.6%에 불과했다. 불취학 중에는 아직 초등학교에 입학할 학령
이 되지 못하는 '미취학'도 포함되는데, 일본인 가운데 연령이 0~5세인 인구가 13만
219명이고, 0~7세인 인구가 16만 3233명인 것을 감안하면 일본인의 경우에는 무학(無
學)은 거의 없었다고 보아도 좋다. 한편 초등학교 입학 연령을 8세로 가정해 인구조
사에서 미취학 인구 수를 구해보면 1318만 5161명이 되고, 따라서 초등학교 입학 학
령을 넘었으면서도 무학인 조선인은 1318만 5161명으로 전체 조선인의 57.8%에 달
하는 것으로 계산된다.

　조선인 불취학자 중에서 학령 미달 인구를 빼면 조선인 중에는 겨우 19.3% 정도
만이 유학력자(서당 포함)이고, 유학력 조선인의 91%는 수학 연한이 3~4년인 초등학

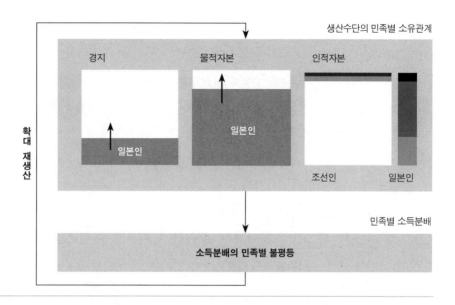

생산수단의 민족별 소유관계

경지 물적자본 인적자본

일본인

일본인

조선인 일본인

확대 재생산

민족별 소득분배

소득분배의 민족별 불평등

〈그림 17- 8〉 식민지적 경제구조
주: 인적자본 부분은 색깔이 옅을수록 낮은 학력수준을 의미한다.

교 초등 과정이나 서당을 졸업했거나 중퇴한 사람들이었다. 그 반면, 학력이 있는 일본인들 중에서 70.5%는 초등학교 고등 과정 이상의 졸업자들이었다. 학력에서는 조선에 거주하는 조선인과 일본인 사이에 거대한 격차가 존재하고 있었던 것이다. 같은 학력 수준의 학교라고 하더라도 관립·공립·사립에 따른 격차 등도 존재하는데, 일본인의 경우에는 이 점에서도 조선인에 비해 훨씬 우월한 위치에 있었다.

일제강점기 조선은 민족 차별과 더불어 학력 차별이 관행이던 사회였다. 취업할 때부터 시작해 승진에 이르기까지 학력은 매우 중요한 요소였다. 일제강점기의 고용 구조가 상급 직급은 일본인들이 모두 차지하고, 조선인들은 중하위직 특히 하위직에 집중되는 '식민지적 고용구조'인 까닭도 민족 차별과 학력 차별이 동시에 작동했기 때문이다.

이와 같이 식민지 조선 경제는 소수의 일본인이 인적·물적 자본의 매우 큰 부분을 차지하고 있는 구조였음을 알 수 있다. 그리고 생산수단이 일본인 수중으로 집중되는 경향은 후기로 갈수록 점점 더 강해지고 있다는 것도 알 수 있었다. 이것을 요약하면 〈그림 17-8〉과 같다.

식민지 조선 경제에서는 민족별로 생산수단에 현저한 격차가 존재했고, 이에 따라 소득분배 역시 민족별로 불평등했다. 이 소득분배의 민족별 불평등은 다시 민족별 생산수단의 격차를 확대하고, 다시 민족별 소득분배의 불평등을 한층 더 악화시키는 과정이 반복적으로 확대·재생산된다. 이것이 식민지적 경제구조이고, 이것은 식민지 체제가 지속되는 한 계속 반복될 수밖에 없는 구조였다.

공업 발전이 충분히 이루어지지 않은 상태에서 일본의 대자본에 의한 근대 기업이 비지적(飛地的)으로 설립되면서 일제강점기 조선의 공업은 더욱 이중구조화되었다. 그 성격은 일본과 조선, 그리고 조선 내에서는 남한과 북한, 민족별로는 조선인과 일본인 사이에 현저한 격차로 나타났다.

또 일본의 대기업이 적극적으로 진출하기 시작하는 때는 1937년 중일전쟁 이후였기 때문에 공업화가 군수공업적인 성격도 강하게 띠었다. 조선은 일본과 달라 공업 발전 수준이 여전히 낮았기 때문에 병기 생산(협의의 군수 생산)에 적합한 회사는 거의 없었다. 대부분이 군수품 생산을 위해 필요한 소재나 부품 혹은 에너지 생산과 관련된 것들(광의의 군수공업)이었다. 따라서 군수회사로 지정되었다고 하여 반드시 군수품 생산을 했다고 보기 어려운 점도 있으며, 그 수가 100개 회사에 불과했지만, 일본인 회사 자산 전체에서 61.9%나 차지하고 있었다. 1942년 여름 이후 일본의 패색이 짙어지면서 경제통제도 더욱 강화되었고, 군수품 생산에 자금·물자·인력이 집중적으로 배치되었다. 비군수공업 부문에 존재하던 조선인 자본은 이러한 경제통제에 의해 더욱 빠르게 도태되어 갈 수밖에 없었다.

이러한 식민지적 경제구조하에서 조선인들은 생산수단의 소유에서 점차 배제되어 소작농이나 임금노동자로 전환되어 갔는데, 민족 차별과 학력 차별로 인한 식민지적 고용 구조로 인해 임금노동자 중에서도 최저변을 형성하는 데 그쳤다.

조선인 자본 중에도 경성방직과 같이 비교적 큰 규모의 근대적 공업 형태를 띤 것도 있었지만 이런 경우는 매우 예외적인 것이었고, 대부분은 도시 중소공업에 적합하거나 일본인의 근대적 대공장이 진출하기 어려운 부문에 집중되어 있었다. 더구나 원래 조선인들의 생활 터전이던 조선에서 조선의 기업가들은 항상 부차적이고 종속적인 지위에 머물 수밖에 없었다.

05 광복 후 한국 경제의 발전

1945년 8월 15일 광복은 이러한 식민지적 경제구조를 파쇄함으로써 일본인들의, 일본인들에 의한, 일본인들을 위한 경제구조를 한국인들의, 한국인들에 의한, 한국인들을 위한 경제구조로 변모시켰고, 한국 경제가 지금처럼 번성하게 만든 필요조건이 되었다.

광복은 우선 일제강점기에 차별의 한 상징이던 교육 부문의 광복을 이루어냈다. 광복 직후 교육의 양적 팽창은 가히 폭발적인 것이었다(〈표 17-4〉 참조). 일제강점기에는 교육에 대한 공급이 수요를 충족시키지 못했다는 것을 단적으로 보여준다.

학생 수의 변화 추세를 보여주는 〈그림 17-9〉에서 1945년 이후 조그만 봉우리 같은 것이 나타나는 것은 바로 이러한 교육의 폭발적인 팽창 때문이었다. 교육의 폭발

〈표 17-4〉 광복 직후 남한의 교육

교육기관 종류		실수			지수(1945.8.15.=100)		
		학교 수	교사 수	학생 수	학교 수	교사 수	학생 수
초등 교육	1945년 8월 15일	3,037	13,064	1,372,883	100	100	100
	1947년 5월 말	3,314	30,519	2,183,449	109	234	159
중등 교육	194년 8월 15일	394	1,225	79,846	100	100	100
	1947년 5월 말	385	6,304	159,650	98	515	200
고등 교육	194년 8월 15일	21	257	2,382	100	100	100
	1947년 5월 말	24	1,075	13,485	114	418	566

자료: 1945.8.15, United States Army Military Government, *Summation of United States Army Military Government Activites in Korea*, Vol.3(1946); 1947년 5월 말은 朝鮮通信社, 『朝鮮年鑑』(1948년판), 298~305쪽에 근거해 작성했다.

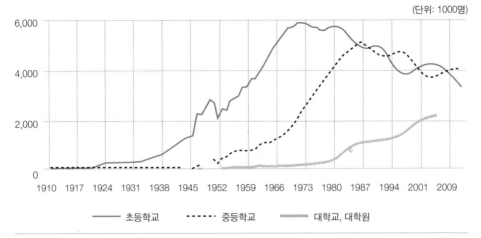

(단위: 1000명)

초등학교 ······ 중등학교 ▓▓▓▓ 대학교, 대학원

〈그림 17-9〉 학생 수

주: 일제강점기의 학생 수는 조선 전체를 계산한 것이다.

자료: 朝鮮總督府,『統計年報』; United States Army Military Government, *Summation of United States Army Military Government Activites in Korea*, Vol.3(1946); 朝鮮通信社,『朝鮮年鑑』(1948년판), 298~305쪽; 朝鮮銀行調査部,『經濟年鑑』(1949년판); 公報處統計局,『大韓民國統計年鑑』; 文敎部,『文敎行政統計一覽』,『문교통계연보』 등을 근거로 작성했다.

적인 팽창은 한국전쟁으로 일시 감소되었지만, 전쟁이 끝나면서 다시 회복되었다.

〈그림 17-9〉에서 알 수 있는 또 하나의 중요한 사실은 일제강점기에는 조선인에 대한 중등교육 이상의 교육이 미미했던 반면, 광복 후에는 폭발적으로 증가했다는 점이다. 앞의 〈표 17-3〉에서 보았듯이 광복 직전까지도 중등교육 혹은 고등교육을 받은 조선인은 지극히 예외적인 존재에 불과했다. 그러나 광복 후에는 중등 및 고등 교육기관 재학생 수가 폭발적으로 증가했다.

교육은 인적자본 형성의 가장 대표적인 방법이다. 낮은 교육수준에서 높은 1인당 소득을 기대한다는 것은 있을 수 없는 일이다. 이렇게 교육이 발달하면서 경제성장과 소득 상승을 위한 기반이 본격적으로 다져졌다.

광복 후 변화 중에서 두 번째로 지적할 수 있는 것이 농지개혁의 효과다. 일제강점기 농업 부문의 가장 특징적인 제도는 지주·소작제였다. 이 제도는 조선시대에도 존재하던 것이었지만, 자본주의적 외형을 띠는 일제강점기에 이 전근대적인 소작제도가 철폐되기는커녕 오히려 확대·강화되었다.

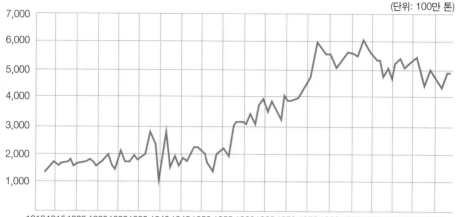

〈그림 17-10〉 한국(남한)의 쌀 생산량
주: 정곡을 기준으로 했다.
자료: 1910~1960년은 박섭의 데이터를 사용[안병직 엮음, 『韓國經濟成長史: 예비적 고찰』(서울대학교출판부, 2001), 56~57쪽,
    74쪽]. 1961~2008년은 대한민국농림부, 『농림통계연보』; 농림수산부, 『농림수산주요통계』; 농림부, 『농림업 주요통계』; 통
    계청 KOSIS 등을 근거로 작성했다.

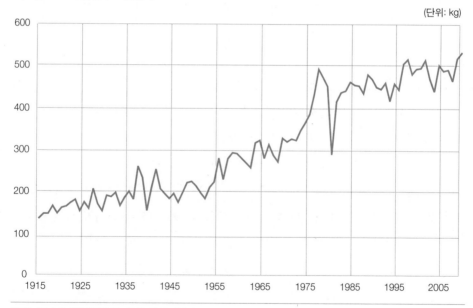

〈그림 17-11〉 한국(남한)의 10아르당 쌀 생산량
자료: 1910~1960년은 박섭의 데이터를 사용[안병직 엮음, 『韓國經濟成長史: 예비적 고찰』(서울대학교출판부, 2001), 56~57쪽,
    74쪽]. 1961~2008년은 대한민국농림부, 『농림통계연보』; 농림수산부, 『농림수산주요통계』; 농림부, 『농림업 주요통계』; 통
    계청 KOSIS 등을 근거로 작성했다.

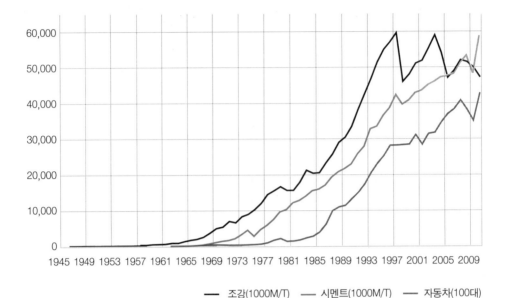

〈그림 17-12〉 한국의 조강·시멘트·자동차 생산량

자료: 『대한민국 통계연감』(각 연도판); 통계청 KOSIS; 한국철강협회(http://www.kosa.or.kr/)의 SteelData; 한국시멘트협회 (http://www.cement.or.kr/)의 국내외 통계; 한국자동차공업협회(http://www.kama.or.kr/)의 자동차통계DB 등을 근거로 작성했다.

　　1950년부터 실시된 농지개혁은 매년 생산량의 30%를 5년간 매년 납부하면 소작지가 자작지가 되는 것이었다. 일제강점기의 소작료율이 50%를 웃돌고 있었다는 점을 감안한다면 농지개혁은 사실상 농지혁명이었다고 해도 좋을 것이다.

　　아무튼 농지개혁이 일단락되는 1955년경부터 그 효과는 뚜렷이 나타나기 시작했다. 〈그림 17-10〉과 〈그림 17-11〉은 지난 100년간의 한국의 미곡 생산량과 10아르당 생산량을 그린 것이다. 일제강점기를 포함해 1955년까지는 미곡 생산량이 크게 달라지지 않았다. 일제강점기의 미곡이란 어떤 존재였는가? 일본의 부족한 식량 문제를 해결하기 위해 1920년부터 일제가 패망할 때까지, 중간에 일시 중단된 기간 (1934~1939)이 있었지만, 줄기차게 증산하려고 노력했던 바로 그 작물이었다. 그 때문에 일제강점기에 미곡 생산이 엄청나게 증가한 것 같은 착각을 일으키기 쉽지만, 사실 미곡 생산량이 급증한 시기는 농지개혁이 일단락되는 1955년 이후 20여 년간이었

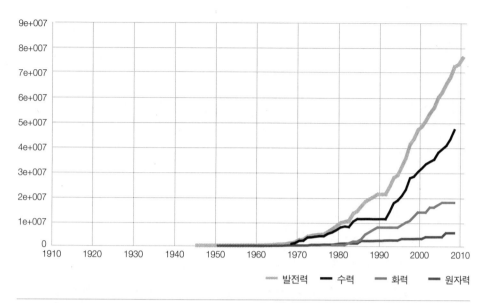

<그림 17-13> 한국의 발전력

주: 해방 전의 발전력은 남한의 것에만 한정한다. 남북 구분은 휴전선을 기준으로 하여 각 발전소별로 판단했다.

자료: 조선총독부체신국, 『전기사업요람』, 각 연도판 ; 조선은행조사과, 『조선경제연보』(1948년판); 한국산업은행조사과, 『한국
산업경제십년사』; 통계청 KOSIS 등을 근거로 작성했다.

다. 이 시기는 가히 농업혁명이라고 해도 좋을 것이다. 농지개혁이 농업혁명의 첫 단
추였고, 교육혁명과 더불어 그 후의 공업혁명의 토대가 되었다.

광복 당시 한국은 사실상 농업사회였다. 일부 공업도 경공업이 대부분이었다. 광
복 후의 한국 경제는 일제강점기의 그것과 전혀 다른 발전 양태를 보였다. 공업은 특
히 괄목한 만한 발전을 이루었다.

〈그림 17-12〉와 〈그림 17-13〉은 중공업 분야와 에너지 분야의 대표적인 품목의
생산량을 보여주는데, 이 그림을 보면 한국의 공업은 사실상 무에서 시작했다고 해
도 과언이 아니다.

광복 후 한국의 금속공업은 "각지에 중소공장이 생겨나 설철(屑鐵)을 수집해 재생
선철 및 재생강괴를 약간 생산했고, 재고 금속을 원료로 하여 1947년까지는 축소생산
을 하고 있었으나 그 이후에는 대체로 재생생산을 주로"했다고 한다. 일제강점기에 설
립된 근대적인 금속공장으로는 삼척의 고레가와제철(是川製鐵)에서 1944년 4월에 완공

한 8기의 소형 무연탄 용광로가 있었고, 인천에는 조선리겐금속(주)(朝鮮理研金屬株式會社)의 제철 시설이 있었다. 그러나 이 시설들은 광복 후 방치되거나 운휴 상태였다.

한편 광복 전 조선은 여덟 곳의 시멘트 공장에서 연간 약 170만 톤을 생산할 수 있었다. 그중 남한에는 1942년에 준공된 오노다(小野田)시멘트 삼척공장만 있었고, 그 생산 능력은 연간 9만 톤 정도에 불과했다. 광복 후 생산량은 1944년부터 1951년까지 연간 3만 톤을 넘지 못했다.

방직공업 중 일부 공장만 제 기능을 하고 있었고, 나머지는 제철업이나 시멘트 제조업과 같이 실상은 유명무실했다. 광복 직후 한국의 공업이 사실상 무에서 시작했다는 앞의 언급도 바로 이런 사정을 일컫는다.

광복 후 한국의 에너지 공급 상태도 크게 다르지 않았다. 전력 부문을 예로 들어보자. 광복 이전에 조선에서 가장 괄목할 만한 성장을 한 부문이 발전산업이었다. 특히 함경남도 부전강발전소가 발전을 일부 개시한 이래 장진강·허천강·두만강·압록강 등지에 대규모 수력발전소가 세워지면서 발전 능력은 기하급수적으로 증대되었다. 그러나 이 발전소들은 거의 대부분 북한에 있었다. 1944년 조선의 발전력은 184만 8040kw였는데, 남한에는 청평·보성강, 섬진강, 운암, 서귀포, 울릉도에 수력발전소가 있었고 당인리·나로도·완도·거제·부산·영월·제주 등지에 화력발전소가 있었지만, 발전력은 조선 전체의 10.7%에 해당하는 19만 7462kw에 불과했다. 남한은 전력 총사용량의 61~67%를 북한으로부터 송전받아 사용했으나 1948년 북한이 단전하자 전력 공급에 차질을 빚었다. 미군정에서는 급히 자코나(Jacona)·일렉트라(Electra)·마라(Marah)·와이즈먼(Wisemen)·임페던스(Impedance)·화이트하우스(Whitehorse)·포즈(Forse)·사라낙(Saranac) 등의 발전함(發電艦)을 투입했다. 이 발전함들에 의한 발전량이 남한 총전력소비량의 15.3%(1950년)~56.5%(1951년)를 차지했다는 것에서 광복 직후 남한의 전력 사정이 얼마나 열악했는지 짐작할 수 있다. 〈그림 17-13〉에서 볼 수 있듯이, 한국의 전력산업 역시 광복 당시 사실상 무에서 시작되어 현재에 이르렀다.

농지개혁이 사유재산제도의 일부 부정을 통해 이루어진 수정자본주의적 개혁이었다면, 중장기적인 경제개발계획 역시 정부가 시장제도에 강력하게 개입하는 수정

자본주의적인 개혁이었다. 한국에서 경제개발계획이 처음 시작된 것은 1949년 4월 국무총리의 대국회 시정연설에서 제시된 '제1차 5개년 생산계획'이었다. 이는 기획처 주관으로 작성된 것이고, 정부 각 부처에서는 1949년부터 부처별로 중 장기계획을 작성했다. 농림부의 농업증산 3개년계획(1949~1951년), 상공부의 석탄생산 5개년계획(1949~1953년), 전매청의 소금생산 5개년계획(1949~1953년), 수산청의 수산업 5개년계획(1949~1953년) 등이 있었다.

그러나 한국전쟁의 발발로 계획은 중단되고, 휴전협상이 시작되는 1951년부터 UN과 미국에 의한 경제개발계획이 제시되었다. 유엔 한국재건단(UNKRA)에서는 미국의 네이선협회(Nathan Associations)에 의뢰해 한국 경제 전반에 대한 실태조사와 장기부흥계획을 입안했다. 미국은 전후 복구를 위해 타스카 사절단을 파견하고, 이 조사단에서도 '한국의 재정적자 보전과 종합경제부흥 3개년계획'이라는 「타스카 보고서(Taska Report)」를 제출했다. 이 계획들은 한국에서는 처음으로 이루어진 체계적인 장기 종합 경제개발계획이었다.

그 후 1950년대 말이 되면서 미국의 원조가 급감하고, 부흥부의 산업개발위원회에서는 이러한 사태에 대비하기 위해 '경제개발 3개년계획'(1960~1962년)을 수립했다. 이 계획은 4·19혁명 이후 민주당 정권에서 '경제개발 5개년계획'으로 개편되었으며, 5·16쿠데타 이후 군사정권에서 다시 수정해 '제1차 경제개발 5개년계획'으로 실행에 옮겨졌던 것이다. 한국 경제는 제1차 경제개발 5개년계획 시기부터 괄목할 만한 성장을 시작했다. 제2차 세계대전 이후 전 세계에서 많은 신흥 독립국이 수립되었다. 그러나 그중에서 가장 성공적으로 경제발전을 이룩한 나라는 한국이었다.

한국의 1인당 GDP는 〈그림 17-14〉에서 보듯이 1960년대 중엽 이후 본격적으로 지속적인 증가를 시작했다. 우리는 앞에서 일제강점기에는 근대적 경제성장이 존재하지 않았다고 했는데, 1960년대 이후에는 근대적 경제성장이 뚜렷이 나타난다.

근대적 경제성장과 더불어 농업 중심 사회도 급속히 해체되어 갔다. 이처럼 루이스 전환점(Lewisian turning point)이 나타나는 1960년대 중엽을 경계로 한국의 농업인구도 감소하기 시작했다. 전체 인구에서 농업인구가 차지하는 비중은 훨씬 이전부

(금액 단위: 1990 국제 기어리 카미스달러 달러)

〈그림 17-14〉 남한의 1인당 GDP

자료: 메디슨의 자료는 그의 홈페이지 데이터(최종 수정일: 2009.3. horizontal file)를 사용했고, 김낙년의 데이터는 김낙년, 「한
국의 국민계정, 1911~2007」, 《경제분석》, 15권 2호(한국은행 금융경제연구원, 2009)의 〈표 3〉을 메디슨의 자료와 2000
년에 일치시켜 작성했다. 메디슨의 데이터는 1911~1938년까지는 미조구치 도시유키의 추계를 토대로 한 것이고, 김낙년
의 추계치는 1911~1940년까지다. 한국은행의 GDP 공표는 1953년부터 시작된다. 1939년(혹은 1941년)~1952년간의 데
이터는 신뢰도가 한층 떨어지는 것으로 판단되지만 하나의 참고 자료 정도로 이해해 주면 될 것이다. 1910~1918년 사이의
GDP 추계도 상당히 부정확한 것으로 판단된다. 1990 기어리 카미스달러는 1990년 미국 달러의 구매력과 동일한 가상적 화
폐 단위를 말한다.

터 감소하고 있었지만, 〈그림 17-15〉에서 볼 수 있듯이 1960년대 중엽 이후에는 농
업인구가 절대적으로 감소하기 시작했다. 그 반면 비농업인구는 매우 빠른 속도로
증가했다. 제조업 취업자 수의 급증이 그 한 예다.

과잉노동(surplus labour)이 존재하는 경제에서 소비자 기호의 변화나 정부 구입의
변화 혹은 국제 시장에서의 변화 등이 원인이 되어 공업 부문의 수요가 증가하면, 노
동(동질적이고 비숙련)이 농업에서 공업으로 이동한다. 농업으로부터 공업으로의 노동
공급은 일정한 도시 임금(농촌 임금보다 약 30~50% 높다)에서 무제한적(unlimited), 즉 완
전 탄력적(completely elastic)으로 변화한다. 저임금은 공업 부문이 임금 비용을 절감
할 수 있게 해주는 반면, 공업 부문에 대한 더 많은 수요와 높은 가격이 더 많은 이윤
을 가져다준다. 이 이윤이 공업 부문의 자본 형성에 환류해 들어가면 공업 산출물에
대한 수요가 증가하고, 농업 부문에서 공업 부문으로의 인구이동이 한층 더 진행된
다. 이 과정은 농업 부문의 과잉노동이 사라지고, 도시 부문의 실질임금이 가파르게

〈그림 17-15〉 한국의 실질임금

주: 조선총독부 통계에 의하면 1933년 이후 '호당 인구'가 5명으로 가정된다. 즉 "1933년도부터 조사 양식을 변경시켰기 때문에 농업자 수를 구할 때는 농가 1호당 5명으로 하여 …… 농업 호수로부터 산출하는 것으로 한다"라고 했다(朝鮮總督府 農林局, 『朝鮮米穀要覽』, 1941, p.11). 그 때문에 이 그림에서는 1933년 이후를 생략했다. 1910년대 초의 통계는 믿을 것이 못 된다. 해방 전의 제조업 취업자 수는 조선 전체에 대한 것이다.

자료: 농가 호수 및 호당 인구의 경우 1910~1946년은 朝鮮總督府 『統計年報』(각 연도판), 朝鮮銀行, 『經濟年鑑』(1946년판)을, 1947년은 農林部 農地局, 『農地改革基本參考資料』(1949), 2쪽을 1948년은 韓國銀行調査部, 『産業綜覽(第1輯)』(1954), 540쪽을, 1949~1998년은 한국은행, 『경제통계연보』(1999~2006)과 농림부, 『농림통계연보』 등을 근거로 작성했다.
제조업 취업자 수의 경우는 1930~1944년은 조선총독부 『통계연보』(각 연도판), 朝鮮總督府 總務局, 『朝鮮勞働技術統計調査 結果報告』, 1941, 1942, 1943년판 (단 남북분할은 경기도는 남한, 황해도는 북한, 강원도는 1/2로 계산했다), The Korea Economic Mission Department of State, *THE ECONOMIC POTENTIAL OF AN INDEPENDENT KOREA*(1946)을, 1946, 1947 년은 南朝鮮過渡政府, 『南朝鮮産業勞務力及賃金調査』(1946)을, 1947~1948년은 南朝鮮過渡政府, 『南朝鮮勞働統計調査 結果報告』(제1회 및 제2회)을, 1949년은 商工部, 『工場鑛山名簿』(1950)을, 1954~1955년은 公報處, 『大韓民國統計年鑑』 을, 1956년 이후는 內務部 統計局, 『勞動力調査』, 經濟企劃院(統計廳), 『經濟活動人口年報』(각 연도판)을 근거로 작성했다.

상승하면서 종료된다. 이 점을 루이스 전환점이라고 한다.

한국의 경우, 루이스 전환점은 1960년대 중엽 무렵에 나타났던 것으로 판단된다. 〈그림 17-16〉에서 볼 수 있듯이, 한국의 실질임금의 변화 양상은 1960년대 중엽을 경계로 그 이전과 그 이후가 확연히 구별된다. 즉 1960년대 중엽을 경계로 그 이전에는 실질임금 수준이 거의 변화하지 않았지만, 그 이후에는 매우 가파르게 증가하는 양상을 보인다. 한국의 경우 1960년대 중엽 무렵이 루이스 전환점에 해당한다고 할 수 있다.

실질임금(2000년 가격 기준, 만 원)

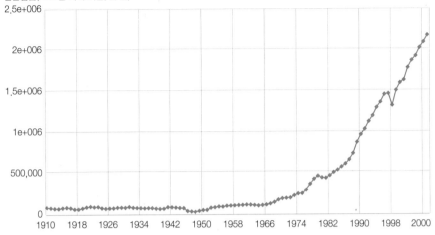

〈그림 17-16〉 한국의 실질임금

자료: 1960~2007년간의 실질임금 자료는 배진한,「노동시장과 인적자원개발로 본 한국의 경제발전」, ≪경영경제연구≫, 31권
2호(2008), 1~32쪽. 단, 이 자료에서 실질임금은 제조업 부문의 2000년 불변가격 평균임금이다. 1936~1956년 사이의 실질
임금은 김낙년과 박기주의 연구「해방 전후(1936~1956년) 서울의 물가와 임금」, ≪경제사학≫, 제42권(2007)에서 건설업 임
금지수를 이용해 재계산해 연결했다. 이 연구에는 제조업 임금지수도 계산되어 있는데, 1938년과 1939년에 결락이 있어 건
설업 임금지수를 사용했다. 단, 전 기간 평균으로 보았을 때, 건설업 임금지수가 제조업 임금지수보다 약 5% 정도 더 높다. 또
서울의 임금은 일반적으로 다른 지역에 비해 다소 높은 점도 염두에 두어야 한다. 1911~1935년간의 실질임금은 허수열의 연
구「일제하 실질임금(변동)추계」, ≪경제사학≫, 제5호(1981)에서 조선 전체의 '일반노동자' '종합'을 사용해 재계산해 연결했
다. 일반 노동자 중에는 건설업과 관련된 직종도 일부 포함되지만, 공장노동자는 포함되지 않는다. 일반 노동자의 실질임금은
공장노동자의 실질임금보다 더 높다. 서로 다른 세 가지 계열을 연결하는 데 따른 문제가 없지 않지만, 전체적인 변화 양상을
알아보는 데는 큰 무리가 없을 것으로 생각한다.

06 식민지근대화론의 역사적 비판

일본의 조선 지배를 정당한 것이었다고 생각하는 한국 사람은 아마 극소수일 것
이다. 그러나 일제의 조선 지배에 의한 변화는 긍정적으로 평가하는 견해가 심심찮
게 등장하고 있다. 식민지근대화론이 그 대표적인 예다. 즉 일제의 조선 지배는 결
과적으로 조선을 근대화했고, 조선인들의 생활수준을 향상시켰으며, 나아가 광복 후
한국의 급속한 개발의 역사적 배경이 되었다는 것이다. 그들의 통계를 이용한 정교
한 분석과, 아직 우리 주위에 남아 있는 일제강점기의 여러 흔적이 이런 생각을 지지

하게 만드는 것 같다.

일제강점기 조선의 개발과 근대화를 강조하는 주장들은 일반적으로 조선 전체의 변화에 주목한다. 일제강점기 조선에는 일본으로부터 선진적인 기술과 대량의 자본이 유입되었고, 이에 따라 광공업·농림수산업·금융업과 상업 등 각종 산업이 발달했으며, 철도·도로·항만·통신 등의 각종 사회기반시설이 확충되었고, 도시가 발달했으며, 인구가 증가했고, 소득이 증가하는 등 변화가 생겼다. 일제강점기의 통계를 조금만 들여다보아도 금방 알 수 있는 명백한 사실이다.

그러나 이런 인식에는 문제가 있다. 일제강점기가 갖는 시대적 특징을 전혀 고려하지 않고 있기 때문이다. 일제강점기는 일본이 조선을 식민지로 지배한 시대이다. 많아야 전체 인구의 3%도 되지 않는 일본인들이 조선 내 생산수단의 주요 부분을 장악했고, 후기로 갈수록 생산수단은 일본인들에게로 더욱더 집중되는 경향을 보인 시기였다. 그리고 이에 덧붙여 민족 간의 차별과 불평등이 만연한 시대였다. 일제강점기가 어떤 시대였는지 그 본질을 파악하려고 한다면 바로 이 민족문제를 제대로 파헤치지 않으면 안 된다. 또 그렇게 하기 위해서는 조선이 아니라 조선에 살고 있는 조선인들에게 초점을 맞추는 분석이 이루어져야만 한다. 필자는 『개발 없는 개발』에서, 일제강점기 동안 조선은 겉으로는 근대화되고 개발된 것처럼 보이지만, 조선인들의 입장에서는 전혀 그렇지 못했다는 것을 증명하려 했다. 일제의 지배가 계속되는 한 조선인들에게는 미래에 대한 아무런 희망도 존재하지 않았다는 점을 강조했다.

이 글에서는 1910년부터 현재에 이르는 장기적인 관점에서 일제강점기의 경제와 광복 후의 경제를 살펴봄으로써 그 속에서 해방이 어떤 의미를 갖는지 알아보고자 했다.

앞에서 보았듯이, 일제강점기 조선에서 이루어진 변화는 그다지 큰 변화가 아니었다. 예컨대 일제가 증산을 위해 그토록 노력했던 미곡의 경우, 일제강점기만 보면 일시적으로 미곡이 크게 증산된 것처럼 보인다. 그러나 100년간의 통계에서 보면 그 증산은 마치 찻잔 속의 폭풍과 같은 것이었고, 진정한 의미에서의 생산의 증가는 1955년부터 1975년 사이 약 20년에 걸쳐 일어났던 것을 알 수 있다. 1910년부터

2010년 사이의 철강·시멘트·비료·자동차·직물 등등 모든 품목의 생산량을 하나하나 검토해 보면, 일제강점기의 변화는 바닥에 붙어 한결같이 변화를 알아차리기 어려울 정도로 적은 값이고, 해방 후 괄목할 성장을 이룬 것을 알 수 있다. 이런 모든 변화의 결과가 종합된 것이 1인당 소득이나 실질임금과 같은 것인데, 이런 지표에서도 일제강점기와 해방 후 10여 년까지는 이른바 생존 수준의 소득과 임금이 지배하고 있었고, 변화의 흔적을 찾아보기 어렵다. 사이먼 쿠즈네츠가 말한 근대적 경제성장이 시작되는 때도, 또 윌리엄 아서 루이스의 전환점이 발생하는 때도 모두 1960년대 무렵이었다.

조선이 일제의 지배에서 벗어나 정치적 독립을 이룬 것이 이 모든 변화의 출발점이었던 것이다. 한국이 독립국이 되어 주권을 회복함으로써 더는 조선인들이 이민족에 의해 차별받지 않게 되었고, 오히려 국가의 보호와 지원을 받으면서 성장할 수 있었다.

지난 100년간의 장기적 통계를 통해 보았을 때, 정치적 해방이 오늘의 한국 경제를 일군 가장 중요한 요인이었다는 것이 명백해졌다. 일제강점기의 독립운동이 오늘의 한국에서 왜 그토록 중요한 것인가도 이로써 자명해진다고 생각한다.

참고문헌

김낙년 엮음. 2006. 『한국의 경제성장 1910~1945』. 서울대학교출판부.

육소영. 2017. 「식품수급표 분석에 의한 20세기 한국 생활수준 변화에 대한 연구」. 충남대학교 대학원 경제학과 박사학위논문.

이영훈. 2004. 『수량경제사로 다시 본 조선후기』. 서울대학교출판부.

_____. 2007. 「[기획] 우리 시대의 진보적 지식인 ④ 조정래論: 광기 서린 증오의 역사소설가 조정래-대하소설 『아리랑』을 중심으로」. ≪시대정신≫, 35.

_____. 2007. 「김제 역사의 본류에 진입 못하고 이방인으로 맴돈 조정래와 무엇을 알고 모르는지 구별조차 못

하는 MBC-조정래와 MBC의 반박에 대한 재반박」. ≪시대정신≫, 36.

_____. 2009.9.「17세기 후반~20세기 전반 수도작(水稻作) 토지생산성의 장기추세」. ≪낙성대경제연구소 워킹페이퍼≫, 2009(6).

_____. 2011.『맛질의 농민들』. 일조각.

_____. 2012.12.「17세, 기 후반~20세기 전반 수도작(水稻作) 토지생산성의 장기추세」. ≪경제논집≫, 51(2), 411~460쪽.

_____. 2012.「혼란과 환상의 역사적 시공: 허수열의『일제초기 조선의 농업』에 답한다」. ≪경제사학≫, 53, 143~812쪽.

_____. 2013.「허수열교수의 비판에 다시 대답한다」. ≪경제사학≫, 54, 217~221쪽.

주익종. 2006.「식민지 시기의 생활수준」.『해방전후사의 재인식』. 책세상.

허수열. 2005.『개발 없는 개발』. 은행나무.

_____. 2011.『일제초기 조선의 농업』. 한길사.

_____. 2012.「1945년 해방과 대한민국의 경제발전」. ≪한국독립운동사연구≫, 43, 463~509쪽.

_____. 2012.「일제강점기 하천개수의 식민지적 성격: 만경강개수를 중심으로」. ≪학술원논문집(인문·사회과학 편)≫, 51(2), 25~57쪽.

_____. 2013.「상상과 사실: 이영훈교수의 비평에 다시 답한다」. ≪경제사학≫, 54, 167~216쪽.

_____. 2014.「일제 초기 만경강 및 동진강 유역의 방조제와 하천의 제방」. ≪경제사학≫, 56, 115~151쪽.

_____. 2015.「식민지근대화론의 주요 주장의 실증적 검토」. ≪내일을 여는 역사≫, 59, 103~128.

_____. 2015.「식민지기 조선인 1인당 소득과 소비에 관한 논의의 검토」. ≪동북아역사논총≫, 50, 85~119쪽.

_____. 2017.『'식민지근대화론' 무엇이 문제인가?-김제·만경평야의 사례에서 살펴본다』. 독립기념관.

허수열·육소영. 2016.「1910~1925년간의 인구추계 검토: 식민지근대화론의 인구추계의 문제점을 중심으로」. ≪한국사연구≫, 174, 239~266쪽.

지은이(수록순)

장석흥 국민대학교 한국역사학과 명예교수   박맹수 원광대학교 원불교학과 교수·총장
김기승 순천향대학교 국제문화학과 교수   박걸순 충북대학교 사학과 교수
이계형 국민대학교 교양대학 교수   이성우 충남대학교 충청문화연구소 연구원
김정인 춘천교육대학교 사회과교육과 교수   강윤정 안동대학교 사학과 교수
김명섭 단국대학교 동양학연구원 연구교수   박윤재 경희대학교 사학과 교수
김성은 대구한의대학교 기초교양대학 교수   김주용 원광대학교 한중관계연구원 교수
윤상원 전북대학교 사학과 교수   손염홍 건국대학교 상허교양대학 교수
김광재 국사편찬위원회 편사연구관   김도훈 한국교원대학교 연구교수
김도형 독립기념관 한국독립운동사연구소 연구위원   허수열 충남대학교 경제학과 명예교수

한울아카데미 2175

새롭게 쓴
한국 독립운동사 강의

ⓒ 한국근현대사학회, 2020

|엮은이| 한국근현대사학회
|지은이| 장석흥·박맹수·김기승·박걸순·이계형·이성우·김정인·
         강윤정·김명섭·박윤재·김성은·김주용·윤상원·손염홍·
         김광재·김도훈·김도형·허수열
|펴낸이| 김종수
|펴낸곳| 한울엠플러스(주)
|편 집| 최진희

|초판 1쇄 발행| 2020년 3월 20일
|초판 2쇄 발행| 2022년 9월 2일

|주 소| 10881 경기도 파주시 광인사길 153 한울시소빌딩 3층
|전 화| 031-955-0655
|팩 스| 031-955-0656
|홈페이지| www.hanulmplus.kr
|등 록| 제406-2015-000143호

Printed in Korea.
ISBN 978-89-460-7175-9 93910

* 책값은 겉표지에 표시되어 있습니다.